GEORGE SAND

MAUPRAT

MÉTELLA

PARIS

J. HETZEL ET CIE | VICTOR LECOU
RUE RICHELIEU, 78 | RUE DU BOULOI, 40

1852

ŒUVRES

DE

GEORGE SAND

— PARIS —
IMPRIMÉ PAR J. CLAYE ET Cⁱᵉ
RUE SAINT-BENOÎT, 7

ŒUVRES

DE

GEORGE SAND

MAUPRAT — METELLA

PARIS

J. HETZEL ET Cie   VICTOR LECOU
RUE RICHELIEU, 78   RUE DU BOULOI, 10

1852

NOTICE

Quand j'écrivis le roman de Mauprat à Nohant, en 1846, je crois, je venais de plaider en séparation. Le mariage, dont jusque-là j'avais combattu les abus, laissant peut-être croire, faute d'avoir suffisamment développé ma pensée, que j'en méconnaissais l'essence, m'apparaissait précisément dans toute la beauté morale de son principe.

A quelque chose malheur est bon, pour qui sait réfléchir : plus je venais de voir combien il est pénible et douloureux d'avoir à rompre de tels liens, plus je sentais que ce qui manque au mariage, ce sont des éléments de bonheur et d'équité d'un ordre trop élevé, pour que la société actuelle s'en préoccupe. La société s'efforce, au contraire, de rabaisser cette institution sacrée, en l'assimilant à un contrat d'intérêts matériels ; elle l'attaque de tous les côtés à la fois, par l'esprit de ses mœurs, par ses préjugés, par son incrédulité hypocrite.

Tout en faisant un roman, pour m'occuper et me distraire, la pensée me vint de peindre un amour exclusif, éternel, avant, pendant et après le mariage. Je fis donc le héros de mon livre proclamant à quatre-vingts ans sa fidélité pour la seule femme qu'il eût aimée.

L'idéal de l'amour est certainement la fidélité éternelle. Les lois morales et religieuses ont voulu consacrer cet idéal ; les faits matériels le troublent, les lois civiles sont faites de manière à le rendre souvent impossible ou illusoire ; mais ce n'est pas ici le lieu de le prouver. Le roman de Mauprat n'a pas été alourdi par cette préoccupation ; seulement le sentiment qui me pénétrait particulièrement à l'époque où je l'écrivis, se résume dans ces paroles de Mauprat vers la fin l'ouvrage : « Elle fut la « seule femme que j'aimai dans toute ma vie ; jamais « aucune autre n'attira mon regard et ne connut l'étreinte « de ma main. »

GEORGE SAND.

5 juin 1851.

MAUPRAT

A GUSTAVE PAPET.

Quoique la mode proscrive peut-être l'usage patriarcal des dédicaces, je te prie, frère et ami, d'accepter celle d'un conte qui n'est pas nouveau pour toi. Je l'ai recueilli en partie dans les chaumières de notre Vallée noire. Puissions-nous vivre et mourir là, en redisant chaque soir notre invocation chérie :

Sancta Simplicitas!

GEORGE SAND.

Sur les confins de la Marche et du Berry, dans le pays qu'on appelle la Varenne, et qui n'est qu'une vaste lande coupée de bois de chênes et de châtaigniers, on trouve, au plus fourré et au plus désert de la contrée, un petit château en ruines, tapi dans un ravin, et dont on ne découvre les tourelles ébréchées qu'à environ cent pas de la herse principale. Les arbres séculaires qui l'entourent et les roches éparses qui le dominent l'ensevelissent dans une perpétuelle obscurité, et c'est tout au plus si, en plein midi, on peut franchir le sentier abandonné qui y mène, sans se heurter contre les troncs noueux et les décombres qui l'obstruent à chaque pas. Ce sombre ravin et ce triste castel, c'est la Roche-Mauprat.

Il n'y a pas longtemps que le dernier des Mauprat, à qui cette propriété tomba en héritage, en fit enlever la toiture et vendre tous les bois de charpente ; puis, comme s'il eût voulu donner un soufflet à la mémoire de ses ancêtres, il fit jeter à terre le portail, éventrer la tour du nord, fendre de haut en bas le mur d'enceinte, et partit avec ses ouvriers, secouant la poussière de ses pieds, et abandonnant son domaine aux renards, aux orfraies et aux vipères. Depuis ce temps, quand les bûcherons et les charbonniers qui habitent les huttes éparses aux environs passent dans la journée sur le haut du ravin de la Roche-Mauprat, ils sifflent d'un air arrogant ou envoient à ces ruines quelque énergique malédiction ; mais quand le jour baisse et que l'engoulevent commence à glapir du haut des meurtrières, bûcherons et charbonniers passent en silence, pressant le pas, et de temps en temps font un signe de croix pour conjurer les mauvais esprits qui règnent sur ces ruines.

J'avoue que moi-même je n'ai jamais côtoyé ce ravin, la nuit, sans éprouver un certain malaise ; et je n'oserais pas affirmer par serment que, dans certaines nuits orageuses, je n'aie pas fait sentir l'éperon à mon cheval pour en finir plus vite avec l'impression désagréable que me causait ce voisinage.

C'est que, dans mon enfance, j'ai placé le nom de Mauprat entre ceux de Cartouche et de la Barbe-Bleue, et qu'il m'est souvent arrivé alors de confondre, dans des rêves effrayants, les légendes surannées de l'ogre et de Croquemitaine avec les faits tout récents qui ont donné une sinistre illustration, dans notre province, à cette famille des Mauprat.

Souvent, à la chasse, lorsque mes camarades et moi

nous quittions l'affût pour aller nous réchauffer au tas de charbons allumés que les ouvriers surveillent toute la nuit, j'ai entendu ce nom fatal expirer sur leurs lèvres à notre approche. Mais, lorsqu'ils nous avaient reconnus, et qu'ils s'étaient bien assurés que le spectre d'aucun de ces brigands n'était caché parmi nous, ils nous racontaient, à demi-voix, des histoires à faire dresser les cheveux sur la tête, et que je me garderai bien de vous communiquer, désolé que je suis d'en avoir noirci et endolori ma mémoire.

Ce n'est pas que le récit que j'ai à vous faire soit précisément agréable et riant. Je vous demande pardon, au contraire, de vous envoyer aujourd'hui une narration si noire; mais, dans l'impression qu'elle m'a faite, il se mêle quelque chose de si consolant, et, si j'ose m'exprimer ainsi, de si sain à l'âme, que vous m'excuserez, j'espère, en faveur des conclusions. D'ailleurs, cette histoire vient de m'être racontée : vous m'en demandez une : l'occasion est trop belle pour ma paresse ou pour ma stérilité.

C'est la semaine dernière que j'ai enfin rencontré Bernard Mauprat, ce dernier de la famille, qui, ayant depuis longtemps fait divorce avec son infâme parenté, a voulu constater, par la démolition de son manoir, l'horreur que lui causaient les souvenirs de son enfance. Ce Bernard est un des hommes les plus estimés du pays; il habite une jolie maison de campagne vers Châteauroux, en pays de plaine. Me trouvant près de chez lui, avec un de mes amis qui le connaît, j'exprimai le désir de le voir; et mon ami, me promettant une bonne réception, m'y conduisit sur-le-champ.

Je savais en gros l'histoire remarquable de ce vieillard; mais j'avais toujours vivement souhaité d'en connaître les détails, et surtout de les tenir de lui-même.

C'était pour moi tout un problème philosophique à résoudre que cette étrange destinée. J'observai donc ses traits, ses manières et son intérieur avec un intérêt particulier.

Bernard Mauprat n'a pas moins de quatre-vingts ans, quoique sa santé robuste, sa taille droite, sa démarche ferme et l'absence de toute infirmité annoncent quinze ou vingt ans de moins. Sa figure m'eût semblé extrêmement belle sans une expression de dureté qui faisait passer, malgré moi, les ombres de ses pères devant mes yeux. Je crains fort qu'il ne leur ressemble physiquement. C'est ce que lui seul eût pu nous dire, car ni mon ami ni moi n'avons connu aucun des Mauprat; mais c'est ce que nous nous gardâmes bien de lui demander.

Il nous sembla que ses domestiques le servaient avec une promptitude et une ponctualité fabuleuses pour des valets berrichons. Néanmoins, à la moindre apparence de retard, il élevait la voix, fronçait un sourcil encore très-noir sous ses cheveux blancs, et murmurait quelques paroles d'impatience qui donnaient des ailes aux plus lourds. J'en fus presque choqué d'abord; je trouvais que cette manière d'être sentait un peu trop le Mauprat. Mais, à la manière douce et quasi paternelle dont il leur parlait un instant après, et à leur zèle, qui me sembla bien différent de la crainte, je me réconciliai bientôt avec lui. Il avait d'ailleurs pour nous une exquise politesse, et s'exprimait dans les termes les plus choisis. Malheureusement, à la fin du dîner, une porte qu'on négligeait de fermer, et qui amenait un vent froid sur son vieux crâne, lui arracha un jurement si terrible, que mon ami et moi nous échangeâmes un regard de surprise. Il s'en aperçut.

« Pardon, messieurs, nous dit-il; je vois bien que vous me trouvez un peu inégal; vous voyez peu de chose; je suis un vieux rameau heureusement détaché d'un méchant tronc et transplanté dans la bonne terre, mais toujours noueux et rude, comme le houx sauvage de sa souche. J'ai eu encore bien de la peine avant d'en venir à l'état de douceur et de calme où vous me trouvez. Hélas ! je ferais, si je l'osais, un grand reproche à la Providence : c'est de m'avoir mesuré la vie aussi courte qu'aux autres humains. Quand, pour se transformer de loup en homme, il faut une lutte de quarante ou cinquante ans, il faudrait vivre cent ans par delà pour jouir de sa victoire. Mais à quoi cela pourrait-il me servir ? ajouta-t-il avec un accent de tristesse. La fée qui m'a transformé n'est plus là pour jouir de son ouvrage. Bah ! il est bien temps d'en finir ! » Puis, il se tourna vers moi, et, me fixant avec ses grands yeux noirs étrangement animés : « Allons, *petit* jeune homme, me dit-il, je sais ce qui vous amène : vous êtes curieux de mon histoire. Venez près du feu, et soyez tranquille. Tout Mauprat que je suis, je ne vous y mettrai pas en guise de bûche. Vous ne pouvez me faire un plus grand plaisir que de m'écouter. Votre ami vous dira pourtant que je ne parle pas facilement de moi, je crains trop souvent d'avoir affaire à des sots ; mais j'ai entendu parler de vous, je sais votre caractère et votre profession : vous êtes observateur et narrateur, c'est-à-dire, excusez-moi, curieux et bavard. » Il se prit à rire, et je m'efforçai de rire aussi, tout en commençant à craindre qu'il ne se moquât de nous ; et malgré moi je pensai aux mauvais tours que son grand-père s'amusait à jouer aux curieux imprudents qui allaient le voir. Mais il mit amicalement son bras sous le mien, et me faisant asseoir devant un bon feu, auprès d'une table chargée de tasses : « Ne vous fâchez pas, me dit-il ; je ne peux pas à mon âge guérir de l'ironie héréditaire ; la mienne n'a rien de féroce. A parler sérieusement, je suis charmé de vous recevoir et de vous confier l'histoire de ma vie. Un homme aussi infortuné que je l'ai été mérite de trouver un historiographe fidèle, qui lave sa mémoire de tout reproche. Écoutez-moi donc et buvez du café. »

Je lui en offris une tasse en silence ; il la refusa d'un geste et avec un sourire qui semblait dire : « Cela est bon pour votre génération efféminée. » Puis il commença son récit en ces termes.

I.

Vous ne demeurez pas très-loin de la Roche-Mauprat, vous avez dû passer souvent le long de ces ruines ; je n'ai donc pas besoin de vous en faire la description. Tout ce que je puis vous apprendre, c'est que jamais ce séjour n'a été aussi agréable qu'il l'est maintenant. Le jour où j'en fis enlever le toit, le soleil éclaira pour la première fois les humides lambris où s'était écoulée mon enfance, et les lézards auxquels je les ai cédés y sont beaucoup mieux logés que je ne le fus jadis. Ils peuvent au moins contempler la lumière du jour et réchauffer leurs membres froids au rayon de midi.

Il y avait la branche aînée et la branche cadette des Mauprat. Je suis de la branche aînée. Mon grand-père était ce vieux Tristan de Mauprat qui mangea sa fortune, déshonora son nom, et fut si méchant que sa mémoire est déjà entourée de merveilleux. Les paysans croient encore voir apparaître son spectre alternativement dans le corps d'un sorcier qui enseigne aux malfaiteurs le chemin des habitations de la Varenne, et dans celui d'un vieux lièvre blanc qui se montre aux gens tentés de quelque mauvais dessein. La branche cadette n'existait plus, lorsque je vins au monde, que dans la personne de M. Hubert de Mauprat, qu'on appelait le chevalier parce qu'il était dans l'ordre de Malte, et qui était aussi bon que son cousin l'était peu. Cadet de famille, il s'était voué au célibat; mais, resté seul de plusieurs frères et sœurs, il se fit relever de ses vœux, et prit femme un an avant ma naissance. Avant de changer ainsi son existence, il avait fait, dit-on, de grands efforts pour trouver dans la branche aînée un héritier digne de relever son nom flétri, et de conserver la fortune qui avait prospéré dans les mains de la branche cadette. Il avait essayé de remettre de l'ordre dans les affaires de son cousin Tristan, et plusieurs fois apaisé ses créanciers. Mais voyant que ses bontés ne servaient qu'à favoriser les vices de la famille, et qu'au lieu de déférence et de gratitude, il ne trouverait jamais là que haine secrète et grossière jalousie, il renonça à tout accord, rompit avec ses cousins, et malgré son âge avancé (il avait plus de soixante ans), il se maria afin d'avoir des héritiers. Il eut une fille, et là dut finir son espoir de postérité : car sa femme mourut peu de temps après, d'une maladie violente que les médecins appelèrent colique de *miserere*. Il quitta le pays et ne revint plus que très-rarement habiter ses terres qui étaient situées à six lieues de la Roche-Mauprat, sur la lisière de la Varenne du *Fromental*. C'était un homme sage et juste, parce qu'il était éclairé, parce que son père n'avait pas repoussé l'esprit de son siècle et lui avait fait donner de l'éducation. Il n'en avait pas moins gardé un caractère ferme et un esprit entreprenant; et, comme ses aïeux, il se faisait gloire de porter en guise de prénom, le surnom chevaleresque de *Casse-tête*, héréditaire dans l'antique tige des Mauprat. Quant à la branche aînée, elle avait si mal tourné, ou plutôt elle avait gardé de telles habitudes de brigandage féodal, qu'on l'avait surnommée Mauprat Coupe-Jarret. Mon père, qui était le fils aîné de

Tristan, fut le seul qui se maria. Je fus son unique enfant. Il est nécessaire de dire ici un fait que je n'ai su que fort tard. Hubert Mauprat, en apprenant ma naissance, me demanda à mes parents, s'engageant, si on le laissait absolument maître de mon éducation, à me constituer son héritier. Mon père fut tué par accident à la chasse à cette époque, et mon grand-père refusa l'offre du chevalier, déclarant que ses enfants étaient les seuls héritiers légitimes de la branche cadette, qu'il s'opposerait par conséquent de tout son pouvoir à une substitution en ma faveur. C'est alors que Hubert eut une fille. Mais lorsque sept ans plus tard sa femme mourut en lui laissant ce seul enfant, le désir qu'avaient les nobles de cette époque de perpétuer leur nom, l'engagea de renouveler sa demande à ma mère. Je ne sais ce qu'elle répondit; elle tomba malade et mourut. Les médecins de campagne mirent encore en avant la colique de *miserere*. Mon grand-père était demeuré chez elle les deux derniers jours qu'elle passa en ce monde.

« Versez-moi un verre de vin d'Espagne, car je sens le froid qui me gagne. Ce n'est rien, c'est l'effet que me produisent mes souvenirs quand je commence à les dérouler. Cela va se passer. »

Il avala un grand verre de vin, et nous en fîmes autant; car nous avions froid aussi en regardant sa figure austère, et en écoutant sa parole brève et saccadée. Il continua :

Je me trouvai donc orphelin à sept ans. Mon grand-père pilla dans la maison de ma mère tout l'argent et les nippes qu'il put emporter; puis laissant le reste, et disant qu'il ne voulait point avoir affaire aux gens de loi, il n'attendit pas que la morte fût ensevelie, et, me prenant par le collet de ma veste, il me jeta sur la croupe de son cheval, en me disant : « Ah çà! mon pupille, venez chez nous, et tâchez de ne pas pleurer longtemps ; car je n'ai pas beaucoup de patience avec les marmots. »

En effet, au bout de quelques instants il m'appliqua de si vigoureux coups de cravache que je cessai de pleurer, et que, me rentrant en moi-même comme une tortue sous son écaille, je fis le voyage sans oser respirer.

C'était un grand vieillard, osseux et louche. Je crois le voir encore tel qu'il était alors. Cette soirée a laissé en moi d'ineffaçables traces. C'était la réalisation soudaine de toutes les terreurs que ma mère m'avait inspirées en me parlant de son exécrable beau-père et de ses brigands de fils. La lune, je m'en souviens, éclairait de temps à autre au travers du branchage serré de la forêt. Le cheval de mon grand-père était sec, vigoureux et méchant comme lui. Il ruait à chaque coup de cravache, et son maître ne les lui épargnait pas. Il franchissait, rapide comme un trait, les ravins et les petits torrents qui coupent la Varenne en tout sens. A chaque secousse je perdais l'équilibre, et je me cramponnais avec frayeur à la croupière du cheval ou à l'habit de mon grand-père. Quant à lui, il s'inquiétait si peu de moi que, si je fusse tombé, je doute qu'il eût pris la peine de me ramasser. Parfois, s'apercevant de ma peur, il m'en raillait, et pour l'augmenter faisait caracoler de nouveau son cheval. Vingt fois le découragement me prit, et je faillis me jeter à la renverse, mais l'amour instinctif de la vie m'empêcha de céder à ces instants de désespoir. Enfin, vers minuit nous nous arrêtâmes brusquement devant une petite porte aiguë, et bientôt le pont-levis se releva derrière nous. Mon grand-père me prit, tout baigné que j'étais d'une sueur froide, et me jeta à un grand garçon estropié, hideux, qui me porta dans la maison. C'était mon oncle Jean, et j'étais à la Roche-Mauprat.

Mon grand-père était dès lors avec ses huit fils, le dernier débris que notre province eût conservé de cette race de petits tyrans féodaux dont la France avait été couverte et infestée pendant tant de siècles. La civilisation, qui marchait rapidement vers la grande convulsion révolutionnaire, effaçait de plus en plus ces exactions et ces brigandages organisés. Les lumières de l'éducation, une sorte de bon goût, reflet lointain d'une cour galante, et peut-être le pressentiment d'un réveil prochain et terrible du peuple, pénétraient dans les châteaux et jusque dans le manoir à demi rustique des gentillâtres. Même dans nos provinces du centre, les plus arriérées par leur situation, le sentiment de l'équité sociale l'emportait déjà sur la coutume barbare. Plus d'un mauvais garnement avait été obligé de s'amender en dépit de ses priviléges, et en certains endroits les paysans, poussés à bout, s'étaient débarrassés de leur seigneur, sans que les tribunaux eussent songé à s'emparer de l'affaire, et sans que les parents eussent osé demander vengeance.

Malgré cette disposition des esprits, mon grand-père s'était longtemps maintenu dans le pays sans éprouver de résistance. Mais, ayant eu une nombreuse famille à élever, laquelle était pourvue comme lui de bon nombre de vices, il se vit enfin tourmenté et obsédé de créanciers que n'effarouchaient plus ses menaces, et qui menaçaient eux-mêmes de lui faire un mauvais parti. Il fallut songer à éviter les recors d'un côté, et de l'autre les querelles qui naissaient à chaque instant, et dans lesquelles, malgré leur nombre, leur bon accord et leur force herculéenne, les Mauprat ne brillaient plus, toute la population se joignant à ceux qui les insultaient et se mettant en devoir de les lapider. Alors Tristan, ralliant sa lignée autour de lui, comme le sanglier rassemble après la chasse ses marcassins dispersés, se retira dans son castel, en fit lever le pont et s'y renferma avec dix ou douze manants, ses valets, tous braconniers ou déserteurs, qui avaient intérêt comme lui à se retirer du monde (c'était son expression) et à se mettre en sûreté derrière de bonnes murailles. Un énorme faisceau d'armes de chasse, canardières, carabines, escopettes, pieux et coutelas, fut dressé sur la plate-forme, et il fut enjoint au portier de ne jamais laisser approcher plus de deux personnes en deçà de la portée de son fusil.

Depuis ce jour, Mauprat et ses enfants rompirent avec les lois civiles comme ils avaient rompu avec les lois morales. Ils s'organisèrent en bande d'aventuriers. Tandis que leurs amés et féodaux braconniers pourvoyaient la maison de gibier, ils levaient des taxes illégales sur les métairies environnantes. Sans être lâches (et tant s'en faut), nos paysans, vous le savez, sont doux et timides par nonchalance, et par méfiance de la loi, que dans aucun temps ils n'ont comprise, et qu'aujourd'hui encore ils connaissent à peine. Aucune province de France n'a conservé plus de vieilles traditions et souffert plus longtemps les abus de la féodalité. Nulle part ailleurs peut-être on n'a maintenu, comme on l'a fait chez nous jusqu'ici, le titre de seigneur de la commune à certains châtelains, et nulle part il n'est aussi facile d'épouvanter le peuple par la nouvelle de quelque fait politique absurde et impossible. Au temps dont je vous parle, les Mauprat, seule famille puissante dans un rayon de campagnes éloignées des villes et privées de communications avec l'extérieur, n'eurent pas de peine à persuader à leurs vassaux que le servage allait être rétabli, et que les récalcitrants seraient mal menés. Les paysans hésitèrent, écoutèrent avec inquiétude quelques-uns d'entre eux qui prêchaient l'indépendance, puis réfléchirent et prirent le parti de se soumettre. Les Mauprat ne demandaient pas d'argent. Les valeurs monétaires sont ce que le paysan de ces contrées réalise avec le plus de peine, ce dont il se dessaisit avec le plus de répugnance. *L'argent est cher* est un de ses proverbes, parce que l'argent représente pour lui autre chose qu'un travail physique. C'est un commerce avec les choses et les hommes du dehors, un effort de prévoyance ou de circonspection, un marché, une sorte de lutte intellectuelle qui l'enlève à ses habitudes d'incurie, en un mot, un travail de l'esprit; et pour lui c'est le plus pénible et le plus inquiétant.

Les Mauprat, connaissant bien le terrain et n'ayant plus de grands besoins d'argent, puisqu'ils avaient renoncé à payer leurs dettes, réclamèrent seulement des denrées. L'un subit la surtaxe sur ses chapons, un autre sur ses veaux, un troisième fournit le blé, un quatrième le fourrage, et ainsi de suite. On avait soin de rançonner avec discernement, de demander à chacun ce qu'il pouvait donner sans se gêner outre mesure; on promettait à tous aide et protection, et jusqu'à un certain point on tenait parole. On détruisait les loups et les renards, on accueillait et on cachait les déserteurs, on aidait à frauder l'État, en intimidant les employés de la gabelle et les collecteurs de l'impôt.

On usa de la facilité d'abuser le pauvre sur ses véritables intérêts, et de corrompre les gens simples en déplaçant le principe de leur dignité et de leur liberté naturelle. On fit entrer toute la contrée dans l'espèce de scission qu'on avait faite avec la loi, et on effraya tellement les fonctionnaires chargés de la faire respecter qu'elle tomba en peu d'années dans une véritable désuétude : de sorte que, tandis qu'à une faible distance de ce pays la France marchait à grands pas vers l'affranchissement des classes pauvres, la Varenne suivait une marche rétrograde, et retournait à plein collier vers l'ancienne tyrannie des hobereaux. Il fut bien aisé aux Mauprat de pervertir ces pauvres gens : ils affectèrent de se populariser, afin de contraster avec les autres nobles de la province, qui conservaient dans leurs manières la hauteur de leur antique puissance. Mon grand-père ne perdait pas surtout cette occasion de faire partager aux paysans son animadversion contre son cousin Hubert de Mauprat. Tandis que celui-ci donnait audience à ses chevanciers, lui assis dans son fauteuil, eux debout et la tête nue, Tristan de Mauprat les faisait asseoir à sa table, goûtait avec eux le vin qu'ils lui apportaient en hommage volontaire, et les faisait reconduire par ses gens au milieu de la nuit, tous ivres-morts, la torche en main et faisant retentir la forêt de refrains obscènes. Le libertinage acheva la démoralisation des paysans. Les Mauprat eurent bientôt dans toutes les familles des accointances que l'on toléra parce qu'on y trouva du profit, et, faut-il le dire, hélas ! des satisfactions de vanité ! La dispersion des habitations favorisait le mal. Là point de scandale, point de censure. Le plus petit village eût suffi pour faire éclore et régner une opinion publique ; mais il n'y avait que des chaumières éparses, des métairies isolées ; des landes et des taillis mettaient entre les familles des distances assez considérables pour qu'elles ne pussent exercer mutuellement leur contrôle. La honte fait plus que la conscience. Il est inutile de vous dire quels nombreux liens d'infamie s'établirent entre les maîtres et les esclaves : la débauche, l'exaction et la banqueroute furent l'exemple et le précepte de ma jeunesse, et l'on menait joyeuse vie. On se moquait de toute équité, on ne remboursait aux créanciers ni intérêts ni capitaux, on rossait les gens de loi qui se hasardaient à venir faire des sommations, on canardait la maréchaussée lorsqu'elle approchait trop des tourelles ; on souhaitait la peste au parlement, la famine aux hommes imbus de philosophie nouvelle, la mort à la branche cadette des Mauprat, et on se donnait par-dessus tout des airs de paladins du douzième siècle. Mon grand-père ne parlait que de sa généalogie et des prouesses de ses ancêtres ; il regrettait le bon temps où les châtelains avaient chez eux des instruments pour la torture, des oubliettes et surtout des canons. Pour nous, nous n'avions que des fourches, des bâtons et une mauvaise coulevrine, que mon oncle Jean pointait du reste fort bien, et qui suffisait pour tenir en respect la chétive force militaire du canton.

II.

Le vieux Mauprat était un animal perfide et carnassier qui tenait le milieu entre le loup-cervier et le renard. Il avait, avec une élocution abondante et facile, un vernis d'éducation qui aidait en lui à la ruse. Il affectait beaucoup de politesse et ne manquait pas de moyens de persuasion avec les objets de ses vengeances. Il savait les attirer chez lui et leur faire subir des traitements affreux que, faute de témoins, il leur était impossible de prouver en justice. Toutes ses scélératesses portaient un caractère d'habileté si grande, que le pays en fut frappé d'une consternation qui ressemblait presque à du respect. Jamais il ne fut possible de le saisir hors de sa tanière, quoiqu'il en sortît souvent et sans beaucoup de précautions apparentes. C'était un homme qui avait le génie du mal, et ses fils, à défaut de l'affection dont ils étaient incapables, subissaient l'ascendant de sa détestable supériorité, et lui obéissaient avec une discipline et une ponctualité presque fanatiques. Il était leur sauveur dans tous les cas désespérés, et, lorsque l'ennui de la réclusion commençait à planer sous nos voûtes glacées, son esprit, facétieusement féroce, le combattait chez eux par l'attrait de spectacles dignes d'une caverne de voleurs. C'était parfois de pauvres moines quêteurs qu'on s'amusait à effrayer et à tourmenter : on leur brûlait la barbe, on les descendait dans des puits et on les tenait suspendus entre la vie et la mort jusqu'à ce qu'ils eussent chanté quelque gravelure ou proféré quelque blasphème. Tout le pays connaît l'aventure du greffier qu'on laissa entrer avec quatre huissiers, et qu'on reçut avec tous les empressements d'une hospitalité fastueuse. Mon grand-père feignit de consentir de bonne grâce à l'exécution de leur mandat, et les aida poliment à faire l'inventaire de son mobilier, dont la vente était décrétée ; après quoi, le dîner étant servi et les gens du roi attablés, Tristan dit au greffier : « Eh ! mon Dieu, j'oubliais une pauvre haridelle que j'ai à l'écurie. Ce n'est pas grand'chose ; mais encore vous pourriez être réprimandé pour l'avoir omise, et comme je vois que vous êtes un brave homme, je ne veux point vous induire en erreur. Venez avec moi la voir, ce sera l'affaire d'un instant. » Le greffier suivit Mauprat sans défiance, et, au moment où ils entraient ensemble dans l'écurie, Mauprat, qui marchait le premier, lui dit d'avancer seulement la tête, ce que fit le greffier, désireux de montrer beaucoup d'indulgence dans l'exercice de ses fonctions, et de ne point examiner les choses scrupuleusement. Alors Mauprat poussa brusquement la porte et lui serra si fortement le cou entre le battant et la muraille, que le malheureux en perdit la respiration. Tristan, le jugeant assez puni, rouvrit la porte, et, lui demandant pardon de son inadvertance avec beaucoup de civilité, lui offrit son bras pour le reconduire à table ; ce que le greffier ne jugea pas à propos de refuser. Mais aussitôt qu'il fut rentré dans la salle où étaient ses confrères, il se jeta sur une chaise, et, leur montrant sa figure livide et son cou meurtri, il demanda justice contre le guet-apens où on venait de l'entraîner. C'est alors que mon grand-père, se livrant à sa fourbe railleuse, joua une scène de comédie d'une audace singulière. Il reprocha gravement au greffier de l'accuser injustement, et, affectant de lui parler toujours avec beaucoup de politesse et de douceur, il prit les autres à témoin de sa conduite, les suppliant de l'excuser si sa position précaire l'empêchait de les mieux recevoir, et leur faisant les honneurs de son dîner d'une manière splendide. Le pauvre greffier n'osa pas insister et fut forcé de dîner, quoiqu'à demi mort. Ses confrères furent si complétement dupes de l'assurance de Mauprat, qu'ils burent et mangèrent gaiement en traitant le greffier de fou et de malhonnête. Ils sortirent de la Roche-Mauprat tous ivres, chantant les louanges du châtelain et raillant le greffier, qui tomba mort sur le seuil de sa maison en descendant de cheval.

Les huit garçons, l'orgueil et la force du vieux Mauprat, lui ressemblaient tous également par la vigueur physique, la brutalité des mœurs, et plus ou moins par la finesse et la méchanceté moqueuse. Il faut le dire, c'étaient de vrais coquins, capables de tout mal, et complétement idiots devant une noble idée ou devant un bon sentiment ; cependant il y avait en eux une sorte de bravoure désespérée, qui parfois n'était pas pour moi sans une apparence de grandeur. Mais il est temps que je vous parle de moi, et que je vous raconte le développement de mon âme au sein du bourbier immonde où il avait plu à Dieu de me plonger au sortir de mon berceau.

J'aurais tort si, pour forcer votre commisération à me suivre dans ces premières annnées de ma vie, je vous disais que je naquis avec une noble organisation, avec une âme pure et incorruptible. Quant à cela, monsieur, je n'en sais rien. Il n'y a peut-être pas d'âmes incorruptibles, et peut-être qu'il y en a. C'est ce que ni vous ni personne ne saurez jamais. C'est une grande question à résoudre que celle-ci : « Y a-t-il en nous des penchants invincibles, et l'éducation peut-elle les modifier seulement ou les détruire ? » Moi, je n'oserais prononcer ; je ne suis ni métaphysicien, ni psychologue, ni philosophe ; mais j'ai eu une terrible vie, messieurs ; et, si j'étais législateur, je ferais arracher la langue ou couper le bras à celui qui oserait prêcher ou écrire que l'organisation des individus est fatale, et qu'on ne refait pas plus le caractère d'un homme que l'appétit d'un tigre. Dieu m'a préservé de le croire.

Tout ce que je puis vous dire, c'est que j'avais reçu de ma mère de bonnes notions sans avoir peut-être naturellement ses bonnes qualités. Chez elle, j'étais déjà violent, mais d'une violence sombre et concentrée, aveugle et brutal dans la colère, méfiant jusqu'à la poltronnerie à l'approche du danger, hardi jusqu'à la folie quand j'étais aux prises avec lui, c'est-à-dire à la fois timide et brave par amour de la vie. J'étais d'une opiniâtreté révoltante ; pourtant ma mère seule réussissait à me vaincre ; et, sans bien raisonner, car mon intelligence fut très-tardive dans son développement, je lui obéissais comme à une sorte de nécessité magnétique. Avec ce seul ascendant, dont je me souviens, et celui d'une autre femme que j'ai subi par la suite, il y avait et il y a eu de quoi me mener à bien. Mais je perdis ma mère avant qu'elle eût pu m'enseigner sérieusement quelque chose ; et, quand je fus transplanté à la Roche-Mauprat, je ne pus éprouver pour le mal qui s'y faisait qu'une répulsion instinctive, assez faible peut-être, si la peur ne s'y fût mêlée.

Mais je remercie le ciel du fond du cœur pour les mauvais traitements dont j'y fus accablé, et surtout pour la haine que mon oncle Jean conçut pour moi. Mon malheur me préserva de l'indifférence en face du mal, et mes souffrances m'aidèrent à détester ceux qui le commettaient.

Ce Jean était certainement le plus détestable de sa race : depuis qu'une chute de cheval l'avait rendu contrefait, sa méchante humeur s'était développée en raison de l'impossibilité de faire autant de mal que ses compagnons. Obligé de rester au logis quand les autres partaient pour leurs expéditions, car il ne pouvait monter à cheval, il n'avait de plaisir que lorsque le château recevait un de ces petits assauts inutiles que la maréchaussée lui donnait quelquefois comme pour l'acquit de sa conscience. Retranché derrière un rempart en pierres de taille qu'il avait fait construire à sa guise, Jean, assis tranquillement auprès de sa couleuvrine, effleurait de temps en temps un gendarme, et retrouvait tout à coup, disait-il, le sommeil et l'appétit que lui ôtait son inaction. Même il n'attendait pas les cas d'attaque pour grimper à sa chère plate-forme; et là, accroupi comme un chat qui fait le guet, dès qu'il voyait un passant se montrer au loin sans faire de signal, il exerçait son adresse sur ce point de mire et le faisait rebrousser chemin. Il appelait cela donner un coup de balai sur la route.

Mon jeune âge me rendant incapable de suivre mes oncles à la chasse et à la maraude, Jean devint naturellement mon gardien et mon instituteur, c'est-à-dire mon geôlier et mon bourreau. Je ne vous raconterai pas les détails de cette infernale existence. Pendant près de dix ans, j'ai subi le froid, la faim, l'insulte, le cachot et les coups, selon les caprices plus ou moins féroces de ce monstre. Sa grande haine pour moi vint de ce qu'il ne put parvenir à me dépraver; mon caractère rude, opiniâtre et sauvage, me préserva de ses viles séductions. Peut-être n'avais-je en moi aucune force pour la vertu,

mais j'en avais heureusement pour la haine. Plutôt que
de complaire à mon tyran, j'aurais souffert mille morts;
je grandis donc sans concevoir aucun attrait pour le vice.
Cependant j'avais de si étranges notions sur la société,
que le métier de mes oncles ne me causait par lui-même
aucune répugnance. Vous pensez bien qu'élevé derrière
les murs de la Roche-Mauprat, et vivant en état de siége
perpétuel, j'avais absolument les idées qu'eût pu avoir un
servant d'armes aux temps de la barbarie féodale. Ce
qui, hors de notre tanière, s'appelait, pour les autres
hommes, assassiner, piller, et torturer, on m'apprenait à
l'appeler combattre, vaincre et soumettre. Je savais,
pour toute histoire des hommes, les légendes et les ballades de la chevalerie que mon grand-père me racontait
le soir lorsqu'il avait le temps de songer à ce qu'il appelait mon éducation; et quand je lui adressais quelque
question sur le temps présent, il me répondait que les
temps étaient bien changés, que tous les Français étaient
devenus traîtres et félons, qu'ils avaient fait peur aux
rois, et que ceux-ci avaient abandonné lâchement la
noblesse, laquelle, à son tour, avait eu la couardise de
renoncer à ses priviléges et de se laisser faire la loi par
les manants. J'écoutais avec surprise, et presque avec
indignation, cette peinture de l'époque où je vivais,
époque pour moi indéfinissable. Mon grand-père n'était
pas fort sur la chronologie : aucune espèce de livres ne
se trouvait à la Roche-Mauprat, si ce n'est l'histoire des
fils d'Aymon et quelques chroniques du même genre,
rapportées des foires du pays par nos valets. Trois noms
surnageaient seuls dans le chaos de mon ignorance,
Charlemagne, Louis XI et Louis XIV, parce que mon
grand-père les faisait souvent intervenir dans ses commentaires sur les droits méconnus de la noblesse. Et
moi, en vérité, je savais à peine la différence d'un règne

à une race ; et je n'étais pas bien sûr que mon grand-père n'eût pas vu Charlemagne, car il en parlait plus souvent et plus volontiers que de tout autre.

Mais, en même temps que mon énergie instinctive me faisait admirer les faits d'armes de mes oncles et m'inspirait le désir d'y prendre part, les froides cruautés que je leur voyais exercer au retour de leurs campagnes, et les perfidies au moyen desquelles ils attiraient des dupes chez eux pour les rançonner ou les torturer, me causaient des émotions pénibles, étranges, et dont il me serait difficile, aujourd'hui que je parle en toute sincérité, de me rendre compte bien clairement. Dans l'absence de tout principe de morale, il eût été naturel que je me contentasse de celui du droit du plus fort, que je voyais mettre en pratique ; mais les humiliations et les souffrances qu'en raison de ce droit mon oncle Jean m'imposait m'avaient appris à ne pas m'en contenter. Je comprenais le droit du plus brave, et je méprisais sincèrement ceux qui, pouvant mourir, acceptaient la vie au prix des ignominies qu'on leur faisait subir à la Roche-Mauprat. Mais ces affronts, ces terreurs, imposés à des prisonniers, à des femmes, à des enfants, ne me semblaient expliqués et autorisés que par des appétits sanguinaires. Je ne sais si j'étais assez susceptible d'un bon sentiment pour qu'ils m'inspirassent de la pitié pour les victimes ; mais il est certain que j'éprouvais ce sentiment de commisération égoïste qui est dans la nature, et qui, perfectionné et ennobli, est devenu la charité chez les hommes civilisés. Sous ma grossière enveloppe, mon cœur n'avait sans doute que des tressaillements de peur et de dégoût à l'aspect des supplices que, d'un jour à l'autre, je pouvais subir pour mon compte au moindre caprice de mes oppresseurs ; d'autant plus que Jean avait l'habitude, lorsqu'il me voyait pâlir à ces affreux spectacles, de me dire d'un air goguenard : « Voilà ce que je te ferai quand tu désobéiras. » Tout ce que je sais, c'est que j'éprouvais un affreux malaise en présence de ces actions iniques ; mon sang se figeait dans mes veines, ma gorge se serrait, et je m'enfuyais pour ne pas répéter les cris qui frappaient mon oreille. Cependant, avec le temps, je me blasai un peu sur ces impressions terribles. Ma fibre s'endurcit, l'habitude me donna des forces pour cacher ce qu'on appelait ma lâcheté. J'eus honte des signes de faiblesse que je donnais, et je forçai mon visage au sourire d'hyène que je voyais sur le visage de mes proches. Mais je ne pus jamais réprimer des frémissements convulsifs qui me passaient de temps en temps dans tous les membres et un froid mortel qui descendait dans mes veines au retour de ces scènes d'angoisse. Les femmes traînées, moitié de gré, moitié de force, sous le toit de la Roche-Mauprat, me causaient un trouble inconcevable. Je commençais à sentir le feu de la jeunesse s'éveiller en moi, et à jeter un regard de convoitise sur cette part des captures de mes oncles ; mais il se mêlait à ces naissants désirs des angoisses inexprimables. Les femmes n'étaient qu'un objet de mépris pour tout ce qui m'entourait ; je faisais de vains efforts pour séparer cette idée de celle du plaisir qui me sollicitait. Ma tête était bouleversée, et mes nerfs irrités donnaient un goût violent et maladif à toutes mes sensations.

Du reste, j'avais le caractère aussi mal fait que mes compagnons ; et, si mon cœur valait mieux, mes manières n'étaient pas moins arrogantes ni mes plaisanteries de meilleur goût. Un trait de ma méchanceté adolescente n'est pas inutile à rapporter ici, d'autant plus que les suites de ce fait eurent de l'influence sur le reste de ma vie.

III.

A trois lieues de la Roche-Mauprat, en tirant vers le Fromental, vous devez avoir vu, au milieu des bois, une vieille tour isolée, célèbre par la mort tragique d'un prisonnier que le bourreau, étant en tournée, trouva bon de pendre, il y a une centaine d'années, sans autre forme de procès, pour complaire à un ancien Mauprat, son seigneur.

A l'époque dont je vous parle, la tour Gazeau était déjà abandonnée, menaçant ruine : elle était domaine de l'Etat, et on y avait toléré, par oubli plus que par bienfaisance, la retraite d'un vieux indigent, homme fort original, vivant complétement seul, et connu dans le pays sous le nom du bonhomme Patience.

— J'en ai entendu parler à la grand'mère de ma nourrice, repris-je ; elle le tenait pour sorcier.

— Précisément ; et, puisque nous voici sur ce sujet, il faut que je vous dise au juste quel homme était ce Patience ; car j'aurai plus d'une fois occasion de vous en parler dans le cours de mon récit, et j'ai eu aussi celle de le connaître à fond.

Patience était un philosophe rustique. Le ciel lui avait départi une haute intelligence ; mais l'éducation lui avait manqué, et, par une sorte de fatalité inconnue, son cerveau avait été complétement rebelle au peu d'instruction qu'il avait été à même de recevoir. Ainsi il avait été à l'école chez les Carmes de ***, et, au lieu de ressentir ou de montrer de l'aptitude, il avait fait l'école buissonnière avec plus de délices qu'aucun de ses camarades. C'était une nature éminemment contemplative, douce et indolente, mais fière, et poussant jusqu'à la sauvagerie l'amour de l'indépendance ; religieuse, mais ennemie de toute règle ; un peu ergoteuse, très-méfiante, implacable aux hypocrites. Les pratiques du cloître ne lui en imposèrent pas, et, pour avoir eu une ou deux fois son franc-parler avec les moines, il fut chassé de l'école. Depuis ce temps, il fut grand ennemi de ce qu'il appelait la monacaille, et se déclara ouvertement pour le curé de Briantes, qu'on accusait d'être janséniste. Mais le curé ne réussit pas mieux que les moines à instruire Patience. Le jeune paysan quoique doué d'une force herculéenne et d'une grande curiosité pour la science, montrait une aversion insurmontable pour toute espèce de travail, soit physique, soit intellectuel. Il professait une philosophie naturelle à laquelle il était bien difficile au curé de répondre. « On n'avait pas besoin de travailler, disait-il, quand on n'avait pas besoin d'argent, et on n'avait pas besoin d'argent quand on n'avait que des besoins modérés. » Patience prêchait d'exemple ; dans l'âge des passions, il eut des mœurs austères, ne but jamais que de l'eau, n'entra jamais dans un cabaret, ne sut point danser, et fut toujours fort gauche et timide avec les femmes, auxquelles d'ailleurs son caractère bizarre, sa figure sévère et son esprit un peu railleur ne plurent point. Comme s'il eût aimé à se venger, par le dédain, de cette défaveur, ou à s'en consoler par la sagesse, il se plaisait comme autrefois Diogène, à dénigrer les vains plaisirs d'autrui ; et si quelquefois on le voyait passer sous la ramée, au milieu des fêtes, c'était pour y jeter quelque saillie ingénue, éclair de son inexorable bon sens. Quelquefois aussi son intolérante moralité s'exprima d'une manière acerbe, et laissa derrière lui un nuage de tristesse ou d'effroi dans les consciences troublées. C'est ce qui lui suscita de violents ennemis ; et les efforts d'une haine inepte, joints à l'espèce d'étonnement qu'inspirait son allure excentrique, lui attirèrent la réputation de sorcier.

Quand je vous ai dit que l'instruction manqua à Patience, je me suis mal exprimé. Avide de connaître les hauts mystères de la nature, son intelligence voulut escalader le ciel au premier vol ; et, dès les premières leçons, le curé janséniste se vit tellement troublé et effarouché de l'audace de son élève, il eut tant à lui dire pour le calmer et le soumettre, il fallut soutenir un tel assaut de questions hardies et d'objections superbes, qu'il n'eut pas le loisir de lui enseigner l'alphabet, et qu'au bout de dix ans d'études interrompues et reprises au gré du caprice ou de la nécessité, Patience ne savait pas lire. C'est à grand'peine qu'en suant sur son livre il déchiffrait une page en deux heures, et encore ne comprenait-il pas le sens de la plupart des mots qui exprimaient des idées abstraites. Et pourtant ces idées abstraites étaient en lui, on les pressentait en le voyant, en l'écoutant ; et c'était merveille que la manière dont il parvenait à les rendre dans son langage rustique, animé d'une poésie barbare ; si bien qu'on était, en l'entendant, partagé entre l'admiration et la gaieté.

Lui, toujours grave, toujours absolu, ne voulait composer avec aucune dialectique. Stoïcien par nature et par principe, passionné dans la propagande de sa doctrine du détachement des faux biens, mais inébranlable dans la pratique de la résignation, il battait en brèche le pauvre curé ; et c'était à ces discussions, comme il me l'a raconté souvent dans ses dernières années, qu'il avait acquis ses connaissances en philosophie. Pour résister aux coups de bélier de la logique naturelle, le bon janséniste était forcé d'invoquer le témoignage de tous les pères de l'Église et de les opposer, souvent même de les corroborer avec la doctrine de tous les sages et savants de l'antiquité. Alors les yeux ronds de Patience *grossissaient dans sa tête* (c'était son expression), la parole expirait sur ses lèvres, et, charmé d'apprendre sans se donner la peine d'étudier, il se faisait longuement expliquer la doctrine de ces grands hommes et raconter leur vie. En voyant son attention et son silence, l'adversaire triomphait ; mais, au moment où il croyait avoir convaincu cette âme rebelle, Patience, entendant sonner minuit à l'horloge du village, se levait, prenait congé de son hôte avec affection, et, reconduit par lui jusqu'au seuil du presbytère, le consternait avec quelque réflexion laconique et mordante qui confondait saint Jérôme et Platon, Eusèbe tout autant que Sénèque, Tertullien non moins qu'Aristote.

Le curé ne s'avouait pas trop la supériorité de cette intelligence inculte. Néanmoins il était tout étonné de passer tant de soirs d'hiver au coin de son feu avec ce paysan, sans éprouver ni ennui ni fatigue ; et il se demandait pourquoi le magister du village, et même le prieur du couvent, quoique sachant grec et latin, lui semblaient l'un ennuyeux, l'autre erroné dans tous leurs discours. Il connaissait toute la pureté des mœurs de Patience, et il s'expliquait l'ascendant de son esprit par le pouvoir et le charme que la vertu exerce et répand autour d'elle. Puis il s'accusait humblement chaque soir devant Dieu de n'avoir pas disputé avec son élève à un point de vue assez chrétien. Il confessait à son ange gardien que l'orgueil de sa science et le plaisir qu'il avait goûté à se voir écouté si religieusement, l'avaient un peu emporté au delà des limites de l'enseignement religieux ; qu'il avait cité trop complaisamment les auteurs profanes ; qu'il avait même trouvé un dangereux plaisir à se promener avec son auditeur dans les champs du passé, pour y cueillir des fleurs païennes que l'eau du baptême n'avait pas arrosées et qu'il n'était pas permis à un prêtre de respirer avec tant de charme.

De son côté, Patience chérissait le curé. C'était son

seul ami, le seul lien qu'il eût avec la société, le seul aussi qu'il eût avec Dieu par la lumière de la science. Le paysan s'exagérait beaucoup le savoir de son pasteur. Il ne savait pas que même les plus éclairés des hommes civilisés prennent souvent à rebours, ou ne prennent pas du tout, le cours des connaissances humaines. Patience eût été délivré de grandes anxiétés d'esprit s'il eût pu découvrir, à coup sûr, que son maître se trompait fort souvent, et que c'était l'homme et non la vérité qui faisait défaut. Ne le sachant pas et voyant l'expérience des siècles en désaccord avec le sentiment inné de la justice, il était en proie à des rêveries continuelles ; et vivant seul, errant dans la campagne à toutes les heures du jour et de la nuit, absorbé dans des préoccupations inconnues à ses pareils, il donnait de plus en plus crédit aux fables de sorcellerie débitées contre lui.

Le couvent n'aimait pas le pasteur. Quelques moines que Patience avait démasqués haïssaient Patience. Le pasteur et l'élève furent persécutés. Les moines ignares ne reculèrent pas devant la possibilité d'accuser le curé auprès de son évêque de s'adonner aux sciences occultes, de concert avec le magicien Patience. Une sorte de guerre religieuse s'établit dans le village et dans les alentours. Tout ce qui n'était pas pour le couvent fut pour le curé, et réciproquement. Patience dédaigna d'entrer dans cette lutte. Un beau matin, il alla embrasser son ami en pleurant, et lui dit : « Je n'aime que vous au monde, je ne veux donc pas vous être un sujet de persécution ; comme, après vous, je ne connais et n'aime personne, je m'en vais vivre dans les bois à la manière des hommes primitifs. J'ai pour héritage un champ qui rapporte cinquante livres de rente ; c'est la seule terre que j'aie jamais remuée de mes mains, et la moitié de son chétif revenu a été employée à payer la dîme de travail que je dois au seigneur; j'espère mourir sans avoir fait pour autrui le métier de bête de somme. Cependant, si on vous suspend de vos fonctions, si on vous ôte votre revenu, et que vous ayez un champ à labourer, faites-moi dire un mot, et vous verrez que mes bras ne se seront pas engourdis dans l'inaction. »

Le pasteur combattit en vain cette résolution. Patience partit, emportant pour tout bagage la veste qu'il avait sur le dos, et un abrégé de la doctrine d'Épictète, pour laquelle il avait une grande prédilection, et dans laquelle, grâce à de fréquentes études, il pouvait lire jusqu'à trois pages par jour, sans se fatiguer outre mesure. L'anachorète rustique alla vivre au désert. D'abord il se construisit dans les bois une cahute de ramée. Mais, assiégé par les loups, il se réfugia dans une salle basse de la tour Gazeau, où il se fit, avec un lit de mousse et des troncs d'arbres, un ameublement splendide ; avec des racines, des fruits sauvages et le laitage d'une chèvre, un ordinaire très-peu inférieur à celui qu'il avait eu au village. Ceci n'est point exagéré. Il faut voir le paysan de certaines parties de la Varenne pour se faire une idée de la sobriété au sein de laquelle un homme peut vivre en état de santé. Au milieu de ces habitudes stoïques, Patience était encore une exception. Jamais le vin n'avait rougi ses lèvres, et le pain lui avait toujours semblé une superfluité. Il ne haïssait pas d'ailleurs la doctrine de Pythagore, et, dans les rares entrevues qu'il avait désormais avec son ami, il lui disait que, sans croire précisément à la métempsycose, et sans se faire une loi d'observer le régime végétal, il éprouvait involontairement une secrète joie de pouvoir s'y adonner, et de n'avoir plus occasion de voir donner la mort tous les jours à des animaux innocents.

Patience avait pris cette étrange résolution à l'âge de quarante ans ; il en avait soixante lorsque je le vis pour la première fois, et il jouissait d'une force physique extraordinaire. Il avait bien quelques habitudes de promenade chaque année ; mais, à mesure que je vous dirai ma vie, j'entrerai dans le détail de la vie cénobitique de Patience.

A l'époque dont je vais vous parler, après de nombreuses persécutions, les gardes forestiers, par crainte de se voir *jeter un sort*, plutôt que par compassion, lui avaient enfin concédé la libre occupation de la tour Gazeau, non sans le prévenir qu'elle pourrait bien lui tomber sur la tête au premier vent d'orage ; à quoi Patience avait philosophiquement répondu que, si sa destinée était d'être écrasé, le premier arbre de la forêt serait tout aussi bon pour cela que les combles de la tour Gazeau.

Avant de vous mettre en scène mon personnage de Patience, et tout en vous demandant pardon de la longueur trop complaisante de cette biographie préliminaire, je dois encore vous dire que, dans l'espace de ces vingt années, l'esprit du pasteur avait suivi une nouvelle direction. Il aimait la philosophie, et malgré lui, le cher homme, il reportait cet amour sur les philosophes, même sur les moins orthodoxes. Les ouvrages de Jean-Jacques Rousseau le transportèrent, malgré toute sa résistance intérieure, dans des régions nouvelles ; et un matin qu'au retour d'une visite à des malades, il avait rencontré Patience herborisant pour son dîner sur les rochers de Crevant, il s'était assis près de lui sur la pierre druidique, et il avait fait à son propre insu la profession de foi du vicaire savoyard. Patience mordit beaucoup plus volontiers à cette religion poétique qu'à l'ancienne orthodoxie. Le plaisir avec lequel il écouta le résumé des doctrines nouvelles engagea le curé à lui donner secrètement quelques rendez-vous sur des points isolés de la Varenne, où ils devaient se rencontrer comme par hasard. Dans ces conciliabules mystérieux, l'imagination de Patience, restée si fraîche et si ardente dans la solitude, s'enflamma de toute la magie des idées et des espérances qui fermentaient alors en France depuis la cour de Versailles jusqu'aux bruyères les plus inhabitées. Il s'éprit de Jean-Jacques, et s'en fit lire tout ce qu'il lui fut possible d'en écouter sans compromettre les devoirs du curé. Puis il se fit donner un exemplaire du *Contrat social*, et alla l'épeler sans relâche à la tour Gazeau. D'abord le curé ne lui avait communiqué cette manne qu'avec des restrictions, et, tout en lui faisant admirer les grandes pensées et les grands sentiments du philosophe, il avait cru le mettre en garde contre les poisons de l'anarchie. Mais toute l'ancienne science, toutes les heureuses citations d'autrefois, en un mot, toute la théologie du bon prêtre fut emportée comme un pont fragile par le torrent d'éloquence sauvage et d'enthousiasme irréfrénable que Patience avait amassé dans son désert. Il fallut que le curé cédât et repliât effrayé sur lui-même. Alors il y trouva le for intérieur lézardé et craquant de toutes parts. Le nouveau soleil qui montait sur l'horizon politique et qui bouleversait toutes les intelligences, fondit la sienne comme une neige légère au premier souffle du printemps. L'exaltation de Patience, le spectacle de sa vie étrange et poétique qui lui donnait un air inspiré, la tournure romanesque que prenaient leurs relations mystérieuses (les ignobles persécutions du couvent ennoblissant l'esprit de révolte), tout cela s'empara si fort du prêtre, qu'en 1770 il était déjà bien loin du jansénisme, et cherchait vainement dans toutes les hérésies religieuses un point où se retenir avant de tomber dans l'abîme de philosophie, si souvent ouvert devant lui par Patience, si souvent refermé en vain par les exorcismes de la théologie romaine.

IV.

Après ce récit de la vie philosophique de Patience, rédigée par l'homme d'aujourd'hui, continua Bernard après une pause, j'ai quelque peine à retourner aux impressions bien différentes que reçut l'homme d'autrefois en rencontrant le sorcier de la tour Gazeau. Je vais m'efforcer cependant de ressaisir fidèlement mes souvenirs.

Ce fut un soir d'été, qu'au retour d'une pipée où plusieurs petits paysans m'avaient accompagné, je passai devant la tour Gazeau pour la première fois. J'étais âgé d'environ treize ans ; j'étais le plus grand et le plus fort de mes compagnons, et en outre j'exerçais sur eux, à la rigueur, l'ascendant de mes prérogatives seigneuriales. C'était entre nous un mélange de familiarité et d'étiquette assez bizarre. Parfois, quand l'ardeur de la chasse ou la fatigue de la journée les gouvernait plus que moi, j'étais forcé de céder à leurs avis, et déjà je savais me rendre à point comme font les despotes, afin de n'avoir jamais l'air d'être commandé par la nécessité ; mais j'avais ma revanche dans l'occasion, et je les voyais bientôt trembler devant l'odieux nom de ma famille.

La nuit se faisait, et nous marchions gaiement, sifflant, abattant des cormes à coups de pierre, imitant le cri des oiseaux, lorsque celui qui marchait devant s'arrêta tout à coup, et, revenant sur ses pas, déclara qu'il ne passerait pas par le sentier de la tour Gazeau, et qu'il allait prendre à travers bois. Cet avis fut accueilli par deux autres. Un troisième objecta que l'on risquait de se perdre si on quittait le sentier, que la nuit était proche et que les loups étaient en nombre. « Allons, canaille ! m'écriai-je d'un ton de prince en poussant le guide, suis le sentier, et laisse-nous tranquilles avec tes sottises. — *Non — moi*[1], dit l'enfant, je viens de voir le sorcier qui dit *des paroles* sur sa porte, et je n'ai pas envie d'avoir la fièvre toute l'année. — Bah! dit un autre, il n'est pas méchant avec tout le monde. Il ne fait pas de mal aux enfants ; et d'ailleurs nous n'avons qu'à passer bien tranquillement sans lui rien dire, qu'est-ce que vous voulez qu'il nous fasse? — Oh! c'est bien, reprit le premier, si nous étions seuls!... Mais monsieur Bernard est avec nous, nous sommes sûrs d'avoir *un sort.* — Qu'est-ce à dire, imbécile ? m'écriai-je en levant le poing. — Ce n'est pas ma faute, *monseigneur*, reprit l'enfant. Ce vieux *chétif* n'aime pas les *monsieu*, et il a dit qu'il voudrait voir M. Tristan et tous ses enfants pendus au bout de la même branche. — Il a dit cela? Bon ! repris-je, avançons, et vous allez voir. Qui m'aime me suive ; qui me quitte est un lâche. »

Deux de mes compagnons se laissèrent entraîner par la vanité. Tous les autres feignirent de les imiter ; mais, au bout de quatre pas, chacun avait pris la fuite en s'enfonçant dans le taillis, et je continuai fièrement ma route, escorté de mes deux acolytes. Le petit Sylvain, qui allait le premier, ôta son chapeau du plus loin qu'il vit Patience, et lorsque nous fûmes vis-à-vis de lui, quoiqu'il eût la tête baissée, et qu'il semblât ne faire aucune attention à nous, l'enfant, frappé de terreur, lui dit d'une voix tremblante : « Bonsoir et bonne nuit, maître Patience ! »

Le sorcier, sortant de sa rêverie, tressaillit comme un homme qui s'éveille, et je vis, non sans une certaine émotion, sa figure basanée, à demi couverte d'une épaisse barbe grise. Sa grosse tête était tout à fait dépouillée, et la nudité du front contrastait avec l'épaisseur du sourcil

---

[1]. Locution du pays.

derrière lequel un œil rond, et enfoncé profondément dans l'orbite, lançait des éclairs comme on en voit à la fin de l'été derrière le feuillage pâlissant. C'était un homme de petite taille, mais large des épaules et bâti comme un gladiateur. Il était couvert de haillons orgueilleusement malpropres. Sa figure était courte et commune comme celle de Socrate, et, si le feu du génie brillait dans ses traits fortement accusés, il m'était impossible de m'en apercevoir. Il me fit l'effet d'une bête féroce, d'un animal immonde. Un sentiment de haine s'empara de moi, et, résolu de venger l'affront fait par lui à mon nom, je mis une pierre dans ma fronde, et, sans autres préliminaires, je la lançai avec vigueur.

Au moment où la pierre partit, Patience était en train de répondre à la salutation de l'enfant. « Bonsoir, enfants, nous disait-il, Dieu soit avec vous... » lorsque la pierre siffla à son oreille et alla frapper une chouette apprivoisée qui faisait les délices de Patience et qui commençait à s'éveiller avec la nuit dans le lierre dont la porte était couronnée. La chouette jeta un cri aigu et tomba sanglante aux pieds de son maître, qui lui répondit par un rugissement, et resta immobile de surprise et de fureur pendant quelques secondes. Puis, tout à coup prenant la victime palpitante par les pieds, il l'enleva de terre, et venant à notre rencontre : « Lequel de vous, malheureux, s'écria-t-il d'une voix tonnante, a lancé cette pierre ? » Celui de mes compagnons qui marchait le dernier s'enfuit avec la rapidité du vent ; mais Sylvain, saisi par la large main du sorcier, tomba les deux genoux en terre, en jurant par la sainte Vierge et par sainte Solange, patronne du Berry, qu'il était innocent du meurtre de l'oiseau. J'avais, je l'avoue, une forte démangeaison de le laisser se tirer d'affaire comme il pourrait, et d'entrer dans le fourré. Je m'étais attendu à voir un vieux jongleur décrépit, et non à tomber dans les mains d'un ennemi robuste ; mais l'orgueil me retint.

« Si c'est toi, disait Patience à mon compagnon tremblant, malheur à toi, car tu es un méchant enfant, et tu seras un malhonnête homme ! Tu as fait une mauvaise action, tu as mis ton plaisir à causer de la peine à un vieillard qui ne t'a jamais nui, et tu l'as fait avec perfidie, avec lâcheté, en dissimulant et en lui disant le bonsoir avec politesse. Tu es un menteur, un infâme, tu m'as arraché ma seule société, ma seule richesse, tu t'es réjoui dans le mal. Que Dieu te préserve de vivre si tu dois continuer ainsi.

— O monsieur Patience ! criait l'enfant en joignant les mains, ne me maudissez pas, ne me *charmez* pas, ne me donnez pas de maladie, ce n'est pas moi ! Que Dieu m'extermine si c'est moi !...

— Si ce n'est pas toi, c'est donc celui-là ? dit Patience en me prenant au collet de mon habit, et en me secouant comme un arbrisseau qu'on va déraciner.

— Oui, c'est moi, répondis-je avec hauteur ; et si vous voulez savoir mon nom, apprenez qu'on m'appelle Bernard Mauprat, et qu'un vilain qui touche à un gentilhomme mérite la mort.

— La mort ? toi, tu me donneras la mort, Mauprat ? s'écria le vieillard pétrifié de surprise et d'indignation. Et que serait donc Dieu si un morveux comme toi avait le droit de menacer un homme de mon âge ? La mort ! ah ! tu es bien un Mauprat, et tu chasses de race, chien maudit ! Cela parle de donner la mort, et tout au plus si cela est né ! La mort, mon louveteau ? sais-tu que c'est toi qui mérites la mort, non pas pour ce que tu viens de faire, mais pour être fils de ton père et neveu de tes oncles ? Ah ! je suis content de tenir un Mauprat dans le creux de ma main, et de savoir si un coquin de gentilhomme pèse autant qu'un chrétien. » Et en même temps il m'enlevait de terre comme il eût fait d'un lièvre. « Petit, dit-il à mon compagnon, va-t'en chez toi, et ne crains rien. Patience ne se fâche guère contre ses pareils, et il pardonne à ses frères, parce que ses frères sont des ignorants comme lui, et ne savent pas ce qu'ils font; mais un Mauprat, vois-tu, ça sait lire et écrire, et ça n'en est que plus méchant. Va-t'en... mais non, reste, je veux qu'une fois dans ta vie tu voies un gentilhomme recevoir le fouet de la main d'un vilain. Tu vas voir cela, et je te prie de ne pas l'oublier, petit, et de le raconter à tes parents. »

J'étais pâle de colère, mes dents se brisaient dans ma bouche; je fis une résistance désespérée. Patience, avec un sang-froid effrayant, m'attacha à un arbre avec un brin de ramée. Il n'avait qu'à m'effleurer de sa main large et calleuse pour me plier comme un roseau, et cependant j'étais remarquablement vigoureux pour mon âge. Il accrocha la chouette à une branche au-dessus de ma tête, et le sang de l'oiseau, s'égouttant sur moi, me pénétrait d'horreur; car, quoiqu'il n'y eût là qu'une correction usitée avec les chiens de chasse qui mordent le gibier, mon cerveau, troublé par la rage, par le désespoir et par les cris de mon compagnon, commençait à croire à quelque affreux maléfice; mais je pense que j'eusse été moins puni s'il m'eût métamorphosé en chouette que je ne le fus en subissant la correction qu'il m'infligea. En vain je l'accablai de menaces, en vain je fis d'effroyables serments de vengeance, en vain le petit paysan se jeta encore à genoux, en répétant avec angoisse : « Monsieur Patience, pour l'amour de Dieu, pour l'amour de vous-même, ne lui faites pas de mal; les Mauprat vous tueront. » Il se prit à rire en haussant les épaules, et, s'armant d'une poignée de houx, il me fustigea, je dois l'avouer, d'une manière plus humiliante que cruelle; car à peine vit-il quelques gouttes de mon sang couler, qu'il s'arrêta, jeta ses verges, et même je remarquai une subite altération dans ses traits et dans sa voix, comme s'il se fût repenti de sa sévérité. « Mauprat, me dit-il en croisant ses bras sur sa poitrine et en me regardant fixement, vous voilà châtié; vous voilà insulté, mon gentilhomme, cela me suffit. Vous voyez que je pourrais vous empêcher de me jamais nuire, en vous ôtant le souffle d'un coup de pouce, et en vous enterrant sous la pierre de ma porte. Qui s'aviserait de venir chercher ce bel enfant de noble chez le bonhomme Patience? Mais vous voyez que je n'aime pas la vengeance, car, au premier cri de douleur qui vous est échappé, j'ai cessé. Je n'aime pas à faire souffrir, moi, je ne suis pas un Mauprat. Il était bon pour vous d'apprendre par vous-même ce que c'est que d'être une fois la victime. Puisse cela vous dégoûter du métier de bourreau que l'on fait de père en fils dans votre famille! Bonsoir, allez-vous-en, je ne vous en veux plus, la justice du bon Dieu est satisfaite. Vous pouvez dire à vos oncles de me mettre sur le gril; ils mangeront un méchant morceau, et ils avaleront une chair qui reprendra vie dans leur gosier pour les étouffer. »

Alors il reprit sa chouette morte, et, la contemplant d'un air sombre : « Un enfant de paysan n'eût pas fait cela, dit-il. Ce sont plaisirs de gentilhomme. » Et, se retirant sur sa porte, il fit entendre l'exclamation qui lui échappait dans les grandes occasions, et qui lui avait fait donner le surnom qu'il portait : « Patience, patience!... » s'écria-t-il. C'était, selon les bonnes femmes, une formule cabalistique dans sa bouche, et toutes les fois qu'on la lui avait entendu prononcer, il était arrivé quelque malheur à la personne qui l'avait offensé. Sylvain se signa pour conjurer le mauvais esprit. La terrible parole résonna sous la voûte de la tour où Patience venait de rentrer, puis la porte se referma sur lui avec fracas.

Mon compagnon était si pressé de fuir, qu'il faillit me laisser là sans prendre le temps de me détacher. Dès qu'il l'eut fait : « Un signe de croix, me dit-il, pour l'amour du bon Dieu, un signe de croix ! Si vous ne voulez pas faire le signe de la croix, vous voilà ensorcelé : nous serons mangés par les loups en nous allant, ou bien nous rencontrerons *la grand'bête*.— Imbécile ! lui dis-je, il s'agit bien de cela ! Ecoute, si tu as jamais le malheur de parler à qui que ce soit de ce qui vient d'arriver, je t'étrangle. — Hélas ! monsieur, comment donc faire ? reprit-il avec un mélange de naïveté et de malice, le sorcier m'a commandé de le dire à mes parents. » Je levai le bras pour le frapper, mais la force me manqua. Suffoqué de rage par le traitement que je venais d'essuyer, je tombai presque évanoui, et Sylvain en profita pour s'enfuir.

Quand je revins à moi-même, je me trouvai seul ; je ne connaissais pas cette partie de la Varenne ; je n'y étais jamais venu, et elle était horriblement déserte. Toute la journée j'avais vu des traces de loups et de sangliers sur le sable. La nuit régnait déjà ; j'avais encore deux lieues à faire pour arriver à la Roche-Mauprat. Les portes seraient fermées, le pont levé ; je serais reçu à coups de fusil si je n'arrivais avant neuf heures. Il y avait à parier cent contre un que, ne connaissant pas le chemin, il me serait impossible de faire deux lieues en une heure. Cependant j'eusse mieux aimé subir mille morts que de demander asile à l'habitant de la tour Gazeau, me l'eût-il accordé avec grâce. Mon orgueil saignait plus que ma chair.

Je me lançai à la course à tout hasard. Le sentier faisait mille détours ; mille autres sentiers s'entre-croisaient. J'arrivai à la plaine par un pâturage fermé de haies. Là toute trace de sentier disparaissait. Je franchis la haie au hasard et tombai dans un champ. La nuit était noire ; eût-il fait jour, il n'y avait pas moyen de s'orienter à travers des *héritages*[1] encaissés dans des talus hérissés d'épines. Enfin je trouvai des bruyères, puis des bois, et mes terreurs un peu calmées se renouvelèrent ; car, je l'avoue, j'étais en proie à des terreurs mortelles. Dressé à la bravoure comme un chien à la chasse, je faisais bonne contenance sous les yeux d'autrui. Mû par la vanité, j'étais audacieux quand j'avais des spectateurs ; mais livré à moi-même dans la profonde nuit, épuisé de fatigue et de faim, quoique je ne sentisse nulle envie de manger, bouleversé par les émotions que je venais d'éprouver, assuré d'être battu par mes oncles en rentrant, et pourtant aussi désireux de rentrer que si j'eusse dû trouver le paradis terrestre à la Roche-Mauprat, j'errai jusqu'au jour dans des angoisses impossibles à décrire. Les hurlements des loups, heureusement lointains, vinrent plus d'une fois frapper mon oreille et glacer mon sang dans mes veines ; et, comme si ma position n'eût pas été assez précaire en réalité, mon imagination frappée venait y joindre mille images fantastiques. Patience passait pour un *meneur de loups*. Vous savez que c'est une spécialité cabalistique accréditée en tout pays. Je m'imaginais donc voir paraître ce diabolique petit vieillard escorté de sa bande affamée, ayant revêtu lui-même la figure d'une *moitié de loup*, et me poursuivant à travers les taillis. Plusieurs fois des lapins me partirent entre les jambes, et de saisissement je faillis tomber à la renverse. Là, comme j'étais bien sûr de n'être pas vu, je faisais force signes de croix ; car, en affectant l'incrédulité, j'avais nécessairement au fond de l'âme toutes les superstitions de la peur.

Enfin j'arrivai à la Roche-Mauprat avec le jour. J'atten-

1. C'est le nom qu'on donne à la petite propriété.

dis dans un fossé que les portes fussent ouvertes, et je me glissai à ma chambre sans être vu de personne. Comme ce n'était pas précisément une tendresse assidue qui veillait sur moi, mon absence n'avait pas été remarquée durant la nuit ; je fis croire à mon oncle Jean, que je rencontrai dans un escalier, que je venais de me lever ; et ce stratagème ayant réussi, j'allai dormir tout le jour dans l'abat-foin.

V.

N'ayant plus rien à craindre pour moi-même, il m'eût été facile de me venger de mon ennemi ; tout m'y conviait. Le propos qu'il avait tenu contre ma famille eût suffi, sans même invoquer l'outrage fait à ma personne, et que je répugnais à avouer. Je n'avais donc qu'un mot à dire : sept Mauprat eussent été à cheval au bout d'un quart d'heure, charmés d'avoir un exemple à faire en maltraitant un homme qui ne leur fournissait aucune redevance, et qui ne leur eût semblé bon qu'à être pendu pour effrayer les autres.

Mais, les choses n'eussent-elles pas été aussi loin, je ne sais comment il se fit que je sentis une répugnance insurmontable à demander vengeance à huit hommes contre un seul. Au moment de le faire (car dans ma colère je me l'étais bien promis), je fus retenu par je ne sais quel instinct de loyauté que je ne me connaissais pas, et que je ne pus guère m'expliquer à moi-même. Et puis les paroles de Patience avaient peut-être fait naître en moi, à mon insu, un sentiment de honte salutaire. Peut-être ses justes malédictions contre les nobles m'avaient-elles fait entrevoir quelque idée de justice. Peut-être, en un mot, ce que j'avais pris jusque-là en moi pour des mouvements de faiblesse et de pitié commença-t-il dès lors sourdement à me sembler plus grave et moins méprisable.

Quoi qu'il en soit, je gardai le silence. Je me contentai de rosser Sylvain pour le punir de m'avoir abandonné et pour le déterminer à se taire sur ma mésaventure. Cet amer souvenir était assoupi, lorsque, vers la fin de l'automne, il m'arriva de battre les bois avec Sylvain. Ce pauvre Sylvain avait de l'attachement pour moi ; car, en dépit de mes brutalités, il venait toujours se placer sur mes talons, dès que j'étais hors du château. Il me défendait contre tous ses compagnons en soutenant que je n'étais qu'un peu vif et point méchant. Ce sont les âmes douces et résignées du peuple qui entretiennent l'orgueil et la rudesse des grands. Nous chassions donc les alouettes au lacet, lorsque mon page ensabotté, qui furetait toujours à l'avant-garde, revint vers moi en disant textuellement : « *J'avise* [1] *eul* [2] *meneu' d loups anc* [3] *eul preneu' d taupes.* »

Cet avertissement fit passer un frisson dans tous mes membres. Cependant je sentis le ressentiment faire réaction dans mon cœur, et je marchai droit à la rencontre de mon sorcier, un peu rassuré peut-être aussi par la présence de son compagnon, qui était un habitué de la Roche-Mauprat, et que je supposais devoir me porter respect et assistance.

Marcasse, dit *preneur de taupes*, faisait profession de purger de fouines, belettes, rats et autres animaux malfaisants les habitations et les champs de la contrée. Il ne bornait pas au Berry les bienfaits de son industrie ; tous les ans il faisait le tour de la Marche, du Nivernais, du Limousin et de la Saintonge, parcourant seul et à pied tous les lieux où on avait le bon esprit d'apprécier ses ta-

1. Je vois — 2. Le. — 3. Avec.

lents; bien reçu partout, au château comme à la chaumière, car c'était un métier qui se faisait avec succès et probité de père en fils dans sa famille, et que ses descendants font encore. Il avait un gîte et une besogne assurée pour tous les jours de l'année. Aussi régulier dans sa tournée que la terre dans sa rotation, on le voyait à époque fixe reparaître dans les mêmes lieux où il avait passé l'année précédente, toujours accompagné du même chien et de la même longue épée.

Ce personnage était aussi curieux et plus comique, dans son genre, que le sorcier Patience. C'était un homme bilieux et mélancolique, grand, sec, anguleux, plein de lenteur, de majesté et de réflexion dans toutes ses manières. Il aimait si peu à parler, qu'il répondait à toutes les questions par monosyllabes; toutefois il ne s'écartait jamais des règles de la plus austère politesse, et il disait peu de mots sans élever la main vers la corne de son chapeau en signe de révérence et de civilité. Était-il ainsi par caractère? ou bien, dans son métier ambulant, la crainte de s'aliéner quelques-unes de ses nombreuses pratiques par des propos inconsidérés lui inspira-t-elle cette sage réserve? On ne le savait point. Il avait l'œil et le pied dans toutes les maisons, il avait le jour la clef de tous les greniers, et place le soir au foyer de toutes les cuisines. Il savait tout, d'autant plus que son air rêveur et absorbé inspirait l'abandon en sa présence, et pourtant jamais il ne lui était arrivé de rapporter dans une maison ce qui se passait dans une autre.

Si vous voulez savoir comment ce caractère m'avait frappé, je vous dirai que j'avais été témoin des efforts de mes oncles et de mon grand-père pour le faire parler. Ils espéraient savoir de lui ce qui se passait au château de Sainte-Sévère, chez M. Hubert de Mauprat, l'objet de leur haine et de leur envie. Quoique don Marcasse (on l'appelait *don* parce qu'on lui trouvait la démarche et la fierté d'un hidalgo ruiné), quoique don Marcasse, dis-je, eût été impénétrable à cet égard comme à tous les autres, les Mauprat *Coupe-Jarret* ne manquaient pas de l'amadouer toujours davantage, espérant tirer de lui quelque chose de relatif à Mauprat *Casse-Tête*.

Nul ne pouvait donc savoir les sentiments de Marcasse sur quoi que ce soit; le plus court eût été de supposer qu'il ne se donnait pas la peine d'en avoir aucun. Cependant l'attrait que Patience semblait éprouver pour lui, jusqu'à l'accompagner durant plusieurs semaines dans ses voyages, donnait à penser qu'il y avait quelque sortilége dans son air mystérieux, et que ce n'était pas seulement la longueur de son épée et l'adresse de son chien qui faisaient si merveilleuse déconfiture de taupes et de belettes. On parlait tout bas d'herbes enchantées, au moyen desquelles il faisait sortir de leurs trous ces animaux méfiants pour les prendre au piége; mais, comme on se trouvait bien de cette magie, on ne songeait pas à lui en faire un crime.

Je ne sais si vous avez assisté à ce genre de chasse. Elle est curieuse, surtout dans les greniers à fourrage. L'homme et le chien grimpant aux échelles, et courant sur les bois de charpente avec un aplomb et une agilité surprenante; le chien flairant les trous des murailles, faisant l'office de chat, se mettant à l'affût, et veillant en embuscade jusqu'à ce que le *gibier* se livre à la rapière du chasseur; celui-ci lardant des bottes de paille, et passant l'ennemi au fil de l'épée : tout cela, accompli et dirigé avec gravité et importance par don Marcasse, était, je vous assure, aussi singulier que divertissant.

Lorsque j'aperçus ce féal, je crus pouvoir braver le sorcier, et j'approchai hardiment. Sylvain me regardait avec admiration, et je remarquai que Patience lui-même ne s'attendait pas à tant d'audace. J'affectai d'abord

Marcasse et de lui parler, afin de braver mon ennemi. Ce que voyant, il écarta doucement le preneur de taupes; et, posant sa lourde main sur ma tête, il me dit fort tranquillement :

« Vous avez grandi depuis quelque temps, mon beau monsieur ? »

La rougeur me monta au visage, et reculant avec dédain :

« Prenez garde à ce que vous faites, manant, lui dis-je; vous devriez vous rappeler que, si vous avez encore vos deux oreilles, c'est à ma bonté que vous le devez. — Mes deux oreilles ! » dit Patience en riant avec amertume. Et, faisant allusion au surnom de ma famille, il ajouta : « Vous voulez dire mes deux jarrets? *Patience! patience!* un temps n'est peut-être pas loin où les manants ne couperont aux nobles ni les jarrets ni les oreilles, mais la tête et la bourse..... — Taisez-vous, maître Patience, dit le preneur de taupes d'un ton solennel, vous ne parlez pas en philosophe. — Tu as raison, toi, répliqua le sorcier; et, au fait, je ne sais pas pourquoi je querelle ce petit *gars*. Il aurait dû me faire mettre en bouillie par ses oncles; car je l'ai fouetté, l'été dernier, pour une sottise qu'il m'avait faite; et je ne sais pas ce qui est arrivé dans la famille, mais les Mauprat ont perdu une belle occasion de faire du mal au prochain. — Apprenez, paysan, lui dis-je, qu'un noble se venge toujours noblement; je n'ai pas voulu faire punir mes injures par des gens plus forts que vous; mais attendez deux ans, et je vous promets de vous pendre, de ma propre main, à un certain arbre que je reconnaîtrai bien, et qui est devant la porte de la tour Gazeau. Si je ne le fais, je veux cesser d'être gentilhomme; si je vous épargne, je veux être appelé meneur de loups. »

Patience sourit, et, tout d'un coup devenant sérieux,

il attacha sur moi ce regard profond qui rendait sa physionomie si remarquable. Puis, se tournant vers le chasseur de belettes : « C'est singulier, dit-il, il y a quelque chose dans cette race. Voyez le plus méchant noble : il a encore plus de cœur dans certaines choses que le plus brave d'entre nous. Ah ! c'est tout simple, ajouta-t-il en se parlant en lui-même ; on les élève comme ça, et nous, on nous dit que nous naissons pour obéir... *Patience !* » Il garda un instant le silence ; puis il sortit de sa rêverie pour me dire d'un ton de bonhomie un peu railleuse : « Vous voulez me pendre, monseigneur *Brin de chaume ?* Mangez donc beaucoup de soupe ; car vous n'êtes pas encore assez haut pour atteindre à la branche qui me portera ; et, jusque-là... il passera peut-être sous le pont bien de l'eau dont vous ne savez pas le goût. — Mal parlé, mal parlé, dit le preneur de taupes d'un air grave ; allons, la paix. Monsieur Bernard, pardon pour Patience ; c'est un vieux, un fou.

— Non, non, dit Patience, je veux qu'il me pende ; il a raison, il me doit cela, et, au fait, cela arrivera peut-être plus vite que tout le reste. Ne vous dépêchez pas trop de grandir, monsieur, car, moi, je me dépêche de vieillir plus que je ne voudrais ; et, puisque vous êtes si brave, vous ne voudrez pas attaquer un homme qui ne pourrait plus se défendre. — Vous avez bien usé de votre force avec moi ! m'écriai-je ; ne m'avez-vous pas fait violence, dites ? n'est-ce pas une lâcheté, cela ? »

Il fit un geste de surprise. « Oh ! les enfants, les enfants ! dit-il, voyez comme cela raisonne ! La vérité est dans la bouche des enfants. » Et il s'éloigna en rêvant et en se disant des sentences à lui-même, comme il avait l'habitude de faire. Marcasse m'ôta son chapeau, et me dit d'un ton impassible : « Il a tort... il faut la paix... pardon... repos... salut ! »

Ils disparurent, et là cessèrent mes rapports avec Patience. Ils ne furent renoués que longtemps après.

VI.

J'avais quinze ans quand mon grand-père mourut ; sa mort ne causa point de douleur, mais une véritable consternation à la Roche-Mauprat. Il était l'âme de tous les vices qui y régnaient, et il est certain qu'il y avait en lui quelque chose de plus cruel et de moins vil que dans ses fils. Après lui l'espèce de gloire que son audace nous avait acquise s'éclipsa. Ses enfants, jusque-là bien disciplinés, devinrent de plus en plus ivrognes et débauchés. D'ailleurs les expéditions furent chaque jour plus périlleuses.

Excepté le petit nombre de féaux que nous traitions bien et qui nous étaient tous dévoués, nous étions de plus en plus isolés et sans ressources. Le pays d'alentour avait été abandonné à la suite de nos violences. La frayeur que nous inspirions agrandissait chaque jour le désert autour de nous. Il fallait aller loin et se hasarder sur les confins de la plaine. Là nous n'avions pas le dessus, et mon oncle Laurent, le plus hardi de tous, fut grièvement blessé à une escarmouche. Il fallut chercher d'autres ressources. Jean les suggéra. Ce fut de se glisser dans les foires sous divers déguisements et d'y commettre des vols habiles. De brigands nous devînmes filous, et notre nom détesté s'avilit de plus en plus. Nous établîmes des accointances avec tout ce que la province recélait de gens tarés, et, par un échange de services frauduleux, nous échappâmes encore une fois à la misère.

Je dis nous, car je commençais à faire partie de cette bande de coupe-jarrets quand mon grand-père mourut.

Il avait cédé à mes prières et m'avait associé à quelques-unes des dernières courses qu'il tenta. Je ne vous ferai point d'excuses ; mais vous voyez devant vous un homme qui a fait le métier de bandit. C'est un souvenir qui ne me laisse nul remords, pas plus qu'à un soldat d'avoir fait campagne sous les ordres de son général. Je croyais encore vivre au moyen âge. La force et la sagesse des lois établies étaient pour moi des paroles dépourvues de sens. Je me sentais brave et vigoureux ; je me battais. Il est vrai que les résultats de nos victoires me faisaient souvent rougir ; mais n'en profitant pas, je m'en lavais les mains, et je me souviens avec plaisir d'avoir aidé plus d'une victime terrassée à se relever et à s'enfuir.

Cette existence m'étourdissait par son activité, ses dangers et ses fatigues. Elle m'arrachait aux douloureuses réflexions qui eussent pu naître en moi. En outre elle me soustrayait à la tyrannie immédiate de Jean. Mais quand mon grand-père fut mort, et notre bande dégradée par un autre genre d'exploits, je retombai sous cette odieuse domination. Je n'étais nullement propre au mensonge et à la fraude. Je montrais non-seulement de l'aversion, mais encore de l'incapacité pour cette industrie nouvelle. On me regarda comme un membre inutile, et les mauvais procédés recommencèrent. On m'eût chassé si on n'eût craint que, me réconciliant avec la société, je ne devinsse un ennemi dangereux. Dans cette alternative de me nourrir ou d'avoir à me redouter, il fut souvent délibéré (je l'ai su depuis) de me chercher querelle et de me forcer à une rixe dans laquelle on se déferait de moi. C'était l'avis de Jean ; mais Antoine, celui qui avait perdu le moins de l'énergie et de l'espèce d'équité domestique de Tristan, opina et prouva que j'étais plus précieux que nuisible. J'étais un bon soldat, on pouvait avoir besoin encore de bras dans l'occasion. Je pouvais aussi me former à l'escroquerie; j'étais bien jeune et bien ignorant; mais si Jean voulait me prendre par la douceur, rendre mon sort moins malheureux, et surtout m'éclairer sur ma véritable situation, en m'apprenant que j'étais perdu pour la société et que je ne pouvais y reparaître sans être pendu aussitôt, peut-être mon obstination et ma fierté plieraient-elles devant le bien-être, d'une part, et la nécessité, de l'autre. Il fallait au moins le tenter avant de se débarrasser de moi; « car, disait Antoine pour conclure son homélie, nous étions dix Mauprat l'année dernière; notre père est mort, et, si nous tuons Bernard, nous ne serons plus que huit. »

Cet argument l'emporta. On me tira de l'espèce de cachot où je languissais depuis plusieurs mois; on me donna des habits neufs; on changea mon vieux fusil pour une belle carabine que j'avais toujours désirée; on me fit l'exposé de ma situation dans le monde; on me versa du meilleur vin à mes repas. Je promis de réfléchir, et, en attendant, je m'abrutis un peu plus dans l'inaction et dans l'ivrognerie que je n'avais fait dans le brigandage.

Cependant ma captivité me laissa de si tristes impressions que je fis le serment, à part moi, de m'exposer à tout ce qui pourrait m'advenir sur les terres du roi de France, plutôt que de supporter le retour de ces mauvais traitements. Un méchant point d'honneur me retenait seul à la Roche-Mauprat. Il était évident que l'orage s'amassait sur nos têtes. Les paysans étaient mécontents, malgré tout ce que nous faisions pour nous les attacher; des doctrines d'indépendance s'insinuaient sourdement parmi eux; nos plus fidèles serviteurs se lassaient d'avoir le pain et les vivres en abondance; ils demandaient de l'argent, et nous n'en avions pas. Plusieurs sommations nous avaient été faites sérieusement de payer à l'État les impôts du fisc; et nos créanciers se joignant aux gens du roi et aux paysans révoltés, tout nous menaçait d'une catastrophe semblable à celle dont le seigneur de Pleumartin venait d'être victime dans le pays [1].

Mes oncles avaient longtemps projeté de s'adjoindre aux rapines et à la résistance de ce hobereau. Mais au moment où Pleumartin, près de tomber au pouvoir de ses ennemis, nous avait donné sa parole de nous accueillir comme amis et alliés si nous marchions à son secours, nous avions appris sa défaite et sa fin tragique. Nous étions donc à toute heure sur nos gardes. Il fallait quitter le pays ou traverser une crise décisive. Les uns conseillaient le premier parti ; les autres s'obstinaient à suivre le conseil du père mourant, et à s'enterrer sous les ruines du donjon. Ils traitaient de lâcheté et de couardise toute idée de fuite ou de transaction. La crainte d'encourir un pareil reproche, et peut-être un peu l'amour instinctif du danger, me retenaient donc encore ; mais mon aversion pour cette existence odieuse sommeillait en moi, toujours prête à éclater violemment.

Un soir que nous avions largement soupé, nous restâmes à table continuant à boire et à converser. Dieu sait dans quels termes et sur quels sujets ! Il faisait un temps affreux, l'eau ruisselait sur le pavé de la salle par les fenêtres disjointes, l'orage ébranlait les vieux murs. Le vent de la nuit sifflait à travers les crevasses de la voûte et faisait ondoyer la flamme de nos torches de résine. On

---

1. Le seigneur de Pleumartin a laissé dans le pays des souvenirs qui préserveront le récit de Mauprat du reproche d'exagération. La plume se refuserait à tracer les féroces obscénités et les raffinements de torture qui signalèrent la vie de cet insensé, et qui perpétuèrent les traditions du brigandage féodal dans le Berry jusqu'aux derniers jours de l'ancienne monarchie. On fit le siége de son château, et, après une résistance opiniâtre, il fut pris et pendu. Plusieurs personnes encore vivantes, et d'un âge qui n'est même pas très-avancé, l'ont connu.

m'avait beaucoup raillé, pendant le repas, de ce qu'on appelait ma vertu ; on avait traité ma sauvagerie envers les femmes de continence, et c'était surtout à ce propos qu'on me poussait à mal par la mauvaise honte. Comme, tout en me défendant de ces moqueries grossières et en ripostant sur le même ton, j'avais bu énormément, ma farouche imagination s'était enflammée, et je me vantais d'être plus hardi et mieux venu auprès de la première femme qu'on amènerait à la Roche-Mauprat qu'aucun de mes oncles. Le défi fut accepté avec de grands éclats de rire. Les roulements de la foudre répondirent à cette gaieté infernale.

Tout à coup le cor sonna à la herse. Tout rentra dans le silence. C'était la fanfare dont les Mauprat se servaient entre eux pour s'appeler et se reconnaître. C'était mon oncle Laurent qui avait été absent tout le jour et qui demandait à rentrer. Nous avions tant de sujets de méfiance que nous étions nous-mêmes porte-clefs et guichetiers de notre forteresse. Jean se leva en agitant les clefs ; mais il resta immobile aussitôt pour écouter le cor qui annonçait, par une seconde fanfare, qu'il amenait une prise, et qu'il fallait aller au-devant de lui. En un clin d'œil, tous les Mauprat furent à la herse avec des flambeaux, excepté moi, dont l'indifférence était profonde, et les jambes sérieusement avinées. « Si c'est une femme, s'écria Antoine en sortant, je jure sur l'âme de mon père qu'elle te sera adjugée, vaillant jeune homme ! et nous verrons si ton audace répond à tes prétentions. » Je restai les coudes sur la table, plongé dans un malaise stupide.

Lorsque la porte se rouvrit, je vis entrer une femme d'une démarche assurée et revêtue d'un costume étrange. Il me fallut un effort pour ne pas tomber dans une sorte de divagation, et pour comprendre ce que l'un des Mauprat vint me dire à l'oreille. Au milieu d'une battue aux loups, à laquelle plusieurs seigneurs des environs avec leurs femmes, avaient voulu prendre part, le cheval de cette jeune personne s'était effrayé et l'avait emportée loin de la chasse. Lorsqu'il s'était calmé après une pointe de près d'une lieue, elle avait voulu retourner en arrière ; mais ne connaissant pas le pays de Varenne, où tous les sites se ressemblent, elle s'était de plus en plus écartée. L'orage et la nuit avaient mis le comble à son embarras. Laurent, l'ayant rencontrée, lui avait offert de la conduire au château de Rochemaure, qui était en effet à plus de six lieues de là, mais qu'il disait très-voisin, et dont il feignait d'être le garde-chasse. Cette dame avait accepté son offre. Sans connaître la dame de Rochemaure, elle était un peu sa parente, et se flattait d'être bien accueillie. Elle n'avait jamais rencontré la figure d'aucun Mauprat, et ne songeait guère être si près de leur repaire. Elle avait donc suivi son guide sans défiance, et, n'ayant vu de sa vie la Roche-Mauprat, ni de près, ni de loin, elle fut introduite dans la salle de nos orgies sans avoir le moindre soupçon du piége où elle était tombée.

Quand je frottai mes yeux appesantis et regardai cette femme si jeune et si belle, avec un air de calme, de franchise et d'honnêteté que je n'avais jamais trouvé sur le front d'aucune autre (toutes celles qui avaient passé la herse de notre manoir étant d'insolentes prostituées ou des victimes stupides), je crus faire un rêve.

J'avais vu des fées figurer dans mes légendes de chevalerie. Je crus presque que Morgane ou Urgande venait chez nous pour faire justice ; et j'eus envie un instant de me jeter à genoux et de protester contre l'arrêt qui m'eût confondu avec mes oncles. Antoine, à qui Laurent avait rapidement donné le mot, s'approcha d'elle avec autant de politesse qu'il était capable d'en avoir, et la pria d'excuser son costume de chasse et celui de ses amis. Ils étaient tous neveux ou cousins de la dame de Rochemaure, et ils attendaient pour se mettre à table que cette dame, qui était fort dévote, fût sortie de la chapelle où elle était en conférence pieuse avec son aumônier. L'air de candeur et de confiance avec lequel l'inconnue écouta ce mensonge ridicule me serra le cœur; mais je ne me rendis pas compte de ce que j'éprouvais. « Je ne veux pas, dit-elle à mon oncle Jean qui faisait l'assidu d'un air de satyre auprès d'elle, déranger cette dame; je suis trop inquiète de l'inquiétude que je cause moi-même à mon père et à mes amis dans ce moment pour vouloir m'arrêter ici. Dites-lui que je la supplie de me prêter un cheval frais et un guide, afin que je retourne vers le lieu où je présume qu'ils peuvent avoir été m'attendre. — Madame, répondit Jean avec assurance, il est impossible que vous vous remettiez en route par le temps qu'il fait; d'ailleurs cela ne servirait qu'à retarder le moment de rejoindre ceux qui vous cherchent. Dix de nos gens bien montés et armés de torches partent à l'instant même par dix routes différentes, et vont parcourir la Varenne sur tous les points. Il est donc impossible que, dans deux heures au plus, vos parents n'aient pas de vos nouvelles, et que bientôt vous ne les voyiez arriver ici, où ils seront hébergés le mieux possible. Tenez-vous donc en repos, et acceptez quelques cordiaux pour vous remettre; car vous êtes mouillée et accablée de fatigue. — Sans l'inquiétude que j'éprouve, je serais affamée, répondit-elle en souriant. Je vais essayer de manger quelque chose; mais ne faites rien d'extraordinaire pour moi. Vous avez déjà mille fois trop de bonté. »

Elle s'approcha de la table où j'étais resté accoudé, et prit un fruit tout près de moi sans m'apercevoir. Je me retournai et la regardai effrontément d'un air abruti. Elle supporta mon regard avec arrogance. Voilà du moins ce qu'il me sembla. J'ai su depuis qu'elle ne me voyait seulement pas; car, tout en faisant effort sur elle-même pour paraître calme et répondre avec confiance à l'hospitalité qu'on lui offrait, elle était fort troublée de la présence inattendue de tant d'hommes étranges, de mauvaise mine et grossièrement vêtus. Pourtant nul soupçon ne lui venait. J'entendis un des Mauprat dire près de moi à Jean : « Bon! tout va bien ; elle donne dans le panneau; faisons-la boire, elle causera. — Un instant, répondit Jean, surveillez-la, l'affaire est sérieuse ; il y a mieux à faire ici qu'à se divertir. Je vais tenir conseil, on vous appellera pour dire votre avis; mais ayez l'œil un peu sur Bernard. — Qu'est-ce qu'il y a? dis-je brusquement en me retournant vers lui. Est-ce que cette *fille* ne m'appartient pas? N'a-t-on pas juré sur l'âme de mon grand-père!... — Ah! c'est parbleu vrai! » dit Antoine en s'approchant de notre groupe, tandis que les autres Mauprat entouraient la dame. Écoute, Bernard, je tiendrai ma parole à une condition. — Laquelle? — C'est bien simple ; d'ici à dix minutes, tu ne diras pas à cette *donzelle* qu'elle n'est pas chez la vieille Rochemaure. — Pour qui me prenez-vous? répondis-je en enfonçant mon chapeau sur mes yeux. Croyez-vous que je sois une bête? Attendez, voulez-vous que j'aille prendre la robe de ma grand-mère qui est là-haut, et que je me fasse passer pour la dévote de Rochemaure? — Bonne idée, dit Laurent. — Mais, avant tout, j'ai à vous parler, » reprit Jean. Et il les entraîna dehors après avoir fait un signe aux autres. Au moment où ils sortaient tous, je crus voir que Jean voulait engager Antoine à me surveiller; mais Antoine, avec une insistance que je ne compris pas, s'obstina à les suivre. Je restai seul avec l'inconnue.

Je demeurai un instant étourdi, bouleversé, et plus embarrassé que satisfait du tête-à-tête; puis, en cherchant à me rendre compte de ce qui se passait de mystérieux autour de moi, je parvins à m'imaginer, à travers les fumées du vin, quelque chose d'assez vraisemblable, quoique pourtant ce fût une erreur complète.

Je crus expliquer tout ce que je venais de voir et d'entendre, en supposant d'abord que cette dame si tranquille et si parée était une de ces filles de Bohême que j'avais vues quelquefois dans les foires; 2° que Laurent, l'ayant rencontrée par les champs, l'avait amenée pour divertir la compagnie; 3° qu'on lui avait fait confidence de mon état d'ivresse fanfaronne, et qu'on l'amenait pour mettre ma galanterie à l'épreuve, tandis qu'on me regarderait par le trou de la serrure. Mon premier mouvement, dès que cette pensée se fut emparée de moi, fut de me lever et d'aller droit à la porte que je fermai à double tour, et dont je tirai les verrous; puis je revins vers la dame, déterminé que j'étais à ne pas lui donner lieu de railler ma timidité.

Elle était assise sous le manteau de la cheminée; et, comme elle était occupée à sécher ses habits mouillés, et penchée vers le foyer, elle ne s'était pas rendu compte de ce que je faisais; mais l'expression étrange de mon visage la fit tressaillir lorsque je m'approchai d'elle. J'étais déterminé à l'embrasser pour commencer; mais je ne sais par quel prodige, dès qu'elle eut levé ses yeux sur moi, cette familiarité me devint impossible. Je ne me sentis que le courage de lui dire : « Ma foi! mademoiselle, vous êtes charmante, et vous me plaisez aussi vrai que je m'appelle Bernard Mauprat.—Bernard Mauprat! s'écria-t-elle en se levant, vous êtes Bernard Mauprat, vous? En ce cas, changez de langage et sachez à qui vous parlez; ne vous l'a-t-on pas dit?—On ne me l'a pas dit, mais je le devine, répondis-je en ricanant et en m'efforçant de lutter contre le respect que m'inspirait sa pâleur subite et son attitude impérieuse. — Si vous le devinez, dit-elle, comment est-il possible que vous me parliez comme vous faites? Mais on m'avait bien dit que vous étiez mal élevé, et pourtant j'avais toujours désiré vous rencontrer. — En vérité? dis-je en ricanant toujours. Vous! princesse de grandes routes, qui avez connu tant de gens en votre vie? Laissez mes lèvres rencontrer les vôtres, s'il vous plaît, ma belle, et vous saurez si je suis aussi bien élevé que messieurs mes oncles, que vous écoutiez si bien tout à l'heure.

— Vos oncles! s'écria-t-elle en saisissant brusquement sa chaise et en la plaçant entre nous comme par un instinct de défense. O mon Dieu! mon Dieu! je ne suis pas chez madame de Rochemaure! — Le nom commence toujours de même, et nous sommes d'aussi bonne roche que qui que ce soit. — La Roche-Mauprat!... » murmura-t-elle en frissonnant de la tête aux pieds comme une biche qui entend hurler les loups; et ses lèvres devinrent toutes blanches. L'angoisse passa dans tous ses traits. Par une involontaire sympathie, je frémis moi-même, et je faillis changer tout à coup de manières et de langage. « Qu'est-ce que cela a donc de surprenant pour elle? me disais-je; n'est-ce pas une comédie qu'elle joue? et si les Mauprat ne sont pas là derrière quelque boiserie à nous écouter, ne leur racontera-t-elle pas mot pour mot tout ce qui se sera passé? Cependant elle tremble comme une feuille de peuplier... Mais si c'est une comédienne? J'en ai vu une qui faisait Geneviève de Brabant et qui pleurait à s'y méprendre. » J'étais dans une grande perplexité, et je promenais des yeux hagards tantôt sur elle, tantôt sur les portes que je croyais toujours prêtes à s'ouvrir toutes grandes, aux éclats de rire de mes oncles.

Cette femme était belle comme le jour. Je ne crois pas que jamais il ait existé une femme aussi jolie que celle-là.

Ce n'est pas moi seulement qui l'atteste ; elle a laissé une réputation de beauté qui n'est pas encore oubliée dans le pays. Elle était d'une taille assez élevée, svelte, et remarquable par l'aisance de ses mouvements. Elle était blanche avec des yeux noirs et des cheveux d'ébène. Ses regards et son sourire avaient une expression de bonté et de finesse dont le mélange était incompréhensible ; il semblait que le ciel lui eût donné deux âmes, une toute d'intelligence, une toute de sentiment.

Elle était naturellement gaie et brave ; c'était un ange que les chagrins de l'humanité n'avaient pas encore osé toucher. Rien ne l'avait fait souffrir, rien ne lui avait appris la méfiance et l'effroi. C'était donc là la première souffrance de sa vie, et c'était moi, brute, qui la lui inspirais. Je la prenais pour une bohémienne, et c'était un ange de pureté.

C'était ma jeune tante à la mode de Bretagne, Edmée de Mauprat, fille de M. Hubert, mon grand-oncle (à la mode de Bretagne aussi), qu'on appelait le chevalier, et qui s'était fait relever de l'ordre de Malte pour se marier dans un âge déjà mûr ; car ma tante et moi nous étions du même âge. Nous avions dix-sept ans tous deux, à quelques mois de différence ; et ce fut là notre première entrevue. Celle que j'aurais dû protéger au péril de ma vie envers et contre tous, était là, devant moi, palpitante et consternée comme une victime devant le bourreau.

Elle fit un grand effort, et s'approchant de moi, qui marchais avec préoccupation dans la salle, elle se nomma et ajouta : « Il est impossible que vous soyez un infâme comme tous ces brigands que je viens de voir et dont je sais la vie infernale. Vous êtes jeune ; votre mère était bonne et sage. Mon père voulait vous élever et vous adopter. Encore aujourd'hui il regrette de ne pouvoir vous tirer de l'abîme où vous êtes plongé. N'avez-vous pas reçu

plusieurs messages de sa part? Bernard, vous êtes mon proche parent, songez aux liens du sang; pourquoi voulez-vous m'insulter? Veut-on m'assassiner ici ou me donner la torture? Pourquoi m'a-t-on trompée en me disant que j'étais à Rochemaure? Pourquoi s'est-on retiré d'un air de mystère? Que prépare-t-on? que se passe-t-il? »
La parole expira sur ses lèvres; un coup de fusil venait de se faire entendre au dehors. Une décharge de la couleuvrine y répondit, et la trompe d'alarme ébranla de sons lugubres les tristes murailles du donjon. Mademoiselle de Mauprat retomba sur sa chaise. Je restai immobile, ne sachant si c'était là une nouvelle scène de comédie imaginée pour se divertir de moi, et décidé à ne point me mettre en peine de cette alarme jusqu'à ce que j'eusse la preuve certaine qu'elle n'était pas simulée.

« Allons, lui dis-je en me rapprochant d'elle, convenez que tout ceci est une plaisanterie. Vous n'êtes pas mademoiselle de Mauprat, et vous voulez savoir si je suis un apprenti capable de faire l'amour. — J'en jure par le Christ, répondit-elle en prenant mes mains dans ses mains froides comme la mort, je suis Edmée, votre parente, votre prisonnière, votre amie; car je me suis toujours intéressée à vous, j'ai toujours supplié mon père de ne pas vous abandonner... Mais écoutez, Bernard, on se bat, on se bat à coups de fusil! C'est mon père qui vient me chercher sans doute, et on va le tuer! Ah! s'écria-t-elle en tombant à genoux devant moi, allez empêcher cela, Bernard, mon enfant! Dites à vos oncles de respecter mon père, le meilleur des hommes, si vous saviez! dites-leur que, s'ils nous haïssent, s'ils veulent verser du sang, eh bien! qu'ils me tuent, qu'ils m'arrachent le cœur, mais qu'ils respectent mon père... »

On m'appela du dehors d'une voix véhémente : « Où est ce poltron? où est cet enfant de malheur? » disait mon oncle Laurent. On secoua la porte ; je l'avais si bien fermée qu'elle résista à des secousses furieuses. « Ce misérable lâche s'amuse à faire l'amour pendant qu'on nous égorge ! Bernard, la maréchaussée nous attaque. Votre oncle Louis vient d'être tué. Venez, pour Dieu, venez, Bernard ! — Que le diable vous emporte tous ! m'écriai-je, et soyez tué vous-même, si je crois un mot de tout cela ; je ne suis pas si sot que vous pensez ; il n'y a de lâches ici que ceux qui mentent. Moi, j'ai juré que j'aurais la femme, et je ne la rendrai que quand il me plaira. — Allez au diable ! répondit Laurent, vous faites semblant... » Les décharges de mousqueterie redoublèrent. Des cris affreux se firent entendre. Laurent quitta la porte et se mit à courir vers le bruit. Son empressement marquait tant de vérité que je n'y pus résister. L'idée qu'on m'accuserait de lâcheté l'emporta ; je m'avançai vers la porte. « O Bernard ! ô monsieur de Mauprat ! s'écria Edmée en se traînant après moi, laissez-moi aller avec vous ; je me jetterai aux pieds de vos oncles, je ferai cesser ce combat, je leur céderai tout ce que je possède, ma vie, s'ils la veulent... pour que celle de mon père soit sauvée. — Attendez, lui dis-je en me retournant vers elle, je ne peux pas savoir si on ne se moque pas de moi. Je crois que mes oncles sont là derrière la porte, et que, pendant que nos valets de chiens tiraillent dans la cour, on tient une couverture pour me berner. Vous êtes ma cousine, ou vous êtes une... Vous allez me faire un serment, et je vous en ferai un à mon tour. Si vous êtes une princesse errante, et que, vaincu par vos grimaces, je sorte de cette chambre, vous allez jurer d'être ma maîtresse et de ne souffrir personne auprès de vous avant que j'aie usé de mes droits ; ou bien, moi, je vous jure que vous serez corrigée comme j'ai corrigé ce matin Flore, ma chienne mouchetée. Si vous êtes Edmée, et que je vous jure de me mettre entre votre père et ceux qui voudraient le tuer, que me promettrez-vous, que me jurerez-vous?— Si vous sauviez mon père, s'écria-t-elle, je vous jure que je vous épouserais. — Oui-da! lui dis-je, enhardi par son enthousiasme dont je ne comprenais pas la sublimité. Donnez-moi donc un gage, afin qu'en tout cas je ne sorte pas d'ici comme un sot. » Elle se laissa embrasser sans faire résistance ; ses joues étaient glacées. Elle s'attachait machinalement à mes pas pour sortir ; je fus obligé de la repousser. Je le fis sans rudesse, mais elle tomba comme évanouie. Je commençai à comprendre la réalité de ma situation, car il n'y avait personne dans le corridor, et les bruits du dehors devenaient de plus en plus alarmants. J'allais courir vers mes armes, lorsqu'un dernier mouvement de méfiance, ou peut-être un autre sentiment, me fit revenir sur mes pas et fermer à double tour la porte de la salle où je laissais Edmée. Je mis la clef dans ma ceinture, et j'allai aux remparts, armé de mon fusil que je chargeai en courant.

C'était tout simplement une attaque de la maréchaussée ; il n'y avait là rien de commun avec mademoiselle de Mauprat. Nos créanciers avaient obtenu prise de corps contre nous. Les gens de loi, battus et maltraités, avaient requis de l'avocat du roi au présidial de Bourges un mandat d'amener, que la force armée exécutait de son mieux, espérant s'emparer de nous avec facilité au moyen d'une surprise nocturne. Mais nous étions en meilleur état de défense qu'ils ne pensaient ; nos gens étaient braves et bien armés, et puis nous nous battions pour notre existence tout entière ; nous avions le courage du désespoir, et c'était un avantage immense. Notre troupe montait à vingt-quatre personnes, la leur à plus de cinquante militaires. Une vingtaine de paysans lançaient des pierres sur les côtés, mais ils faisaient plus de mal à leurs alliés qu'à nous.

Le combat fut acharné pendant une demi-heure, puis notre résistance effraya tellement l'ennemi qu'il se replia et suspendit ses hostilités; mais il revint bientôt à la charge, et fut de nouveau repoussé avec perte. Les hostilités furent encore suspendues. On nous somma de nous rendre pour la troisième fois, en nous promettant la vie sauve. Antoine Mauprat leur répondit par une moquerie obscène. Ils restèrent indécis, mais ne se retirèrent pas.

Je m'étais battu bravement; j'avais fait ce que j'appelais mon devoir. La trêve se prolongeait. Nous ne pouvions plus juger de la distance de l'ennemi, et nous n'osions risquer une décharge dans l'obscurité, car nos munitions de guerre étaient précieuses. Tous mes oncles étaient cloués aux remparts dans l'incertitude d'une nouvelle attaque. L'oncle Louis était grièvement blessé. Ma prisonnière me revint en mémoire. J'avais, au commencement du combat, entendu dire à Jean Mauprat qu'il fallait, en cas de défaite, l'offrir à condition qu'on lèverait le siége, ou la pendre aux yeux de l'ennemi. Je ne pouvais plus douter de la vérité de ce qu'elle m'avait dit. Quand la victoire parut se déclarer pour nous, on oublia la captive. Seulement le rusé Jean se détacha de sa chère couleuvrine qu'il pointait avec tant d'amour, et se glissa comme un chat dans les ténèbres. Un mouvement de jalousie incroyable s'empara de moi. Je jetai mon fusil, et je m'élançai sur ses traces, le couteau dans la main, et résolu, je crois, à le poignarder s'il touchait à ce que je regardais comme ma capture. Je le vis approcher de la porte, essayer de l'ouvrir, regarder avec attention par le trou de la serrure, pour s'assurer que sa proie ne lui avait pas échappé. Les coups de fusil recommencèrent. Il tourna sur ses talons inégaux avec l'agilité surprenante dont il était doué, et courut aux remparts. Pour moi, caché dans l'ombre, je le laissai passer et ne le suivis pas. Un autre instinct que celui du carnage venait de s'emparer de moi. Un éclair de jalousie avait enflammé mes sens. La fumée de la poudre, la vue du sang, le bruit, le danger, et plusieurs rasades d'eau-de-vie avalées à la ronde pour entretenir l'activité, m'avaient singulièrement échauffé la tête. Je pris la clef dans ma ceinture, j'ouvris brusquement la porte, et, quand je reparus devant la captive, je n'étais plus le novice méfiant et grossier qu'elle avait réussi à ébranler; j'étais le brigand farouche de la Roche-Mauprat, cent fois plus dangereux cette fois que la première. Elle s'élança vers moi avec impétuosité. J'ouvris mes bras pour la saisir; mais, au lieu de s'en effrayer, elle s'y jeta en criant : « Eh bien! mon père? — Ton père, lui dis-je en l'embrassant, n'est pas là. Il n'est pas plus question de lui que de toi sur la brèche à l'heure qu'il est. Nous avons *descendu* une douzaine de gendarmes, et voilà tout. La victoire se déclare pour nous comme de coutume. Ainsi ne t'inquiète plus de ton père; moi, je ne m'inquiète plus des gens du roi. Vivons en paix et fêtons l'amour. » En parlant ainsi, je portai à mes lèvres un broc de vin qui restait sur la table. Mais elle me l'ôta des mains d'un air d'autorité qui m'enhardit. « Ne buvez plus, me dit-elle; songez à ce que vous dites. Est-ce vrai ce que vous avez dit? en répondez-vous sur l'honneur, sur l'âme de votre mère? — Tout cela est vrai, je le jure sur votre belle bouche toute rose, lui répondis-je en essayant de l'embrasser encore. Mais elle recula avec terreur. — O mon Dieu! dit-elle, il est ivre! Bernard! Bernard! souvenez-vous de ce que vous avez promis, gardez votre parole. Vous savez bien à présent que je suis votre parente, votre sœur. — Vous êtes ma maîtresse ou ma femme, lui répondis-je en la poursuivant toujours.—Vous êtes un misérable! reprit-elle en me repoussant de sa cravache. Qu'avez-vous fait pour que je vous sois quelque chose? avez-vous secouru mon père? — J'ai juré de le secourir, et je l'aurais fait s'il eût été là; c'est donc comme si je l'avais fait. Savez-vous que si je l'avais fait et que j'eusse échoué, il n'y aurait pas eu à la Roche-Mauprat de supplice assez cruel et assez lent pour me punir à petit feu de cette trahison? J'ai juré assez haut, on peut l'avoir entendu. Ma foi, je ne m'en soucie guère, et je ne tiens pas à vivre deux jours de plus ou de moins; mais je tiens à vos faveurs, ma belle, et à n'être pas un chevalier langoureux dont on se moque. Allons, aimez-moi tout de suite, ou, ma foi, je m'en retourne là-bas, et, si je suis tué, tant pis pour vous. Vous n'aurez plus de chevalier, et vous aurez encore sept Mauprat à tenir en bride. Je crains que vous n'ayez pas les mains assez fortes pour cela, ma jolie petite linotte. »

Ces paroles, que je débitais au hasard et sans y attacher d'autre importance que de la distraire pour m'emparer de ses mains ou de sa taille, firent une vive impression sur elle. Elle s'enfuit à l'autre bout de la salle, et s'efforça d'ouvrir la fenêtre; mais ses petites mains ne purent seulement en ébranler le châssis de plomb aux ferrures rouillées. Sa tentative me fit rire. Elle joignit les mains avec anxiété, et resta immobile; puis tout à coup l'expression de son visage changea; elle sembla prendre son parti, et vint à moi l'air riant et la main ouverte. Elle était si belle ainsi, qu'un nuage passa devant mes yeux, et pendant un instant je ne la vis plus.

Passez-moi une puérilité. Il faut que je vous dise comment elle était habillée. Elle ne remit jamais ce costume depuis cette nuit étrange, et pourtant je me le rappelle minutieusement. Il y a longtemps de cela. Eh bien! je vivrais encore autant que j'ai vécu que je n'oublierais pas un seul détail, tant j'en fus frappé au milieu du tumulte qui se faisait au dedans et au dehors de moi, au milieu des coups de fusil qui battaient le rempart, des éclairs qui sillonnaient le ciel, et des palpitations violentes qui précipitaient mon sang de mon cœur à mon cerveau, et de ma tête à ma poitrine.

Oh! qu'elle était belle! Il me semble que son spectre passe encore devant mes yeux. Je crois la voir, vous dis-je, avec son costume d'amazone qu'on portait dans ce temps-là. Ce costume consistait en une jupe de drap très-ample; le corps serré dans un gilet de satin gris de perle boutonné, et une écharpe rouge autour de la taille; en dessus on portait la veste de chasse galonnée, courte et ouverte par devant; un chapeau de feutre gris à grands bords, relevé sur le front et ombragé d'une demi-douzaine de plumes rouges, surmontait des cheveux sans poudre, retroussés autour du visage et tombant par derrière en deux longues tresses, comme ceux des Bernoises. Ceux d'Edmée étaient si longs qu'ils descendaient presque à terre. Cette parure fantastique pour moi, cette fleur de jeunesse et ce bon accueil qu'elle semblait faire à mes prétentions, c'en était bien assez pour me rendre fou d'amour et de joie. Je ne comprenais rien de plus agréable qu'une belle femme qui se donnait sans paroles grossières et sans larmes de honte. Mon premier mouvement fut de la saisir dans mes bras; mais, comme vaincu par ce besoin irrésistible d'adoration qui caractérise le premier amour, même chez les êtres les plus grossiers, je tombai à ses genoux, et je les pressai contre ma poitrine; c'était pourtant, dans cette hypothèse, à une grande dévergondée que s'adressait cet hommage. Je n'en étais pas moins près de m'évanouir.

Elle prit ma tête dans ses deux belles mains, en s'écriant : « Ah ! je le voyais bien, je le savais bien, que vous, vous n'étiez pas un de ces réprouvés ; oh ! vous allez me sauver. Dieu, merci ; soyez béni, ôDieu ! et vous, mon cher enfant, dites de quel côté ? vite, fuyons ; faut-il sauter par la fenêtre ? Oh ! je n'ai pas peur, mon cher monsieur, allons ! »

Je crus sortir d'un rêve, et j'avoue que cela me fut horriblement désagréable. « Qu'est-ce à dire ? lui répondis-je en me relevant, vous jouez-vous de moi ? ne savez-vous pas où vous êtes, et croyez-vous que je sois un enfant ?

— Je sais que je suis à la Roche-Mauprat, répondit-elle en redevenant pâle, et que je vais être outragée et assassinée dans deux heures si d'ici là je n'ai pas réussi à vous inspirer quelque pitié. Mais j'y réussirai, s'écria-t-elle en tombant à son tour à mes genoux, vous n'êtes pas un de ces hommes-là. Vous êtes trop jeune pour être un monstre comme eux ; vous avez eu l'air de me plaindre ; vous me ferez évader, n'est-ce pas, n'est-ce pas, *mon cher cœur ?* »

Elle prenait mes mains et les baisait avec ardeur pour me fléchir ; je l'écoutais et je la regardais avec une stupidité peu faite pour la rassurer. Mon âme n'était guère accessible par elle-même à la générosité et à la compassion, et, dans ce moment, une passion plus violente que tout le reste faisait taire en moi ce qu'elle essayait d'y trouver. Je la dévorais des yeux sans rien comprendre à ses discours. Toute la question pour moi était de savoir si je lui avais plu, ou si elle avait voulu se servir de moi pour la délivrer.

« Je vois bien que vous avez peur, lui dis-je ; vous avez tort d'avoir peur de moi ; je ne vous ferai certainement pas de mal. Vous êtes trop jolie pour que je songe à autre chose qu'à vous caresser.

— Oui, mais vos oncles me tueront, s'écria-t-elle, vous le savez bien. Est-il possible que vous vouliez me laisser tuer? Puisque je vous plais, sauvez-moi, je vous aimerai après.

— Oh oui! après, après! lui répondis-je en riant d'un air niais et méfiant, après que vous m'aurez fait pendre par les gens du roi que je viens d'étriller si bien. Allons, prouvez-moi que vous m'aimez tout de suite, je vous sauverai après; après, moi aussi. » Je la poursuivis autour de la chambre; elle fuyait. Cependant elle ne me témoignait pas de colère et me résistait avec des paroles douces. La malheureuse ménageait en moi son seul espoir et craignait de m'irriter. Ah! si j'avais pu comprendre ce que c'était qu'une femme comme elle, et ce qu'était ma situation! Mais j'en étais incapable et je n'avais qu'une idée fixe, l'idée qu'un loup peut avoir en pareille occasion.

Enfin, comme à toutes ses prières je répondais toujours la même chose : « M'aimez-vous ou vous moquez-vous? » elle vit à quelle brute elle avait affaire; et, prenant son parti, elle se retourna vers moi, jeta ses bras autour de mon cou, cacha son visage dans mon sein, et me laissa baiser ses cheveux. Puis elle me repoussa doucement en me disant : « Eh mon Dieu! ne vois-tu pas que je t'aime et que tu m'as plu dès le moment où je t'ai vu? Mais ne comprends-tu pas que je hais tes oncles et que je ne veux appartenir qu'à toi? — Oui, lui répondis-je obstinément, parce que vous avez dit : Voilà un imbécile à qui je persuaderai tout ce que je voudrai en lui disant que je l'aime; il le croira, et je le mènerai pendre. Voyons, il n'y a qu'un mot qui serve, si vous m'aimez. » Elle me regardait d'un air d'angoisse, tandis que je cherchais à rencontrer ses lèvres quand elle ne détournait pas la tête. Je tenais ses mains dans les miennes, elle ne pouvait

6.

plus que reculer l'instant de sa défaite. Tout à coup sa figure pâle se colora, elle se mit à sourire, et avec une expression de coquetterie angélique : « Et vous, dit-elle, m'aimez-vous? »

De ce moment la victoire fut à elle. Je n'eus plus la force de vouloir ce que je désirais; ma tête de loup-cervier fut bouleversée, ni plus ni moins que celle d'un homme, et je crois que j'eus l'accent de la voix humaine en m'écriant pour la première fois de ma vie : « Oui, je t'aime! oui, je t'aime!

— Eh bien! dit-elle d'un air fou et avec un ton caressant, aimons-nous et sauvons-nous. — Oui, sauvons-nous, lui répondis-je, je déteste cette maison et mes oncles. Il y a longtemps que je veux me sauver. Mais on me pendra, tu sais bien. — On ne te pendra pas, reprit-elle en riant, mon prétendu est lieutenant-général. — Ton prétendu! m'écriai-je, saisi d'un nouvel accès de jalousie plus vif que le premier, tu vas te marier? — Pourquoi non? » répondit-elle en me regardant avec attention. Je pâlis et je serrai les dents. « En ce cas... lui dis-je en essayant de l'emporter dans mes bras. — En ce cas, reprit-elle en me donnant une petite tape sur la joue, je vois que tu es jaloux; mais c'est un singulier jaloux que celui qui veut posséder sa maîtresse à dix heures pour la céder à minuit à huit hommes ivres qui la lui rendront demain aussi sale que la boue des chemins. — Ah! tu as raison, m'écriai-je, va-t'en! va-t'en! je te défendrais jusqu'à la dernière goutte de mon sang; mais je succomberais sous le nombre et je périrais avec la pensée que tu leur restes. Quelle horreur! tu m'y fais penser; me voilà triste. Allons, pars! — Oh! oui! oh! oui! mon ange, » s'écria-t-elle en m'embrassant sur les joues avec effusion.

Cette caresse, la première qu'une femme m'eût faite depuis mon enfance, me rappela, je ne sais comment ni pourquoi, le dernier baiser de ma mère; et, au lieu de plaisir, elle me causa une tristesse profonde. Je me sentis les yeux pleins de larmes. Ma suppliante s'en aperçut et baisa mes larmes en répétant toujours : « Sauve-moi! sauve-moi! — Et ton mariage? lui dis-je; oh! écoute, jure-moi que tu ne te marieras pas avant que je meure; ce ne sera pas long, car mes oncles font bonne justice et courte justice, comme ils disent. — Est-ce que tu ne vas pas me suivre? reprit-elle. — Te suivre? non! pendu là-bas pour avoir fait le métier de bandit, pendu ici pour t'avoir fait évader, ce sera toujours bien la même chose, et du moins je n'aurai pas la honte de passer pour un délateur et d'être pendu en place publique. — Je ne te laisserai pas ici, s'écria-t-elle, dussé-je y mourir; viens avec moi, tu ne risques rien, crois-en ma parole. Je réponds de toi devant Dieu. Tue-moi si je mens, mais partons vite. Mon Dieu! je les entends chanter! Ils viennent! Ah! si tu ne veux pas me défendre, tue-moi de suite! »

Elle se jeta dans mes bras. L'amour et la jalousie gagnaient de plus en plus en moi; j'eus en effet l'idée de la tuer, et j'eus la main sur mon couteau de chasse tout le temps que j'entendis du bruit et des voix dans le voisinage de la salle. C'étaient des cris de victoire. Je maudis le ciel de ne l'avoir pas donnée à nos ennemis. Je pressai Edmée sur ma poitrine, et nous restâmes immobiles dans les bras l'un de l'autre, jusqu'à ce qu'un nouveau coup de fusil annonça que le combat recommençait. Alors je la serrai avec passion sur mon cœur. « Tu me rappelles, lui dis-je, une pauvre tourterelle qui, étant poursuivie par le milan, vint un jour se jeter dans ma veste et se cacher jusque dans mon sein. — Et tu ne l'as pas livrée au milan, n'est-ce pas? reprit Edmée. — Non, de par tous les diables! pas plus que je ne te livrerai, toi, le plus joli des oiseaux des bois, à ces méchants oiseaux de nuit qui te menacent.

— Mais comment fuirons-nous? dit-elle en écoutant avec terreur la fusillade. — Aisément, lui dis-je, suis-moi. » Je pris un flambeau, et, levant une trappe, je la fis descendre avec moi dans la cave. De là nous gagnâmes un souterrain creusé dans le roc qui servait autrefois à risquer un grand moyen de défense quand la garnison était plus considérable; on sortait dans la campagne par une extrémité opposée à la herse, et on tombait sur les derrières des assiégeants qui se trouvaient pris entre deux feux. Mais il y avait longtemps que la garnison de la Roche-Mauprat ne pouvait plus se diviser en deux corps, et d'ailleurs, durant la nuit, il y aurait eu folie à se risquer hors de l'enceinte. Nous arrivâmes donc sans encombre à la sortie du souterrain, mais au dernier moment je fus saisi d'un accès de fureur. Je jetai ma torche par terre, et m'appuyant contre la porte : « Tu ne sortiras pas d'ici, dis-je à la tremblante Edmée, sans être à moi. » Nous étions dans les ténèbres, le bruit du combat ne venait plus jusqu'à nous. Avant qu'on vînt nous surprendre en ce lieu, nous avions mille fois le temps d'échapper. Tout m'enhardissait, Edmée ne dépendait plus que de mon caprice. Quand elle vit que les séductions de sa beauté ne pouvaient plus agir sur moi pour me porter à l'enthousiasme, elle cessa de m'implorer et fit quelques pas en arrière dans l'obscurité. « Ouvre la porte, me dit-elle, et sors le premier, ou je me tue; car j'ai pris ton couteau de chasse au moment où tu l'oubliais sur le bord de la trappe, et pour retourner chez tes oncles, tu seras obligé de marcher dans mon sang. » L'énergie de sa voix m'effraya. « Rendez ce couteau, lui dis-je, ou à tout risque je vous l'ôte de force. — Crois-tu que j'aie peur de mourir?

dit-elle avec calme. Si j'avais tenu ce couteau là-bas, je ne me serais pas humiliée devant toi. — Eh bien! malheur! m'écriai-je, vous me trompez, vous ne m'aimez pas! Partez, je vous méprise, je ne vous suivrai pas. » En même temps j'ouvris la porte.

« Je ne veux pas partir sans vous, dit-elle; et vous, vous ne voulez pas que nous partions sans que je sois déshonorée. Lequel de nous est le plus généreux?—Vous êtes folle, lui dis-je, vous m'avez menti, et vous ne savez que faire pour me rendre imbécile. Mais vous ne sortirez pas d'ici sans jurer que votre mariage avec le lieutenant-général ou avec tout autre ne se fera pas avant que vous ayez été ma maîtresse. — Votre maîtresse? dit-elle, y pensez-vous? Ne pouvez-vous du moins, pour adoucir l'insolence, dire votre *femme?*—C'est ce que diraient tous mes oncles à ma place, parce qu'ils ne se soucieraient que de votre dot. Moi, je n'ai envie de rien autre que de votre beauté. Jurez que vous serez à moi d'abord, et après vous serez libre; je le jure. Si je me sens trop jaloux pour le souffrir, un homme n'a qu'une parole, je me ferai sauter la cervelle. — Je jure, dit Edmée, de n'être à personne avant d'être à vous. — Ce n'est pas cela; jurez d'être à moi avant d'être à qui que ce soit. — C'est la même chose, répondit-elle, je le jure. — Sur l'Évangile? sur le nom du Christ? sur le salut de votre âme? sur le cercueil de votre mère? — Sur l'Évangile, sur le nom du Christ, sur le salut de mon âme, sur le cercueil de ma mère! — C'est bon. — Un instant, reprit-elle : vous allez jurer que ma promesse et son exécution resteront un secret entre nous, que mon père ne le saura jamais ni personne qui puisse le lui redire? — Ni qui que ce soit au monde. Qu'ai-je besoin qu'on le sache, pourvu que cela soit? » Elle me fit répéter la formule du serment, et nous nous élançâmes dehors les mains unies en signe de foi mutuelle.

Là, notre fuite devenait périlleuse. Edmée craignait presque autant les assiégeants que les assiégés. Nous eûmes le bonheur de n'en rencontrer aucun; mais il n'était pas facile d'aller vite : le temps était si sombre que nous nous heurtions contre tous les arbres, et la terre si glissante que nous ne pouvions nous soutenir. Un bruit inattendu nous fit tressaillir; mais aussitôt, au son des chaînes qu'il traînait aux pieds, je reconnus le cheval de mon grand-père, animal extraordinairement vieux, mais toujours vigoureux et ardent : c'était le même qui m'avait amené dix ans auparavant à la Roche-Mauprat; il n'avait qu'une corde autour du cou pour toute bride. Je la lui passai dans la bouche avec un nœud coulant; je jetai ma veste sur sa croupe, j'y plaçai ma fugitive, je détachai les entraves, je sautai sur l'animal, et, le talonnant avec fureur, je lui fis prendre le galop à tout hasard. Heureusement pour nous qu'il connaissait les chemins mieux que moi, et n'avait pas besoin d'y voir pour en suivre les détours sans se heurter aux arbres. Cependant il glissait souvent, et pour se retenir il nous donnait des secousses qui nous eussent mille fois désarçonnés (équipés comme nous l'étions) si nous n'eussions été entre la vie et la mort. Dans de semblables situations, les entreprises désespérées sont les meilleures, et Dieu protége ceux que les hommes poursuivent. Nous semblions n'avoir plus rien à craindre, lorsque tout à coup le cheval heurta une souche, son pied se prit dans une racine à fleur de terre, et il s'abattit. Avant que nous fussions relevés il avait pris la fuite dans les ténèbres, et j'entendais ses pas rapides s'éloigner de plus en plus. J'avais reçu Edmée dans mes bras; elle n'eut aucun mal, mais je pris une entorse si grave qu'il me fut impossible de faire un pas. Edmée crut que j'avais la jambe cassée; je le croyais un peu moi-même tant je souffrais ; mais je ne pensai bientôt plus ni à la souffrance ni à l'inquiétude. La tendre sollicitude que me témoignait Edmée me fit tout oublier. En vain je la pressais de continuer sa route sans moi ; elle pouvait maintenant s'échapper. Nous avions fait beaucoup de chemin. Le jour ne tarderait pas à paraître. Elle trouverait des habitations, et partout on la protégerait contre les Mauprat. « Je ne te quitterai pas, répondit-elle avec obstination ; tu t'es dévoué à moi, je me dévoue à toi de même ; nous nous sauverons tous deux ou nous mourrons ensemble.

—Je ne me trompe pas, m'écriai-je ; c'est une lumière que j'aperçois entre ces branches. Il y a là une habitation. Edmée, allez y frapper. Vous m'y laisserez sans inquiétude, et vous trouverez un guide pour vous conduire chez vous.—Quoi qu'il arrive, je ne vous quitterai pas, dit-elle, mais je vais voir si l'on peut vous secourir. — Non, lui dis-je, je ne vous laisserai pas frapper seule à cette porte. Cette lumière, au milieu de la nuit, dans une maison située au fond des bois, peut cacher quelque embûche. » Je me traînai jusqu'à la porte. Elle était froide comme du métal ; les murs étaient couverts de lierre. « Qui est là ? cria-t-on du dedans avant que nous eussions frappé. — Nous sommes sauvés, s'écria Edmée, c'est la voix de Patience. —Nous sommes perdus, lui dis-je ; nous sommes ennemis mortels, lui et moi. — Ne craignez rien, dit-elle, suivez-moi ; c'est Dieu qui nous amène ici.

— Oui, c'est Dieu qui t'amène ici, fille du ciel, étoile du matin, dit Patience en ouvrant la porte, et quiconque te suit soit le bienvenu à la tour Gazeau. »

Nous pénétrâmes sous une voûte surbaissée, au milieu de laquelle pendait une lampe de fer. A la clarté de ce luminaire lugubre et des maigres broussailles qui flambaient dans l'âtre, nous vîmes avec surprise que la tour Gazeau était honorée d'une compagnie inusitée. D'un côté, la figure pâle et grave d'un homme en habit ecclésiastique recevait le reflet de la flamme ; de l'autre côté, un chapeau à grands bords ombrageait un cône olivâtre terminé par une maigre barbe, et le mur recevait la silhouette d'un nez tellement effilé qu'il n'y avait rien au monde qui pût lui être comparé, si ce n'est une longue rapière posée en travers sur les genoux du personnage, et la face d'un petit chien qu'on eût prise à sa forme pointue pour celle d'un rat gigantesque : si bien qu'il régnait une harmonie mystérieuse entre ces trois pointes acérées, le nez de don Marcasse, le museau de son chien et la lame de son épée. Il se leva lentement, et porta la main à son chapeau. Ainsi fit le curé janséniste. Le chien allongea la tête entre les jambes de son maître, et, muet comme lui, montra les dents et coucha les oreilles sans aboyer. « Chut! *Blaireau,* » lui dit Marcasse.

VII.

A peine le curé eut-il reconnu Edmée qu'il fit trois pas en arrière avec une exclamation de surprise ; mais ce ne fut rien auprès de la stupéfaction de Patience, lorsqu'il eut promené sur mes traits la lueur du tison enflammé qui lui servait de torche. « La colombe en compagnie de l'ourson! s'écria-t-il; que se passe-t-il donc? — Ami, répondit Edmée en mettant, à mon propre étonnement, sa main blanche dans la main grossière du sorcier, recevez-le aussi bien que moi-même. J'étais prisonnière à la Roche-Mauprat, et il m'a délivrée. — Que les iniquités de sa race lui soient pardonnées pour cette action! » dit le curé. Patience me prit le bras sans rien dire, et me conduisit auprès du feu. On m'assit sur l'unique chaise de la résidence, et le curé se mit en devoir d'examiner ma jambe, tandis qu'Edmée racontait, jusqu'à certain point, notre aventure, et s'informait de la chasse et de son père. Patience ne put lui en donner aucune nouvelle. Il avait entendu le cor résonner dans les bois, et la fusillade contre les loups avait troublé son repos plusieurs fois dans la journée. Mais, depuis l'orage, le bruit du vent avait étouffé tous les autres bruits, et il ne savait rien de ce qui se passait dans la Varenne. Marcasse monta lestement une échelle qui, à défaut de l'escalier rompu, conduisait aux étages supérieurs de la tour; son chien le suivit avec une merveilleuse adresse. Ils redescendirent bientôt, et nous apprîmes qu'une lueur rouge montait sur l'horizon du côté de la Roche-Mauprat. Malgré la haine que j'avais pour cette demeure et pour ses hôtes, je ne pus me défendre d'une sorte de consternation en entendant dire que, selon toute apparence, le manoir héréditaire qui portait mon nom était pris et livré aux flammes; c'était la honte et la défaite, et cet incendie était comme un sceau de vasselage apposé sur mon blason par ce que j'appelais les manants et les vilains. Je me levai en sursaut, et, si je n'eusse été retenu par une violente douleur au pied, je crois que je me serais élancé dehors. « Qu'avez-vous donc? me dit Edmée qui était près de moi en cet instant. — J'ai, lui répondis-je brusquement, qu'il faut que je retourne là-bas; car mon devoir est de me faire tuer plutôt que de laisser mes oncles parlementer avec la canaille. — La canaille! s'écria Patience en m'adressant pour la première fois la parole, qui est-ce qui parle de canaille ici? J'en suis, moi, de la canaille; c'est mon titre, et je saurai le faire respecter. — Ma foi! ce ne sera pas de moi, dis-je en repoussant le curé qui m'avait fait rasseoir. — Ce ne serait pourtant pas pour la première fois, répondit Patience avec un sourire méprisant. — Vous me rappelez, lui dis-je, que nous avons de vieux comptes à régler ensemble. » Et, surmontant l'affreuse douleur de mon entorse, je me levai de nouveau, et, d'un revers de main, j'envoyai don Marcasse, qui voulut succéder au curé dans le rôle de pacificateur, tomber à la renverse au milieu des cendres. Je ne lui voulais aucun mal ; mais j'avais les mouvements un peu brusques ; et le pauvre homme était si grêle qu'il ne pesait pas plus dans ma main qu'une belette n'eût fait dans la sienne. Patience était debout devant moi, les bras croisés, dans une attitude de philosophe stoïcien ; mais son regard sombre laissait jaillir la flamme de la haine. Il était évident que, retenu par ses principes d'hospitalité, il attendait, pour m'écraser, que je lui eusse porté le premier coup. Je ne l'eusse pas fait attendre, si Edmée, méprisant le danger qu'il y avait à s'approcher d'un furieux, ne m'eût saisi le bras en me disant d'un ton absolu : « Rasseyez-vous, tenez-vous tranquille, je vous l'ordonne. » Tant de hardiesse et de confiance me surprit et me plut en même temps. Les droits qu'elle s'arrogeait sur moi étaient comme une sanction de ceux que je prétendais avoir sur elle. « C'est juste, » lui répondis-je en m'asseyant, et j'ajoutai en regardant Patience : « Cela se retrouvera. — *Amen*, » répondit-il en levant les épaules. Marcasse s'était relevé avec beaucoup de sang-froid, et secouant les cendres dont il était sali, au lieu de s'en prendre à moi, il essayait à sa manière de sermonner Patience. La chose n'était pas facile en elle-même ; mais rien n'était moins irritant que cette censure monosyllabique jetant sa note au milieu des querelles comme un écho dans la tempête. « A votre âge, disait-il à son hôte, pas patient du tout ! Tout le tort, oui, tort, vous ! — Que vous êtes méchant ! me disait Edmée en laissant sa main sur mon épaule ; ne recommencez pas, ou je vous abandonne. » Je me laissais gronder par elle avec plaisir, et sans m'apercevoir que depuis un instant nous avions changé de rôle. C'était elle maintenant qui commandait et menaçait ; elle avait repris toute sa supériorité réelle sur moi en franchissant le seuil de la tour Gazeau ; et ce lieu sauvage, ces témoins étrangers, cet hôte farouche, représentaient déjà la société où je venais de mettre le pied, et dont j'allais bientôt subir les entraves.

« Allons, dit-elle en se tournant vers Patience, nous ne nous entendons pas ici, et moi je suis dévorée d'inquiétude pour mon pauvre père qui me cherche et qui se tord les bras à l'heure qu'il est. Bon Patience ! trouve-moi un moyen de le rejoindre avec ce malheureux enfant que je ne puis laisser à ta garde, puisque tu ne m'aimes pas assez pour être patient et miséricordieux avec lui. — Qu'est-ce que vous dites? s'écria Patience en posant sa main sur son front comme au sortir d'un rêve. Oui, vous avez raison ; je suis un vieux brutal, un vieux fou. Fille de Dieu, dites à ce garçon... à ce gentilhomme que je lui demande pardon du passé, et que, pour le présent, je mets ma pauvre cellule à ses ordres ; est-ce bien parlé ? — Oui, Patience, dit le curé ; d'ailleurs, tout peut s'arranger ; mon cheval est doux et solide, mademoiselle de Mauprat va le monter ; vous et Marcasse le conduirez par la bride, et moi je resterai ici près de notre blessé. Je réponds de le bien soigner et de ne l'irriter en aucune façon. N'est-ce pas, monsieur Bernard, vous n'avez rien contre moi, vous êtes bien sûr que je ne suis pas votre ennemi ? — Je n'en sais rien, répondis-je, c'est comme il vous plaira. Ayez soin de *la cousine*, conduisez-la ; moi, je n'ai besoin de rien et je ne me soucie de personne. Une botte de paille et un verre de vin, c'est tout ce que je voudrais, si c'était possible. — Vous aurez l'un et l'autre, dit Marcasse en me présentant sa gourde, et voici d'abord de quoi vous réconforter ; je vais à l'écurie préparer le cheval. — Non, j'y vais moi-même, dit Patience ; ayez soin de ce jeune homme. » Et il passa dans une autre salle basse qui servait d'écurie au cheval du curé, durant les visites que celui-ci lui rendait. On fit passer l'animal par la chambre où nous étions, et Patience, arrangeant le manteau du curé sur la selle, y déposa Edmée avec un soin paternel. « Un instant, dit-elle avant de se laisser emmener; monsieur le curé, vous me promettez sur le salut de votre âme de ne pas abandonner mon cousin avant que je sois revenue avec mon père pour le chercher? — Je le jure, répondit le curé. — Et vous, Bernard, dit Edmée, vous jurez sur l'honneur que vous m'attendrez ici? — Je n'en sais rien du tout, répondis-je; cela dépendra du temps et de ma patience; mais vous savez bien, cousine, que nous nous reverrons, fût-ce au diable, et, quant à moi, le plus tôt possible. » A la clarté du tison que Patience agitait autour d'elle pour examiner le harnais du cheval, je vis son beau visage rougir et pâlir; puis elle releva sa tête penchée tristement et me regarda fixement d'un air étrange. « Partons-nous? dit Marcasse en ouvrant la porte.—Marchons, dit Patience en prenant la bride. Ma fille Edmée, baissez-vous bien en passant sous la porte..... — Qu'est-ce qu'il y a, Blaireau? » dit Marcasse en s'arrêtant sur le seuil et en mettant en avant la pointe de son épée glorieusement rouillée dans le sang des animaux rongeurs.

Blaireau resta immobile, et, s'il n'eût été *muet de naissance*, comme disait son maître, il eût aboyé; mais il avertit à sa manière en faisant entendre une sorte de toux sèche, qui était son plus grand signe de colère et d'inquiétude... « Quelque chose là-dessous, » dit Marcasse. Et il avança fort courageusement dans les ténèbres en faisant signe à l'amazone de ne pas sortir. La détonation d'une arme à feu nous fit tous tressaillir. Edmée sauta légèrement à bas du cheval, et, par un mouvement instinctif qui ne m'échappa point, vint se placer derrière ma chaise. Patience s'élança hors de la tour ; le curé courut au cheval épouvanté, qui se cabrait et reculait sur nous ; Blaireau réussit à aboyer. J'oubliai mon mal, et d'un saut je fus aux avant-postes.

Un homme, criblé de blessures et répandant un ruisseau de sang, était couché en travers devant la porte. C'était mon oncle Laurent, mortellement blessé au siége de la Roche-Mauprat, qui venait expirer sous nos yeux. Avec lui était son frère Léonard, qui venait de tirer à tout hasard son dernier coup de pistolet et qui heureusement n'avait atteint personne. Le premier mouvement de Patience fut de se mettre en défense ; mais, en reconnaissant Marcasse, les fugitifs, loin de se montrer hostiles, demandèrent asile et secours, et personne ne crut devoir leur refuser l'assistance que réclamait leur déplorable situation. La maréchaussée était à leur poursuite. La Roche-Mauprat était la proie des flammes ; Louis et Pierre s'étaient fait tuer sur la brèche ; Antoine, Jean et Gaucher étaient en fuite d'un autre côté. Peut-être étaient-ils déjà prisonniers. Rien ne saurait rendre l'horreur des derniers moments de Laurent. Son agonie fut rapide, mais affreuse. Il blasphémait à faire pâlir le curé. A peine la porte fut-elle refermée et le moribond déposé à terre, qu'un râle horrible s'empara de lui. Malgré nos représentations, Léonard, ne connaissant d'autre remède que l'eau-de-vie, arrachant de mes mains (non sans m'adresser en jurant un reproche insultant pour ma fuite) la gourde de Marcasse, desserra de force, avec la lame de son couteau de chasse, les dents contractées de son frère, et lui versa la moitié de la gourde. Le malheureux bondit, agita ses bras dans des convulsions désespérées, se releva de toute sa hauteur, et retomba raide mort sur le carreau ensanglanté. Nous n'eûmes pas le loisir d'une oraison funèbre ; la porte retentit sous les coups redoublés de nouveaux assaillants. « Ouvrez, de par le roi! crièrent plusieurs voix ; ouvrez à la maréchaussée. — A la défense! s'écria Léonard en relevant son couteau et en s'élançant vers la porte. Vilains, montrez-vous gentilshommes! et toi, Bernard, répare ta faute, lave ta honte, ne souffre pas qu'un Mauprat tombe vivant dans les mains des gendarmes! »

Commandé par l'instinct du courage et de la fierté, j'allais l'imiter, quand Patience, s'élançant sur lui et le terrassant avec une force herculéenne, lui mit le genou sur la poitrine en criant à Marcasse d'ouvrir la porte. Cela fut fait avant que j'eusse pu prendre parti pour mon oncle contre son hôte inexorable. Six gendarmes s'élancèrent dans la tour et nous tinrent tous immobiles au bout de leurs fusils. « Holà! messieurs! dit Patience, ne faites de mal à personne et prenez ce prisonnier. Si j'eusse été seul avec lui, je l'eusse défendu ou fait sauver; mais il y a ici de braves gens qui ne doivent pas payer pour un coquin, et je ne me soucie pas de les exposer dans un engagement. Voilà le Mauprat. Songez que votre devoir est de le remettre sain et sauf dans les mains de la justice. Cet autre est mort. — Monsieur, rendez-vous, dit le sous-officier de maréchaussée en s'emparant de Léonard. — Jamais un Mauprat ne traînera son nom sur les bancs d'un présidial, répondit Léonard d'un air sombre. Je me rends, mais vous n'aurez que ma peau. » Et il se laissa asseoir sur une chaise sans faire de résistance. Tandis qu'on se préparait à le lier : « Une seule, une dernière charité, mon père, dit-il au curé. Passez-moi le reste de la gourde; je me meurs de soif et d'épuisement. » Le bon curé lui passa la gourde qu'il avala d'un trait. Sa figure décomposée avait une sorte de calme effrayant. Il semblait absorbé, atterré, incapable de résistance. Mais au moment où on lui liait les pieds, il arracha un pistolet à la ceinture d'un des gendarmes, et se fit sauter la cervelle.

Je fus bouleversé de ce spectacle affreux. Plongé dans une morne stupeur, ne comprenant plus rien à ce qui m'entourait, je restai pétrifié, ne m'apercevant pas que depuis quelques instants j'étais l'objet d'un débat sérieux entre la maréchaussée et mes hôtes. Un gendarme prétendait me reconnaître pour un Mauprat Coupe-Jarret. Patience niait que je fusse autre chose qu'un garde-chasse de M. Hubert de Mauprat escortant sa fille. Ennuyé de ce débat, j'allais me nommer, lorsque je vis un spectre se lever à côté de moi. C'était Edmée qui s'était collée entre la muraille et le pauvre cheval effrayé du curé, qui, les jambes étendues et l'œil en feu, lui faisait comme un rempart de son corps. Elle était pâle comme la mort, et ses lèvres étaient tellement contractées d'horreur, qu'elle fit d'abord des efforts inouïs pour parler, sans pouvoir s'exprimer autrement que par signes. Le sous-officier, touché de sa jeunesse et de sa situation, attendit avec déférence qu'elle réussît à s'expliquer. Enfin, elle obtint qu'on ne me traitât pas en prisonnier, et qu'on me conduisît avec elle au château de son père, où elle donnait sa parole d'honneur qu'on fournirait sur mon compte des explications et des garanties satisfaisantes. Le curé et les deux autres témoins appuyant cette promesse, nous partîmes tous ensemble, Edmée sur le cheval du sous-officier, qui prit celui d'un de ses hommes, moi sur le cheval du curé, Patience et le curé à pied entre nous, la maréchaussée sur nos flancs, Marcasse en avant, toujours impassible au milieu de l'épouvante et de la consternation générale. Deux gendarmes restèrent à la tour pour garder les cadavres et constater les faits.

VIII.

Nous avions fait une lieue environ dans les bois, nous arrêtant à chaque embranchement de route pour appeler; car Edmée, convaincue que son père ne rentrerait pas chez lui sans l'avoir retrouvée, suppliait ses compagnons de voyage de l'aider à le rejoindre ; ce à quoi les gendarmes répugnaient beaucoup, craignant d'être surpris et attaqués par quelques groupes des fuyards de la Roche-Mauprat. Chemin faisant, ils nous apprirent que le repaire avait été conquis à la troisième attaque. Jusque-là les assaillants avaient ménagé leurs forces. Le lieutenant de maréchaussée voulait qu'on s'emparât du donjon sans le détruire, et surtout des assiégés sans les tuer ; mais cela fut impossible à cause de la résistance désespérée qu'ils firent. Les assiégeants furent tellement maltraités à leur seconde tentative, qu'ils n'avaient plus d'autre parti à prendre que le parti extrême ou la retraite. Le feu fut mis aux bâtiments d'enceinte, et au troisième engagement on ne ménagea plus rien. Deux Mauprat furent tués sur les débris de leur bastion ; les cinq autres disparurent. Six hommes furent dépêchés à leur poursuite d'un côté, six de l'autre ; car on avait trouvé sur-le-champ la trace des fugitifs, et ceux qui nous transmettaient ces détails avaient suivi de si près Laurent et Léonard, qu'ils avaient atteint de plusieurs balles le premier de ces infortunés, à peu de distance de la tour Gazeau. Ils l'avaient entendu crier qu'il était mort, et, selon toute apparence, Léonard l'avait porté jusqu'à la demeure du sorcier. Ce Léonard était le seul qui méritât quelque pitié ; car c'était le seul qui eût peut-être été susceptible d'embrasser une meilleure vie. Il était parfois chevaleresque dans son brigandage, et son cœur farouche était capable d'affection. J'étais donc très-touché de sa mort tragique, et je me laissais entraîner machinalement, plongé dans de sombres pensées, et résolu à finir mes jours de la même manière si l'on me condamnait aux affronts qu'il n'avait pas voulu subir.

Tout à coup le son des cors et les hurlements des chiens nous annoncèrent l'approche d'un groupe de chasseurs. Tandis qu'on leur répondait par des cris de notre côté, Patience courut à la découverte. Edmée, impatiente de retrouver son père et surmontant toutes les terreurs de cette nuit sanglante, fouetta son cheval et atteignit les chasseurs la première. Lorsque nous les eûmes rejoints, je vis Edmée dans les bras d'un homme de grande taille et d'une figure vénérable. Il était vêtu avec luxe; sa veste de chasse, galonnée d'or sur toutes les coutures, et le magnifique cheval normand qu'un piqueur tenait derrière lui, me frappèrent tellement que je me crus en présence d'un prince. Les témoignages de tendresse qu'il donnait à sa fille étaient si nouveaux pour moi, que je faillis les trouver exagérés et indignes de la gravité d'un homme; en même temps ils m'inspiraient une sorte de jalousie brutale, et il ne me venait pas à l'esprit qu'un homme si bien mis pût être mon oncle. Edmée lui parla bas et avec vivacité. Cette conférence dura quelques instants, au bout desquels le vieillard vint à moi et m'embrassa cordialement. Tout me paraissait si nouveau dans ces manières, que je me tenais immobile et muet devant les protestations et les caresses dont j'étais l'objet. Un grand jeune homme, d'une belle figure et vêtu avec autant de recherche que M. Hubert, vint me serrer la main et m'adresser des remerciements auxquels je ne compris rien. Ensuite il entra en pourparlers avec les gendarmes, et je compris qu'il était le lieutenant-général de la province, et qu'il exigeait qu'on me laissât libre de suivre mon oncle le chevalier dans son château, où il répondait de moi sur son honneur. Les gendarmes prirent congé de nous ; car le chevalier et le lieutenant-général étaient assez bien escortés par leurs gens pour n'avoir à craindre aucune mauvaise rencontre. Un nouveau sujet de surprise pour moi fut de voir le chevalier donner de vives marques d'amitié à Patience et à Marcasse. Quant au curé, il était avec ces deux seigneurs sur un pied d'égalité. Depuis quelques mois il était aumônier du château de Sainte-Sévère, les tracasseries du clergé diocésain lui ayant fait abandonner sa cure.

Toute cette tendresse dont Edmée était l'objet, ces affections de famille dont je n'avais pas l'idée, ces cordiales et douces relations entre des plébéiens respectueux et des patriciens bienveillants, tout ce que je voyais et entendais ressemblait à un rêve. Je regardais et n'avais le sens d'aucune appréciation sur quoi que ce soit. Mon cerveau commença cependant à travailler lorsque, la caravane s'étant remise en route, je vis le lieutenant-général (M. de La Marche) pousser son cheval entre celui d'Edmée et le mien, et se placer de droit à son côté. Je me souvins qu'elle m'avait dit à la Roche-Mauprat qu'il était son fiancé. La haine et la colère s'emparèrent de moi, et je ne sais quelle absurdité j'eusse faite, si Edmée, semblant deviner ce qui se passait dans mon âme farouche, ne lui eût dit qu'elle voulait me parler, et ne m'eût rendu ma place auprès d'elle. « Qu'avez-vous à me dire ? lui demandai-je avec plus d'empressement que de politesse. — Rien, me répondit-elle à demi-voix. J'aurai beaucoup à vous dire plus tard ; jusque-là, ferez-vous toutes mes volontés ? — Et pourquoi diable ferais-je vos volontés, cousine ? » Elle hésita un peu à me répondre, et, faisant un effort, elle dit : « Parce que c'est ainsi qu'on prouve aux femmes qu'on les aime. — Est-ce que vous croyez que je ne vous aime pas? repris-je brusquement. — Qu'en sais-je ? » dit-elle. Ce doute m'étonna beaucoup, et j'essayai de le combattre à ma manière. « N'êtes-vous pas belle, lui dis-je, et ne suis-je pas un jeune homme ? Peut-être croyez-vous que je suis trop enfant pour m'apercevoir de la beauté d'une femme, mais, à présent que j'ai la tête calme et que je suis triste et bien sérieux, je puis vous dire que je suis encore plus amoureux de vous que je ne pensais. Plus je vous regarde, plus je vous trouve belle. Je ne croyais pas qu'une femme pût me paraître aussi belle. Vrai, je ne dormirai pas tant que...... — Taisez-vous, dit-elle sèchement. — Oh! vous craignez que ce monsieur ne m'entende, repris-je en lui désignant M. de La Marche. Soyez tranquille, je sais garder un serment, et j'espère qu'étant une fille bien née, vous saurez aussi garder le vôtre. » Elle se tut. Nous étions dans un chemin où l'on ne pouvait marcher que deux de front. L'obscurité était profonde, et, quoique le chevalier et le lieutenant-général fussent sur nos talons, j'allais m'enhardir à passer mon bras autour de sa taille, lorsqu'elle me dit d'une voix triste et affaiblie : « Mon cousin, je vous demande pardon si je ne vous parle pas. Je ne comprends pas même bien ce que vous me dites. Je me sens exténuée de fatigue, il me semble que je vais mourir. Heureusement nous voici arrivés. Jurez-moi que vous aimerez mon père, que vous céderez à tous ses conseils, que vous ne prendrez parti sur quoi que ce soit sans me consulter. Jurez-le-moi si vous voulez que je croie à votre amitié. — Oh! mon amitié, n'y croyez pas, j'y consens, répondis-je, mais croyez à mon amour. Je jure tout ce qu'il vous plaira; mais vous, ne me promettrez-vous rien, là, de bonne grâce? — Que puis-je vous promettre qui ne vous appartienne ? dit-elle d'un ton sérieux; vous m'avez sauvé l'honneur, ma vie est à vous. »

Les premières lueurs du matin blanchissaient alors l'horizon, nous arrivions au village de Sainte-Sévère, et bientôt nous entrâmes dans la cour du château. En descendant de cheval, Edmée tomba dans les bras de son père ; elle était pâle comme la mort. M. de La Marche fit un cri et aida à l'emporter. Elle était évanouie. Le curé se chargea de moi. J'étais fort inquiet sur mon sort. La méfiance naturelle aux brigands se réveilla dès que je cessai d'être sous la fascination de celle qui avait réussi à me tirer de mon antre. J'étais comme un loup blessé, et je jetais des regards sombres autour de moi, prêt à m'élancer sur le premier qui ferait un geste ou dirait un mot équivoque. On me conduisit à un appartement splendide, et une collation, préparée avec un luxe dont je n'avais pas l'idée, me fut servie immédiatement. Le curé me témoigna beaucoup d'intérêt, et, ayant réussi à me rassurer un peu, il me quitta pour s'occuper de son ami Patience. Mon trouble et un reste d'inquiétude ne tinrent pas contre l'appétit généreux dont est douée la jeunesse. Sans les empressements et les respects d'un valet beaucoup mieux mis que moi, qui se tenait derrière ma chaise, et auquel je ne pouvais m'empêcher de rendre ses politesses chaque fois qu'il s'élançait au-devant de mes désirs, j'eusse fait un déjeuner effrayant, mais son habit vert et ses culottes de soie me gênaient beaucoup. Ce fut bien pis lorsque, s'étant agenouillé, il se mit en devoir de me déchausser pour me mettre au lit. Pour le coup, je crus qu'il se moquait de moi, et je faillis lui asséner un grand coup de poing sur la tête ; mais il avait l'air si grave en s'acquittant de cette besogne que je restai stupéfait à le regarder.

Dans les premiers moments, me trouvant au lit, sans armes, et avec des gens qui allaient et venaient autour de moi en marchant sur la pointe du pied, il me vint encore des mouvements de méfiance. Je profitai d'un instant où j'étais seul pour me relever, et, prenant sur la table à demi desservie le plus long couteau que je pus choisir, je me couchai plus tranquille et m'endormis profondément en le tenant bien serré dans ma main.

Quand je m'éveillai, le soleil couchant jetait sur mes draps, d'une finesse extrême, le reflet adouci de mes rideaux de damas rouge, et faisait étinceler les grenades dorées qui ornaient les coins du dossier. Ce lit était si beau et si moelleux, que je faillis lui faire des excuses de m'être couché dedans. En me soulevant, je vis une figure douce et vénérable qui entr'ouvrait ma courtine et qui me souriait. C'était le chevalier Hubert de Mauprat, qui m'interrogeait avec intérêt sur l'état de ma santé. J'essayai d'être poli et reconnaissant ; mais les expressions dont je me servais ressemblaient si peu aux siennes, que je me troublai et souffris de ma grossièreté sans pouvoir m'en rendre compte. Pour comble de malheur, à un mouvement que je fis, le couteau que j'avais pris pour camarade de lit tomba aux pieds de M. de Mauprat, qui le ramassa, le regarda, et me regarda ensuite avec une extrême surprise. Je devins rouge comme le feu, et balbutiai je ne sais quoi. Je m'attendais à des reproches pour cette insulte faite à son hospitalité ; mais il était trop poli pour pousser plus loin l'explication. Il posa tranquillement le couteau sur la cheminée, et, revenant à moi, il me parla ainsi :

« Bernard, je sais maintenant que je vous dois la vie de ce que j'ai de plus cher au monde. Toute la mienne sera consacrée à vous prouver ma reconnaissance et mon estime. Ma fille aussi a contracté envers vous une dette sacrée. N'ayez donc aucune inquiétude pour votre avenir. Je sais à quelles persécutions et à quelles vengeances vous vous êtes exposé pour venir à nous ; mais je sais aussi à quelle affreuse existence mon amitié et mon dévouement sauront vous soustraire. Vous êtes orphelin, et je n'ai pas de fils. Voulez-vous m'accepter pour votre père ? »

Je regardai le chevalier avec des yeux égarés. Je ne pouvais en croire mes oreilles. Toute impression était paralysée chez moi par la surprise et la timidité. Il me fut impossible de répondre un mot ; le chevalier éprouva lui-même un peu de surprise, il ne s'attendait pas à trouver une nature aussi brutalement inculte. « Allons, me dit-il, j'espère que vous vous accoutumerez à nous. Donnez-moi seulement une poignée de main pour me prouver que vous avez confiance en moi. Je vais vous envoyer votre domestique, commandez-lui tout ce que vous voudrez, il est à vous. J'ai seulement une promesse à exiger de vous, c'est que vous ne sortirez pas de l'enceinte du parc d'ici à ce que j'aie pris des mesures pour vous soustraire aux poursuites de la justice. On pourrait faire rejaillir sur vous les accusations qui pèsent sur la conduite de vos oncles.

— Mes oncles ? dis-je en passant mes mains sur ma tête, est-ce un mauvais rêve que j'ai fait ? Où sont-ils ? Qu'est devenue la Roche-Mauprat ?

— La Roche-Mauprat a été préservée des flammes, répondit-il. Quelques bâtiments accessoires ont été détruits ; mais je me charge de réparer votre maison et de racheter votre fief aux créanciers dont il est aujourd'hui la proie. Quant à vos oncles... vous êtes probablement le seul héritier d'un nom qu'il vous appartient de réhabiliter.

— Le seul ! m'écriai-je... Quatre Mauprat ont succombé cette nuit, mais les trois autres...

— Le cinquième, Gaucher, a péri dans sa fuite ; on l'a retrouvé ce matin noyé dans l'étang *des Froids*. On n'a retrouvé ni Jean ni Antoine ; mais le cheval de l'un et le manteau de l'autre, trouvés à peu de distance du lieu où gisait le cadavre de Gaucher, sont des indices sinistres de quelque événement semblable. Si l'un des Mauprat s'est échappé, c'est pour ne plus reparaître, car il n'y aurait plus d'espoir pour lui ; et puisqu'ils ont attiré sur leurs têtes ces orages inévitables, mieux vaut pour eux et pour nous, qui avons le malheur de porter le même nom, qu'ils aient eu cette fin tragique les armes à la main que de subir une mort infâme au bout d'une potence. Acceptons ce que Dieu a décidé à leur égard. L'arrêt est rude. Sept hommes pleins de force et de jeunesse appelés, dans une seule nuit, à rendre un compte terrible !... Prions pour eux, Bernard, et, à force de bonnes œuvres, tâchons de réparer le mal qu'ils ont fait, et d'enlever les taches qu'ils ont imprimées à notre écusson. »

Ces dernières paroles résumaient tout le caractère du chevalier. Il était pieux, équitable, plein de charité ; mais, chez lui, comme chez la plupart des gentilshommes, les préceptes de l'humilité chrétienne venaient échouer devant l'orgueil du rang. Il eût volontiers fait asseoir un pauvre à sa table, et le vendredi-saint il lavait les pieds à douze mendiants ; mais il n'en était pas moins attaché à tous les préjugés de notre caste. Il trouvait ses cousins beaucoup plus coupables d'avoir dérogé à leur dignité d'homme, étant gentilshommes, que s'ils eussent été plébéiens. Dans cette hypothèse, selon lui, leurs crimes eussent été de moitié moins graves. J'ai partagé longtemps cette conviction ; elle était dans mon sang, si je puis m'exprimer ainsi. Je ne l'ai perdue qu'à la suite des rudes leçons de ma destinée.

Il me confirma ensuite ce que sa fille m'avait dit. Il avait désiré vivement être chargé de mon éducation dès ma naissance ; mais son frère Tristan s'y était opposé avec acharnement. Ici le front du chevalier se rembrunit. « Vous ne savez pas, dit-il, combien cette velléité de ma part a eu des suites funestes pour moi et pour vous aussi. Mais ceci doit rester enveloppé dans le mystère... mystère affreux, sang des Atrides!..... » Il me prit la main, et ajouta d'un air accablé : « Bernard, nous sommes victimes tous deux d'une famille atroce. Ce n'est pas le moment de récriminer contre ceux qui paraissent à cette heure devant le redoutable tribunal de Dieu ; mais ils m'ont fait un mal irréparable, ils m'ont brisé le cœur... Celui qu'ils vous ont fait sera réparé, j'en jure par la mémoire de votre mère. Ils vous ont privé d'éducation, ils vous ont associé à leurs brigandages ; mais votre âme est restée grande et pure comme était celle de l'ange qui vous donna le jour. Vous réparerez les erreurs involontaires de votre enfance ; vous recevrez une éducation conforme à votre rang ; vous relèverez l'honneur de la famille, n'est-ce pas, vous le voulez? Moi, je le veux, je me mettrai à vos genoux pour obtenir votre confiance, et je l'obtiendrai, car la Providence vous destinait à être mon fils. Ah ! j'avais rêvé jadis une adoption plus complète. Si, à ma seconde tentative, on vous eût accordé à ma tendresse, vous eussiez été élevé avec ma fille, et vous seriez certainement devenu son époux. Mais Dieu ne l'a pas voulu. Il faut que vous commenciez votre éducation, et la sienne s'achève. Elle est d'âge à être établie, et d'ailleurs elle a fait son choix ; elle aime M. de La Marche, qu'elle est à la veille d'épouser ; elle vous l'a dit. »

Je balbutiai quelques paroles confuses. Les caresses et les paroles généreuses de ce vieillard respectable m'avaient vivement ému, et je sentais comme une nouvelle nature se réveiller en moi. Mais lorsqu'il prononça le nom de son futur gendre, tous mes instincts sauvages se réveillèrent, et je sentis qu'aucun principe de loyauté sociale ne me ferait renoncer à la possession de celle que je regardais comme ma proie. Je pâlissais, je rougissais, je suffoquais. Nous fûmes heureusement interrompus par l'abbé Aubert (le curé janséniste), qui venait s'informer des suites de ma chute. Alors seulement le chevalier sut que j'étais blessé, circonstance qu'il n'avait pas eu le loisir d'apprendre dans l'agitation de tant d'événements plus graves. Il envoya chercher son médecin, et je fus entouré de soins affectueux qui me parurent assez puérils, et auxquels je me soumis pourtant par un instinct de reconnaissance.

Je n'avais pas osé demander au chevalier des nouvelles de sa fille. Je fus plus hardi avec l'abbé. Il m'apprit que la prolongation et l'agitation de son sommeil donnaient quelque inquiétude; et le médecin, étant revenu le soir pour me faire un nouveau pansement, me dit qu'elle avait beaucoup de fièvre, et qu'il craignait pour elle une maladie grave.

Elle fut en effet assez mal pendant quelques jours pour donner de l'inquiétude. Dans les terribles émotions qu'elle avait éprouvées, elle avait déployé beaucoup d'énergie; mais elle subit une réaction assez violente. De mon côté, je fus retenu au lit; je ne pouvais faire un pas sans ressentir de vives douleurs, et le médecin me menaçait d'y rester cloué pour plusieurs mois si je ne me soumettais à l'immobilité pendant quelques jours. Comme j'étais d'ailleurs en pleine santé et que je n'avais jamais été malade de ma vie, la transition de mes habitudes actives à cette molle captivité me causa un ennui dont rien ne saurait rendre les angoisses. Il faut avoir vécu au fond des bois, dans toute la rudesse des mœurs farouches, pour comprendre l'espèce d'effroi et de désespoir que j'éprouvai en me trouvant enfermé pendant plus d'une semaine entre quatre rideaux de soie. Le luxe de mon appartement, la dorure de mon lit, les soins minutieux des laquais, tout, jusqu'à la bonté des aliments, puérilités auxquelles j'avais été assez sensible le premier jour, me devint odieux au bout de vingt-quatre heures. Le chevalier me faisait de tendres et courtes visites, car il était absorbé par la maladie de sa fille chérie. L'abbé fut excellent pour moi. Je n'osais dire ni à l'un ni à l'autre combien je me trouvais malheureux ; mais, lorsque j'étais seul, j'avais envie de rugir comme un lion mis en cage, et, la nuit, je faisais des rêves où la mousse des bois, le rideau des arbres de la forêt et jusqu'aux sombres créneaux de la Roche-Mauprat, m'apparaissaient comme le paradis terrestre. D'autres fois, les scènes tragiques qui avaient accompagné et suivi mon évasion se retraçaient si énergiquement à ma mémoire que, même éveillé, j'étais en proie à une sorte de délire.

Une visite de M. de La Marche augmenta le désordre et l'exaspération de mes idées. Il me témoigna beaucoup d'intérêt, me serra la main à plusieurs reprises, me demanda mon amitié, s'écria dix fois qu'il donnerait sa vie pour moi, et je ne sais combien d'autres protestations que je n'entendis guère ; car j'avais un torrent dans les oreilles tandis qu'il me parlait, et, si j'avais eu mon couteau de chasse, je crois que je me serais jeté sur lui. Mes manières farouches et mes regards sombres l'étonnèrent beaucoup ; mais l'abbé lui ayant dit que j'avais l'esprit frappé des événements terribles advenus dans ma famille, il redoubla ses protestations, et me quitta de la manière la plus affectueuse et la plus courtoise.

Cette politesse que je trouvais dans tout le monde, depuis le maître de la maison jusqu'au dernier des serviteurs, me causait un malaise inouï, bien qu'elle me frappât d'admiration ; car, n'eût-elle pas été inspirée par la bienveillance qu'on me portait, il m'eût été impossible de comprendre qu'elle pouvait être une chose bien distincte de la bonté. Elle ressemblait si peu à la faconde gasconne et railleuse des Mauprat, qu'elle était pour moi comme une langue tout à fait nouvelle que je comprenais, mais que je ne pouvais parler.

Je retrouvai pourtant la faculté de répondre, lorsque l'abbé, m'ayant annoncé qu'il était chargé de mon éducation, m'interrogea pour savoir où j'en étais. Mon ignorance était tellement au delà de tout ce qu'il eût pu imaginer, que j'eus honte de la lui révéler, et, ma fierté sauvage reprenant le dessus, je lui déclarai que j'étais gentilhomme et que je n'avais nulle envie de devenir *clerc*. Il ne me répondit que par un éclat de rire qui m'offensa beaucoup. Il me tapa doucement sur l'épaule d'un air d'amitié, en disant que je changerais d'avis avec le temps, mais que j'étais un drôle de corps. J'étais pourpre de colère quand le chevalier entra. L'abbé lui rapporta notre entretien et ma réponse. M. Hubert réprima un sourire. « Mon enfant, me dit-il avec affection, jamais je ne veux me rendre fâcheux pour vous, même par amitié. Ne parlons pas d'études aujourd'hui. Avant d'en concevoir le goût, il faut que vous en compreniez la nécessité. Vous avez l'esprit juste, puisque vous avez le cœur noble ; l'envie de vous instruire vous viendra d'elle-même. Soupons. Avez-vous faim ? aimez-vous le bon vin ? — Beaucoup plus que le latin, répondis-je. — Eh bien ! l'abbé, pour vous punir d'avoir fait le cuistre, reprit-il gaiement, vous en boirez avec nous. Edmée est tout à fait hors de danger. Le médecin permet à Bernard de se lever et de faire quelques pas. Nous souperons dans sa chambre. »

Le souper et le vin étaient si bons en effet que je me grisai très-lestement, selon la coutume de la Roche-Mauprat. Je crois que l'on m'y aida, afin de me faire parler et de connaître tout de suite à quelle espèce de rustre on avait affaire. Mon manque d'éducation surpassait tout ce qu'on avait prévu; mais sans doute on augura bien du fond, car on ne m'abandonna pas et on travailla à tailler ce quartier de roc avec un zèle qui marquait de l'espérance. Dès que je pus sortir de la chambre, mon ennui se dissipa. L'abbé se fit mon compagnon inséparable tout le premier jour. La longueur du second fut adoucie par l'espérance qu'on me donna de voir Edmée le lendemain, et par les bons traitements dont j'étais l'objet, et dont je commençais à sentir la douceur, à mesure que je m'habituais à ne plus m'en étonner. La bonté incomparable du chevalier était bien faite pour vaincre ma grossièreté; elle me gagna rapidement le cœur. C'était la première affection de ma vie. Elle s'installait en moi de pair avec un amour violent pour sa fille, et je ne songeais pas seulement à faire lutter un de ces deux sentiments contre l'autre. J'étais tout besoin, tout instinct, tout désir. J'avais les passions d'un homme dans l'âme d'un enfant.

IX.

Enfin un matin M. Hubert, après déjeuner, m'emmena chez sa fille. Quand la porte de sa chambre s'ouvrit, l'air tiède et parfumé qui me vint au visage faillit me suffoquer. Cette chambre était simple et charmante, tendue et meublée en toile de Perse à fond blanc, et toute parfumée de grands vases de Chine remplis de fleurs. Il y avait des oiseaux d'Afrique qui jouaient dans une cage dorée et qui chantaient d'une voix douce et amoureuse. Le tapis était plus moelleux aux pieds que la mousse des bois au mois de mars. J'étais si ému qu'à chaque instant ma vue se troublait ; mes pieds s'accrochaient gauchement l'un à l'autre, et je heurtais tous les meubles sans pouvoir avancer. Edmée était couchée sur une chaise longue et roulait nonchalamment un éventail de nacre entre ses doigts. Elle me sembla encore plus belle que je ne l'avais vue, mais si différente que je me sentis tout glacé de crainte au milieu de mon transport. Elle me tendit la main ; je ne savais pas que je pusse la lui baiser devant son père. Je n'entendis pas ce qu'elle me disait ; je crois que ce furent des paroles affectueuses. Puis, comme brisée de fatigue, elle pencha sa tête en arrière sur son oreiller et ferma les yeux à demi. « J'ai à travailler, me dit le chevalier, tenez-lui compagnie ; mais ne la faites pas beaucoup parler, car elle est encore bien faible. »

Cette recommandation ressemblait vraiment à une raillerie ; Edmée feignait d'être assoupie pour cacher peut-être un peu d'embarras intérieur ; et quant à moi, j'étais si incapable de combattre cette réserve que c'était vraiment pitié de me recommander le silence.

Le chevalier ouvrit une porte au fond de l'appartement et la referma ; mais, en l'entendant tousser de temps en temps, je compris que son cabinet n'était séparé que par une cloison de la chambre de sa fille. Néanmoins j'eus quelques instants de bien-être en me trouvant seul avec elle tant qu'elle parut dormir. Elle ne me voyait pas et je la regardais à mon aise ; elle était aussi pâle et aussi blanche que son peignoir de mousseline et que ses mules de satin garnies de cygne ; sa main fine et transparente était à mes yeux comme un bijou inconnu. Je ne m'étais jamais douté de ce que c'était qu'une femme ; la beauté, pour moi, c'avait été jusqu'alors la jeunesse et la santé, avec une sorte de hardiesse virile. Edmée, en amazone, s'était un peu montrée sous cet aspect la première fois, et je l'avais mieux comprise ; maintenant je l'étudiais de nouveau, et je ne pouvais plus concevoir que ce fût là cette femme que j'avais tenue dans mes bras à la Roche-Mauprat. Le lieu, la situation, mes idées elles-mêmes, qui commençaient à recevoir du dehors un faible rayon de lumière, tout contribuait à rendre ce second tête-à-tête bien différent du premier.

Mais le plaisir étrange et inquiet que j'éprouvais à la contempler fut troublé par l'arrivée d'une duègne qu'on appelait mademoiselle Leblanc, et qui remplissait les fonctions de femme de chambre dans les appartements particuliers, celles de demoiselle de compagnie au salon. Elle avait peut-être reçu de sa maîtresse l'ordre de ne pas nous quitter ; il est certain qu'elle s'assit auprès de la chaise longue, de manière à présenter à mon œil désappointé son dos sec et long, à la place du beau visage d'Edmée ; puis elle tira son ouvrage de sa poche et se mit à tricoter tranquillement. Pendant ce temps, les oiseaux gazouillaient, le chevalier toussait, Edmée dormait ou faisait semblant de dormir, et j'étais à l'autre bout de l'appartement, la tête penchée sur les estampes d'un livre que je tenais à l'envers.

Au bout de quelque temps, je m'aperçus qu'Edmée ne dormait pas, et qu'elle causait à voix basse avec sa suivante ; je crus voir que celle-ci me regardait en dessous de temps en temps et comme à la dérobée. Pour éviter l'embarras de cet examen, et aussi par un instinct de ruse qui ne m'était pas étranger, j'appuyai mon visage sur le livre, et le livre sur la console, et, dans cette posture, je restai comme endormi ou absorbé. Alors elles élevèrent peu à peu la voix, et j'entendis ce qu'elles disaient de moi. « C'est égal, mademoiselle a pris un drôle de page. — Leblanc, tu me fais rire avec tes pages. Est-ce qu'on a des pages à présent ? Tu te crois toujours avec ma grand'-

mère. Je te dis que c'est le fils adoptif de mon père. — Certainement, M. le chevalier fait bien d'adopter un fils; mais où diable a-t-il pêché cette figure-là? »

Je jetai un regard de côté, et je vis qu'Edmée riait sous son éventail; elle s'amusait du bavardage de cette vieille fille, qui passait pour avoir de l'esprit et à qui on laissait le droit de tout dire. Je fus très-blessé de voir que ma cousine se moquait de moi.

« Il a l'air d'un ours, d'un blaireau, d'un loup, d'un milan, de tout plutôt que d'un homme! continua la Leblanc. Quelles mains! quelles jambes! et encore ce n'est rien à présent qu'il est un peu décrassé. Il fallait le voir le jour où il est arrivé avec son sarrau et ses guêtres de cuir; c'était à faire trembler! — Tu trouves? reprit Edmée; moi, je l'aimais mieux avec son costume de braconnier; cela allait mieux à sa figure et à sa taille. — Il avait l'air d'un bandit; mademoiselle ne l'a donc pas regardé? — Si fait. »

Le ton dont elle prononça ce *si fait* me fit frémir, et je ne sais pourquoi l'impression du baiser qu'elle m'avait donné à la Roche-Mauprat me revint sur les lèvres.

« Encore s'il était coiffé! reprit la duègne, mais jamais on n'a pu le faire consentir à se laisser poudrer. Saint-Jean m'a dit qu'au moment où il avait approché la houppe de sa tête, il s'était levé furieux en disant: *Ah! tout ce que vous voudrez, excepté cette farine-là. Je veux pouvoir remuer la tête sans tousser et éternuer.* Dieu! quel sauvage! — Mais, au fond, il a bien raison: si la mode n'autorisait pas cette absurdité-là, tout le monde s'apercevrait que c'est laid et incommode. Regarde s'il n'est pas plus beau d'avoir de grands cheveux noirs. — Ces grands cheveux-là? quelle crinière! cela fait peur. — D'ailleurs, les enfants ne portent pas de poudre, et c'est encore un enfant que ce garçon-là. — Un enfant! tudieu!

quel marmot ! il en mangerait à son déjeuner, des enfants ! c'est un ogre. Mais d'où sort ce gaillard-là ? M. le chevalier l'aura tiré de la charrue pour l'amener ici. Est-ce qu'il s'appelle... Comment donc s'appelle-t-il ?— Curieuse, je t'ai dit qu'il s'appelle Bernard.— Bernard ! et rien avec ? — Rien, pour le moment. Que regardes-tu ? — Il dort comme un loir ! Voyez ce balourd ! Je regarde s'il ressemble à M. le chevalier. C'est peut-être un instant d'erreur ; il aura eu un jour d'oubli avec quelque bouvière.— Allons donc ! Leblanc, vous allez trop loin...— Eh ! mon Dieu ! mademoiselle, est-ce que M. le chevalier n'a pas été jeune comme un autre ? et cela empêche-t-il la vertu de venir avec l'âge ?— Sans doute, tu sais ce qui en est par expérience. Mais écoute, ne t'avise pas de taquiner ce jeune homme. Tu as peut-être deviné juste ; mon père exige qu'on le traite comme l'enfant de la maison. — Eh bien ! c'est agréable pour mademoiselle ! Quant à moi, qu'est-ce que cela me fait ? je n'ai pas affaire à ce monsieur-là. — Ah ! si tu avais trente ans de moins !.....— Mais est-ce que monsieur a consulté mademoiselle pour installer ce grand brigand-là chez elle ?— Est-ce que tu en doutes ? Y a-t-il au monde un meilleur père que le mien ? — Mademoiselle est bien bonne aussi..... Il y a bien des demoiselles à qui cela n'aurait guère convenu. — Et pourquoi donc ? ce garçon-là n'a rien de déplaisant ; quand il sera bien élevé..... — Il sera toujours laid à faire peur. — Il s'en faut de beaucoup qu'il soit laid, ma chère Leblanc ; tu es trop vieille, tu ne t'y connais plus. »

Leur conversation fut interrompue par le chevalier, qui vint chercher un livre. « Mademoiselle Leblanc est ici ? dit-il d'un air très-calme. Je vous croyais en tête-à-tête avec mon fils. Eh bien ! avez-vous causé ensemble, Edmée ? lui avez-vous dit que vous seriez sa sœur ? Es-tu content d'elle, Bernard? » Mes réponses ne pouvaient compromettre personne; c'étaient toujours quatre ou cinq paroles incohérentes, estropiées par la honte. M. de Mauprat retourna à son cabinet, et je me rassis, espérant que ma cousine allait renvoyer sa duègne et me parler. Mais elles échangèrent quelques paroles tout bas; la duègne resta, et deux mortelles heures s'écoulèrent sans que j'osasse bouger de ma chaise. Je crois qu'Edmée dormait réellement. Quand la cloche sonna le dîner, son père revint me prendre, et, avant de quitter son appartement, il lui dit de nouveau: « Eh bien! avez-vous causé? — Oui, mon bon père, » répondit-elle avec une assurance qui me confondit.

Il me parut prouvé, d'après cette conduite de ma cousine, qu'elle s'était jouée de moi et que maintenant elle craignait mes reproches. Et puis, l'espérance me revint lorsque je me rappelai le ton dont elle avait parlé de moi avec mademoiselle Leblanc. J'en vins même à penser qu'elle craignait les soupçons de son père, et qu'elle n'affectait une grande indifférence que pour m'attirer plus sûrement dans ses bras quand le moment serait venu. Dans l'incertitude, j'attendis. Mais les jours et les nuits se succédèrent sans qu'aucune explication arrivât et sans qu'aucun message secret m'avertît de prendre patience. Elle descendait au salon une heure le matin; le soir elle venait dîner et jouait au piquet et aux échecs avec son père. Pendant tout ce temps, elle était si bien gardée que je n'aurais pas même pu échanger un regard avec elle; le reste du jour elle était inabordable dans sa chambre. Plusieurs fois, voyant que je m'ennuyais de l'espèce de captivité où j'étais forcé de vivre, le chevalier me dit: « Va causer avec Edmée, monte à sa chambre, dis-lui que c'est moi qui t'envoie. » Mais j'avais beau frapper, sans doute on m'entendait venir et on me reconnaissait à mon pas incertain et lourd. Jamais la porte ne s'ouvrait pour moi; j'étais désespéré, j'étais furieux.

Il est nécessaire que j'interrompe le récit de mes impressions personnelles pour vous dire ce qui se passait à cette époque dans la triste famille des Mauprat. Jean et Antoine avaient réellement pris la fuite, et, quoique les recherches eussent été sévères, il fut impossible de s'emparer de leurs personnes. Tous leurs biens furent saisis, et la vente du fief de la Roche-Mauprat fut décrétée par autorité de justice. Mais on n'alla pas jusqu'au jour de l'adjudication: M. Hubert de Mauprat fit cesser les poursuites. Il se porta adjudicataire; les créanciers furent satisfaits, et les titres de propriété de la Roche-Mauprat passèrent dans ses mains.

La petite garnison des Mauprat, composée d'aventuriers de bas étage, avait subi le même sort que ses maîtres. Elle était, comme on sait, réduite depuis longtemps à très-peu d'individus. Deux ou trois périrent; d'autres prirent la fuite; un seul fut mis en prison. On instruisit son procès, et il paya pour tous. Il fut grandement question d'instruire aussi par contumace contre Jean et Antoine de Mauprat, dont la fuite paraissait prouvée, car on n'avait pas retrouvé leurs corps après le dessèchement du vivier où celui de Gaucher avait surnagé; mais le chevalier craignit pour l'honneur de son nom une sentence infamante, comme si cette sentence eût pu ajouter quelque chose à l'horreur du nom de Mauprat. Il usa de tout le crédit de M. de La Marche et du sien propre (qui était réel dans la province, surtout à cause de sa grande moralité) pour assoupir l'affaire, et il y réussit. Quant à moi, quoique j'eusse certainement trempé dans plus d'une des exactions de mes oncles, il ne fut pas question de m'accuser même au tribunal de l'opinion publique. Au milieu du déchaînement qu'excitaient mes oncles, on se plut à me considérer uniquement comme un jeune captif, victime de leurs mauvais traitements et plein d'heureuses dispositions. Le chevalier, dans sa générosité bienveillante et dans son désir de réhabiliter la famille, exagéra beaucoup, à coup sûr, mes mérites, et fit partout répandre le bruit que j'étais un ange de douceur et d'intelligence.

Le jour où M. Hubert se porta adjudicataire, il entra dès le matin dans ma chambre, accompagné de sa fille et de l'abbé, et, me montrant les actes par lesquels il consommait ce sacrifice (la Roche-Mauprat valait environ 200,000 livres), il me déclara que j'allais être mis sur-le-champ en possession, non-seulement de ma part d'héritage qui n'était pas considérable, mais de la moitié du revenu de la propriété. En même temps, la propriété totale, fonds et produit, m'allait être assurée par testament du chevalier, le tout à *une seule condition ;* c'est que je consentirais à recevoir une éducation *sortable à ma qualité.*

Le chevalier avait fait toutes ces dispositions avec bonté et simplicité, moitié par reconnaissance de ce qu'il savait de ma conduite envers Edmée, moitié par orgueil de famille; mais il ne s'attendait pas à la résistance qu'il trouva en moi au sujet de l'éducation. Je ne saurais dire quel mécontentement souleva en moi le mot de *condition*. Je crus y voir surtout le résultat de quelque manœuvre d'Edmée pour se débarrasser de sa parole envers moi.

« Mon oncle, répondis-je après avoir écouté toutes ses offres magnifiques dans un silence absolu, je vous remercie de tout ce que vous voulez faire pour moi; mais il ne me convient pas de l'accepter. Je n'ai pas besoin de fortune. A un homme comme moi, il ne faut que du pain, un fusil, un chien de chasse et le premier cabaret qui se trouvera sur la lisière des bois. Puisque vous avez la complaisance de me servir de tuteur, payez-moi la rente de mon huitième de propriété sur le fief, et n'exigez pas que j'apprenne vos sornettes de latin. Un gentilhomme en sait assez quand il peut abattre une sarcelle et signer son nom. Je ne tiens pas à être seigneur de la Roche-Mauprat ; c'est assez d'y avoir été esclave. Vous êtes un brave homme, et sur mon honneur je vous aime ; mais je n'aime guère les conditions. Je n'ai jamais rien fait par intérêt, et j'aime mieux rester ignorant que de devenir bel esprit aux gages du prochain. Quant à ma cousine, je ne consentirai jamais à faire une pareille brèche dans sa fortune. Je sais bien qu'elle ferait volontiers le sacrifice d'une partie de sa dot pour se dispenser... »

Edmée, qui était restée fort pâle et comme distraite jusque-là, me lança tout à coup un regard étincelant, et m'interrompit pour me dire avec assurance : « Pour me dispenser de quoi, s'il vous plaît, Bernard ? »

Je vis que, malgré son courage, elle était fort émue ; car elle brisa son éventail en le fermant. Je lui répondis, avec un regard où l'honnête malice du campagnard devait se peindre : « Pour vous dispenser, cousine, de tenir certaine promesse que vous m'avez faite à la Roche-Mauprat. »

Elle devint plus pâle qu'auparavant, et son visage prit une expression de terreur que déguisait mal un sourire de mépris.

« Quelle promesse lui avez-vous donc faite, Edmée ? » dit le chevalier en se tournant vers elle avec candeur. En même temps le curé me serra le bras à la dérobée, et je compris que le confesseur de ma cousine était en possession de notre secret.

Je haussai les épaules ; leurs craintes me faisaient injure et pitié. « Elle m'a promis, repris-je en souriant, de me regarder toujours comme son frère et son ami. Ne sont-ce pas là vos paroles, Edmée, et croyez-vous que cela se prouve avec de l'argent? »

Elle se leva avec vivacité, et, me tendant la main, elle me dit d'une voix émue : « Vous avez raison, Bernard, vous êtes un grand cœur, et je ne me pardonnerais pas si j'en doutais un instant. » Je vis une larme au bord de sa paupière, et je serrai sa main un peu trop fort sans doute, car elle laissa échapper un petit cri accompagné d'un charmant sourire. Le chevalier m'embrassa, et l'abbé dit à plusieurs reprises en s'agitant sur sa chaise : « C'est beau! c'est noble! c'est très-beau! On n'a pas besoin d'apprendre cela dans les livres, ajouta-t-il en s'adressant au chevalier. Dieu écrit sa parole et répand son esprit dans le cœur de ses enfants.

— Vous verrez, dit le chevalier vivement attendri, que ce Mauprat relèvera l'honneur de la famille. Maintenant, mon cher Bernard, je ne te parlerai plus d'affaires. Je sais comment je dois agir, et tu ne peux pas m'empêcher de faire ce que bon me semblera pour que mon nom soit réhabilité dans ta personne. La seule réhabilitation véritable m'est garantie par tes nobles sentiments ; mais il en est encore une autre que tu ne refuseras pas de tenter : c'est celle des talents et des lumières. Tu t'y prêteras par affection pour nous, je l'espère ; mais ce n'est pas encore le temps d'en parler. Je respecte ta fierté et veux assurer ton existence *sans condition*. Venez, l'abbé, vous allez m'accompagner à la ville chez mon procureur. La voiture est prête. Vous, enfants, vous allez déjeuner ensemble. Allons, Bernard, donne le bras à ta cousine, ou, pour mieux dire, à ta sœur. Apprends la courtoisie des manières, puisque avec elle c'est l'expression de ton cœur.

— Vous dites vrai, mon oncle, » répondis-je en m'emparant un peu rudement du bras d'Edmée pour descendre l'escalier. Elle tremblait, mais ses joues avaient repris leur incarnat, et un sourire affectueux errait sur ses lèvres.

Quand nous fûmes vis-à-vis l'un de l'autre à table, notre bon accord se refroidit en peu d'instants. Nous redevînmes embarrassés tous les deux ; si nous eussions été seuls, je me serais tiré d'affaire par une de ces brusques sorties que je savais m'imposer à moi-même quand j'étais trop honteux de ma timidité ; mais la présence de Saint-Jean, qui nous servait, me condamnait au silence sur le point principal. Je pris le parti de parler de Patience et de demander à Edmée comment il se faisait qu'elle fût si bien avec lui, et ce que je devais penser du prétendu sorcier. Elle me raconta en gros l'histoire du philosophe rustique, et me dit que c'était l'abbé Aubert qui l'avait menée à la tour Gazeau. Elle avait été frappée de l'intelligence et de la sagesse du cénobite stoïcien, et prenait à causer avec lui un plaisir extrême. De son côté, Patience avait conçu pour elle tant d'amitié, que depuis quelque temps il s'était relâché de ses habitudes, et venait assez souvent lui rendre visite en même temps qu'à l'abbé.

Vous pensez bien qu'elle eut quelque peine à rendre ces explications intelligibles pour moi. Je fus très-frappé des éloges qu'elle donnait à Patience et de la sympathie qu'elle éprouvait pour ses idées révolutionnaires. C'était la première fois que j'entendais parler d'un paysan comme d'un homme. En outre, j'avais considéré jusque-là le sorcier de la tour Gazeau comme bien au-dessous d'un paysan ordinaire, et voilà qu'Edmée le plaçait au-dessus de la plupart des hommes qu'elle connaissait, et prenait parti pour lui contre la noblesse. Je réussis à en tirer cette conclusion, que l'éducation n'était pas si nécessaire que le chevalier et l'abbé voulaient bien me le faire croire.

« Je ne sais guère mieux lire que Patience, ajoutai-je, et je voudrais bien que vous eussiez autant de plaisir dans ma société que dans la sienne; mais il n'y paraît guère, cousine, car depuis que je suis ici... »

Comme nous quittions alors la table et que je me réjouissais de me trouver enfin seul avec elle, j'allais devenir beaucoup plus explicite, lorsqu'en entrant dans le salon nous y trouvâmes M. de La Marche qui venait d'arriver et qui entrait par la porte opposée. Je le donnai, dans mon cœur, à tous les diables.

M. de La Marche était un jeune seigneur tout à fait à la mode de son époque. Épris de philosophie nouvelle, grand voltairien, grand admirateur de Franklin, plus honnête qu'intelligent, comprenant moins ses oracles qu'il n'avait le désir et la prétention de les comprendre; assez mauvais logicien, car il trouva ses idées beaucoup moins bonnes et ses espérances politiques beaucoup moins douces le jour où la nation française se mit en tête de les réaliser; au demeurant, plein de bons sentiments, se croyant beaucoup plus confiant et romanesque qu'il ne l'était en effet; un peu plus fidèle à ses préjugés de caste et beaucoup plus sensible à l'opinion du monde qu'il ne se flattait et se piquait de l'être : voilà tout l'homme. Sa figure était charmante, mais je la trouvais excessivement fade, car j'avais contre lui la plus ridicule animosité. Ses manières gracieuses me semblaient serviles auprès d'Edmée; j'eusse rougi de les imiter, et pourtant je n'étais occupé qu'à renchérir sur les petits services qu'il pouvait lui rendre. Nous sortîmes dans le parc, qui était considérable et coupé par l'Indre, qui n'est là qu'un joli ruisseau. Chemin faisant, il se rendit agréable de mille manières; il n'apercevait pas une violette qu'il ne la cueillît pour l'offrir à ma cousine. Mais quand nous arrivâmes au bord du ruisseau, nous trouvâmes la planche sur laquelle on le traversait en cet endroit rompue et emportée par les orages des jours précédents. Alors je pris Edmée dans mes bras sans lui en demander la permission, et je traversai tranquillement. J'avais de l'eau jusqu'à la ceinture, et je portais ma cousine à bras tendus avec tant de force et de précision qu'elle ne mouilla pas un de ses rubans. M. de La Marche, ne voulant pas paraître plus délicat que moi, n'hésita point à mouiller ses beaux habits et à me suivre avec des éclats de rire un peu forcés; mais, quoiqu'il ne portât aucun fardeau, il trébucha plusieurs fois sur les pierres dont le lit de la rivière était encombré et ne nous rejoignit qu'avec peine. Edmée ne riait pas; je crois qu'en faisant malgré elle cette épreuve de ma force et de ma hardiesse, elle fut très-effrayée de songer à l'amour qu'elle m'inspirait. Elle était même irritée, et me dit, lorsque je la déposai doucement sur le rivage : « Bernard, je vous prie de ne jamais recommencer de pareilles plaisanteries. — Ah! bon, lui dis-je, vous ne vous en fâcheriez pas de la part de l'autre. — Il ne se les permettrait pas, reprit-elle. — Je le crois bien, répondis-je, il s'en garderait! Regardez comme le voilà fait... et moi, je ne vous ai pas dérangé un cheveu. Il ramasse très-bien les violettes ; mais, croyez-moi, dans un danger, ne lui donnez pas la préférence. »

M. de La Marche me fit de grands compliments sur cet exploit. J'avais espéré qu'il serait jaloux; il ne parut pas seulement y songer, et prit son parti gaiement sur le pitoyable état de sa toilette. Il faisait extrêmement chaud, et nous étions séchés avant la fin de la promenade; mais Edmée demeura triste et préoccupée. Il me sembla qu'elle faisait effort pour me montrer autant d'amitié que pendant le déjeuner. J'en fus affecté; car je n'étais pas seulement amoureux d'elle, je l'aimais. Il m'eût été impossible de faire cette distinction ; mais les deux sentiments étaient en moi : la passion et la tendresse.

Le chevalier et l'abbé rentrèrent à l'heure du dîner. Ils s'entretinrent à voix basse avec M. de La Marche du règlement de mes affaires, et, au peu de mots que j'entendis malgré moi, je compris qu'ils venaient d'assurer mon existence dans les conditions brillantes qui m'avaient été annoncées le matin. J'eus la mauvaise honte de ne point en témoigner naïvement ma reconnaissance. Cette générosité me troublait, je n'y comprenais rien ; je m'en méfiais presque comme d'une embûche qu'on me tendait pour m'éloigner de ma cousine. Je n'étais pas sensible aux avantages de la fortune. Je n'avais pas les besoins de la civilisation, et les préjugés nobiliaires étaient chez moi un point d'honneur, nullement une vanité sociale. Voyant qu'on ne me parlait pas ouvertement, je pris le parti peu gracieux de feindre une complète ignorance.

Edmée devint toujours plus triste. Je remarquai que ses regards se portaient alternativement sur M. de La Marche et sur moi avec une inquiétude vague. Toutes les fois que je lui adressais la parole, ou même que j'élevais la voix en parlant aux autres personnes, elle tressaillait, puis elle fronçait légèrement le sourcil, comme si ma voix lui eût causé une douleur physique. Elle se retira aussitôt après le dîner ; son père la suivit avec inquiétude. « Ne remarquez-vous pas, dit l'abbé en les voyant s'éloigner et en s'adressant à M. de La Marche, que mademoiselle de Mauprat est bien changée depuis ces derniers temps ? — Elle est maigrie, répondit le lieutenant-général, mais je crois qu'elle n'en est que plus belle. — Oui, mais je crains qu'elle ne soit plus malade qu'elle ne l'avoue, repartit l'abbé. Son caractère est aussi changé que sa figure ; elle est triste. — Triste ? mais il me semble qu'elle n'a jamais été aussi gaie que ce matin ; n'est-il pas vrai, monsieur Bernard? C'est depuis la promenade seulement qu'elle s'est plainte d'avoir un peu de migraine. — Je vous dis qu'elle est triste, reprit l'abbé. Quand elle est gaie maintenant, elle l'est plus que de raison; il y a quelque chose d'étrange alors et de forcé en elle, qui n'est pas du tout dans sa manière d'être accoutumée. Puis un instant après elle retombe dans une mélancolie que je n'avais jamais remarquée avant la fameuse nuit de la forêt. Soyez sûr que les émotions de cette nuit ont été graves. — Elle a été témoin, en effet, d'une scène affreuse à la tour Gazeau, dit M. de La Marche; et puis cette course de son cheval à travers la forêt, lorsqu'elle a été emportée loin de la chasse, a dû la fatiguer et l'effrayer beaucoup. Cependant elle est douée d'un courage si admirable!... Dites-moi, cher monsieur Bernard, lorsque vous la rencontrâtes dans la forêt, vous parut-elle très-épouvantée? — Dans la forêt? repris-je; je ne l'ai point rencontrée dans la forêt. — Non, c'est dans la Varenne que vous l'avez rencontrée, dit l'abbé avec précipitation... A propos, monsieur Bernard, voulez-vous bien me permettre de vous dire un mot d'affaires en particulier sur votre propriété de... » Il m'entraîna hors du salon, et me dit à voix basse : « Il ne s'agit pas d'affaires ; je vous supplie de ne laisser soupçonner à qui que ce soit, pas même à M. de La Marche, que mademoiselle de Mauprat ait été seulement l'espace d'une seconde à la Roche-Mauprat.... — Et pourquoi donc? demandai-je; n'y a-t-elle pas été sous ma protection? n'en est-elle pas sortie pure, grâce à moi? et peut-on ignorer dans le pays qu'elle y ait passé deux heures? — On l'ignore entièrement, répondit-il; au moment où elle en sortait, la Roche-Mauprat tombait sous les coups des assiégeants, et aucun de ses hôtes ne reviendra du sein de la tombe ou du fond de l'exil pour raconter ce fait. Quand vous connaîtrez davantage le monde, vous comprendrez de quelle importance il est pour la réputation d'une jeune personne qu'on ne puisse pas supposer que l'ombre d'un danger ait seulement passé sur son honneur. En attendant, je vous adjure, au nom de son père, au nom de l'amitié que vous avez pour elle, et que vous lui avez exprimée ce matin d'une manière si noble et si touchante...! — Vous êtes très-adroit, monsieur l'abbé, dis-je en l'interrompant; toutes vos paroles ont un sens caché que je comprends fort bien, tout grossier que je suis. Dites à ma cousine qu'elle se rassure. Je n'ai pas sujet de nier sa vertu, très-certainement, et je ne suis d'ailleurs pas capable de faire manquer le mariage qu'elle désire. Dites-lui que je ne réclame d'elle qu'une chose, c'est cette promesse *d'amitié* qu'elle m'a faite à la Roche-Mauprat. — Cette promesse a donc à vos yeux une singulière solennité? dit l'abbé, et quelle méfiance peut-elle vous laisser en ce cas? » Je le regardai fixement, et, comme il me semblait troublé, je pris plaisir à le tourmenter, espérant qu'il rapporterait mes paroles à Edmée. « Aucune, répondis-je; seulement je vois qu'on craint l'abandon de M. de La Marche au cas où l'aventure de la Roche-Mauprat viendrait à se découvrir. Si ce monsieur est capable de soupçonner Edmée et de lui faire outrage à la veille de ses noces, il me semble qu'il y a un moyen bien simple de raccommoder tout cela. — Et lequel, selon vous? — C'est de le provoquer et de le tuer. — Je pense que vous ferez tout pour épargner cette dure nécessité et ce péril affreux au respectable M. Hubert. — Je les lui épargnerai de reste en me chargeant de venger ma cousine. C'est mon droit, monsieur l'abbé; je connais les devoirs d'un gentilhomme tout aussi bien que si j'avais appris le latin. Vous pouvez le lui dire de ma part. Qu'elle dorme en paix; je me tairai, et, si cela ne sert à rien, je me battrai. — Mais, Bernard, reprit l'abbé d'un ton insinuant et doux, songez-vous à l'attachement de votre cousine pour M. de La Marche? — Eh bien! raison de plus», m'écriai-je saisi d'un mouvement de rage. Et je lui tournai le dos brusquement.

L'abbé rapporta toute cette conversation à la pénitente. Le rôle de ce digne prêtre était fort embarrassant; il avait reçu sous le sceau de la confession une confidence à laquelle il ne pouvait que faire des allusions très-détournées en s'entretenant avec moi. Cependant il espérait, au moyen de ces délicates allusions, me faire comprendre le crime de mon obstination, et m'amener à y renoncer loyalement. Il augurait trop bien de moi ; tant de vertu était au-dessus de mes forces, comme elle était au-dessus de mon intelligence.

X.

Quelques jours se passèrent dans un calme apparent. Edmée se disait souffrante et sortait peu de sa chambre; M. de La Marche venait presque tous les jours, son château étant situé à peu de distance. Je le prenais de plus en plus en aversion, malgré les politesses dont il me comblait. Je ne comprenais rien à ses affectations de philosophie, et je le combattais avec toute la grossièreté de préjugés et d'expressions dont j'étais susceptible. Ce qui me consolait un peu de mes souffrances secrètes, c'était de voir qu'il n'était pas reçu plus que moi dans les appartements d'Edmée.

Le seul événement de cette semaine fut l'installation de Patience dans une cabane voisine du château. Depuis que l'abbé Aubert avait trouvé auprès du chevalier une existence à l'abri des persécutions ecclésiastiques, il n'y avait plus pour lui de nécessité à voir secrètement son ami le cénobite. Il l'avait donc vivement engagé à quitter le séjour des bois et à se rapprocher de lui. Patience s'était fait beaucoup prier. Tant d'années passées dans la solitude l'avaient tellement attaché à sa tour Gazeau, qu'il hésitait à lui préférer la société de son ami. En outre, il disait que l'abbé allait se corrompre dans le *commerce des grands*, que bientôt il subirait à son insu l'influence des vieilles idées, et qu'il se refroidirait à l'égard de la *cause sainte*. Il est vrai qu'Edmée avait gagné le cœur de Patience, et qu'en lui offrant une petite habitation appartenant à son père, et située dans un ravin pittoresque, à la sortie de son parc, elle s'y était prise avec assez de grâce et de délicatesse pour ne pas blesser sa fierté chatouilleuse. C'était à l'effet de terminer cette grande négociation que l'abbé s'était rendu à la tour Gazeau avec Marcasse, le soir où, retenus par l'orage, ils avaient donné asile à Edmée et à moi. La scène affreuse qui suivit notre arrivée trancha toutes les irrésolutions de Patience. Enclin aux idées pythagoriciennes, il avait horreur du sang répandu. La mort d'une biche lui arrachait des larmes, comme au Jacques de Shakspeare ; à plus forte raison les meurtres humains lui étaient impossibles à contempler, et du moment que la tour Gazeau eut été le théâtre de deux morts tragiques, elle lui sembla souillée, et rien n'eût pu le décider à y passer une nuit de plus. Il nous suivit à Sainte-Sévère, et bientôt il laissa vaincre ses scrupules philosophiques par les séductions d'Edmée. La maisonnette dont on lui fit accepter la jouissance était assez humble pour ne pas le faire rougir d'une transaction trop apparente avec la civilisation. Il y trouva une solitude moins profonde qu'à la tour Gazeau ; mais les fréquentes visites de l'abbé et celles d'Edmée ne lui laissèrent pas le droit de se plaindre. »

Ici le narrateur interrompit de nouveau son récit pour

entrer dans le développement du caractère de mademoiselle de Mauprat.

« Edmée, dit-il, et croyez bien que ce n'est pas le langage de la prévention, était, au sein de sa modeste obscurité, une des femmes les plus parfaites qu'il y eût en France. Pour qu'elle fût citée et vantée entre toutes, il ne lui a manqué que le désir ou la nécessité de se faire connaître au monde. Mais elle était heureuse dans sa famille, et la plus douce simplicité couronnait ses facultés et ses hautes vertus. Elle ignorait son mérite comme je l'ignorais moi-même à cette époque, où, brute avide, je ne voyais que par les yeux du corps et croyais ne l'aimer que parce qu'elle était belle. Il faut dire aussi que son fiancé, M. de La Marche, ne la comprenait guère mieux. Il avait développé la pâle intelligence dont il était doué à la froide école de Voltaire et d'Helvétius. Edmée avait allumé sa vaste intelligence aux brûlantes déclamations de Jean-Jacques. Un temps est venu où j'ai compris Edmée ; le temps où M. de La Marche l'aurait comprise ne fût jamais arrivé.

Edmée, privée de sa mère dès le berceau et abandonnée à ses jeunes inspirations par un père plein de confiance, de bonté et d'incurie, s'était formée à peu près seule. L'abbé Aubert, qui lui avait fait faire sa première communion, n'avait point proscrit de ses lectures les philosophes qui l'avaient séduit lui-même. Ne trouvant autour d'elle ni contradiction ni même discussion, car, en toutes choses, elle entraînait son père dont elle était l'idole, Edmée était restée fidèle à des principes en apparence bien opposés : la philosophie, qui préparait la ruine du christianisme, et le christianisme, qui proscrivait l'esprit d'examen. Pour expliquer cette contradiction, il faut que vous vous reportiez à ce que je vous ai dit de l'effet que produisit sur l'abbé Aubert la profession de foi du vicaire savoyard. Vous n'ignorez pas d'ailleurs que, dans les âmes poétiques, le mysticisme et le doute règnent de pair. Jean-Jacques en fut un exemple éclatant et magnifique, et vous savez quelles sympathies il éveilla chez les prêtres et chez les nobles, alors même qu'il les gourmandait avec tant de véhémence. Quels miracles n'opère pas la conviction, aidée d'une éloquence sublime ! Edmée avait bu à cette source vive avec toute l'avidité d'une âme ardente. Dans ses rares voyages à Paris, elle avait recherché les âmes sympathiques à la sienne. Mais là elle avait trouvé tant de nuances, si peu d'accord, et surtout, malgré la mode, tant de préjugés indestructibles, qu'elle s'était rattachée avec amour à sa solitude et à ses poétiques rêveries sous les vieux chênes de son parc. Elle parlait déjà de ses déceptions, et refusait avec un bon sens au-dessus de son âge, et peut-être de son sexe, toutes les occasions de se mettre en rapport direct avec ces philosophes dont les écrits faisaient sa vie intellectuelle. « Je suis un peu sybarite, disait-elle en souriant. J'aime mieux respirer un bouquet de roses préparé pour moi dès le matin dans un vase, que d'aller le chercher au milieu des épines et à l'ardeur du soleil. »

Ce qu'elle disait de son sybaritisme n'était d'ailleurs qu'une figure. Elevée aux champs, elle était forte, active, courageuse, enjouée ; elle joignait à toutes les grâces de la beauté délicate toute l'énergie de la santé physique et morale. C'était une fière et intrépide jeune fille autant qu'une douce et affable châtelaine. Je l'ai trouvée souvent bien haute et bien dédaigneuse ; Patience et les pauvres de la contrée l'ont toujours trouvée humble et débonnaire.

Edmée chérissait les poëtes presque autant que les philosophes spiritualistes ; elle se promenait toujours un livre à la main. Un jour qu'elle avait pris le Tasse, elle rencontra Patience, et, selon sa coutume, il s'enquit avec curiosité et de l'auteur et du sujet. Il fallut qu'Edmée lui fît comprendre les croisades ; ce ne fut pas le plus difficile. Grâce aux récits de l'abbé et à sa prodigieuse mémoire des faits, Patience connaissait passablement le canevas de l'histoire universelle. Mais, ce qu'il eut de la peine à saisir, ce fut le rapport et la différence de la poésie épique à l'histoire. D'abord il était indigné des fictions des poëtes, et prétendait qu'on n'eût jamais dû souffrir de telles impostures. Puis, quand il eut compris que la poésie épique, loin d'induire les générations en erreur, donnait, avec de plus grandes proportions, une éternelle durée à la gloire des faits héroïques, il demanda pourquoi tous les faits importants n'avaient pas été chantés par les bardes, et pourquoi l'histoire de l'humanité n'avait pas trouvé une forme populaire qui pût, sans le secours des lettres, se graver dans toutes les mémoires. Il pria Edmée de lui expliquer une strophe de la *Jérusalem* ; il y prit goût, et elle lui en lut un chant en français. Quelques jours plus tard, elle lui en fit connaître un second, et bientôt Patience connut tout le poëme. Il se réjouit d'apprendre que ce récit héroïque était populaire en Italie, et essaya, en résumant ses souvenirs, de leur donner en prose grossière une forme abrégée ; mais il n'avait nullement la mémoire des mots. Agité par ses vives impressions, mille images grandioses passaient devant ses yeux. Il les exprimait dans des improvisations où son génie triomphait de la barbarie de son langage ; mais il lui était impossible de ressaisir ce qu'il avait dit. Il eût fallu qu'on pût l'écrire sous sa dictée, et encore cela n'eût servi de rien ; car, au cas où il eût réussi à le lire, sa mémoire, n'étant exercée qu'au raisonnement, n'avait jamais pu conserver un fragment quelconque précisé par la parole. Il citait pourtant beaucoup, et son langage était parfois biblique ; mais au delà de certaines expressions qu'il affectionnait et d'un nombre de courtes sentences qu'il trouvait encore moyen de s'approprier, il n'avait rien retenu des pages qu'il s'était fait souvent relire et qu'il écoutait toujours avec la même émotion que la première fois. C'était un véritable plaisir que de voir l'effet des beautés poétiques sur cette puissante organisation. Peu à peu l'abbé, Edmée et moi-même par la suite, nous vînmes à bout de lui faire connaître Homère et Dante. Il était si frappé des événements, qu'il pouvait faire l'analyse de la *Divine Comédie* d'un bout à l'autre sans oublier ni transposer la moindre partie du voyage, des rencontres et des émotions du poëte : là se bornait sa puissance. Quand il essayait de ressaisir quelques-unes des expressions qui l'avaient charmé à l'audition, il arrivait à une abondance de métaphores et d'images qui tenait du délire. Cette initiation de Patience à la poésie marqua dans sa vie une époque de transformation ; elle lui donna en rêve l'action qui manquait à son existence réelle. Il contempla dans son miroir magique des combats gigantesques, vit des héros hauts de dix coudées ; il comprit l'amour, qu'il n'avait jamais connu ; il combattit, il aima, il vainquit, il éclaira les peuples, pacifia le monde, redressa les torts du genre humain et bâtit des temples au grand esprit de l'univers. Il vit dans la sphère étoilée tous les dieux de l'Olympe, pères de la primitive humanité ; il lut dans les constellations l'histoire de l'âge d'or et celle des âges d'airain ; il entendit dans le vent d'hiver les chants de Morven, et salua dans les nuées orageuses les spectres de Fingal et de Comala. « Avant de connaître les poëtes, disait-il dans ses dernières années, j'étais comme un homme à qui manquerait un sens. Je voyais bien que ce sens était nécessaire, puisque tant de choses en sollicitaient l'exercice. Je me promenais seul la nuit avec inquiétude, me demandant pourquoi je ne pouvais dormir, pourquoi j'avais tant de plaisir à regarder les étoiles que je ne pouvais m'arracher à cette contemplation, pourquoi mon cœur battait tout d'un coup de joie en voyant certaines couleurs, ou s'attristait jusqu'aux larmes à l'audition de certains sons. Je m'en effrayais quelquefois jusqu'à m'imaginer, en comparant mon agitation continuelle à l'insouciance des autres hommes de ma classe, que j'étais fou. Mais je m'en consolais bientôt en me disant que ma folie m'était douce, et j'eusse mieux aimé n'être plus que d'en guérir. A présent il me suffit de savoir que ces choses ont été trouvées belles de tout temps par tous les hommes intelligents, pour comprendre ce qu'elles sont et en quoi elles sont utiles à l'homme. Je me réjouis dans la pensée qu'il n'y a pas une fleur, pas une nuance, pas un souffle d'air qui n'ait fixé l'attention et ému le cœur d'autres hommes, jusqu'à recevoir un nom consacré chez tous les peuples. Depuis que je sais qu'il est permis à l'homme, sans dégrader sa raison, de peupler l'univers et de l'expliquer avec ses rêves, je vis tout entier dans la contemplation de l'univers ; et quand la vue des misères et des forfaits de la société brise mon cœur et soulève ma raison, je me rejette dans mes rêves ; je me dis que, puisque tous les hommes se sont entendus pour aimer l'œuvre divine, ils s'entendront aussi un jour pour s'aimer les uns les autres. Je m'imagine que, de père en fils, les éducations vont en se perfectionnant. Peut-être suis-je le premier ignorant qui ait deviné ce dont il n'avait aucune idée communiquée du dehors. Peut-être aussi que bien d'autres avant moi se sont inquiétés de ce qui se passait en eux-mêmes, et sont morts sans en trouver le premier mot. Pauvres gens que nous sommes ! ajoutait Patience ; on ne nous défend ni l'excès du travail physique, ni celui du vin, ni aucune des débauches qui peuvent détruire notre intelligence. Il y a des gens qui payent cher le travail des bras, afin que les pauvres, pour satisfaire les besoins de leur famille, travaillent au delà de leurs forces ; il y a des cabarets et d'autres lieux plus dangereux encore, où le gouvernement prélève, dit-on, ses bénéfices ; il y a aussi des prêtres qui montent en chaire pour nous dire ce que nous devons au seigneur de notre village, et jamais ce que notre seigneur nous doit. Il n'y a pas d'écoles où l'on nous enseigne nos droits, où l'on nous apprenne à distinguer nos vrais et honnêtes besoins des besoins honteux et funestes, où l'on nous dise enfin à quoi nous pouvons et devons penser quand nous avons sué tout le jour au profit d'autrui, et quand nous sommes assis le soir au seuil de nos cabanes à regarder les étoiles rouges sortir de l'horizon. »

Ainsi raisonnait Patience ; et croyez bien qu'en traduisant sa parole dans notre langue méthodique je lui ôte toute sa grâce, toute sa verve et toute son énergie. Mais qui pourrait redire l'expression textuelle de Patience ? Son langage n'appartenait qu'à lui seul ; c'était un composé du vocabulaire borné, mais vigoureux, des paysans, et des métaphores les plus hardies des poëtes, dont il enhardissait encore le tour poétique. A cet idiome mélangé, son esprit synthétique donnait l'ordre et la logique. Une incroyable abondance naturelle suppléait à la concision de l'expression propre. Il fallait voir quelle lutte téméraire sa volonté et sa conviction livraient à l'impuissance de ses formules ; tout autre que lui n'eût pu s'en tirer avec honneur ; et je vous assure que, pour qui songeait à quelque chose de plus sérieux qu'à rire de ses solécismes et de ses hardiesses, il y avait dans cet homme matière aux plus importantes observations sur le développement de l'esprit humain, et à la plus tendre admiration pour la beauté morale primitive.

A l'époque où je compris entièrement Patience, j'avais

un lien sympathique avec lui dans ma destinée exceptionnelle. Comme lui, j'avais été inculte ; comme lui, j'avais cherché au dehors l'explication de mon être, comme on cherche le mot d'une énigme. Grâce aux circonstances fortuites de la naissance et de la richesse, j'étais arrivé à un développement complet, tandis que Patience se débattit jusqu'à la mort dans les ténèbres d'une ignorance dont il ne voulait ni ne pouvait sortir ; mais ce ne fut pour moi qu'un sujet de plus de reconnaître la supériorité de cette organisation puissante qui se dirigeait plus hardiment à l'aide de faibles lueurs instinctives, que moi à la clarté de tous les flambeaux de la science, et qui n'avait pas eu d'ailleurs un seul mauvais penchant à vaincre, tandis que je les avais eus tous.

Mais, à l'époque dont j'ai à poursuivre le récit, Patience n'était, à mes yeux, qu'un personnage grotesque, objet d'amusement pour Edmée et de compassion charitable pour l'abbé Aubert. Lorsqu'ils me parlaient de lui d'un ton sérieux, je ne les comprenais plus, et je m'imaginais qu'ils prenaient ce sujet comme une sorte de texte parabolique pour me démontrer les avantages de l'éducation, la nécessité de s'y prendre de bonne heure et les regrets inutiles des vieilles années.

J'allais rôder cependant dans les taillis dont sa nouvelle demeure était entourée, parce que j'avais vu Edmée s'y rendre à travers le parc, et que j'espérais obtenir, par surprise, un tête-à-tête avec elle au retour. Mais elle était toujours accompagnée de l'abbé, quelquefois même de son père ; et, si elle restait seule avec le vieux paysan, il l'escortait ensuite jusqu'au château. Souvent, caché dans les touffes d'un if monstrueux qui étendait ses nombreux rejets et ses branches pendantes à quelques pas de cette chaumière, je vis Edmée assise au seuil, un livre à la main, tandis que Patience l'écoutait les bras croisés, la tête courbée sur la poitrine et brisée en apparence par l'effort de l'attention. Je m'imaginais alors qu'Edmée essayait de lui apprendre à lire, et je la trouvais folle de s'obstiner à une éducation impossible. Mais elle était belle aux reflets du couchant, sous le pampre jaunissant de la chaumière, et je la contemplais en me disant qu'elle m'appartenait, en me jurant à moi-même de ne jamais céder à la force ni à la persuasion qui voudraient m'y faire renoncer.

Depuis quelques jours ma souffrance était excitée au dernier point; je ne trouvais d'autres moyens de m'y soustraire qu'en buvant beaucoup à souper, afin d'être à peu près abruti à cette heure, si douloureuse et si blessante pour moi, où elle quittait le salon après avoir embrassé son père, donné sa main à baiser à M. de La Marche, et dit en passant devant moi : « Bonsoir, Bernard ! » d'un ton qui semblait dire : Aujourd'hui finit comme hier, et demain finira comme aujourd'hui. C'est en vain que j'allais m'asseoir dans le fauteuil le plus voisin de la porte, de manière à ce qu'elle ne pût sortir sans que son vêtement effleurât le mien ; je n'en obtenais jamais autre chose, et je n'avançais pas ma main pour solliciter la sienne, car elle me l'eût accordée d'un air négligent, et je crois que je l'eusse brisée dans ma colère.

Grâce aux larges libations du souper, je parvenais à m'enivrer silencieusement et tristement. Je m'enfonçais ensuite dans mon fauteuil de prédilection, et j'y restais sombre et assoupi jusqu'à ce que, les fumées du vin étant dissipées, j'allasse promener dans le parc mes rêves insensés et mes projets sinistres.

On ne semblait pas s'apercevoir de cette grossière habitude. Il y avait pour moi dans la famille tant d'indulgence et de bonté qu'on craignait de me faire la plus légitime observation ; mais on avait très-bien remarqué ma honteuse passion pour le vin, et le curé en avisa Edmée. Un soir, à souper, elle me regarda fixement à plusieurs reprises et avec une expression étrange. Je la regardai à mon tour, espérant qu'elle me provoquait ; mais nous en fûmes quittes pour un échange de regards malveillants. En sortant de table, elle me dit tout bas, très-vite et d'un ton impérieux : « Corrigez-vous de boire, et apprenez tout ce que l'abbé vous enseignera. »

Cet ordre et ce ton d'autorité, loin de me donner de l'espérance, me parurent si révoltants que toute ma timidité se dissipa en un instant. J'attendis l'heure où elle montait à sa chambre, et je sortis un peu avant elle pour aller l'attendre sur l'escalier. « Croyez-vous, lui dis-je, que je sois dupe de vos mensonges, et que je ne m'aperçoive pas très-bien, depuis un mois que je suis ici sans que vous m'adressiez la parole, que vous m'avez berné comme un sot? Vous m'avez menti, et aujourd'hui vous me méprisez, parce que j'ai eu l'honnêteté de croire à votre parole. — Bernard, me dit-elle d'un ton froid, ce n'est pas ici le lieu et l'heure de nous expliquer. — Oh ! je sais bien, repris-je, que ce ne sera jamais le lieu ni l'heure selon vous ; mais je saurai les trouver, n'en doutez pas. Vous avez dit que vous m'aimiez ; vous m'avez jeté les bras au cou, et vous m'avez dit en m'embrassant, ici, je sens encore vos lèvres sur ma joue : « Sauve-moi, et je jure par l'Évangile, par l'honneur, par le souvenir de ma mère et de la tienne, que je t'appartiendrai. » Je sais bien que vous avez dit tout cela parce que vous aviez peur de ma force ; et ici je sais bien que vous me fuyez parce que vous avez peur de mon droit. Mais vous n'y gagnerez rien ; je jure que vous ne vous jouerez pas longtemps de moi. — Je ne vous appartiendrai jamais, répondit-elle avec une froideur de plus en plus glaciale, si vous ne changez pas de langage, de manières et de sentiments.

Tel que vous êtes, je ne vous crains pas. Je pouvais, lorsque vous me paraissiez bon et généreux, vous céder moitié par peur et moitié par sympathie, mais du moment que je ne vous aime plus, je ne vous crains pas davantage. Corrigez-vous, instruisez-vous, et nous verrons. — Fort bien, lui dis-je; voilà une promesse que j'entends. J'agirai en conséquence, et, ne pouvant être heureux, je serai vengé. — Vengez-vous tant qu'il vous plaira, dit-elle, cela fera que je vous mépriserai. »

Elle tira, en parlant ainsi, un papier de son sein, et le brûla tranquillement à la flamme de sa bougie. « Qu'est-ce que vous faites-là? lui dis-je. — Je brûle une lettre que je vous avais écrite, répondit-elle. Je voulais vous faire entendre raison, mais c'est bien inutile; on ne s'explique pas avec les brutes. — Vous allez me donner cette lettre! » m'écriai-je en me jetant sur elle pour lui arracher le papier enflammé. Mais elle le retira brusquement, et, l'éteignant dans sa main avec intrépidité, elle jeta le flambeau à mes pieds et s'échappa dans les ténèbres. Je la poursuivis en vain. Elle gagna la porte de son appartement avant moi, et la poussa sur elle. J'entendis tirer les verrous, et la voix de mademoiselle Leblanc qui demandait à sa jeune maîtresse la cause de sa frayeur. « Ce n'est rien, répondit la voix tremblante d'Edmée, c'est une espièglerie. »

Je descendis au jardin et j'arpentai les allées d'un pas effréné. A cette fureur succéda la plus profonde tristesse. Edmée fière et audacieuse me paraissait plus belle et plus désirable que jamais. Il est de la nature de tous les désirs de s'irriter et de s'alimenter de la résistance. Je sentis que je l'avais offensée, qu'elle ne m'aimait pas, qu'elle ne m'aimerait peut-être jamais, et, sans renoncer à la criminelle résolution de la posséder par la force, je cédai à la douleur que me causait sa haine. J'allai m'appuyer au hasard contre un mur sombre, et, cachant ma tête dans mes mains, j'exhalai des sanglots désespérés. Ma robuste poitrine se brisait, et mes larmes ne la soulageaient pas à mon gré; j'aurais voulu rugir, et je mordais mon mouchoir pour ne pas céder à cette tentation. Le bruit sinistre de mes cris étouffés éveilla l'attention d'une personne qui priait dans la chapelle, de l'autre côté du mur où je m'étais adossé à tout hasard. Une fenêtre en ogive, garnie de ses *meneaux* de pierre surmontés d'un trèfle, était situé immédiatement à la hauteur de ma tête. « Qui donc est là? » demanda une figure pâle qu'éclairait le rayon oblique de la lune à son lever. En reconnaissant Edmée, je voulus m'éloigner; mais elle passa son beau bras entre les meneaux et me saisit par le collet de mon habit en me disant : « Pourquoi donc pleurez-vous, Bernard? »

Je cédai à cette douce violence, moitié honteux d'avoir laissé surprendre le secret de ma faiblesse, moitié ravi de voir qu'Edmée n'y était pas insensible. « Quel chagrin avez-vous donc? reprit-elle. Qui peut vous arracher de tels sanglots? — Vous me méprisez, vous me haïssez, et vous demandez pourquoi je souffre, pourquoi je suis en colère? — C'est donc de colère que vous pleurez? dit-elle en retirant son bras. — C'est de colère et d'autre chose encore, répondis-je. — Mais quoi encore? dit Edmée. — Je n'en sais rien; peut-être de chagrin, comme vous avez dit. Le fait est que je souffre; ma poitrine se brise. Il faut que je vous quitte, Edmée, et que j'aille vivre au milieu des bois. Je ne puis pas rester ici. — Pourquoi souffrez-vous tant? Expliquez-vous, Bernard; voici l'occasion de nous expliquer. — Oui, avec un mur entre nous. Je conçois que vous n'ayez pas peur de moi ici. — Et pourtant je ne vous témoigne que de l'intérêt, il me semble, et je n'ai pas été aussi affectueuse il y a une heure, lorsqu'il n'y avait pas un mur entre nous? — Je crois que vous n'êtes pas craintive, Edmée, parce que vous avez toujours la ressource d'éviter les gens ou de les attraper avec de belles paroles. Ah! on m'avait bien dit que toutes les femmes sont menteuses et qu'il n'en faut aimer aucune. — Qui est-ce qui vous disait cela? votre oncle Jean, ou votre oncle Gaucher, ou votre grand-père Tristan? — Raillez, raillez-moi tant que vous voudrez! Ce n'est pas ma faute si j'ai été élevé par eux. Mais ils pouvaient dire parfois quelque chose de vrai. — Bernard, voulez-vous que je vous dise pourquoi ils croyaient les femmes menteuses? — Dites. — C'est qu'ils employaient la violence et la tyrannie avec des êtres plus faibles qu'eux. Toutes les fois qu'on se fait craindre on risque d'être trompé. Lorsque, dans votre enfance, Jean vous frappait, n'avez-vous jamais évité ses brutales corrections en déguisant vos petites fautes? — C'est vrai; c'était ma seule ressource. — La ruse est donc, sinon le droit, du moins la ressource des opprimés. Ne le sentez-vous pas? — Je sens que je vous aime, et qu'il n'y a pas là de motif pour que vous me trompiez. — Aussi qui vous dit que je vous trompe? — Vous m'avez trompé; vous m'avez dit que vous m'aimiez, vous ne m'aimiez pas. — Je vous aimais, parce que je vous voyais, partagé entre de détestables principes et un cœur généreux, pencher vers la justice et l'honnêteté. Et je vous aime parce que je vois que vous triomphez des mauvais principes, et que vos méchantes inspirations sont suivies des larmes d'un bon cœur. Voilà ce que je puis vous dire devant Dieu et la main sur la conscience, aux heures où je vous vois tel que vous êtes. Il y a d'autres moments où vous me semblez si au-dessous de vous-même que je ne vous reconnais plus, et que je crois ne pas vous aimer. Il ne tient qu'à vous, Bernard, que je ne doute jamais ni de vous ni de moi.

— Et comment faut-il faire pour cela?

— Vous corriger de vos mauvaises habitudes, ouvrir l'oreille aux bons conseils, le cœur aux préceptes de la morale. Vous êtes un sauvage, Bernard, et soyez bien sûr que ce n'est ni votre gaucherie à faire un salut ni votre ignorance à tourner un compliment qui me choquent en vous. Au contraire, ce serait à mes yeux un charme très-grand s'il y avait de grandes idées et de nobles sentiments sous cette rudesse. Mais vos sentiments et vos idées sont comme vos manières, et c'est là ce que je ne puis souffrir. Je sais que ce n'est pas votre faute, et, si je vous voyais décidé à vous corriger, je vous aimerais autant à cause de vos défauts qu'à cause de vos qualités. La compassion entraîne l'affection; mais je n'aime pas le mal, je ne peux pas l'aimer, et si vous le cultivez en vous-même, au lieu de l'extirper, je ne peux pas vous aimer. Comprenez-vous cela? — Non. — Comment, non? — Non, vous dis-je. Je ne sens pas qu'il y ait du mal en moi. Si vous n'êtes pas choquée du peu de grâce de mes jambes, et du peu de blancheur de mes mains, et du peu d'élégance de mes paroles, je ne sais plus ce que vous haïssez en moi. J'ai entendu de mauvais préceptes dès mon enfance, mais je ne les ai pas acceptés. Je n'ai jamais cru qu'il fût permis de commettre de mauvaises actions, ou du moins je ne l'ai jamais trouvé agréable. Quand j'ai fait le mal j'ai été contraint par la force. J'ai toujours détesté mes oncles et leur conduite. Je n'aime pas la souffrance d'autrui; je n'aime à dépouiller personne; je méprise l'argent, dont on faisait un dieu à la Roche-Mauprat; je sais être sobre, et je boirais de l'eau toute ma vie, quoique j'aime le vin, s'il fallait, comme mes oncles, répandre le sang pour me procurer un bon souper. Cependant j'ai combattu avec eux; cependant j'ai bu avec eux; pouvais-je faire autrement? Aujourd'hui que je peux me conduire comme je veux, à qui fais-je du tort? à qui souhaité-je du mal? Votre abbé, qui parle de vertu, me prend-il pour un assassin et pour un voleur? Ainsi, avouez-le, Edmée, vous savez bien que je suis honnête; vous ne me croyez pas méchant; mais je vous déplais parce que je n'ai pas d'esprit, et vous aimez M. de La Marche parce qu'il sait dire des niaiseries dont je rougirais.

—Et si, pour me plaire, dit-elle en souriant, après m'avoir écouté avec beaucoup d'attention, et sans retirer sa main que j'avais prise à travers le grillage; si, pour être préféré à M. de La Marche, il fallait acquérir de l'esprit, comme vous dites, ne le feriez-vous pas?

—Je n'en sais rien, répondis-je après un instant d'hésitation; peut-être serais-je assez fou pour cela, car je ne comprends rien au pouvoir que vous avez sur moi; mais ce serait une grande lâcheté et une grande folie.

—Pourquoi, Bernard?

—Parce qu'une femme qui n'aime pas un homme pour son bon cœur, mais pour son bel esprit, ne vaut guère la peine que je me donnerais. Voilà ce qu'il me semble. »

Elle garda le silence à son tour, et me dit ensuite en me pressant la main : « Vous avez bien plus de sens et d'esprit qu'on ne croirait. Me voilà forcée d'être tout à fait sincère avec vous, et de vous avouer que, tel que vous êtes, et quand même vous ne devriez jamais changer, j'ai pour vous une estime et une amitié qui dureront autant que ma vie. Soyez sûr de cela, Bernard, quelque chose que je puisse vous dire dans un moment de colère, car vous savez que je suis très-vive : cela est de famille. Le sang des Mauprat ne coulera jamais aussi tranquillement que celui des autres humains. Ménagez donc ma fierté, vous qui savez si bien ce que c'est que la fierté; ne vous targuez jamais avec moi des droits acquis. L'affection ne se commande pas, elle se demande ou s'inspire; faites que je vous aime toujours; ne me dites jamais que je suis forcée de vous aimer. — Cela est juste, en effet, répondis-je; mais pourquoi me parlez-vous quelquefois comme si j'étais forcé de vous obéir? Pourquoi, ce soir, m'avez-vous *défendu* de boire et *ordonné* d'étudier? — Parce que, si on ne peut commander à l'affection qui n'existe pas, on peut du moins commander à l'affection qui existe, et c'est parce que je suis sûre de la vôtre que je lui commande. — C'est bien! m'écriai-je avec transport; j'ai donc le droit de commander à la vôtre aussi, puisque vous m'avez dit qu'elle existait certainement..... Edmée, je vous commande de m'embrasser. — Laissez, Bernard, s'écria-t-elle, vous me cassez le bras. Voyez, vous m'avez écorchée contre le grillage. — Pourquoi vous êtes-vous retranchée contre moi? lui dis-je en couvrant de mes lèvres la légère blessure que je lui avais faite au bras. Ah! que je suis malheureux! Maudit grillage! Edmée, si vous vouliez pencher votre tête, je pourrais vous embrasser..... vous embrasser comme ma sœur. Edmée, que craignez-vous? — Mon bon Bernard, répondit-elle, dans le monde où je vis on n'embrasse même pas sa sœur, et nulle part on ne s'embrasse en secret. Je vous embrasserai devant mon père, tous les jours si vous voulez, mais jamais ici. — Vous ne m'embrasserez jamais! m'écriai-je rendu à mes fureurs accoutumées. Et votre promesse? et mes droits?... — Si nous nous marions ensemble... dit-elle avec embarras, quand vous aurez reçu l'éducation que je vous supplie de recevoir... — Mort de ma vie! vous moquez-vous? Est-il question de mariage entre nous? Nullement; je ne veux pas de votre fortune, je vous l'ai dit. — Ma fortune et la vôtre ne font plus qu'une, répondit-elle. Entre parents si proches que nous le sommes, le tien et le mien sont des mots sans valeur. Jamais la pensée ne me viendra de vous croire cupide. Je sais que vous m'aimez, que vous travaillerez à me le prouver, et qu'un jour viendra où votre amour ne me fera plus peur, parce que je pourrai l'accepter à la face du ciel et des hommes.

— Si c'est là votre idée, repris-je, tout à fait distrait de mes sauvages transports par la direction nouvelle qu'elle donnait à mes pensées, ma position est bien différente; mais, à vous dire vrai, il faut que j'y réfléchisse... Je n'avais pas songé que vous l'entendriez ainsi... — Et comment voulez-vous que je puisse l'entendre différemment? reprit-elle. Une demoiselle ne se déshonore-t-elle pas en se donnant à un autre homme qu'à son époux? Je ne veux pas me déshonorer, vous ne le voudriez pas non plus, vous qui m'aimez. Vous ne voudriez pas me faire un tort irréparable. Si vous aviez cette intention, vous seriez mon plus mortel ennemi... — Attendez, Edmée, attendez, repris-je; je ne puis rien vous dire de mes intentions, je n'en ai jamais eu d'arrêtées à votre égard. Je n'ai eu que des désirs, et jamais je n'ai pensé à vous sans devenir fou. Vous voulez que je vous épouse? Eh! pourquoi donc, mon Dieu? — Parce qu'une fille qui se respecte ne peut appartenir à un homme sans la pensée, sans la résolution, sans la certitude de lui appartenir toujours. Ne savez-vous pas cela? — Il y a tant de choses que je ne sais pas, ou auxquelles je n'ai jamais pensé! — L'éducation vous apprendrait, Bernard, ce que vous devez penser des choses qui vous intéressent le plus, de votre position, de vos devoirs, de vos sentiments. Vous ne voyez clair ni dans votre cœur, ni dans votre conscience. Moi, qui suis habituée à m'interroger sur toutes choses et à me gouverner moi-même, comment voulez-vous que je prenne pour maître un homme soumis à l'instinct et guidé par le hasard? — Pour maître! pour mari! Oui, je comprends que vous ne puissiez soumettre votre

11.

vie tout entière à un animal de mon espèce... Mais je ne vous demandais pas cela, moi!... et je n'y puis penser sans frémir! — Il faut que vous y pensiez cependant, Bernard; pensez-y beaucoup, et, quand vous l'aurez fait, vous sentirez la nécessité de suivre mes conseils et de mettre votre esprit en rapport avec la nouvelle position où vous êtes entré en quittant la Roche-Mauprat; quand vous aurez reconnu cette nécessité, vous me le direz, et alors nous prendrons plusieurs résolutions nécessaires. »

Elle retira doucement sa main d'entre les miennes, et je crois qu'elle me dit bonsoir, mais je ne l'entendis pas. Je restai absorbé dans mes pensées, et, quand je relevai la tête pour lui parler, elle n'était plus là. J'allai à la chapelle; elle était rentrée dans sa chambre par une tribune supérieure qui communiquait avec ses appartements.

Je retournai dans le jardin, je m'enfonçai dans le parc, et j'y restai toute la nuit. Ma conversation avec Edmée m'avait jeté dans un monde nouveau. Jusque-là je n'avais pas cessé d'être l'homme de la Roche-Mauprat, et je n'avais pas prévu que je pusse ou que je dusse cesser de l'être ; sauf les habitudes qui avaient changé avec les circonstances, j'étais resté dans le cercle étroit de mes pensées. Au sein de toutes les choses nouvelles qui m'environnaient, je me sentais blessé de leur puissance réelle, et je roidissais ma volonté en secret, afin de ne pas me sentir humilié. Je crois qu'avec la persévérance et la force dont j'étais doué, rien n'eût pu me faire sortir de ce retranchement d'obstination, si Edmée ne s'en fût mêlée. Les biens vulgaires de la vie, les satisfactions du luxe, n'avaient pour moi d'autre charme que celui de la nouveauté. Le repos du corps me pesait, et le calme de cette maison, pleine d'ordre et de silence, m'eût écrasé, si la présence d'Edmée et l'orage de mes désirs ne l'eussent remplie de mes agitations et peuplée de mes fantômes. Je n'avais pas désiré un seul instant devenir le chef de cette maison, le maître de cette fortune, et je venais, avec plaisir, d'entendre Edmée rendre justice à mon désintéressement. Cependant je répugnais encore à l'idée d'associer deux buts si distincts, ma passion et mes intérêts. J'errai dans le parc en proie, à mille incertitudes, et je gagnai la campagne sans m'en apercevoir. La nuit était magnifique. La pleine lune versait des flots de sa lumière sereine sur les guérets altérés par la chaleur du jour. Les plantes flétries se relevaient sur leur tige, chaque feuille semblait aspirer par tous ses pores l'humide fraîcheur de la nuit. Je ressentais aussi cette douce influence ; mon cœur battait avec force, mais avec régularité. J'étais inondé d'une vague espérance ; l'image d'Edmée flottait devant moi sur les sentiers des prairies, et n'excitait plus ces douloureux transports, ces fougueuses aspirations qui m'avaient dévoré.

Je traversais un lieu découvert où quelques massifs de jeunes arbres coupaient çà et là les verts steppes des pâturages. De grands bœufs d'un blond clair, agenouillés sur l'herbe courte, immobiles, paraissaient plongés dans de paisibles contemplations. Des collines adoucies montaient vers l'horizon, et leurs croupes veloutées semblaient jouer dans les purs reflets de la lune. Pour la première fois de ma vie, je sentis les beautés voluptueuses et les émanations sublimes de la nuit. J'étais pénétré de je ne sais quel bien-être inconnu ; il me semblait que pour la première fois aussi je voyais la lune, les coteaux et les prairies. Je me souvenais d'avoir entendu dire à Edmée qu'il n'y avait pas de plus beau spectacle que celui de la nature, et je m'étonnais de ne l'avoir pas su jusque-là. J'eus par instants la pensée de me mettre à genoux et de prier Dieu ; mais je craignais de ne pas savoir lui parler et de l'offenser en le priant mal. Vous avouerai-je une singulière fantaisie qui me vint comme une révélation enfantine de l'amour poétique au sein du chaos de mon ignorance? La lune éclairait si largement les objets que je distinguais dans le gazon les moindres fleurettes. Une petite marguerite des prés me sembla si belle, avec sa collerette blanche frangée de pourpre et son calice d'or plein des diamants de la rosée, que je la cueillis et la couvris de baisers, en m'écriant, dans une sorte d'égarement délicieux : « C'est toi, Edmée! oui, c'est toi! te voilà! tu ne me fuis plus! » Mais quelle fut ma confusion lorsqu'en me relevant je vis que j'avais un témoin de ma folie! Patience était debout devant moi.

Je fus si mécontent d'avoir été surpris dans un tel accès d'extravagance que, par un reste d'habitude de coupe-jarret, je cherchai mon couteau à ma ceinture ; mais je n'avais plus ni ceinture ni couteau. Mon gilet de soie à poches me fit souvenir que j'étais condamné à n'égorger plus personne. Patience sourit.

« Eh bien! eh bien! qu'y a-t-il? dit le solitaire avec calme et douceur ; croyez-vous que je ne sache pas bien ce qui en est? Je ne suis pas si simple que je ne comprenne; je ne suis pas si vieux que je ne voie clair. Qui est-ce qui secoue les branches de mon if toutes les fois que la fille sainte est assise à ma porte? Qui est-ce qui nous suit comme un jeune loup, à pas comptés, sous le taillis, quand je reconduis la belle enfant chez son père? Et quel mal y a-t-il à cela? Vous êtes jeunes tous deux, vous êtes beaux tous deux, vous êtes parents, et, si vous vouliez, vous seriez un digne et honnête homme, comme elle est une digne et honnête fille. »

Tout mon courroux était tombé en écoutant Patience parler d'Edmée. J'avais un si grand besoin de m'entretenir d'elle que j'en aurais entendu dire du mal pour le seul plaisir d'entendre prononcer son nom. Je continuai ma promenade côte à côte avec Patience. Le vieillard marchait pieds nus dans la rosée. Il est vrai que ses pieds, ayant oublié depuis longtemps l'usage des chaussures, étaient arrivés à un degré de callosité qui les mettait à l'abri de tout. Il avait pour tout vêtement un pantalon de toile bleue qui, faute de bretelles, tombait sur ses hanches, et une chemise grossière. Il ne pouvait souffrir aucune contrainte dans ses habits, et sa peau, endurcie par le hâle, n'était sensible ni au chaud ni au froid. On l'a vu, jusqu'à plus de quatre-vingts ans, aller tête nue au soleil le plus ardent, et la veste entr'ouverte à la bise des hivers. Depuis qu'Edmée veillait à tous ses besoins, il était arrivé à une certaine propreté ; mais, dans le désordre de sa toilette et sa haine pour tout ce qui dépassait les bornes du strict nécessaire, se retrouvait, sauf l'impudeur, qui lui avait toujours été odieuse, le cynique des anciens jours. Sa barbe brillait comme de l'argent. Son crâne chauve était si luisant que la lune s'y reflétait comme dans l'eau. Il marchait lentement, les mains derrière le dos, la tête levée, comme un homme qui surveille son empire. Mais le plus souvent ses regards se perdaient vers le ciel, et il interrompait sa conversation pour dire en montrant la voûte étoilée : « Voyez cela, voyez comme c'est beau ! » C'est le seul paysan que j'aie vu admirer le ciel, ou tout au moins c'est le seul que j'aie vu se rendre compte de son admiration.

« Pourquoi, maître Patience, lui dis-je, pensez-vous que je serais un honnête homme *si je voulais?* Croyez-vous donc que je ne le sois pas? — Oh! ne soyez pas fâché, répondit-il, ; Patience a le droit de tout dire. N'est-ce pas le fou du château? — Edmée prétend que vous en êtes le sage, au contraire. — Prétend-elle cela, la sainte fille de Dieu? Eh bien ! si elle le croit, je veux agir en sage et vous donner un bon conseil, maître Bernard Mauprat. Voulez-vous l'entendre? — Il paraît que tout le monde ici se mêle de conseiller. N'importe, j'écoute. — Vous êtes amoureux de votre cousine? — Vous êtes bien hardi de faire une pareille question. — Ce n'est pas une question, c'est un fait. Eh bien! je vous dis, moi, faites-vous aimer de votre cousine et soyez son mari. — Et pourquoi me portez-vous cet intérêt, maître Patience? — Parce que je sais que vous le méritez. — Qui vous l'a dit? l'abbé? — Non pas. — Edmée? — Un peu. Et cependant elle n'est pas bien amoureuse de vous, au moins. Mais c'est votre faute. — Comment cela, Patience? — Parce qu'elle veut que vous deveniez savant, et vous, vous ne le voulez pas. Ah! si j'avais votre âge, moi, pauvre Patience, et si je pouvais, sans étouffer, me tenir enfermé dans une chambre seulement deux heures par jour, et si tous ceux que je rencontre s'occupaient de m'instruire! si l'on me disait : « Patience, voilà ce qui s'est fait hier ; Patience, voilà ce qui se fera demain. » Mais, baste! il faut que je trouve tout moi-même, et c'est si long que je mourrai de vieillesse avant d'avoir trouvé le dixième de ce que je voudrais savoir. Mais, écoutez, j'ai encore une raison pour désirer que vous épousiez Edmée. — Laquelle, bon monsieur Patience? — C'est que ce La Marche ne lui convient pas. Je le lui ai dit, oui-da! et à lui aussi, et à l'abbé, et à tout le monde. Ce n'est pas un homme, cela. Cela sent bon comme tout un jardin ; mais j'aime mieux le moindre brin de serpolet. — Ma foi! je ne l'aime guère non plus, moi. Mais si ma cousine l'aime? hein! Patience? — Votre cousine ne l'aime pas. Elle le croit bon, elle le croit *véritable* ; elle se trompe, et il la trompe, et il trompe tout le monde. Je le sais, moi, c'est un homme qui n'a pas de *cela* (et Patience posait la main sur son cœur). C'est un homme qui dit toujours : « Moi, la vertu ! moi, les infortunés ! moi, les sages, les amis du genre humain, etc., etc. » Eh bien ! moi, Patience, je sais qu'il laisse mourir de faim de pauvres gens à la porte de son château. Je sais que, si on lui disait : « Donne ton château, mange du pain noir, donne tes terres, fais-toi soldat, et il n'y aura plus d'infortunés dans le monde, le genre humain, comme tu dis, sera sauvé, » l'*homme* dirait : » Merci, je suis seigneur de mes terres, et je ne suis pas soûl de mon château. » Oh ! je les connais bien, ces *faux bons !* Quelle différence avec Edmée ! Vous ne savez pas cela, vous ! Vous l'aimez parce qu'elle est belle comme la marguerite des prés, et moi je l'aime parce qu'elle est bonne comme la lune qui éclaire tout le monde. C'est une fille qui donne tout ce qu'elle a, qui ne porterait pas un joyau, parce qu'avec l'or d'une bague on peut faire vivre un homme pendant un an. Et si elle rencontre dans son chemin un petit pied d'enfant blessé, elle ôtera son soulier pour le lui donner et s'en ira pied nu. Et puis c'est un cœur qui va droit, voyez-vous. Si demain le village de Sainte-Sévère allait la trouver en masse et lui dire : « Demoiselle, c'est assez vivre dans la richesse ; donnez-nous ce que vous avez, et travaillez à votre tour. — C'est juste, mes bons enfants, » dirait-elle. Et gaiement elle irait mener les troupeaux aux champs ! Sa mère était de même ; car, voyez-vous, j'ai connu sa mère toute jeune, comme elle est à présent, et la vôtre aussi, da ! Et c'était une maîtresse femme, charitable, juste. Et vous en tenez, à ce qu'on dit. — Hélas ! non, répondis-je, saisi d'attendrissement par le discours de Patience. Je ne connais ni la charité ni la justice.

— Vous n'avez pu encore les pratiquer ; mais cela est écrit dans votre cœur, je le sais, moi. On dit que je suis sorcier, et je le suis un peu. Je connais un homme tout de suite. Vous souvenez-vous de ce que vous m'avez dit un jour sur la fougère de Validé? Vous étiez avec Sylvain, moi avec Marcasse. Vous me dîtes qu'un honnête homme vengeait ses querelles lui-même. Et à propos, monsieur Mauprat, si vous n'êtes pas content des excuses que je vous ai faites à la tour Gazeau, il faut le dire. Voyez, il n'y a personne ici, et tout vieux que je suis, j'ai encore le poignet aussi bon que vous; nous pouvons nous allonger quelques bons coups, c'est le droit de nature; et, quoique je n'approuve pas cela, je ne refuse jamais de donner réparation à qui la demande. Je sais qu'il y a des hommes qui mourraient de chagrin s'ils n'étaient pas vengés, et moi qui vous parle, il m'a fallu plus de cinquante ans pour oublier un affront que j'ai reçu... et quand j'y pense encore, ma haine pour les nobles se réveille, et je me fais un crime d'avoir pu pardonner dans mon cœur à quelques-uns.

— Je suis pleinement satisfait, maître Patience, et je sens au contraire de l'amitié pour vous. — Ah! c'est que je gratte l'œil qui vous démange! Bonne jeunesse! Allons, Mauprat, du courage. Suivez les conseils de l'abbé, c'est un juste. Tâchez de plaire à votre cousine, c'est une étoile du firmament. Connaissez la vérité; aimez le peuple; détestez ceux qui le détestent; soyez prêt à vous sacrifier pour lui... Écoutez, écoutez! Je sais ce que je dis; faites-vous l'ami du peuple. — Le peuple est-il donc meilleur que la noblesse, Patience? De bonne foi, et puisque vous êtes un sage, dites la vérité. — Le peuple vaut mieux que la noblesse, parce que la noblesse l'écrase et qu'il le souffre! Mais il ne le souffrira peut-être pas toujours. Enfin, il faut que vous le sachiez; vous voyez bien ces étoiles? Elles ne changeront pas, elles seront à la même place et verseront autant de feu dans dix mille ans qu'aujourd'hui, mais avant cent ans, avant moins peut-être, il y aura bien des changements sur la terre. Croyez-en un homme qui pense à la vérité et qui ne se laisse pas égarer par les grands airs des forts. Le pauvre a assez souffert; il se tournera contre le riche, et les châteaux tomberont, et les terres seront dépécées. Je ne verrai pas cela, mais vous le verrez; il y aura dix chaumières à la place de ce parc, et dix familles vivront de son revenu. Il n'y aura plus ni valets, ni maîtres, ni vilains, ni seigneurs. Il y aura des nobles qui crieront haut et qui ne céderont qu'à la force, comme eussent fait vos oncles s'ils eussent vécu, comme fera M. de La Marche, malgré ses beaux discours. Il y en aura qui s'exécuteront généreusement comme Edmée, et comme vous, si vous écoutez la sagesse. Et alors il sera bon pour Edmée qu'elle ait pour mari un homme et non pas un brin de muguet. Il sera bon que Bernard Mauprat sache pousser une charrue ou tuer le gibier du bon Dieu, pour nourrir sa famille; car le vieux Patience sera couché sous l'herbe du cimetière et ne pourra rendre à Edmée les services qu'il aura reçus. Ne riez pas de ce que je dis, jeune homme; c'est la voix de Dieu qui dit cela. Voyez le ciel. Les étoiles vivent en paix, et rien ne dérange leur ordre éternel. Les grosses ne mangent pas les petites, et nulle ne se précipite sur ses voisines. Or, un temps viendra où le même ordre régnera parmi les hommes. Les méchants seront balayés par le vent du Seigneur. Assurez vos jambes, seigneur Mauprat, afin de rester debout et de soutenir Edmée; c'est Patience qui vous avertit, Patience qui ne vous veut que du bien. Mais il y en aura d'autres qui voudront le mal, et il faut que les bons se fassent forts. »

Nous étions arrivés jusqu'à la chaumière de Patience. Il s'était arrêté à la barrière de son petit enclos, et une main appuyée sur les barreaux, gesticulant de l'autre, il parlait avec énergie. Son regard brillait comme la flamme, son front était baigné de sueur; il y avait en lui quelque chose de puissant comme la parole des vieux prophètes, et la simplicité plus que plébéienne de son accoutrement rehaussait encore la fierté de son geste et l'onction de sa voix. La révolution française a fait savoir depuis ce temps qu'il y avait dans le peuple de fougueuses éloquences et une implacable logique; mais ce que je voyais en ce moment était si neuf pour moi et me fit une telle impression que mon imagination sans règle et sans frein se laissa entraîner aux terreurs superstitieuses de l'enfance. Il me tendit la main, et j'obéis à cet appel avec plus d'effroi que de sympathie. Le sorcier de la tour Gazeau, suspendant sur ma tête la chouette ensanglantée, venait de repasser devant mes yeux.

XI.

Lorsque, accablé de lassitude, je m'éveillai le lendemain, tous les incidents de la veille m'apparurent comme un songe. Il me sembla qu'Edmée, en me parlant de devenir ma femme, avait voulu reculer mes espérances indéfiniment par un leurre perfide; et, quant à l'effet des paroles du sorcier, je ne me les rappelais pas sans une profonde humiliation. Quoi qu'il en soit, cet effet était produit. Les émotions de cette journée avaient laissé en moi une trace ineffaçable; je n'étais déjà plus l'homme de la veille, et je ne devais jamais redevenir complétement celui de la Roche-Mauprat.

Il était tard, et j'avais réparé dans la matinée seulement les heures de mon insomnie. Je n'étais pas levé, et déjà j'entendais sur le pavé de la cour résonner le sabot du cheval de M. de La Marche. Tous les jours il arrivait à cette heure; tous les jours il voyait Edmée aussi tôt que moi, et ce jour-là même, ce jour où elle avait voulu me persuader de compter sur sa main, il allait poser avant moi son fade baiser sur cette main qui m'appartenait. Cette pensée réveilla tous mes doutes. Comment Edmée souffrait-elle ses assiduités si elle avait réellement l'intention d'en épouser un autre que lui? Peut-être n'osait-elle pas l'éloigner; peut-être était-ce à moi de le faire. Je ne savais pas les usages du monde où j'entrais. L'instinct me conseillait de m'abandonner à mes impétueuses inspirations, et l'instinct parlait haut.

Je m'habillai à la hâte. J'entrai au salon pâle et en désordre; Edmée était pâle aussi. La matinée était pluvieuse et fraîche. On avait fait du feu dans la vaste cheminée. Étendue dans sa bergère, elle chauffait ses petits pieds en sommeillant. C'était l'attitude nonchalante et transie qu'elle avait eue durant ses jours de maladie. M. de La Marche lisait la gazette à l'autre bout de la chambre. En voyant Edmée brisée plus que moi par les émotions de la veille, je sentis ma colère tomber, et m'approchant d'elle, je m'assis sans bruit et la regardai avec attendrissement. « C'est vous, Bernard? » me dit-elle sans faire un mouvement et sans ouvrir les yeux. Elle avait les coudes appuyés sur les bras de son fauteuil et les mains gracieusement entrelacées sous son menton. Les femmes avaient à cette époque et presque en toute saison les bras deminus. J'aperçus à celui d'Edmée une petite bande de taffetas d'Angleterre qui me fit battre le cœur. C'était la légère blessure que je lui avais faite la veille contre le grillage de la croisée. Je soulevai doucement la dentelle qui retombait sur son coude, et, enhardi par son demi-sommeil, j'appuyai mes lèvres sur cette chère blessure. M. de La Marche pouvait me voir, et il me voyait en effet, et j'agissais à dessein. Je brûlais d'avoir une querelle avec lui. Edmée tressaillit et devint toute rouge; mais, reprenant aussitôt un air d'enjouement plein d'indolence : « En vérité, Bernard, me dit-elle, vous êtes galant ce matin comme un abbé de cour. N'auriez-vous pas fait quelque madrigal la nuit dernière ? »

Je fus singulièrement mortifié de cette raillerie ; mais, payant d'assurance à mon tour : « Oui, j'en ai fait un hier soir à la fenêtre de la chapelle, répondis-je ; et s'il est mauvais, cousine, c'est votre faute. — Dites que c'est la faute de votre éducation, » reprit-elle en s'animant, et elle n'était jamais plus belle que lorsque sa fierté et sa vivacité naturelle se réveillaient. — « M'est avis que j'ai beaucoup trop d'éducation, en effet, répondis-je, et que, si j'écoutais davantage mon bon sens naturel, vous ne me railleriez pas tant. — Il me semble, en vérité, que vous faites assaut d'esprit et de métaphores avec Bernard, dit M. de La Marche en pliant son journal d'un air indifférent et en se rapprochant de nous. — Je l'en tiens quitte, répondis-je, blessé de cette impertinence ; qu'elle garde son esprit pour vos pareils. »

Je me levai pour l'affronter, mais il ne parut pas s'en apercevoir ; et, s'adossant à la cheminée avec une incroyable aisance, il dit en se penchant vers Edmée d'une voix douce et presque affectueuse : « Qu'a-t-il donc ? » comme s'il se fût informé de la santé de son petit chien. « Que sait-on ? » répondit Edmée du même ton ; puis elle se leva en ajoutant : « J'ai trop mal à la tête pour rester là. Donnez-moi le bras pour remonter dans ma chambre. »

Elle sortit appuyée sur lui ; je restai stupéfait.

J'attendis, résolu à l'insulter dès qu'il serait revenu au salon ; mais l'abbé entra et peu après mon oncle Hubert. Ils se mirent à causer de sujets qui m'étaient tout à fait étrangers (et il en était ainsi de presque tous les sujets de conversation). Je ne savais que faire pour me venger, mais je n'osais me trahir en présence de mon oncle. Je sentais ce que je devais au respect et aux droits de l'hospitalité. Jamais je ne m'étais fait une telle violence à la Roche-Mauprat. L'outrage et la colère se manifestaient spontanément ; je faillis mourir dans l'attente de ma vengeance. Plusieurs fois le chevalier, remarquant l'altération de mes traits, me demanda avec bonté si j'étais malade. M. de La Marche ne parut s'apercevoir ni se douter de rien. L'abbé seul m'examinait avec attention. Je surprenais ses yeux bleus, où la pénétration naturelle se voilait toujours sous une habitude de timidité, attachés sur moi avec inquiétude. L'abbé ne m'aimait pas. Il m'était facile de voir que ses manières douces et enjouées devenaient froides comme malgré lui dès qu'il s'adressait à moi ; je remarquais même qu'en tout temps son visage s'attristait à mon approche.

Me sentant près de m'évanouir, tant la contrainte que je subissais était hors de mes habitudes et au-dessus de mes forces, j'allai me jeter sur l'herbe du parc. C'était là mon refuge dans toutes mes agitations. Ces grands chênes, cette mousse centenaire qui pendait à toutes les branches, ces fleurs de bois pâles et odorantes, emblèmes des douleurs cachées, c'étaient là les amis de mon enfance, les seuls que j'eusse retrouvés sans altération dans la vie sociale comme dans la vie sauvage. Je cachai mon visage dans mes mains ; je ne me rappelle pas avoir souffert davantage dans aucune des calamités de ma vie. Pourtant j'en éprouvai de bien réelles par la suite, et à tout prendre j'eusse dû m'estimer heureux, au sortir du rude et périlleux métier de coupe-jarret, de trouver tant de biens inespérés, affection, sollicitude, richesse, liberté, enseignement, bons conseils et bons exemples. Mais il est certain que, pour passer d'un état de l'âme à un état opposé, même du mal au bien, même de la douleur à la jouissance et de la fatigue au repos, il faut que l'homme souffre, et que, dans cet enfantement d'une nouvelle destinée, tous les ressorts de son être se tendent jusqu'à se briser. Ainsi, à l'approche de l'été, le ciel se couvre de sombres nuées, et la terre frémissante semble prête à s'anéantir sous les coups de la tempête.

Je n'étais occupé en ce moment qu'à chercher un moyen d'assouvir ma haine contre M. de La Marche, sans trahir et sans laisser même soupçonner le lien mystérieux dont je me prévalais auprès d'Edmée. Quoique rien ne fût moins en vigueur à la Roche-Mauprat que la sainteté du serment, les seules lectures que j'eusse faites étant, comme je vous l'ai dit, quelques ballades de chevalerie, je m'étais pris d'un romanesque amour pour la fidélité des promesses, et c'était à peu près la seule vertu que j'eusse acquise. Le secret dû à Edmée me retenait donc invinciblement. « Mais ne trouverai-je pas, me disais-je, quelque prétexte plausible pour me jeter sur mon ennemi et pour l'étrangler ? » A dire vrai, cela n'était pas facile avec un homme qui semblait avoir un parti pris de politesse et de prévenances à mon égard.

Dans ces perplexités j'oubliai l'heure du dîner, et, quand je vis le soleil descendre derrière les tours du château, je me dis trop tard que mon absence avait dû être remarquée, et que je ne pourrais rentrer sans subir ou les brusques questions d'Edmée, ou ce clair et froid regard de l'abbé, qui semblait toujours éviter le mien, et que je surprenais tout à coup plongeant au plus profond de ma conscience.

Je résolus de ne rentrer qu'à la nuit, et je m'étendis sur l'herbe, essayant de dormir pour reposer ma tête brisée. Je m'endormis en effet. Quand je m'éveillai, la lune montait dans le ciel encore rouge des feux du soir. Le bruit qui m'avait fait tressaillir était bien léger ; mais il est des sons qui frappent le cœur avant de frapper l'oreille, et les plus subtiles émanations de l'amour pénètrent quelquefois la plus rude organisation. La voix d'Edmée venait de prononcer mon nom à peu de distance, derrière le feuillage. D'abord je crus avoir rêvé ; je restai immobile, je retins mon haleine et j'écoutai. C'était elle qui se rendait chez le solitaire avec l'abbé. Ils s'étaient arrêtés dans le sentier couvert, à cinq ou six pas de moi, et ils causaient à demi-voix, mais de cette manière distincte qui, dans les confidences, donne à l'attention tant de solennité. « Je crains, disait Edmée, qu'il ne fasse un esclandre à M. de La Marche ; quelque chose de plus sérieux encore, que sait-on ? Vous ne connaissez pas Bernard.

— Il faut à tout prix l'éloigner d'ici, répondit l'abbé. Vous ne pouvez vivre de la sorte, continuellement exposée à la brutalité d'un brigand. — Il est certain que ce n'est pas vivre. Depuis qu'il a mis le pied ici, je n'ai pas eu un instant de liberté. Prisonnière dans ma chambre, ou forcée de recourir à la protection de mes amis, je n'ose faire un pas. C'est tout au plus si je puis descendre l'escalier, et je ne traverse pas la galerie sans envoyer Leblanc en éclaireur. La pauvre fille, qui m'a vue si brave, me croit folle. Cette contrainte est odieuse. Je ne dors plus que sous les verrous. Et voyez, l'abbé, je ne marche pas sans un poignard, ni plus ni moins qu'une héroïne de ballade espagnole. — Et si ce malheureux vous rencontre et vous effraie, vous vous en frapperez le sein, n'est-ce pas ? De pareilles chances ne peuvent s'accepter. Edmée, il faut trouver le moyen de changer une position qui n'est pas tenable. Je conçois que vous ne vouliez pas lui ôter l'amitié de votre père, en confessant à celui-ci la monstrueuse transaction que vous avez été forcée de faire avec ce bandit à la Roche-Mauprat. Mais, quoi qu'il arrive... ah ! ma pauvre Edmée, je ne suis pas un homme de sang, mais je me prends vingt fois le jour à déplorer que mon caractère de prêtre m'empêche de provoquer cet homme et de vous en débarrasser à jamais. »

Ce charitable regret, exprimé si naïvement à mon oreille, me donna une violente démangeaison de me montrer brusquement, ne fût-ce que pour mettre à l'épreuve l'humeur guerrière de l'abbé ; mais j'étais enchaîné par le désir de surprendre enfin les véritables sentiments et les véritables desseins d'Edmée à mon égard.

« Soyez donc tranquille, dit-elle d'un air dégagé ; s'il lasse ma patience, je n'hésiterai nullement à lui planter cette lame dans la joue. Je suis bien sûre qu'une petite saignée calmera son ardeur. »

Alors ils se rapprochèrent de quelques pas.

« Écoutez-moi, Edmée, dit l'abbé en s'arrêtant de nouveau ; nous ne pouvons parler de cela devant Patience ; ne rompons pas cet entretien sans conclure quelque chose. Vous arrivez avec Bernard à la crise imminente. Il me semble, mon enfant, que vous ne faites pas tout ce que vous devriez faire pour prévenir les malheurs qui peuvent nous frapper ; car tout ce qui vous sera funeste nous le sera à tous et nous frappera au fond du cœur.

— Je vous écoute, mon excellent ami, répondit Edmée, grondez-moi, conseillez-moi. »

En même temps, elle s'adossa contre l'arbre au pied duquel j'étais couché parmi les broussailles et les hautes herbes. Je pense qu'elle eût pu me voir, car je la voyais distinctement ; mais elle était loin de soupçonner que je contemplais sa figure céleste, sur laquelle la brise faisait passer alternativement l'ombre des feuilles agitées et les pâles diamants que la lune sème dans les bois.

« Je dis, Edmée, reprit l'abbé en croisant ses bras sur sa poitrine et en se frappant le front par instants, que vous ne jugez pas nettement votre situation. Tantôt elle

vous affligo au point que vous perdez toute espérance et
que vous voulez vous laisser mourir (oui, ma chère enfant, au point que votre santé en est visiblement altérée);
et tantôt, je dois vous le dire, au risque de vous fâcher
un peu, vous envisagez vos périls avec une légèreté et un
enjouement qui m'étonnent.

— Ce dernier reproche est délicat, mon ami, répondit-
elle; mais laissez-moi me justifier. Votre étonnement
vient de ce que vous ne connaissez pas bien la race Mauprat. C'est une race indomptable, incorrigible, et dont il
ne peut sortir que des *casse-têtes* ou *des coupe-jarrets*.
A ceux que l'éducation a le mieux rabotés, il reste encore bien des nœuds : une fierté souveraine, une volonté
de fer, un profond mépris pour la vie. Vous voyez que,
malgré sa bonté adorable, mon père est si vif parfois
qu'il casse sa tabatière en la posant sur la table, lorsque
vos arguments l'emportent sur les siens en politique, ou
lorsque vous le gagnez aux échecs. Pour moi, je sens que
mes veines sont aussi larges que si j'étais née dans les
nobles rangs du peuple, et je ne crois pas que jamais
aucun Mauprat ait brillé à la cour par la grâce de ses
manières. Comment donc voudriez-vous que je fisse grand
cas de la vie, étant née brave? Il est pourtant des instants
de faiblesse où je me décourage de reste et m'apitoie sur
mon sort comme une vraie femme que je suis. Mais que
l'on me fâche, que l'on me menace, et le sang de la race
forte se ranime; et alors, ne pouvant briser mon ennemi,
je me croise les bras et me mets à rire de pitié de ce qu'il
espère me faire peur. Tenez, l'abbé, que ceci ne vous
paraisse pas une exagération; car demain, ce soir peut-
être, ce que je dis peut se réaliser : depuis que ce couteau
de nacre, qui n'a pas l'air bien matamore, mais qui est
bon, voyez, a été affilé par don Marcasse (qui s'y entend),
je ne l'ai quitté ni jour ni nuit, et mon parti a été pris.

Je n'ai pas le poignet bien ferme, mais je saurais me donner un coup de couteau aussi bien que je sais donner un coup de cravache à mon cheval. Eh bien! cela posé, mon honneur est en sûreté; ma vie seule tient à un fil, à un verre de vin de plus ou de moins qu'aura bu un de ces soirs M. Bernard, à une rencontre, à un regard qu'il aura cru surprendre entre de La Marche et moi; à rien peut-être! Qu'y faire? Quand je me désolerais, effacerais-je le passé? Nous ne pouvons arracher une seule page de notre vie, mais nous pouvons jeter le livre au feu. Quand je pleurerais du soir au matin, empêcherais-je que la destinée, dans un jour de méchante humeur, ne m'ait conduite à la chasse, qu'elle ne m'ait égarée dans les bois et fait rencontrer un Mauprat, qui m'a conduite dans son antre, où je n'ai échappé à l'opprobre et peut-être à la mort qu'en liant à jamais ma vie à celle d'un enfant sauvage qui n'avait aucun de mes principes, aucune de mes idées, aucune de mes sympathies, et qui peut-être (et qui sans doute, devrais-je dire) ne les aura jamais? Tout cela, c'est un malheur. J'étais dans tout l'éclat d'une heureuse destinée, j'étais l'orgueil et la joie de mon vieux père, j'allais épouser un homme que j'estime et qui me plaisait; aucune douleur, aucune appréhension n'avait approché de moi; je ne connaissais ni les jours sans sécurité, ni les nuits sans sommeil. Eh bien! Dieu n'a pas voulu qu'une si belle vie s'accomplît; que sa volonté soit faite! Il est des jours où la perte de toutes mes espérances me semble tellement inévitable que je me considère comme morte et mon fiancé comme veuf. Sans mon pauvre père, j'en rirais vraiment; car la contrariété et la peur sont si peu faites pour moi que je suis déjà lasse de la vie, pour le peu de temps que je les ai connues.

— Ce courage est héroïque, mais il est affreux! s'écria l'abbé d'une voix altérée. C'est presque la détermination au suicide, Edmée ! — Oh ! je disputerai ma vie, répondit-elle avec chaleur ; mais je ne marchanderai pas avec elle un instant si mon honneur ne sort pas sain et sauf de tous ces risques. Quant à cela, je ne suis pas assez pieuse pour accepter jamais une vie souillée, par esprit de mortification pour des fautes dont je n'eus jamais la pensée. Si Dieu est sévère à ce point avec moi que j'aie à choisir entre la mort et la honte.... — Il ne peut jamais y avoir de honte pour vous, Edmée ; une âme aussi chaste, une intention aussi pure.... — Oh ! n'importe, cher abbé ! je ne suis peut-être pas aussi vertueuse que vous pensez, je ne suis pas très-orthodoxe en religion, ni vous non plus, l'abbé !... Je me soucie peu du monde, je ne l'aime pas ; je ne crains ni ne méprise l'opinion, je n'aurai jamais affaire à elle. Je ne sais pas trop quel principe de vertu serait assez puissant pour m'empêcher de succomber, si le mauvais esprit m'entreprenait. J'ai lu la *Nouvelle Héloïse*, et j'ai beaucoup pleuré. Mais par la raison que je suis une Mauprat et que j'ai un inflexible orgueil, je ne souffrirai jamais la tyrannie de l'homme, pas plus la violence d'un amant que le soufflet d'un mari ; il n'appartient qu'à une âme vassale et à un lâche caractère de céder à la force ce qu'elle refuse à la prière. Sainte Solange, *la belle pastoure*, se laissa trancher la tête plutôt que de subir le droit du seigneur. Et vous savez que, de mère en fille, les Mauprat sont vouées au baptême sous les auspices de la patronne du Berry. — Oui, je sais que vous êtes fière et forte, dit l'abbé ; et, parce que je vous estime plus qu'aucune femme au monde, je veux que vous viviez, que vous soyez libre, que vous fassiez un mariage digne de vous, afin de remplir, dans la famille humaine, le rôle que savent encore ennoblir les belles âmes. Vous êtes nécessaire à votre père, d'ailleurs ; votre mort le précipiterait dans la tombe, tout vert et robuste qu'est encore le Mauprat. Chassez donc ces pensées lugubres et ces résolutions extrêmes. Il est impossible que cette étrange aventure de la Roche-Mauprat soit autre chose qu'un rêve sinistre. Nous avons tous eu le cauchemar dans cette nuit d'épouvante, mais il est temps de nous éveiller ; nous ne pouvons rester accablés de stupeur comme des enfants ; vous n'avez qu'un parti à prendre, celui que je vous ai dit. — Eh bien ! l'abbé, c'est celui que je regarde comme le plus impossible de tous. J'ai juré par tout ce qu'il y a de plus sacré dans l'univers et dans le cœur humain. — Un serment arraché par la menace et la violence n'engage personne, les lois humaines l'ont décrété ; les lois divines, dans des circonstances de ce genre principalement, en délient sans nul doute la conscience humaine. Si vous étiez orthodoxe, j'irais à Rome, et j'irais à pied, pour vous faire relever d'un vœu si téméraire ; mais vous n'êtes pas soumise au pape, Edmée..., ni moi non plus. — Ainsi, vous voudriez que je fusse parjure ? — Votre âme ne le serait pas. — Mon âme le serait ! j'ai juré, sachant bien ce que je faisais, et pouvant me tuer sur l'heure ; car j'avais dans la main un couteau trois fois grand comme celui-ci. J'ai voulu vivre, j'ai voulu surtout revoir mon père et l'embrasser. Pour faire cesser l'angoisse où ma disparition le laissait, j'eusse engagé plus que ma vie, j'eusse engagé mon âme immortelle. Et depuis, je vous l'ai dit encore hier au soir, j'ai renouvelé mon engagement, et bien librement encore ; car il y avait un mur entre mon *aimable* fiancé et moi. — Comment avez-vous pu faire une telle imprudence, Edmée ? voilà encore où je ne vous comprends plus.

— Oh ! pour cela, je le crois bien, car je ne me comprends pas moi-même, dit Edmée avec une expression singulière. — Ma chère enfant, il faut que vous me parliez à cœur ouvert. Je suis le seul ici qui puisse vous porter conseil, puisque je suis le seul à qui vous puissiez tout dire sous le sceau d'une amitié aussi sacrée que le secret de la confession catholique peut l'être. Répondez-moi donc. Vous ne regardez pas comme possible un mariage entre vous et Bernard Mauprat ! — Comment ce qui est inévitable serait-il impossible ? dit Edmée. Il n'est rien de plus possible que de se jeter dans la rivière ; rien de plus possible que de se vouer au malheur et au désespoir ; rien de plus possible, par conséquent, que d'épouser Bernard Mauprat. — Ce ne sera toujours pas moi qui prêterai mon ministère à cette union absurde et déplorable, s'écria l'abbé. Vous, la femme et l'esclave de ce coupe-jarret ! Edmée, vous disiez tout à l'heure que vous ne supporteriez pas plus la violence de l'amant que le soufflet du mari. — Vous pensez qu'il me battrait ? — S'il ne vous tuait pas ! — Oh ! non, répondit-elle d'un air mutin en faisant sauter son couteau dans sa main, je le tuerais auparavant. A Mauprat, Mauprat et demie ! — Vous riez, Edmée, ô mon Dieu ! vous riez à la pensée d'un tel hymen ! Mais quand même cet homme aurait de l'affection et des égards pour vous, songez-vous à l'impossibilité de vous entendre, à la grossièreté de ses idées, à la bassesse de son langage ? Le cœur se lève de dégoût à l'idée d'une telle association ; et dans quelle langue lui parleriez-vous, grand Dieu ? »

Je faillis encore une fois me lever et tomber sur mon panégyriste ; mais je vainquis ma colère, Edmée parlait. Je redevins tout oreilles.

« Je sais fort bien qu'au bout de trois jours je n'aurai certainement rien de mieux à faire que de me couper la gorge ; mais puisque, d'une manière ou de l'autre, il faut que cela arrive, pourquoi n'irais-je pas devant moi jusqu'à l'heure inévitable ? Je vous avoue que j'ai un peu de regret à la vie. Tous ceux qui ont été à la Roche-Mauprat n'en sont pas revenus. Moi, j'ai été, non y subir la mort, mais me fiancer avec elle. Eh bien! j'irai jusqu'au jour de mes noces, et, si Bernard m'est trop odieux, je me tuerai après le bal.

— Edmée, vous avez la tête pleine de romans à présent, dit l'abbé fort impatienté. Votre père, Dieu merci, ne consentira pas à ce mariage; il a donné sa parole à M. de La Marche, et vous aussi vous l'aviez donnée. C'est cette promesse-là qui seule est valide. — Mon père souscrirait avec joie à un accord qui perpétuerait directement son nom et sa lignée. Quant à M. de La Marche, il me relèvera de ma parole sans que je prenne la peine de le lui demander; dès qu'il saura que j'ai passé deux heures à la Roche-Mauprat, il ne sera pas besoin d'autre explication.
— Il faudrait qu'il fût bien indigne de l'estime que je lui porte s'il croyait votre nom souillé par une aventure malheureuse dont vous êtes sortie pure. — Grâce à Bernard! dit Edmée; car enfin je lui dois de la reconnaissance, et, malgré ses réserves et conditions, son action est grande et inconcevable de la part d'un Coupe-jarret. — Dieu me préserve de nier les bonnes qualités que l'éducation eût pu développer dans ce jeune homme, et c'est à cause de ce bon côté qu'il est possible de lui faire entendre raison.
— Pour s'instruire? jamais il n'y consentira; et, quand il s'y prêterait, il ne le pourrait pas plus que Patience. Quand le corps est fait à la vie animale, l'esprit ne peut plus se plier aux règles de l'intelligence. — Je le crois, aussi je ne parle pas de cela. Je parle d'avoir une explication avec lui et de lui faire comprendre que son honneur l'engage à vous rendre votre promesse et à prendre son parti sur votre mariage avec M. de La Marche; ou ce n'est qu'une brute indigne de toute estime et de tout ménagement, ou il sentira son crime et sa folie et s'exécutera honnêtement et sagement. Déliez-moi du secret que vous m'avez

imposé, autorisez-moi à m'ouvrir à lui, et je vous réponds du succès.

— Je vous réponds du contraire, moi, dit Edmée, et d'ailleurs je n'y saurais consentir. Quel que soit Bernard, je tiens à sortir avec honneur de mon duel avec lui, et il aurait sujet, si j'agissais comme vous voulez, de croire que je l'ai indignement joué jusqu'ici. — Eh bien ! il est un dernier moyen ; c'est de vous confier à l'honneur et à la sagesse de M. de La Marche. Qu'il juge librement votre situation, et qu'il en décide. Vous avez bien le droit de lui confier votre secret, et vous êtes bien sûre de son honneur. S'il a la lâcheté de vous abandonner dans une pareille situation, il vous reste pour dernière ressource de vous mettre à l'abri des violences de Bernard derrière les grilles d'un couvent. Vous y resterez pendant quelques années ; vous ferez mine de prendre le voile. Le jeune homme vous oubliera ; on vous rendra votre liberté. — C'est en effet le seul parti raisonnable, et j'y ai déjà songé ; mais il n'est pas temps encore d'y recourir. — Sans doute. Il faut tenter l'aveu à M. de La Marche. S'il est homme de cœur, comme je n'en doute pas, il vous prendra sous sa protection, et il se chargera d'éloigner Bernard, soit par la persuasion, soit par l'autorité. — Quelle autorité, l'abbé, s'il vous plaît ? — L'autorité qu'un gentilhomme peut avoir sur son égal dans nos mœurs, l'honneur et l'épée. — Ah ! l'abbé, vous aussi, vous êtes un homme de sang ! Eh bien ! voilà ce que j'ai voulu éviter jusqu'ici, ce que j'éviterai, dût-il m'en coûter la vie et l'honneur ! Je ne veux pas de conflit entre ces deux hommes. — Je le conçois ; l'un des deux vous est cher à juste titre. Mais évidemment, dans ce conflit, le danger ne serait pas pour M. de La Marche. — Il serait donc pour Bernard ! s'écria Edmée avec force. Eh bien ! j'aurais horreur de M. de La Marche s'il provoquait en duel ce pauvre enfant, qui ne sait manier qu'un bâton ou une fronde. Comment de telles idées peuvent-elles vous venir, à vous, l'abbé! il faut que vous haïssiez bien ce malheureux Bernard! Et moi, qui le ferais égorger par mon mari pour le remercier de m'avoir sauvée au péril de sa vie! Non, non, je ne souffrirai ni qu'on le provoque, ni qu'on l'humilie, ni qu'on l'afflige. C'est mon cousin, c'est un Mauprat, c'est presque un frère. Je ne souffrirai pas qu'on le chasse de cette maison; j'en sortirai plutôt moi-même. — Voilà de très-généreux sentiments, Edmée, répondit l'abbé. Mais avec quelle chaleur vous les exprimez! J'en demeure confondu, et, si je ne craignais de vous offenser, je vous avouerais que cette sollicitude pour le jeune Mauprat me suggère une étrange pensée. — Eh bien! dites-la donc, reprit Edmée avec une certaine brusquerie. — Je la dirai si vous l'exigez; c'est que vous semblez porter à ce jeune homme un plus vif intérêt qu'à M. de la Marche, et j'aurais aimé à rester dans la persuasion contraire.

— Lequel a le plus besoin de cet intérêt, mauvais chrétien? dit Edmée en souriant; n'est-ce pas le pécheur endurci dont les yeux n'ont pas vu la lumière? — Mais enfin, Edmée, vous aimez M. de la Marche? Ne plaisantez pas, au nom du ciel! — Si par aimer, répondit-elle d'un ton sérieux, vous entendez avoir confiance et amitié, j'aime M. de La Marche; ou bien, si vous entendez avoir compassion et sollicitude, j'aime Bernard. Reste à savoir laquelle des deux affections est la plus vive. Cela vous regarde, l'abbé; moi, je m'en inquiète peu; car je sens que je n'aime qu'une personne avec passion, c'est mon père, et qu'une chose avec enthousiasme, c'est mon devoir. Je regretterai peut-être les soins et le dévouement du lieutenant-général; je souffrirai du chagrin que je serai forcée de lui faire bientôt, en lui annonçant que je ne puis être sa femme; mais cette nécessité ne me jettera

dans aucune nuance du désespoir, parce que je sais que
M. de La Marche se consolera aisément. Je ne plaisante
pas, l'abbé ; M. de la Marche est un homme léger et un
peu froid. — Si vous ne l'aimez pas plus que cela, tant
mieux ; c'est une souffrance de moins parmi tant de souffrances ; et pourtant je perds, en apprenant cette indifférence, le dernier espoir que j'eusse conservé de vous
voir échapper à Bernard Mauprat. — Allons, ami, ne
vous désolez point : ou Bernard sera sensible à l'amitié et
à la loyauté, et il s'amendera, ou je lui échapperai. —
Mais par quelle issue ? — Par la porte du couvent ou par
celle du cimetière. »

En parlant ainsi d'un air calme, Edmée secoua sa longue chevelure noire, qui s'était déroulée sur ses épaules,
et dont une partie couvrait son visage pâle. « Allons, dit-
elle, Dieu viendra à notre aide ; c'est folie et impiété que
de douter de lui dans le danger. Sommes-nous donc des
athées pour nous décourager ainsi ? Allons voir Patience,
il nous dira quelque sentence qui nous rassurera ; il est
le vieux oracle qui résout toutes choses sans en savoir
aucune. »

Ils s'éloignèrent, et je demeurai consterné.

Oh ! combien cette nuit fut différente de la précédente !
Quel nouveau pas je venais de faire dans la vie, non plus
sur le sentier fleuri, mais sur le roc aride ! Maintenant je
connaissais tout l'odieux réel de mon rôle, et je venais de
lire jusqu'au fond du cœur d'Edmée la crainte et le dégoût que je lui inspirais. Rien ne pouvait calmer ma douleur, car rien ne pouvait plus exciter ma colère. Elle n'aimait point M. de La Marche, elle ne se jouait ni de lui ni
de moi ; elle n'aimait aucun de nous ; et comment avais-
je pu croire que cette pitié généreuse envers moi, ce dévouement sublime à la foi jurée, fussent de l'amour ?
Comment, aux heures où cette présomptueuse chimère

m'abandonnait, pouvais-je croire qu'elle eût besoin, pour résister à ma passion, d'avoir de l'amour pour un autre? Enfin, je n'avais donc plus de ressource contre mes propres fureurs! Je ne pouvais en obtenir autre chose que la fuite ou la mort d'Emée! Sa mort! A cette idée mon sang se glaçait dans mes veines, mon cœur se serrait, et je sentais tous les aiguillons du repentir le traverser. Cette douloureuse soirée fut pour moi le plus énergique appel de la Providence. Je compris enfin ces lois de la pudeur et de la liberté sainte que mon ignorance avait outragées et blasphémées jusque-là. Elles m'étonnaient plus que jamais, mais je les voyais ; elles étaient prouvées par leur évidence. L'âme forte et sincère d'Edmée était devant moi comme la pierre du Sinaï, où le doigt de Dieu venait de tracer la vérité immuable. Sa vertu n'était pas feinte, son couteau était aiguisé et toujours prêt à laver la souillure de mon amour! Je fus si effrayé du danger que j'avais couru de la voir expirer dans mes bras, si consterné de l'outrage que je lui avais fait en espérant vaincre sa résistance, que je cherchai tous les moyens extrêmes de réparer mes torts et de lui rendre le repos.

Le seul qui parût au-dessus de mes forces fut de m'éloigner ; car en même temps que le sentiment de l'estime et du respect se révélait à moi, mon amour, changeant pour ainsi dire de nature, grandissait dans mon âme et s'emparait de mon être tout entier. Edmée m'apparaissait sous un nouvel aspect. Ce n'était plus cette belle fille dont la présence jetait le désordre dans mes sens ; c'était un jeune homme de mon âge, beau comme un séraphin, fier, courageux, inflexible sur le point d'honneur, généreux, capable de cette amitié sublime qui faisait les frères d'armes, mais n'ayant d'amour passionné que pour la Divinité, comme ces paladins qui, à travers mille épreuves, marchaient à la Terre-Sainte sous une armure d'or.

Je sentis dès ce moment mon amour descendre des orages du cerveau dans les saines régions du cœur, et le dévouement ne me parut plus une énigme. Je résolus de faire dès le lendemain acte de soumission et de tendresse. Je rentrai fort tard, accablé de lassitude, mourant de faim, brisé d'émotions. J'entrai dans l'office, je pris un morceau de pain, et je le mangeai trempé de mes larmes. J'étais appuyé contre le poêle éteint, à la lueur mourante d'une lampe épuisée ; Edmée entra sans me voir, prit quelques cerises dans le bahut, et s'approcha lentement du poêle ; elle était pâle et absorbée. En me voyant, elle jeta un cri et laissa tomber ses cerises. « Edmée, lui dis-je, je vous supplie de n'avoir plus jamais peur de moi ; c'est tout ce que je puis vous dire, car je ne sais pas m'expliquer ; et pourtant j'avais résolu de vous dire bien des choses.

— Vous me direz cela une autre fois, mon bon cousin, » me répondit-elle en essayant de me sourire ; mais elle ne pouvait dissimuler la peur qu'elle éprouvait en se trouvant seule avec moi.

Je n'essayai pas de la retenir ; je ressentais vivement la douleur et l'humiliation de sa méfiance, et je n'avais pas le droit de m'en plaindre ; cependant jamais homme n'avait eu autant besoin d'être encouragé.

Au moment où elle quittait l'appartement, mon cœur se brisa, et je fondis en larmes, comme la veille à la fenêtre de la chapelle. Edmée s'arrêta sur le seuil, hésita un instant ; puis, entraînée par la bonté de son cœur et surmontant ses craintes, elle revint vers moi, et, s'arrêtant à quelques pas de ma chaise : « Bernard, vous êtes malheureux, me dit-elle ; est-ce donc ma faute ? »

Je ne pus répondre, j'étais honteux de mes larmes ; mais plus je faisais d'efforts pour les retenir, plus ma poitrine se gonflait de sanglots. Chez les êtres aussi physiquement forts que je l'étais, les pleurs sont des convulsions; les miens ressemblaient à une agonie.

« Voyons! dis donc ce que tu as! » s'écria Edmée avec la brusquerie de l'amitié fraternelle. Et elle osa poser sa main sur mon épaule. Elle me regardait d'un air d'impatience, et une grosse larme coulait sur sa joue. Je me jetai à genoux et j'essayai de lui parler, mais cela me fut encore impossible; je ne pus articuler que le mot *demain* à plusieurs reprises.

« Demain? quoi donc! demain? dit Edmée; est-ce que tu ne te plais pas ici, est-ce que tu veux t'en aller? — Je m'en irai si vous voulez, répondis-je; dites, voulez-vous ne me revoir jamais? — Je ne veux point de cela, reprit-elle; vous resterez ici, n'est-ce pas? — Commandez, » répondis-je.

Elle me regarda avec beaucoup de surprise; je restais à genoux; elle s'appuya sur le dos de ma chaise.

« Moi, je suis sûre que tu es très-bon, dit-elle, comme si elle eût répondu à une objection intérieure; un Mauprat ne peut rien être à demi, et du moment que tu as un bon quart d'heure, il est certain que tu dois avoir une noble vie. — Je l'aurai, répondis-je. — Vrai? dit-elle avec une joie naïve et bonne. — Sur mon honneur, Edmée, et sur le tien! Oses-tu me donner une poignée de main? — Certainement, » dit-elle. Elle me tendit la main; mais elle tremblait. « Vous avez donc pris de bonnes résolutions? me dit-elle. — J'en ai pris de telles que vous n'aurez jamais un reproche à me faire, répondis-je. Et maintenant retirez-vous dans votre chambre, Edmée, et ne tirez plus les verrous; vous n'avez plus rien à craindre de moi; je ne voudrai jamais que ce que vous voudrez. »

Elle attacha encore sur moi ses regards avec surprise, et, pressant ma main, elle s'éloigna, se retourna plusieurs fois pour me regarder encore, comme si elle n'eût pu croire à une si rapide conversion ; puis enfin, s'étant arrêtée sur la porte, elle me dit d'une voix affectueuse : « Il faut aller vous reposer aussi ; vous êtes fatigué, vous êtes triste et très-changé depuis deux jours. Si vous ne voulez pas m'affliger, vous vous soignerez, Bernard. »

Elle me fit un signe de tête amical et doux. Il y avait dans ses grands yeux, creusés déjà par la souffrance, une expression indéfinissable, où la méfiance et l'espoir, l'affection et la curiosité, se peignaient alternativement et parfois tous ensemble.

« Je me soignerai, je dormirai, je ne serai pas triste, répondis-je. — Et vous travaillerez ? — Et je travaillerai... Mais vous, Edmée, vous me pardonnerez tous les chagrins que je vous ai causés, et vous m'aimerez un peu. — Et je vous aimerai beaucoup, répondit-elle, si vous êtes toujours comme ce soir. »

Le lendemain, dès le point du jour, j'entrai dans la chambre de l'abbé ; il était déjà levé et lisait. « Monsieur Aubert, lui dis-je, vous m'avez proposé plusieurs fois de me donner des leçons ; je viens vous prier de mettre à exécution votre offre obligeante. »

J'avais passé une partie de la nuit à préparer cette phrase de début et le maintien que je voulais garder vis-à-vis de l'abbé. Sans le haïr au fond, car je sentais bien qu'il était bon et n'en voulait qu'à mes défauts, je me sentais beaucoup d'amertume contre lui. Je reconnaissais bien intérieurement que je méritais tout le mal qu'il avait dit de moi à Edmée ; mais il me semblait qu'il eût pu insister un peu plus sur ce *bon côté* dont il n'avait dit qu'un mot en passant, et qui n'avait pu échapper à un homme aussi sagace que lui. J'étais donc décidé à rester très-froid et très-fier à son égard. Pour cela, je pensais avec assez de logique que je devais montrer beaucoup de docilité tant que durerait la leçon, et qu'aussitôt après je devais le quitter avec un remerciment très-bref. En un mot, je voulais l'humilier dans son emploi de précepteur; car je n'ignorais pas qu'il tenait son existence de mon oncle, et qu'à moins de renoncer à cette existence ou de se montrer ingrat, il ne pouvait se refuser à faire mon éducation. En ceci je raisonnais très-bien, mais d'après un très-mauvais sentiment; et par la suite j'en eus tant de regret que je lui en fis une sorte de confession amicale, avec demande d'absolution.

Mais, pour ne pas anticiper sur les événements, je dirai que les premiers jours de ma conversion me vengèrent pleinement des préventions trop bien fondées, à beaucoup d'égards, de cet homme, qui eût mérité le nom de juste, octroyé par Prudence, si une habitude de méfiance n'eût gêné ses premiers mouvements. Les persécutions dont il avait été si longtemps l'objet, avaient développé en lui ce sentiment de crainte instinctive qu'il conserva toute sa vie, et qui rendit toujours sa confiance difficile, et d'autant plus flatteuse et plus touchante peut-être. J'ai remarqué ce caractère, par la suite, chez beaucoup de prêtres honnêtes. Ils ont généralement l'esprit de charité, mais non le sentiment de l'amitié.

Je voulais le faire souffrir, et j'y réussis. Le dépit m'inspirait; je me conduisis en véritable gentilhomme vis-à-vis de son subalterne. J'eus une excellente tenue, beaucoup d'attention, de politesse, et une roideur glacée. Je ne lui laissai aucune occasion de me faire rougir de mon ignorance; et pour cela je pris le parti d'aller au-devant de toutes ses observations, en m'accusant moi-même de ne rien savoir et en l'engageant à m'enseigner les choses à l'état le plus élémentaire. Quand j'eus pris ma première leçon, je vis dans ses yeux pénétrants, où j'étais arrivé à pénétrer moi-même, le désir de passer de cette froideur à une sorte d'intimité; mais je ne m'y prêtai nullement.

Il crut me désarmer en louant mon attention et mon intelligence. « Vous prenez trop de soin, monsieur l'abbé, lui répondis-je ; je n'ai pas besoin d'encouragement. Je ne crois nullement à mon intelligence, mais je suis sûr de mon attention ; et comme je ne rends service qu'à moi-même en m'appliquant de mon mieux à l'étude, il n'y a pas de raison pour que vous m'en fassiez compliment. » En parlant ainsi, je le saluai, et me retirai dans ma chambre, où je fis tout de suite le thème français qu'il m'avait donné.

Quand je descendis pour le déjeuner, je vis qu'Edmée était déjà informée de l'exécution de mes promesses de la veille. Elle me tendit sa main la première, et m'appela son bon cousin à plusieurs reprises durant le déjeuner, si bien que M. de La Marche, dont le visage n'exprimait jamais rien, exprima de la surprise ou quelque chose d'approchant. J'espérais qu'il chercherait l'occasion de me demander l'explication de mes grossières paroles de la veille, et, quoique je fusse déterminé à apporter beaucoup de modération à cet entretien, je me sentis très-blessé du soin qu'il prit de l'éviter. Cette indifférence à une injure venant de moi impliquait une sorte de mépris dont je souffris beaucoup ; mais la crainte de déplaire à Edmée me donna la force de me contenir.

Il est incroyable que la pensée de le supplanter ne fût pas un instant ébranlée par cet apprentissage humiliant qu'il me fallut faire avant d'arriver seulement à saisir les premières notions de toutes choses. Un autre que moi, pénétré comme je l'étais du repentir des maux qu'il avait causés, n'eût pas trouvé de manière plus certaine de les réparer qu'en s'éloignant et en rendant à Edmée sa parole, son indépendance, son repos absolu. Ce moyen fut le seul qui ne me vint pas ; ou, s'il me vint, il fut repoussé avec mépris, comme l'aveu d'une défection. L'obstination, alliée à la témérité, coulait dans mes veines avec le sang des Mauprat. A peine avais-je entrevu un moyen de conquérir celle que j'aimais que je l'avais embrassé avec audace, et je pense qu'il n'en eût pas été autrement lors même que ses confidences à l'abbé dans le parc m'eussent appris qu'elle avait de l'amour pour mon rival. Une pareille confiance de la part d'un homme qui prenait à dix-sept ans sa première leçon de grammaire française, et qui s'exagérait de beaucoup la longueur et la difficulté des études nécessaires pour être l'égal de M. de La Marche, accusait, vous l'avouerez, une certaine force morale.

Je ne sais si j'étais heureusement doué sous le rapport de l'intelligence. L'abbé l'assura; mais je pense que je ne dois faire honneur de mes progrès rapides qu'à mon courage. Il était tel qu'il me fit trop présumer de mes forces physiques. L'abbé m'avait dit qu'avec une forte volonté on pouvait à mon âge, en un mois, connaître parfaitement les règles de la langue. Au bout d'un mois je m'exprimais avec facilité et j'écrivais purement. Edmée avait une sorte de direction occulte sur mes études; elle voulut que l'on ne m'enseignât pas le latin, assurant qu'il était trop tard pour consacrer plusieurs années à une science de luxe, et que l'important était de former mon cœur et ma raison avec des idées, au lieu d'orner mon esprit avec des mots.

Le soir, elle prétextait le désir de relire quelque livre favori, et elle lisait haut, alternativement avec l'abbé, des passages de Condillac, de Fénelon, de Bernardin de Saint-Pierre, de Jean-Jacques, de Montaigne même et de Montesquieu. Ces passages étaient certainement choisis d'avance et appropriés à mes forces; je les comprenais assez bien, et je m'en étonnais en secret; car, si dans la journée j'ouvrais ces mêmes livres au hasard, il m'arrivait d'être arrêté à chaque ligne. Dans la superstition naturelle aux jeunes amours, je m'imaginais volontiers qu'en passant par la bouche d'Edmée les auteurs acquéraient une clarté magique, et que mon esprit s'ouvrait miraculeusement au son de sa voix. Du reste, Edmée ne me montrait pas ouvertement l'intérêt qu'elle prenait à m'instruire elle-même. Elle se trompait sans doute en pensant qu'elle devait me cacher sa sollicitude; j'en eusse été d'autant plus stimulé et ardent au travail. Mais en ceci elle était imbue de l'*Émile*, et mettait en pratique les idées systématiques de son cher philosophe.

Au reste, je ne m'épargnais guère, et, mon courage ne souffrant pas la prévoyance, je fus bientôt forcé de m'arrêter. Le changement d'air, de régime et d'habitudes, les veilles, l'absence d'exercices violents, la contention de l'esprit, en un mot l'effroyable révolution que mon être était forcé d'opérer sur lui-même pour passer de l'état d'homme des bois à celui d'homme intelligent, me causa une maladie de nerfs qui me rendit presque fou pendant quelques semaines, idiot ensuite durant quelques jours, et qui enfin se dissipa, me laissant tout rompu, tout anéanti à l'égard de mon existence passée, mais pétri pour mon existence future.

Une nuit, à l'époque de mes plus violentes crises, dans un moment lucide, je vis Edmée dans ma chambre. Je crus d'abord faire un songe. La veilleuse jetait une lueur vacillante; une forme pâle, immobile, était couchée dans une grande bergère. Je distinguais une longue tresse noire détachée et tombant sur une robe blanche. Je me soulevai, faible, pouvant à peine me mouvoir; j'essayai de sortir de mon lit. Aussitôt Patience m'apparut et m'arrêta doucement. Saint-Jean dormait dans un autre fauteuil. Toutes les nuits, deux hommes veillaient ainsi près de moi pour me tenir de force lorsque j'étais en proie aux fureurs du délire. Souvent c'était l'abbé, parfois le brave

Marcasse, qui, avant de quitter le Berry pour faire sa tournée annuelle dans les provinces voisines, était revenu faire une dernière chasse dans les greniers du château, et qui obligeamment relayait les serviteurs fatigués dans le pénible emploi de me garder.

N'ayant pas la conscience de mon mal, il était fort naturel que la présence inopinée du solitaire dans ma chambre me causât une grande surprise et jetât le désordre dans mes idées. J'avais eu de si violents accès ce soir-là qu'il ne me restait plus de force. Je me laissai donc aller à des divagations mélancoliques, et, prenant la main du bonhomme, je lui demandai si c'était bien le cadavre d'Edmée qu'il avait posé sur ce fauteuil auprès de moi. « C'est Edmée bien vivante, me répondit-il à voix basse ; mais elle dort, mon cher monsieur, ne la réveillons pas. Si vous avez désir de quelque chose, je suis ici pour vous soigner, et c'est de bon cœur, oui-da ! —Mon bon Patience, tu me trompes, lui dis-je ; elle est morte, et moi aussi, et tu viens pour nous ensevelir. Il faut nous mettre dans le même cercueil, entends-tu ? car nous sommes fiancés. Où est son anneau ? Prends-le et mets-le à mon doigt ; la nuit des noces est venue. »

Il voulut en vain combattre cette hallucination ; je persistai à croire qu'Edmée était morte, et je déclarai que je ne m'endormirais pas dans mon linceul tant que je n'aurais pas l'anneau de ma femme. Edmée, qui avait passé plusieurs nuits à me veiller, était si accablée qu'elle ne m'entendait pas. D'ailleurs, je parlais bas, comme Patience, par un instinct d'imitation qui ne se rencontre que chez les enfants ou chez les idiots. Je m'obstinai dans ma fantaisie, et Patience, qui craignait qu'elle ne se changeât en fureur, alla doucement prendre une bague de cornaline qu'Edmée avait au doigt et la passa au mien. Aussitôt que je l'eus je la portai à mes lèvres, puis je croisai mes mains sur ma poitrine dans l'attitude qu'on donne aux cadavres dans le cercueil, et je m'endormis profondément.

Le lendemain, quand on voulut me reprendre la bague, j'entrai en fureur, et on y renonça. Je m'endormis de nouveau, et l'abbé me l'ôta pendant mon sommeil. Mais quand j'ouvris les yeux je m'aperçus du rapt et je recommençai à divaguer. Aussitôt Edmée, qui était dans la chambre, accourut à moi et me passa l'anneau au doigt en adressant quelques reproches à l'abbé. Je me calmai sur-le-champ et dis en levant sur elle des yeux éteints : « N'est-ce pas que tu es ma femme après ta mort comme pendant ta vie ? — Certainement, me dit-elle ; dors en paix. — L'éternité est longue, lui dis-je, et je voudrais l'occuper du souvenir de tes caresses. Mais j'ai beau chercher, je ne retrouve pas la mémoire de ton amour. »

Elle se pencha sur moi et me donna un baiser. « Vous avez tort, Edmée, dit l'abbé ; de tels remèdes se changent en poison. — Laissez-moi, l'abbé, lui répondit-elle avec impatience en s'asseyant près de mon lit ; laissez-moi, je vous en prie. »

Je m'endormis une main dans les siennes, et lui répétant par intervalles : « On est bien dans la tombe ; on est heureux d'être mort, n'est-ce pas ? »

Durant ma convalescence Edmée fut beaucoup moins expansive, mais tout aussi assidue. Je lui racontai mes rêves, et j'appris d'elle ce qu'il y avait de réel parmi mes souvenirs ; sans cette confirmation j'aurais toujours cru que j'avais tout rêvé. Je la suppliai de me laisser la bague, et elle y consentit. J'aurais dû ajouter, pour reconnaître tant de bontés, que je gardais cet anneau comme un gage d'amitié et non comme un anneau de fiançailles ; mais l'idée d'une telle abnégation était au-dessus de mes forces.

Un jour je demandai des nouvelles de M. de La Marche. Ce fut seulement à Patience que j'osai adresser cette question. « Parti, répondit-il. — Comment? parti! repris-je; pour longtemps? — Pour toujours, s'il plaît à Dieu! Je n'en sais rien, je ne fais pas de questions; mais j'étais dans le jardin par hasard quand il a fait ses adieux, et tout cela était froid comme une nuit de décembre. On s'est pourtant dit de part et d'autre *à revoir;* mais, quoique Edmée eût l'air bon et franc qu'elle a toujours, l'autre avait la figure d'un fermier qui voit venir la gelée en avril. Mauprat, Mauprat, on dit que vous êtes devenu *grand étudiant* et *grand bon sujet.* Souvenez-vous de ce que je vous ai dit : Quand vous serez vieux, il n'y aura peut-être plus de titres ni de seigneuries. Peut-être qu'on vous appellera le père Mauprat, comme on m'appelle le père Patience, bien que je n'aie jamais été ni moine ni père de famille. — Eh bien! où veux-tu en venir? — Souvenez-vous de ce que je vous ai dit, répéta-t-il; il y a bien des manières d'être sorcier, et on peut connaître l'avenir sans s'être donné au diable; moi, je donne ma voix à votre mariage avec la cousine. Continuez à vous bien conduire. Vous voilà savant; on dit que vous lisez couramment dans le premier livre venu. Qu'est-ce qu'il faut de plus? il y a ici tant de livres que la sueur me coule du front rien qu'à les voir; il me semble que je recommence *à ne pouvoir pas apprendre à lire.* Vous voilà bientôt guéri. Si M. Hubert voulait m'en croire, on ferait la noce à la Saint-Martin. — Tais-toi, Patience, lui dis-je, tu me fais de la peine; ma cousine ne m'aime pas. — Je vous dis que si, moi; vous mentez par la gorge! comme disent les nobles. Je sais comme elle vous a soigné, et Marcasse, étant sur le toit, l'a vue à travers sa fenêtre, qui était à genoux au milieu de sa chambre à cinq heures du matin, le jour que vous étiez si mal. »

Les imprudentes assertions de Patience, les tendres soins d'Edmée, le départ de M. de La Marche, et, plus que tout le reste, la faiblesse de mon cerveau, furent cause que je me persuadai ce que je désirais; mais, à mesure que je repris mes forces, Edmée rentra dans les bornes de l'amitié tranquille et prudente. Jamais personne ne recouvra la santé avec moins de plaisir que moi; car chaque jour rendait les visites d'Edmée plus courtes, et quand je pus sortir de ma chambre je n'eus plus que quelques heures par jour à passer près d'elle, comme avant ma maladie. Elle avait eu l'art merveilleux de me témoigner la plus tendre affection sans jamais se laisser amener à une explication nouvelle sur nos mystérieuses fiançailles. Si je n'avais pas encore la grandeur d'âme de renoncer à mes droits, du moins j'avais acquis assez d'honneur pour ne plus les rappeler, et je me retrouvai précisément dans les mêmes termes avec elle qu'au moment où j'étais tombé malade. M. de La Marche était à Paris; mais, selon elle, il y avait été appelé par les devoirs de sa charge, et il devait revenir à la fin de l'hiver où nous entrions. Rien dans les discours du chevalier ou de l'abbé ne témoignait qu'il y eût rupture entre les fiancés. On parlait rarement du lieutenant-général, mais on en parlait naturellement et sans répugnance; je retombai dans mes incertitudes, et n'y trouvai d'autre remède que de ressaisir l'empire de ma volonté. « Je la forcerai à me préférer », me disais-je en levant les yeux de dessus mon livre et en regardant les grands yeux impénétrables d'Edmée attachés avec calme sur les lettres de M. de La Marche, que son père recevait de temps en temps, et qu'il lui remettait après les avoir lues. Je me replongeai dans l'étude. Je souffris longtemps d'atroces douleurs à la tête, mais je les surmontai avec stoïcisme; Edmée reprit le cours d'études qu'elle faisait pour moi indirectement durant les soirs d'hiver. J'étonnai de nouveau l'abbé par mon aptitude et la rapidité de mes triomphes. Les soins qu'il avait eus de moi dans ma maladie m'avaient désarmé, et quoique je ne pusse encore l'aimer cordialement, sachant bien qu'il ne me servait pas auprès de ma cousine, je lui témoignai beaucoup plus de confiance et d'égards que par le passé. Ses longs entretiens me furent aussi utiles que mes lectures ; on m'associa aux promenades du parc et aux visites philosophiques à la cabane couverte de neige de Patience. Ce fut un moyen de voir Edmée plus souvent et plus longtemps. Ma conduite fut telle que toute sa méfiance se dissipa et qu'elle ne craignit plus de se trouver seule avec moi. Mais je n'eus guère l'occasion de prouver là mon héroïsme ; car l'abbé, dont rien ne pouvait endormir la prudence, était toujours sur nos talons. Je ne souffrais plus de cette surveillance ; au contraire, elle me satisfaisait ; car, malgré toutes mes résolutions, l'orage bouleversait mes sens dans le mystère, et une fois ou deux, m'étant trouvé en tête-à-tête avec Edmée, je la quittai brusquement et la laissai seule pour lui cacher mon trouble.

Notre vie était donc tranquille et douce en apparence, et pendant quelque temps elle le fut en effet ; mais bientôt je la troublai plus que jamais par un vice que l'éducation développa en moi, et qui jusque-là était resté enfoui sous des vices plus choquants, mais moins funestes ; ce vice, qui fit le désespoir de mes nouvelles années, fut la vanité.

Malgré leurs systèmes, l'abbé et ma cousine commirent la faute de me savoir trop de gré de mes progrès. Ils s'étaient si peu attendus à ma persévérance, qu'ils en firent tout l'honneur à mes hautes facultés. Peut-être aussi y eut-il de leur part un peu de triomphe personnel à voir avec exagération le succès de leurs idées philosophiques appliquées à mon développement. Ce qu'il y a de certain, c'est que je me laissai facilement persuader que j'avais une haute intelligence et que j'étais un homme très-au-dessus du commun. Bientôt mes chers instituteurs recueillirent le triste fruit de leur imprudence, et déjà il était trop tard pour arrêter l'essor de cet amour démesuré de moi-même.

Peut-être aussi cette passion funeste, comprimée par les mauvais traitements que j'avais subis dans mon enfance, ne fit-elle que se réveiller. Il est à croire que nous portons en nous, dès nos premiers ans, le germe des vertus et des vices que l'action de la vie extérieure féconde avec le temps. Quant à moi, je n'avais pas encore trouvé d'aliment à ma vanité; car de quoi aurais-je pu me pavaner dans les premiers jours que je passai auprès d'Edmée? Mais dès que cet aliment fut trouvé, la vanité souffrante se leva dans son triomphe, et m'inspira autant de présomption qu'elle m'avait suggéré de mauvaise honte et de farouche retenue. J'étais en outre aussi charmé de pouvoir enfin communiquer facilement ma pensée que le jeune faucon qui sort du nid et essaie ses ailes nouvellement poussées. Je devins donc aussi bavard que j'avais été silencieux. On se plut trop à mon babil. Je n'eus pas le bon sens de voir qu'on l'écoutait comme celui d'un enfant gâté; je me crus un homme, et, qui plus est, un homme remarquable. Je devins outrecuidant et souverainement ridicule.

Mon oncle le chevalier, qui ne s'était point mêlé de mon éducation, et qui avait seulement souri avec une bonté paternelle à mes premiers pas dans la carrière, fut le premier aussi qui s'aperçut de la fausse voie où je m'engageais. Il trouva déplacé que j'élevasse le ton aussi haut que lui, et en fit la remarque à sa fille. Elle m'avertit avec douceur, et me dit, pour me faire supporter ses remontrances, que j'avais raison dans la discussion, mais que son père n'était pas d'âge à être converti aux idées nouvelles, et que je devais à sa dignité patriarcale le sacrifice de mes assertions enthousiastes. Je promis de ne plus recommencer, mais je ne tins pas parole.

Le fait est que le chevalier était imbu de beaucoup de préjugés. Il avait reçu une très-bonne éducation pour son temps et pour un noble campagnard ; mais le siècle avait marché plus vite que lui. Edmée, ardente et romanesque ; l'abbé, sentimental et systématique, avaient marché plus vite encore que le siècle ; et si l'immense désaccord qui se trouvait entre eux et le patriarche ne se faisait guère sentir, c'était grâce au respect qu'il inspirait à juste titre et à la tendresse qu'il avait pour sa fille. Je me jetai à plein collier, comme vous pouvez croire, dans les idées d'Edmée ; mais je n'eus pas, comme elle, la délicatesse de me taire à point. La violence de mon caractère trouvant une issue dans la politique et dans la philosophie, je goûtais un plaisir indicible à ces orageuses disputes qui préludaient alors en France, dans toutes les réunions et jusque dans le sein des familles, aux tempêtes révolutionnaires. Je pense qu'il n'était pas une maison, palais ou cabane, qui ne nourrît alors son orateur, âpre, bouillant, absolu, et prêt à descendre dans la lice parlementaire. J'étais donc l'orateur du château de Sainte-Sévère, et mon bon oncle, habitué à une apparence d'autorité qui l'empêchait de voir la révolte réelle des esprits, ne put souffrir une contradiction aussi ingénue que la mienne. Il était fier et bouillant, et de plus il avait une difficulté à s'exprimer qui augmentait son impatience naturelle, et qui lui donnait de l'humeur contre les autres, à force de lui en donner contre lui-même. Il frappait du pied sur les bûches enflammées de son foyer. Il mettait en pièces ses verres de lunettes, il répandait son tabac à grands flots sur le parquet, et faisait retentir des éclats de sa voix sonore les hauts plafonds de son manoir. Tout cela me divertissait cruellement; car d'un mot tout fraîchement épelé dans mes livres, je renversais le fragile échafaudage des idées de toute sa vie. C'était une grande sottise et un fort sot orgueil de ma part; mais ce besoin de lutte, ce plaisir de déployer intellectuellement l'énergie qui manquait à ma vie physique, m'emportaient sans cesse. En vain Edmée toussait pour m'avertir de me taire, et s'efforçait, pour sauver l'amour-propre de son père, de trouver, contre sa propre conscience, quelque raison en sa faveur; la tiédeur de son assistance et l'espèce de concession qu'elle semblait me commander irritaient de plus en plus mon adversaire. « Laissez-le donc dire, s'écriait-il, Edmée, ne vous mêlez pas de cela, je veux le battre sur tous les points. Si vous nous interrompez toujours, je ne pourrai jamais lui prouver son absurdité. » Et alors la bourrasque soufflait en crescendo de part et d'autre, jusqu'à ce que le chevalier, profondément blessé, sortît de l'appartement et allât passer sa mauvaise humeur sur son piqueur ou sur ses chiens de chasse.

Ce qui contribuait à ramener ces querelles déplacées et à nourrir mon obstination ridicule, c'était la bonté extrême et le rapide retour de mon oncle. Au bout d'une heure, il ne se souvenait plus de mes torts ni de sa contrariété; il me parlait comme de coutume, et s'enquérait de tous mes désirs et de tous mes besoins avec cette inquiétude paternelle qui le tenait toujours en haleine de générosité. Cet homme incomparable n'eût pas dormi tranquille, s'il n'eût, avant de se coucher, embrassé tous les siens, et s'il n'eût réparé, par une parole ou un regard bienveillant, les vivacités dont le dernier de ses valets avait eu à souffrir dans la journée. Cette bonté eût dû me désarmer et me fermer la bouche à jamais; j'en faisais le serment chaque soir, mais chaque matin je retournais, comme dit l'Écriture, à *mon vomissement*.

Edmée souffrait chaque jour davantage du caractère qui se développait en moi, et elle chercha le moyen de m'en corriger. S'il n'y eut jamais de fiancée plus forte et plus réservée, jamais il n'y eut de mère plus tendre qu'elle. Après beaucoup de conférences avec l'abbé, elle résolut de décider son père à rompre un peu l'habitude de notre vie et à transporter notre établissement à Paris pendant les dernières semaines du carnaval. Le séjour de la campagne, le grand isolement où la position de Sainte-Sévère et le mauvais état des chemins nous laissaient depuis l'hiver, l'uniformité des habitudes, tout contribuait à entretenir notre fastidieux ergotage : mon caractère s'y corrompait de plus en plus ; mon oncle y prenait encore plus de plaisir que moi, mais sa santé en souffrait, et ces puériles émotions journalières hâtaient sa caducité. L'ennui avait gagné l'abbé ; Edmée était triste, soit par suite de notre genre de vie, soit par suite de causes cachées. Elle désira partir, et nous partîmes ; car son père, inquiet de sa mélancolie, n'avait d'autre volonté que la sienne. Je tressaillais de joie à l'idée de connaître Paris ; et tandis qu'Edmée se flattait de voir le commerce du monde adoucir les aspérités de mon pédantisme, je me rêvais une attitude de conquérant dans ce monde décrit avec tant de dénigrement par nos philosophes. Nous nous mîmes en route par une belle matinée de mars, le chevalier avec sa fille et mademoiselle Leblanc dans une chaise de poste ; moi dans une autre avec l'abbé, qui dissimulait mal sa joie de voir la capitale pour la première fois de sa vie, et mon valet de chambre Saint-Jean, qui faisait de profonds saluts à tous les passants pour ne pas perdre ses habitudes de politesse.

XII.

Le vieux Bernard, fatigué d'avoir tant parlé, nous avait remis au lendemain. Sommé par nous, à l'heure dite, de tenir sa parole, il reprit son récit en ces termes :

Cette époque marqua dans ma vie une nouvelle phase. A Sainte-Sévère, j'avais été absorbé par mon amour et mes études. J'avais concentré sur ces deux points toute mon énergie. A peine arrivé à Paris, un épais rideau se leva devant mes yeux, et, pendant plusieurs jours, à force de ne rien comprendre, je ne me sentis étonné de rien. J'attribuais à tous les acteurs qui paraissaient sur la scène une supériorité très-exagérée; mais je ne m'exagérais pas moins la facilité que j'aurais bientôt à égaler cette puissance idéale. Mon naturel entreprenant et présomptueux voyait partout un défi et nulle part un obstacle.

Logé à un étage séparé dans la maison qu'occupaient mon oncle et ma cousine, je passai désormais la plus grande partie de mon temps auprès de l'abbé. Je ne fus point étourdi des avantages matériels de ma position; mais, en voyant beaucoup de positions équivoques ou pénibles, je commençai à sentir le bien-être de la mienne. Je compris l'excellent caractère de mon gouverneur, et le respect de mon laquais ne me sembla plus incommode. Avec la liberté dont je jouissais, l'argent qui m'était fourni à discrétion et la vigueur athlétique de ma jeunesse, il est étonnant que je ne sois pas tombé dans quelque désordre, ne fût-ce que dans celui du jeu, qui n'allait pas mal à mes instincts de *combativité*. Ce fut mon ignorance de toutes choses qui me préserva; elle me donnait une méfiance excessive, et l'abbé, qui était très-pénétrant et qui se sentait responsable de mes actions, sut habilement exploiter ma sauvagerie dédaigneuse. Il l'augmenta à l'égard des choses qui m'eussent été nuisibles, et la dissipa dans le cas contraire. Puis il sut accumuler autour de moi les distractions honnêtes, qui ne remplacent pas les joies de l'amour, mais qui diminuent l'âcreté de ses blessures. Quant aux tentations de la débauche, je ne les connus point. J'avais trop d'orgueil pour désirer une femme qui ne m'eût pas semblé, comme Edmée, la première de toutes.

L'heure du dîner nous réunissait, et le soir nous allions dans le monde. En peu de jours j'en appris plus, à examiner d'un coin de l'appartement ce qui se faisait là, que je ne l'aurais fait en un an de conjectures et de recherches. Je crois que je n'aurais jamais rien compris à la société, vue d'une certaine distance. Rien n'établissait des rapports bien nets entre mon cerveau et ce qui occupait le cerveau des autres hommes. Dès que je me trouvai au milieu de ce chaos, le chaos fut forcé de se débrouiller devant moi et de me laisser connaître une grande partie de ses éléments. Cette route qui me menait à la vie ne fut pas sans charme, je m'en souviens, à son point de départ. Je n'avais rien à demander, à désirer ou à débattre dans les intérêts sociaux; la fortune m'avait pris par la main. Un beau matin, elle m'avait tiré d'un abîme pour m'asseoir sur l'édredon et pour me faire enfant de famille. Les agitations des autres étaient un amusement pour mes yeux. Mon cœur n'était intéressé à l'avenir que par un point mystérieux, l'amour que j'éprouvais pour Edmée.

La maladie, loin de diminuer ma force physique, l'avait retrempée. Je n'étais plus cet animal lourd et dormeur que la digestion fatiguait, que la fatigue abrutissait. Je sentais la vibration de toutes mes fibres élever dans mon âme des accords inconnus, et je m'étonnais de découvrir en moi des facultés dont pendant si longtemps je n'avais pas soupçonné l'usage. Mes bons parents s'en réjouissaient sans en paraître surpris. Ils avaient si complaisamment auguré de moi dès le principe, qu'ils semblaient n'avoir pas fait d'autre métier toute leur vie que de civiliser des barbares.

Le système nerveux qui venait de se développer en moi, et qui me fit payer pendant tout le reste de ma vie, par de vives et fréquentes souffrances, les jouissances et les avantages qu'il me procura, m'avait rendu surtout impressionnable; et cette aptitude à ressentir l'effet des choses extérieures était aidée d'une puissance d'organes qu'on ne trouve que chez les animaux ou chez les sauvages. Je m'étonnais de l'étiolement des facultés chez les autres. Ces hommes en lunettes, ces femmes dont l'odorat était émoussé par le tabac, ces précoces vieillards, sourds et goutteux avant l'âge, me faisaient peine. Le monde me représentait un hôpital, et, quand je me trouvais avec mon organisation robuste au milieu de ces infirmes, il me semblait que d'un souffle je les aurais lancés dans les airs comme des graines de chardon.

Cela me donna le tort et le malheur de m'abandonner à un genre d'orgueil assez sot, qui est de se prévaloir des dons de la nature. Cela me porta à négliger longtemps leur perfectionnement véritable, comme un progrès de luxe. La préoccupation où je fus bientôt de la nullité d'autrui m'empêcha moi-même de m'élever au-dessus de ceux que je croyais désormais m'être inférieurs. Je ne voyais pas que la société est faite d'éléments de peu de valeur, mais que leur arrangement est si savant et si solide qu'avant d'y mettre la moindre pièce il faut être reçu praticien. Je ne savais pas qu'il n'y a pas de milieu dans cette société entre le rôle de grand artiste et celui de bon ouvrier. Or, je n'étais ni l'un ni l'autre, et, s'il faut dire vrai, toutes mes idées n'ont jamais abouti à m'affranchir de la routine, toute ma force ne m'a servi qu'à réussir à grand'peine à faire comme les autres.

Ainsi, en peu de semaines, je passai d'un excès d'admiration à un excès de dédain pour la société. Dès que j'eus saisi le sens de ses ressorts, ils me parurent si misérablement poussés par une génération débile que l'attente de mes maîtres fut déçue sans qu'ils s'en doutassent. Au lieu de me sentir dominé et de chercher à m'effacer dans la foule, je m'imaginai que je pourrais la dominer quand je voudrais, et je m'entretins secrètement dans des rêves dont le souvenir me fait rougir. Si je ne me rendis pas souverainement ridicule, c'est grâce à l'excès même de cette vanité, qui eût craint de se commettre en se manifestant.

Paris offrait alors un spectacle que je n'essaierai pas de vous retracer, parce que vous l'avez sans doute étudié maintes fois avec avidité dans les excellents tableaux qu'en ont tracés des témoins oculaires, sous forme d'histoire générale ou de mémoires particuliers. D'ailleurs une telle peinture sortirait des bornes de mon récit, et j'ai promis seulement de vous raconter le fait capital de mon histoire morale et philosophique. Pour que vous vous fassiez une idée du travail de mon esprit à cette époque, il suffira de vous dire que la guerre de l'indépendance éclatait en Amérique, que Voltaire recevait son apothéose à Paris, et que Franklin, prophète d'un religion politique nouvelle, apportait au sein même de la cour de France la semence de la liberté. La Fayette préparait secrètement sa romanesque expédition, et la plupart des jeunes patriciens étaient entraînés par la mode, par la nouveauté et par le plaisir inhérent à toute opposition qui n'est pas dangereuse.

L'opposition revêtait des formes plus graves et faisait un travail plus sérieux chez les vieux nobles et parmi les membres des parlements; l'esprit de la ligue se retrouvait dans les rangs de ces antiques patriciens et de ces fiers magistrats, qui d'une épaule soutenaient encore pour la forme la monarchie chancelante, et de l'autre prêtaient un large appui aux envahissements de la philosophie. Les privilégiés de la société donnaient ardemment les mains à la ruine prochaine de leurs priviléges, par mécontentement de ce que les rois les avaient restreints. Ils élevaient leurs fils dans des principes constitutionnels, s'imaginant qu'ils allaient fonder une monarchie nouvelle où le peuple les aiderait à se replacer plus haut que le trône; et c'est pour cela que les plus grandes admirations pour Voltaire et les plus ardentes sympathies pour Franklin furent exprimées dans les salons les plus illustres de Paris.

Une marche si insolite, et, il faut le dire, si peu naturelle de l'esprit humain, avait donné une impulsion toute nouvelle, une sorte de vivacité querelleuse aux relations froides et guindées des vestiges de la cour de Louis XIV. Elle avait aussi mêlé des formes sérieuses et donné une apparence de fond aux frivoles manières de la régence. La vie pure, mais effacée, de Louis XVI ne comptait pas et n'imposait rien à personne; jamais on ne vit tant de grave babil, tant de maximes creuses, tant de sagesse d'apparat, tant d'inconséquences entre les paroles et la conduite, qu'il s'en débita à cette époque parmi les castes soi-disant éclairées.

Il était nécessaire de vous rappeler ceci pour vous faire comprendre l'admiration que j'eus d'abord pour un monde en apparence si désintéressé, si courageux, si ardent à la poursuite de la vérité; le dégoût que je ressentis bientôt pour tant d'affectation et de légèreté, pour un tel abus des mots les plus sacrés et des convictions les plus saintes. J'étais de bonne foi pour ma part, et j'appuyais ma ferveur philosophique, ce sentiment de la liberté nouvellement révélé qu'on appelait alors *le culte de la raison*, sur les bases d'une inflexible logique. J'étais jeune et bien constitué, condition première peut-être de la santé du cerveau ; mes études n'étaient pas étendues, mais elles étaient solides ; on m'avait servi des aliments sains et d'une digestion facile. Le peu que je savais me servait donc à voir que les autres ne savaient rien ou qu'ils mentaient à eux-mêmes.

Il ne vint pas beaucoup de monde dans les commencements chez le chevalier. Ami d'enfance de M. Turgot et de plusieurs hommes distingués, il ne s'était point mêlé à la jeunesse dorée de son temps, il avait vécu sagement à la campagne après s'être loyalement conduit à la guerre. Sa société se composait donc de quelques graves hommes de robe, de plusieurs vieux militaires, et de quelques seigneurs de sa province, vieux et jeunes, à qui une fortune honnête permettait, comme à lui, de venir passer à Paris un hiver sur deux ; mais il avait conservé de lointaines relations avec un monde plus brillant, où la beauté et les excellentes manières d'Edmée furent remarquées dès qu'elle y parut. Fille unique, convenablement riche, elle fut recherchée par les importantes maîtresses de maison, espèce d'entremetteuses de haut lieu qui ont toujours quelques jeunes protégés endettés à établir aux dépens d'une famille de province. Puis, quand on sut qu'elle était fiancée à M. de La Marche, rejeton à peu près ruiné d'une très-illustre famille, on lui fit encore plus d'accueil, et peu à peu le petit salon qu'elle avait choisi pour les vieux amis de son père devint trop étroit pour les beaux esprits de qualité et de profession et les grandes dames à idées philosophiques, qui voulurent connaître la *jeune quakresse* ou *la Rose du Berry* (ce furent les noms qu'une femme à la mode lui donna).

Ce rapide succès d'Edmée, dans un monde auquel jus-

que-là elle avait été inconnue, ne l'étourdit nullement;
et l'empire qu'elle possédait sur elle-même était si grand
que jamais, malgré toute l'inquiétude avec laquelle j'épiais
ses moindres mouvements, je ne pus savoir si elle était
flattée de produire tant d'effet. Ce que je pus remarquer,
ce fut l'admirable bon sens qui présidait à toutes ses démarches et à toutes ses paroles. Son attitude à la fois
naïve et réservée, un certain mélange d'abandon et de
fierté modeste, la faisaient briller parmi les femmes les
plus admirées et les plus habituées à capter l'attention;
et c'est ici le lieu de dire que je fus extrêmement choqué,
tout d'abord, du ton et de la tenue de ces femmes si
vantées; elles me semblaient ridicules dans leurs grâces
étudiées, et leur grande habitude du monde me faisait
l'effet d'une insupportable effronterie. Moi, si hardi intérieurement et naguère si grossier dans mes manières, je
me sentais mal à l'aise et décontenancé auprès d'elles; et
il me fallait tous les reproches et toutes les remontrances
d'Edmée pour ne pas me livrer à un profond mépris pour
cette courtisanerie des regards, de la toilette et des agaceries, qui s'appelait dans le monde la coquetterie *permise*, le *désir charmant* de plaire, l'amabilité, la grâce.
L'abbé était de mon avis. Quand le salon était vide, nous
restions quelques instants en famille au coin du feu avant
de nous séparer. C'est le moment où l'on sent le besoin
de résumer ses impressions éparses et de les communiquer à des êtres sympathiques. L'abbé rompait donc les
mêmes lances que moi contre mon oncle et ma cousine.
Le chevalier, galant admirateur du beau sexe, qu'il n'avait
jamais beaucoup pratiqué, prenait, en vrai chevalier français, la défense de toutes les beautés que nous attaquions
impitoyablement. Il accusait, en riant, l'abbé de raisonner,
à l'égard des femmes, comme le renard de la fable à l'égard
des raisins. Moi, je renchérissais sur les critiques de

l'abbé; c'était une manière de dire avec chaleur à Edmée combien je la préférais à toutes les autres; mais elle en paraissait plus scandalisée que flattée, et me reprochait sérieusement cette disposition à la malveillance, qui prenait sa source, disait-elle, dans un immense orgueil.

Il est vrai qu'après avoir généreusement embrassé la défense des personnes mises en cause, elle se rangeait à notre opinion dès que, Rousseau en main, nous lui disions que les femmes du monde avaient à Paris un air *cavalier* et une manière de regarder un homme en face qui n'est pas tolérable aux yeux d'un sage. Edmée ne savait rien objecter quand Rousseau avait prononcé; elle aimait à reconnaître avec lui que le plus grand charme d'une femme est dans l'attention intelligente et modeste qu'elle donne aux discours graves; et je lui citais toujours la comparaison de la femme supérieure avec un bel enfant aux grands yeux pleins de sentiment, de douceur et de finesse, aux questions timides, aux objections pleines de sens, afin qu'elle se reconnût dans ce portrait, qui semblait avoir été tracé d'après elle. Je renchérissais sur le texte, et, continuant le portrait : « Une femme vraiment supérieure, lui disais-je en la regardant avec ardeur, est celle qui en sait assez pour ne jamais faire une question ridicule ou déplacée, et pour ne jamais tenir tête à des gens de mérite; cette femme sait se taire, surtout avec les sots qu'elle pourrait railler et les ignorants qu'elle pourrait humilier; elle est indulgente aux absurdités parce qu'elle ne tient pas à montrer son savoir, et elle est attentive aux bonnes choses parce qu'elle désire s'instruire. Son grand désir, c'est de comprendre et non d'enseigner; son grand art (puisqu'il est reconnu qu'il faut de l'art dans l'échange des paroles) n'est pas de mettre en présence deux fiers antagonistes, pressés d'étaler leur science et d'amuser la compagnie en soutenant chacun une thèse dont personne ne désire trouver la solution, mais d'éclaircir toute discussion utile en y faisant intervenir tous ceux qui peuvent à point y jeter du jour. C'est un talent que je ne vois point chez ces maîtresses de maison si prônées. Chez elles je vois toujours deux avocats en vogue et un auditoire ébahi, où personne n'est juge; elles ont l'art de rendre le génie ridicule, le vulgaire muet et inerte ; et l'on sort de là en disant : « C'est bien parlé, et rien de plus. »

Je pense bien que j'avais raison ; mais je me souviens aussi que ma grande colère contre ces femmes venait de ce qu'elles ne faisaient aucune attention aux gens qui se croyaient du mérite et qui n'avaient pas de célébrité ; et ces gens-là, c'était moi, comme vous pouvez bien l'imaginer. D'un autre côté, et maintenant que j'y songe sans prévention et sans vanité blessée, je suis certain que ces femmes avaient un système d'adulation pour les favoris du public, qui ressemblait beaucoup plus à une puérile vanité qu'à une sincère admiration ou à une franche sympathie. Elles étaient comme une sorte d'éditeurs de la conversation, écoutant de toutes leurs oreilles, et faisant impérieusement signe à l'auditoire d'écouter religieusement toute niaiserie sortant d'une bouche illustre, tandis qu'elles étouffaient un bâillement et faisaient claquer les branches de leur éventail à toute parole, si excellente qu'elle fût, dès qu'elle n'était pas signée d'un nom en vogue. J'ignore les airs des femmes beaux-esprits du dix-neuvième siècle; j'ignore même si cette race subsiste encore : il y a trente ans que je n'ai été dans le monde ; mais, quant au passé, vous pouvez croire ce que je vous en dis. Il y en avait cinq ou six qui m'étaient réellement odieuses. L'une avait de l'esprit, et dépensait à tort et à travers ses bons mots, qui étaient aussitôt colportés dans tous les salons, et qu'il me fallait entendre répéter vingt fois dans un jour; une autre avait lu Montesquieu et faisait la leçon aux plus vieux magistrats; une troisième jouait de la harpe pitoyablement, mais il était convenu que ses bras étaient les plus beaux de France; et il fallait supporter l'aigre grincement de ses ongles sur les cordes, afin qu'elle pût ôter ses gants d'un air timide et enfantin. Que sais-je des autres? Elles rivalisaient d'affectation et de niaises hypocrisies dont tous les hommes consentaient puérilement à paraître dupes. Une seule était vraiment belle, ne disait rien, et plaisait par la nonchalance de ses attitudes. Celle-là eût trouvé grâce devant moi, parce qu'elle était ignorante; mais elle en faisait gloire, afin de contraster avec les autres par une piquante ingénuité. Un jour je découvris qu'elle avait de l'esprit, et je la pris en aversion.

Edmée restait seule dans toute sa fraîcheur de sincérité, dans tout l'éclat de sa grâce naturelle. Assise sur un sofa auprès de M. de Malesherbes, elle était la même personne que j'avais contemplée tant de fois au soleil couchant, sur le banc de pierre au seuil de la chaumière de Patience.

XIII.

Vous pensez bien que les hommages dont ma cousine était entourée rallumèrent dans mon sein la jalousie assoupie. Depuis qu'obéissant à son ordre je m'étais livré à l'étude, je ne saurais trop vous dire si j'osais compter sur la promesse qu'elle m'avait faite d'être ma femme lorsque je serais en état de comprendre ses idées et ses sentiments. Il me semblait bien que ce temps était venu; car il est certain que je comprenais Edmée, mieux peut-être qu'aucun des hommes qui lui faisaient la cour en prose et en vers. J'étais bien résolu à ne me plus prévaloir du serment arraché à la Roche-Mauprat; mais la dernière promesse faite librement à la fenêtre de la chapelle, et la conclusion que je pouvais tirer de l'entretien avec l'abbé, surpris par moi dans le parc de Sainte-Sévère ; mais l'insistance qu'elle avait mise à m'empêcher de m'éloigner d'elle et à diriger mon éducation ; mais les soins maternels qu'elle m'avait prodigués durant ma maladie, tout cela ne me donnait-il pas, sinon des droits, du moins des motifs d'espérance ? Il est vrai que son amitié était glaciale dès que ma passion se trahissait dans mes paroles ou dans mes regards ; il est vrai que, depuis le premier jour, je n'avais pas fait un pas de plus dans son intimité ; il est vrai aussi que M. de La Marche venait souvent dans la maison, et qu'elle lui témoignait toujours la même amitié qu'à moi, avec moins de familiarité et plus d'égards, nuance que la différence de nos caractères et de nos âges amenait naturellement, et qui ne prouvait aucune préférence pour l'un ou pour l'autre. Je pouvais donc attribuer sa promesse à un arrêt de sa conscience ; l'intérêt qu'elle prenait à m'instruire, au culte qu'elle rendait à la dignité humaine réhabilitée par la philosophie ; son affection calme et continue pour M. de La Marche, à un regret profond, dominé par la force et la sagesse de son esprit. Ces perplexités étaient poignantes. L'espoir de forcer son amour par ma soumission et mon dévouement m'avait longtemps soutenu, mais cet espoir commençait à s'affaiblir ; car, de l'aveu de tous, j'avais fait des progrès extraordinaires, des efforts prodigieux, et il s'en fallait de beaucoup que l'estime d'Edmée pour moi eût grandi dans la même proportion. Elle n'avait pas paru étonnée de ce qu'elle appelait *ma haute intelligence ;* elle y avait toujours cru ; elle l'avait louée plus que de raison. Mais elle ne s'aveuglait pas sur les défauts de mon caractère, sur les vices de mon âme ; elle me les reprochait avec une douceur impitoyable, avec une patience faite pour me désespérer; car elle semblait avoir pris le parti de ne m'aimer jamais ni plus ni moins, quoi qu'il arrivât désormais.

Cependant tous lui faisaient la cour, et nul n'était agréé. On avait bien dit dans le monde qu'elle était promise à M. de La Marche; mais on ne comprenait pas plus que moi le retard indéfini apporté à cette union. On en vint à dire qu'elle cherchait des prétextes pour se débarrasser de lui, et on ne trouva pas à motiver cette répugnance autrement qu'en lui supposant une grande passion pour moi. Mon histoire singulière avait fait du bruit, les femmes m'examinaient avec curiosité, les hommes me témoignaient de l'intérêt et une sorte de considération que j'affectais de mépriser, mais à laquelle j'étais assez sensible; et, comme rien n'a crédit dans le monde sans être embelli de quelque fiction, on exagérait étrangement mon esprit, mon aptitude et mon savoir; mais dès qu'on avait vu, en présence d'Edmée, M. de La Marche et moi, toutes les inductions étaient réduites à néant par le sang-froid et l'aisance de nos manières. Edmée était avec nous en public ce qu'elle était en particulier : M. de La Marche, un mannequin sans âme et parfaitement dressé aux airs convenables; moi, dévoré de passions diverses, mais impénétrable à force d'orgueil, et aussi, je dois l'avouer, de prétention à la sublimité du *maintien américain*. Il faut vous dire que j'avais eu le bonheur d'être présenté à Franklin comme un sincère adepte de la liberté. Sir Arthur Lee m'avait honoré d'une sorte de bienveillance et d'excellents conseils; j'avais donc la tête tournée tout comme ceux que je raillais si durement, et au point même que cette petite gloriole apportait à mes tourments un allégement bien nécessaire. Ne hausserez-vous pas les épaules si je vous avoue que je prenais le plus grand plaisir du monde à ne point poudrer mes cheveux, à porter de gros souliers, à me présenter partout en habit plus que simple, rigidement propre et de couleur sombre ; en un mot, à singer autant qu'il était permis de le faire alors sans être confondu avec un *véritable roturier*, la mise et les allures du *bonhomme Richard!* J'avais dix-neuf ans, et je vivais dans un temps où chacun affectait un rôle ; c'est là toute mon excuse.

Je pourrais alléguer aussi que mon trop indulgent et trop naïf gouverneur m'approuvait ouvertement ; que mon oncle Hubert, tout en se moquant de moi de temps en temps, me laissait faire, et qu'Edmée ne me disait absolument rien de ce ridicule et semblait ne pas s'en apercevoir.

Le printemps était revenu cependant, nous allions retourner à la campagne ; les salons se dépeuplaient, et j'étais toujours dans la même incertitude. Je remarquai un jour que M. de La Marche montrait, malgré lui, le désir de se trouver seul avec Edmée. Je pris d'abord plaisir à le faire souffrir en restant immobile sur ma chaise ; mais je crus voir au front d'Edmée ce léger pli que je connaissais si bien, et, après un dialogue muet avec moi-même, je sortis, décidé à voir les suites de ce tête-à-tête et à connaître mon sort, quel qu'il fût.

Je revins au salon au bout d'une heure ; mon oncle était rentré ; M. de La Marche restait à dîner ; Edmée était rêveuse, mais non triste ; l'abbé lui adressait, avec les yeux, des questions qu'elle n'entendait pas ou ne voulait pas entendre.

M. de La Marche accompagna mon oncle à la Comédie-Française. Edmée dit qu'elle avait à écrire et demanda la permission de rester. Je suivis le comte et le chevalier ; mais après le premier acte, je m'esquivai et je rentrai à l'hôtel. Edmée avait fait défendre sa porte, mais je ne pris pas cette défense pour moi; les domestiques trouvaient tout simple que j'agisse en enfant de la maison. J'entrai au salon, tremblant qu'Edmée ne fût dans sa chambre; là je n'aurais pu la poursuivre. Elle était près de la cheminée et s'amusait à effeuiller des asters bleus et blancs que j'avais cueillis dans une promenade au tombeau de Jean-Jacques Rousseau. Ces fleurs me rappelaient une nuit d'enthousiasme, un clair de lune, les seules heures de bonheur peut-être que je pusse mentionner dans ma vie.

« Déjà rentré? me dit-elle sans se déranger. — Déjà est un mot bien dur, lui répondis-je; voulez-vous que je me retire dans ma chambre, Edmée? — Non pas, vous ne me gênez nullement; mais vous auriez plus profité à la représentation de *Mérope* qu'en écoutant ma conversation de ce soir; car je vous avertis que je suis idiote. — Tant mieux, cousine; vous ne m'humilierez pas, et pour la première fois nous serons sur le pied de l'égalité. Mais voulez-vous me dire pourquoi vous méprisez tant mes asters? Je croyais que vous les garderiez comme une relique. — A cause de Rousseau? dit-elle en souriant avec malice sans lever les yeux sur moi. — Oh! c'est bien ainsi que je l'entends, repris-je. — Je joue un jeu très-intéressant, dit-elle; ne me dérangez pas. — Je le connais, lui dis-je; tous les enfants de la Varenne le jouent, et toutes nos bergères croient à l'arrêt du sort que ce jeu révèle. Voulez-vous que je vous explique vos pensées, lorsque vous arrachez ces pétales quatre à quatre? — Voyons, grand nécromant!

— *Un peu*, c'est ainsi que *quelqu'un* vous aime; *beaucoup*, c'est ainsi que vous l'aimez; *passionnément*, un autre vous aime ainsi; *pas du tout*, voilà comme vous aimez celui-là.

— Et pourrait-on savoir, monsieur le devin, reprit Edmée, dont la figure devint plus sérieuse, ce que signifient *quelqu'un* et *un autre?* Je crois que vous êtes comme les antiques pythonisses ; vous ne savez pas vous-même le sens de vos oracles. — Ne sauriez-vous deviner le mien, Edmée ? — J'essaierai d'interpréter l'énigme, si vous voulez me promettre de faire ensuite ce que fit le sphinx vaincu par Œdipe.—Oh ! Edmée, m'écriai-je, il y a longtemps que je me casse la tête contre les murs à cause de vous et de vos interprétations ! et cependant vous n'avez pas deviné juste une seule fois. — Oh ! mon Dieu, si ! dit-elle en jetant le bouquet sur la cheminée ; vous allez voir. J'aime *un peu* M. de La Marche, et je vous aime *beaucoup.* Il m'aime *passionnément,* et vous ne m'aimez *pas du tout.* Voilà la vérité.

— Je vous pardonne de tout mon cœur cette méchante interprétation à cause du mot *beaucoup,* » lui répondis-je. Et j'essayai de prendre ses mains ; elle les retira brusquement, et, en vérité, elle eut tort, car, si elle me les eût abandonnées, je me fusse borné à les serrer fraternellement ; mais cette sorte de méfiance réveilla des souvenirs dangereux pour moi. Je crois qu'elle avait ce soir-là dans son air et dans ses manières beaucoup de coquetterie, et jusque-là je ne lui en avais jamais vu la moindre velléité. Je me sentis enhardi sans trop savoir pourquoi, et j'osai lui faire des remarques piquantes sur son tête-à-tête avec M. de La Marche. Elle ne prit aucun soin pour repousser mes interprétations, et se mit à rire lorsque je la priai de me remercier de la politesse exquise avec laquelle je m'étais retiré en lui voyant froncer le sourcil.

Cette légèreté superbe commençait à m'irriter un peu, lorsqu'un domestique entra et lui remit une lettre en lui disant qu'on attendait la réponse. « Approchez la table et taillez-moi une plume, » me dit-elle. Et d'un air nonchalant elle décacheta et parcourut la lettre, tandis que, sans savoir de quoi il s'agissait, je préparais tout ce qui était nécessaire pour écrire.

Depuis longtemps la plume de corbeau était taillée, depuis longtemps le papier à vignettes de couleur était sorti du portefeuille ambré, et Edmée, n'y faisant aucune attention, ne se disposait point à en faire usage. La lettre dépliée était sur ses genoux, ses pieds étaient sur les chenets, ses coudes sur les bras de son fauteuil dans son attitude favorite de rêverie. Elle était complétement absorbée. Je lui parlai doucement; elle ne m'entendit pas. Je crus qu'elle avait oublié la lettre et qu'elle s'endormait. Au bout d'un quart d'heure le domestique rentra, et demanda, de la part du messager, s'il y avait une réponse.

« Certainement, répondit-elle; qu'il attende. »

Elle relut la lettre avec une attention extraordinaire et se mit à écrire avec lenteur; puis elle jeta au feu sa réponse, repoussa du pied son fauteuil, fit quelques tours dans l'appartement, et tout d'un coup s'arrêta devant moi et me regarda d'un air froid et sévère.

« Edmée, m'écriai-je en me levant avec impétuosité, qu'avez-vous donc, et quel rapport avec moi peut avoir cette lettre qui vous préoccupe si fortement? — Qu'est-ce que cela vous fait? répondit-elle. — Qu'est-ce que cela me fait! m'écriai-je. Et que me fait l'air que je respire? que m'importe le sang qui coule dans mes veines? Demandez-moi cela; à la bonne heure! mais ne me demandez pas en quoi une de vos paroles ou un de vos regards m'intéresse; car vous savez bien que ma vie en dépend. — Ne dites pas de folies, Bernard, reprit-elle en retournant à son fauteuil d'un air distrait; il y a temps pour tout. — Edmée! Edmée! ne jouez pas avec le lion endormi, ne rallumez pas le feu qui couve sous la cendre. »

Elle haussa les épaules et se mit à écrire avec beaucoup

d'animation. Son teint était coloré, et de temps en temps elle passait ses doigts dans ses longs cheveux bouclés *en repentir* sur son épaule. Elle était dangereusement belle dans ce désordre ; elle avait l'air d'aimer ; mais qui ? celui-là sans doute à qui elle écrivait. La jalousie brûlait mes entrailles. Je sortis brusquement et je traversai l'antichambre ; je regardai l'homme qui avait apporté la lettre ; il était à la livrée de M. de La Marche. Je n'en doutais pas ; mais cette certitude augmenta ma fureur. Je rentrai au salon en jetant violemment la porte. Edmée ne tourna pas seulement la tête ; elle écrivait toujours. Je m'assis vis-à-vis d'elle ; je la regardai avec des yeux de feu. Elle ne daigna pas lever les siens sur moi. Je crus même remarquer sur ses lèvres vermeilles un demi-sourire qui me parut insulter à mon angoisse. Enfin elle termina sa lettre et la cacheta. Je me levai alors et m'approchai d'elle, violemment tenté de la lui arracher des mains. J'avais appris à me contenir un peu plus qu'autrefois ; mais je sentais qu'un seul instant peut, dans les âmes passionnées, renverser le travail de bien des jours.

« Edmée, lui dis-je avec amertume et avec une effroyable grimace qui s'efforçait d'être un sourire caustique, voulez-vous que je remette cette lettre au laquais de M. de La Marche, et que je lui dise en même temps à l'oreille à quelle heure son maître peut venir au rendez-vous ? — Mais il me semble, répondit-elle avec une tranquillité qui m'exaspéra, que j'ai pu indiquer l'heure dans ma lettre et qu'il n'est pas besoin d'en informer les valets. — Edmée, vous devriez me ménager un peu plus ! m'écriai-je. — Je ne m'en soucie pas le moins du monde, » répondit-elle.

Et me jetant sur la table la lettre reçue, elle sortit pour remettre elle-même sa réponse au messager. Je ne sais si elle m'avait dit de lire cette lettre. Je sais que le mouvement qui me porta à le faire fut irrésistible. Elle était conçue à peu près ainsi :

« Edmée, j'ai enfin découvert le secret fatal qui a mis,
« selon vous, un insurmontable obstacle à notre union.
« Bernard vous aime ; son agitation de ce matin l'a trahi.
« Mais vous ne l'aimez pas, j'en suis sûr... cela est impos-
« sible ! Vous me l'eussiez dit avec franchise. L'obstacle
« est donc ailleurs. Pardonnez-moi ! J'ai réussi à savoir
« que vous avez passé deux heures dans la caverne des
« brigands ! Infortunée, votre malheur, votre prudence,
« votre sublime délicatesse vous ennoblissent encore à
« mes yeux. Et pourquoi ne m'avoir pas dit, dès le com-
« mencement, de quel malheur vous étiez victime ? J'au-
« rais d'un mot calmé vos douleurs et les miennes. Je vous
« aurais aidée à cacher votre secret. J'en aurais gémi avec
« vous, ou plutôt j'en aurais effacé l'odieux souvenir par
« le témoignage d'un attachement à toute épreuve. Mais
« rien n'est désespéré ; ce mot, il est toujours temps de
« le dire, et le voici : Edmée, je vous aime plus que jamais ;
« plus que jamais je suis décidé à vous offrir mon nom ;
« daignez l'accepter. »

Ce billet était signé Adhémar de La Marche.

A peine en avais-je terminé la lecture qu'Edmée rentra et s'approcha de la cheminée avec inquiétude, comme si elle eût oublié un objet précieux. Je lui tendis la lettre que je venais de lire, mais elle la prit d'un air distrait ; et, se baissant vers le foyer, elle saisit avec précipitation et avec une sorte de joie un papier chiffonné que la flamme n'avait fait qu'effleurer. C'était la première réponse qu'elle avait faite au billet de M. de La Marche, et qu'elle n'avait pas jugé à propos d'envoyer.

« Edmée, lui dis-je en me jetant à ses genoux, laissez-moi voir ce papier. Quel qu'il soit, je me soumettrai à l'arrêt dicté par votre premier mouvement.

— En vérité, dit-elle avec une expression indéfinissable, le feriez-vous? Si j'aimais M. de La Marche, si je vous faisais un grand sacrifice en renonçant à lui, seriez-vous assez généreux pour me rendre ma parole? »

J'eus un instant d'hésitation; une sueur froide parcourut mon corps. Je la regardai fixement; son œil impénétrable ne trahissait pas sa pensée. Si j'avais cru qu'elle m'aimât et qu'elle soumît ma vertu à une épreuve, j'aurais peut-être joué l'héroïsme; mais je craignis un piége; la passion l'emporta. Je ne me sentais pas la force de renoncer à elle de bonne grâce, et l'hypocrisie me répugnait. Je me levai tremblant de colère.

« Vous l'aimez, m'écriai-je, avouez que vous l'aimez! — Et quand cela serait, répondit-elle en mettant le papier dans sa poche, où serait le crime? — Le crime serait d'avoir menti jusqu'ici en me disant que vous ne l'aimiez pas. — *Jusqu'ici* est beaucoup dire, reprit-elle en me regardant fixement; nous n'avons pas eu d'explication à cet égard depuis l'année passée. A cette époque il était possible que je n'aimasse pas beaucoup Adhémar, et à présent il serait possible que je l'aimasse mieux que vous. Si je compare la conduite de l'un et de l'autre aujourd'hui, je vois d'un côté un homme sans orgueil et sans délicatesse, qui se prévaut d'un engagement que mon cœur n'a peut-être pas ratifié; de l'autre, je vois un admirable ami, dont le dévouement sublime brave tous les préjugés, et, me croyant souillée d'un affront ineffaçable, n'en persiste pas moins à couvrir cette tache de sa protection. — Quoi! ce misérable croit que je vous ai fait violence, et il ne me provoque pas en duel? — Il ne le croit pas, Bernard; il sait que vous m'avez fait évader de la Roche-Mauprat; mais il croit que vous m'avez secourue trop tard et que j'ai été victime des autres brigands. — Et il veut vous épouser, Edmée! Ou c'est un homme sublime, en effet, ou il est plus endetté qu'on ne pense. — Taisez-vous, dit Edmée avec colère ; cette odieuse explication d'une conduite généreuse part d'une âme insensible et d'un esprit pervers. Taisez-vous, si vous ne voulez pas que je vous haïsse. — Dites que vous me haïssez, Edmée, dites-le sans crainte, je le sais. — Sans crainte ! Vous devriez savoir aussi que je ne vous fais pas l'honneur de vous craindre. Enfin, répondez-moi ; sans savoir ce que je prétends faire, comprenez-vous que vous devez me rendre ma liberté et renoncer à des droits barbares ? — Je ne comprends rien, sinon que je vous aime avec fureur et que je déchirerai avec mes ongles le cœur de celui qui osera vous disputer à moi. Je sais que je vous forcerai à m'aimer, et que, si je ne réussis pas, je ne souffrirai jamais, du moins, que vous apparteniez à un autre, moi vivant. On marchera sur mon corps criblé de blessures et saignant par tous les pores avant de vous passer au doigt un anneau de mariage ; encore vous déshonorerai-je à mon dernier soupir en disant que vous êtes ma maîtresse, et je troublerai ainsi la joie de celui qui triomphera de moi ; et, si je puis vous poignarder en expirant, je le ferai, afin que dans la tombe, du moins, vous soyez ma femme. Voilà ce que je compte faire, Edmée. Et maintenant jouez au plus fin avec moi, conduisez-moi de piége en piége, gouvernez-moi par votre admirable politique ; je pourrai être dupe cent fois, parce que je suis un ignorant ; mais votre intrigue arrivera toujours au même dénoûment, parce que j'ai juré par le nom de Mauprat !

— De Mauprat coupe-jarret ! » répondit-elle avec une froide ironie ; et elle voulut sortir.

J'allais lui saisir le bras lorsque la sonnette se fit entendre ; c'était l'abbé qui rentrait. Aussitôt qu'il parut, Edmée lui serra la main et se retira dans sa chambre sans m'adresser un seul mot.

Le bon abbé, s'apercevant de mon trouble, me questionna avec l'assurance que devaient lui donner désormais ses droits à mon affection ; mais ce point était le seul sur lequel nous ne nous fussions jamais expliqués. Il l'avait cherché en vain ; il ne m'avait pas donné une seule leçon d'histoire sans tirer des amours illustres un exemple ou un précepte de modération ou de générosité ; mais il n'avait pas réussi à me faire dire un mot à ce sujet. Je ne pouvais lui pardonner tout à fait de m'avoir desservi auprès d'Edmée. Je croyais deviner qu'il me desservait encore, et je me tenais en garde contre tous les arguments de sa philosophie et toutes les séductions de son amitié. Ce soir-là plus que jamais je fus inattaquable. Je le laissai inquiet et chagrin, et j'allai me jeter sur mon lit, où je cachai ma tête dans les couvertures, afin d'étouffer les anciens sanglots, impitoyables vainqueurs de mon orgueil et de ma colère.

XIV.

Le lendemain mon désespoir fut sombre. Edmée fut de glace, M. de La Marche ne vint pas. Je crus m'apercevoir que l'abbé allait chez lui et entretenait Edmée du résultat de leur conférence. Ils furent, du reste, parfaitement calmes, et je dévorai mon inquiétude en silence ; je ne pus être seul un instant avec Edmée. Le soir je me rendis à pied chez M. de La Marche. Je ne sais pas ce que je voulais lui dire ; j'étais dans un état d'exaspération qui me poussait à agir sans but et sans plan. J'appris qu'il avait quitté Paris. Je rentrai. Je trouvai mon oncle fort triste. Il fronça le sourcil en me voyant, et, après avoir échangé avec moi quelques paroles oiseuses et forcées, il me laissa avec l'abbé, qui tenta de me faire parler et qui n'y réussit pas mieux que la veille. Je cherchai pendant plusieurs jours l'occasion de parler à Edmée ; elle sut l'éviter constamment. On faisait les apprêts du départ pour Sainte-Sévère ; elle ne montrait ni tristesse ni gaieté. Je me résolus à glisser dans les feuillets de son livre deux lignes pour lui demander un entretien. Je reçus la réponse suivante au bout de cinq minutes :

« Un entretien ne mènerait à rien. Vous persistez dans
« votre indélicatesse ; moi, je persévérerai dans ma loyauté.
« Une conscience droite ne sait pas se dégager. J'ai juré
« de n'être jamais à un autre qu'à vous. Je ne me ma-
« rierai pas ; mais je n'ai pas juré d'être à vous en dépit
« de tout. Si vous continuez à être indigne de mon estime,
« je saurai rester libre. Mon pauvre père décline vers la
« tombe ; un couvent sera mon asile quand le seul lien
« qui m'attache à la société sera rompu. »

Ainsi j'avais rempli les conditions imposées par Edmée, et, pour toute récompense, elle me prescrivait de les rompre. Je me trouvais au même point que le jour de son entretien avec l'abbé.

Je passai le reste de la journée enfermé dans ma chambre ; toute la nuit je marchai avec agitation ; je n'essayai pas de dormir. Je ne vous dirai pas quelles furent mes réflexions, elles ne furent pas indignes d'un honnête homme. Au point du jour j'étais chez La Fayette. Il me procura les papiers nécessaires pour sortir de France. Il me dit d'aller l'attendre en Espagne, où il devait s'embarquer pour les États-Unis. Je rentrai à l'hôtel pour prendre les effets et l'argent indispensables au plus modeste voyageur. Je laissai un mot pour mon oncle, afin qu'il ne s'inquiétât pas de mon absence, que je promettais de lui expliquer avant peu dans une longue lettre. Je le suppliais de ne pas me juger jusque-là, et de croire que ses bontés ne sortiraient jamais de mon cœur.

Je partis avant que personne fût levé dans la maison ;

je craignais que ma résolution ne m'abandonnât au moindre signe d'amitié, et je sentais que j'avais abusé d'une affection trop généreuse. Je ne pus passer devant l'appartement d'Edmée sans coller mes lèvres sur la serrure; puis, cachant ma tête dans mes mains, je me mis à courir comme un fou; je ne m'arrêtai guère que de l'autre côté des Pyrénées. Là, je pris un peu de repos, et j'écrivis à Edmée qu'elle était libre et que je ne contrarierais aucune de ses résolutions, mais qu'il m'était impossible d'être témoin du triomphe de mon rival. J'avais l'intime persuasion qu'elle l'aimait; j'étais résolu à étouffer mon amour; je promettais plus que je ne pouvais tenir; mais les premiers effets de l'orgueil blessé me donnaient confiance en moi-même. J'écrivis aussi à mon oncle pour lui dire que je ne me croirais pas digne des bontés illimitées qu'il avait eues pour moi tant que je n'aurais pas gagné mes éperons de chevalier. Je l'entretenais de mes espérances de gloire et de fortune guerrière avec toute la naïveté de mon orgueil, et, comme je pensais bien qu'Edmée lirait cette lettre, j'affectais une joie sans trouble et une ardeur sans regret. Je ne savais pas si mon oncle avait connaissance des vrais motifs de mon départ; mais ma fierté ne put se soumettre à les lui avouer. Il en fut de même à l'égard de l'abbé, auquel j'écrivis, d'ailleurs, une lettre pleine de reconnaissance et d'affection. Je terminais en suppliant mon oncle de ne faire aucune dépense à mon intention au triste donjon de la Roche-Mauprat, assurant que je ne pourrais jamais me résoudre à l'habiter, et de considérer le fief racheté par lui comme la propriété de sa fille. Je lui demandais seulement de vouloir bien m'avancer deux ou trois années de revenu de ma part, afin que je pusse faire les frais de mon équipement, et ne pas rendre onéreux pour le noble La Fayette mon dévouement à la cause américaine.

On fut content de ma conduite et de mes lettres. Arrivé sur les côtes d'Espagne, je reçus de mon oncle une lettre pleine d'encouragements et de doux reproches sur mon brusque départ. Il me donnait sa bénédiction paternelle, déclarait sur son honneur que le fief de la Roche-Mauprat ne serait jamais repris par Edmée, et m'envoyait une somme considérable sans toucher à mon futur revenu. L'abbé joignait aux mêmes reproches des encouragements plus chauds encore. Il était facile de voir qu'il préférait le repos d'Edmée à mon bonheur, et qu'il éprouvait une joie véritable de mon départ. Cependant il m'aimait, et cette amitié s'exprimait d'une manière touchante à travers la satisfaction cruelle qui s'y mêlait. Il enviait mon sort, il était plein d'ardeur pour la cause de l'indépendance, et prétendait avoir été tenté plus d'une fois de jeter le froc aux orties et de prendre le mousquet ; mais c'était de sa part une puérile affectation. Son naturel doux et timide resta toujours prêtre sous le manteau de la philosophie.

Un billet étroit et sans suscription se trouvait comme glissé après coup entre ces deux lettres. Je comprenais bien qu'il était de la seule personne qui m'intéressât réellement dans le monde, mais je n'avais pas le courage de l'ouvrir. Je marchais sur le sable au bord de la mer, retournant ce mince papier dans ma main tremblante, et craignant de perdre, en le lisant, l'espèce de calme désespéré que j'avais trouvé dans mon courage. Je craignais surtout des remerciements et l'expression d'une joie enthousiaste, derrière laquelle j'eusse aperçu un autre amour satisfait. « Que peut-elle m'écrire ? disais-je ; pourquoi m'écrit-elle ? Je ne veux pas de sa pitié ; encore moins de sa reconnaissance. » J'étais tenté de jeter ce fatal billet à la mer. Une fois même je l'élevai au-dessus des flots ; mais je le serrai aussitôt contre mon cœur, et l'y laissai quelques instants caché, comme si j'eusse cru à cette vue occulte des partisans du magnétisme, qui prétendent lire avec les organes du sentiment et de la pensée aussi bien qu'avec les yeux.

Enfin je me décidai à rompre le cachet, et je lus ces mots : « Tu as bien agi, Bernard ; mais je ne te remercie « pas, car je souffrirai de ton absence plus que je ne puis « le dire. Va pourtant où ton honneur et l'amour de la « sainte vérité t'appellent ; mes vœux et mes prières te « suivront partout. Reviens quand ta mission sera accom- « plie, tu ne me retrouveras ni mariée ni religieuse. » Elle avait joint à ce billet la bague de cornaline qu'elle m'avait cédée durant ma maladie, et que je lui avais renvoyée en quittant Paris. Je fis faire une petite boîte d'or où j'enfermai le billet et cet anneau, et que je plaçai sur moi comme un scapulaire. La Fayette, arrêté en France par ordre du gouvernement, qui s'opposait à son expédition, vint nous joindre bientôt après s'être évadé de prison. J'avais eu le temps de faire mes préparatifs ; je mis à la voile plein de tristesse, d'ambition et d'espérance.

Vous n'attendez pas que je vous fasse le récit de la guerre d'Amérique. Encore une fois, j'isole mon existence des faits de l'histoire, en vous contant mes aventures. Mais ici je supprimerai même mes aventures personnelles ; elles forment dans ma mémoire un chapitre à part, où Edmée joue le rôle d'une madone constamment invoquée, mais invisible. Je ne puis croire que vous preniez le moindre intérêt à entendre les incidents d'une portion de récit d'où cette figure angélique, la seule digne d'occuper votre attention, et par elle-même d'abord, et par son action sur moi, serait entièrement absente. Je vous dirai seulement que des grades inférieurs, joyeusement acceptés par moi au début, dans l'armée de Washington, je parvins régulièrement, mais rapidement, au grade d'officier. Mon éducation militaire fut prompte. Là, comme dans tout ce que j'ai entrepris durant ma vie, je me mis tout entier; et, voulant obstinément, je triomphai des difficultés.

J'obtins la confiance de mes chefs illustres. Mon excellente constitution me rendait propre aux fatigues de la guerre; mes anciennes habitudes de brigand me furent même d'un secours immense; je supportais les revers avec un calme que n'avaient pas tous les jeunes Français débarqués avec moi, quel que fût d'ailleurs l'éclat de leur courage. Le mien fut froid et tenace, à la grande surprise de nos alliés, qui doutèrent plus d'une fois de mon origine en voyant combien je me familiarisais vite avec les forêts, et comme je savais lutter de ruse et de méfiance avec les sauvages qui inquiétèrent parfois nos manœuvres.

Au milieu de mes travaux et de mes déplacements, j'eus le bonheur de pouvoir cultiver mon esprit dans l'intimité d'un jeune homme de mérite que la Providence me donna pour compagnon et pour ami. L'amour des sciences naturelles l'avait jeté dans notre expédition, et il s'y conduisait en bon militaire; mais il était facile de voir que la sympathie politique ne jouait dans sa résolution qu'un rôle secondaire. Il n'avait aucun désir d'avancement, aucune aptitude aux études stratégiques. Son herbier et ses observations zoologiques l'occupaient bien plus que le succès de la guerre et le triomphe de la liberté. Il se battait trop bien dans l'occasion pour mériter jamais le reproche de tiédeur; mais jusqu'à la veille du combat, et dès le lendemain, il semblait ignorer qu'il fût question d'autre chose que d'une excursion scientifique dans les savanes du Nouveau-Monde. Son porte-manteau était toujours rempli, non d'argent et de nippes, mais d'échantillons d'histoire naturelle; et, tandis que, couchés sur l'herbe, nous étions attentifs aux moindres bruits qui pouvaient nous révéler l'approche de l'ennemi, il était

absorbé dans l'analyse d'une plante ou d'un insecte.
C'était un admirable jeune homme, pur comme un ange,
désintéressé comme un stoïque, patient comme un savant,
et avec cela enjoué et affectueux. Lorsqu'une surprise
nous mettait en danger, il n'avait de soucis et d'exclamations que pour les précieux cailloux et les inappréciables
brins d'herbe qu'il portait en croupe; et pourtant, lorsqu'un de nous était blessé, il le soignait avec une bonté
et un zèle incomparables.

Il vit un jour la boîte d'or que je cachais sous mes habits, et il me supplia instamment de la lui céder pour y
mettre quelques pattes de mouche et quelques ailes de
cigale qu'il eût défendues jusqu'à la dernière goutte de
son sang. Il me fallut tout le respect que je portais aux
reliques de l'amour pour résister aux instances de l'amitié. Tout ce qu'il put obtenir de moi, ce fut de glisser
dans ma précieuse boîte une petite plante fort jolie qu'il
prétendait avoir découverte le premier, et qui n'eut droit
d'asile à côté du billet et de l'anneau de ma fiancée qu'à
la condition de s'appeler *Edmunda sylvestris*. Il y consentit; il avait donné à un beau pommier sauvage le nom
de Samuel Adams, celui de Franklin à je ne sais quelle
abeille industrieuse, et rien ne lui plaisait comme d'associer ses nobles enthousiasmes à ses ingénieuses observations.

Je conçus pour lui un attachement d'autant plus vif que
c'était ma première amitié pour un homme de mon âge.
Le charme que je trouvais dans cette liaison me révéla
une face de la vie, des facultés et des besoins de l'âme
que je ne connaissais pas. Comme je ne pus me détacher
jamais des premières impressions de mon enfance, dans
mon amour pour la chevalerie, je me plus à voir en lui
mon frère d'armes, et je voulus qu'il me donnât ce titre,
à l'exclusion de tout autre ami intime. Il s'y prêta avec

un abandon de cœur qui me prouva combien la sympathie était vive entre nous. Il prétendait que j'étais né pour être naturaliste, à cause de mon aptitude à la vie nomade et aux rudes expéditions. Il me reprochait un peu de préoccupation, et me grondait sérieusement lorsque je marchais étourdiment sur des plantes intéressantes ; mais il assurait que j'étais doué de l'esprit de méthode, et que je pourrais inventer un jour, non pas une théorie de la nature, mais un *excellent* système de classification. Sa prédiction ne se réalisa point, mais ses encouragements réveillèrent en moi le goût de l'étude et empêchèrent mon esprit de retomber en paralysie dans la vie des camps. Il fut pour moi l'envoyé du ciel ; sans lui je fusse redevenu peut-être, sinon le coupe-jarret de la Roche-Mauprat, du moins le sauvage de la Varenne. Ses enseignements ranimèrent en moi le sentiment de la vie intellectuelle ; il agrandit mes idées, il ennoblit aussi mes instincts ; car, si une merveilleuse droiture et des habitudes de modestie l'empêchaient de se jeter dans les discussions philosophiques, il avait l'amour inné de la justice, et décidait avec une sagacité infaillible toutes les questions de sentiment et de moralité. Il prit sur moi un ascendant que n'eût jamais pu prendre l'abbé dans la position où notre méfiance mutuelle nous avait placés dès le principe. Il me révéla une grande partie du monde physique ; mais ce qu'il m'apprit de plus précieux, ce fut de m'habituer à me connaître moi-même et à réfléchir sur mes impressions. Je parvins à gouverner mes mouvements jusqu'à un certain point. Je ne me corrigeai jamais de l'orgueil et de la violence. On ne change pas l'essence de son être, mais on dirige vers le bien ses facultés diverses ; on arrive presque à utiliser ses défauts ; c'est au reste le grand secret et le grand problème de l'éducation.

Les entretiens de mon cher Arthur m'amenèrent à de

telles réflexions, que je parvins à déduire logiquement de tous mes souvenirs les motifs de la conduite d'Edmée. Je la trouvai grande et généreuse, surtout dans les choses qui, mal vues et mal appréciées, m'avaient le plus blessé. Je ne l'en aimai pas davantage, c'était impossible ; mais j'arrivai à comprendre pourquoi je l'aimais invinciblement, malgré tout ce qu'elle m'avait fait souffrir. Cette flamme sainte brûla dans mon âme, sans pâlir un seul instant, durant les six années de notre séparation. Malgré l'excès de vie qui débordait mon être, malgré les excitations d'une nature extérieure pleine de volupté, malgré les mauvais exemples et les nombreuses occasions qui sollicitent la faiblesse humaine dans la liberté de la vie errante et militaire, je prends Dieu à témoin que je conservai intacte ma robe d'innocence et que je ne connus pas le baiser d'une seule femme. Arthur, qu'une organisation plus calme sollicitait moins vivement et que le travail de l'intelligence absorbait presque tout entier, ne fut pas toujours aussi austère ; il m'engagea même plusieurs fois à ne pas courir les dangers d'une vie exceptionnelle, contraire au vœu de la nature. Quand je lui confiai qu'une grande passion éloignait de moi toute faiblesse et rendait toute chute impossible, il cessa de combattre ce qu'il appelait mon fanatisme (c'était un mot très en vogue et qui s'appliquait à presque tout indifféremment), et je remarquai qu'il avait pour moi une estime plus profonde, je dirai même une sorte de respect qui ne s'exprimait point par des paroles, mais qui se révélait dans mille petits témoignages d'adhésion et de déférence.

Un jour, qu'il me parlait de la grande puissance qu'exerce la douceur extérieure jointe à une volonté inébranlable, me citant pour exemple et le bien et le mal dans l'histoire des hommes, surtout la douceur des apôtres et l'hypocrisie des prêtres de toutes les religions, il me vint a l'idée de lui demander si, avec la fougue de mon sang et l'emportement de mon caractère, je pourrais jamais exercer une influence quelconque sur mes proches. En me servant de ce dernier mot, je ne songeais qu'à Edmée. Arthur me répondit que j'aurais un autre ascendant que celui de la douceur acquise. « Ce sera, dit-il, celui de la bonté naturelle. La chaleur de l'âme, l'ardeur et la persévérance de l'affection, voilà ce qu'il faut dans la vie de famille, et ces qualités font aimer nos défauts à ceux-là mêmes qui habituellement en souffrent le plus. Nous devons tâcher de nous vaincre par amour pour ceux qui nous aiment; mais se proposer un système de modération dans le sein de l'amour ou de l'amitié serait, je pense, une recherche puérile, un travail égoïste, et qui tuerait l'affection en nous-mêmes d'abord et bientôt après dans les autres. Je ne vous parlais de modération réfléchie que dans l'application de l'autorité sur les masses. Or, si vous avez jamais l'ambition...

— Or, vous croyez, lui dis-je sans écouter la dernière partie de son discours, que, tel que vous me connaissez, je puis rendre une femme heureuse et me faire aimer d'elle malgré tous mes défauts et les torts qu'ils entraînent?

— O cervelle amoureuse! s'écria-t-il, qu'il est difficile de vous distraire!..... Eh bien! si vous le voulez, Bernard, je vous dirai ce que je pense de vos amours. La personne que vous aimez si ardemment vous aime, à moins qu'elle ne soit incapable d'aimer ou tout à fait dépourvue de jugement. »

Je lui assurai qu'elle était autant au-dessus de toutes les autres femmes que le lion est au-dessus de l'écureuil, le cèdre au-dessus de l'hysope, et, à force de métaphores, je réussis à le convaincre. Alors il m'engagea à lui confier quelques détails, afin, disait-il, qu'il pût juger ma position à l'égard d'Edmée. Je lui ouvris mon cœur sans réserve et lui racontai mon histoire d'un bout à l'autre. Nous étions alors sur la lisière d'une belle forêt vierge, aux derniers rayons du couchant. Le parc de Sainte-Sévère, avec ses beaux chênes seigneuriaux qui n'avaient jamais subi l'outrage de la cognée, se représentait à ma pensée, pendant que je regardais les arbres du désert affranchis de toute culture, s'épanouissant dans leur force et dans leur grâce primitive au-dessus de nos têtes. L'horizon brûlant me rappelait les visites du soir à la cabane de Patience, Edmée assise sous les pampres dorés ; et le chant des perruches allègres me retraçait celui des beaux oiseaux exotiques qu'elle élevait dans sa chambre. Je pleurai en songeant à l'éloignement de ma patrie, au large Océan qui nous séparait et qui a englouti tant de pèlerins au moment où ils saluaient la rive natale. Je pensai aussi aux chances de la fortune, aux dangers de la guerre, et, pour la première fois, j'eus peur de mourir ; car mon cher Arthur, serrant ma main dans les siennes, m'assurait que j'étais aimé, et qu'il voyait une nouvelle preuve d'affection dans chaque trait de rigueur et de méfiance. « Enfant, me disait-il, si elle ne voulait pas t'épouser, ne vois-tu pas qu'elle aurait eu cent manières de se débarrasser à jamais de tes prétentions ? Et si elle n'avait pour toi une tendresse inépuisable, se serait-elle donné tant de peine et imposé tant de sacrifices pour te tirer de l'abjection où elle t'avait trouvé et pour te rendre digne d'elle ? Eh bien ! toi qui ne rêves qu'aux antiques prouesses de la chevalerie errante, ne vois-tu pas que tu es un noble preux, condamné par ta dame à de rudes épreuves pour avoir manqué aux lois de la galanterie, en réclamant d'un ton impérieux l'amour qu'on doit implorer à genoux ? »

Il entrait alors dans un examen détaillé de mes crimes,

et trouvait les châtiments rudes, mais justes ; il discutait ensuite les probabilités de l'avenir, et me donnait l'excellent conseil de me soumettre jusqu'à ce qu'on jugeât à propos de m'absoudre.

« Mais, lui disais-je, n'est-ce point une honte qu'un homme mûri, comme je le suis maintenant, par la réflexion et rudement éprouvé par la guerre, se soumette comme un enfant au caprice d'une femme ?

— Non, me répondait Arthur, ce n'est point une honte, et la conduite de cette femme n'est point dictée par le caprice. Il n'y a que de l'honneur à réparer le mal qu'on a fait, et combien peu d'hommes en sont capables ! Il n'y a que justice dans la pudeur offensée qui réclame ses droits et son indépendance naturelle. Vous vous êtes conduit comme Albion, ne vous étonnez pas qu'Edmée se conduise comme Philadelphie. Elle ne se rendra qu'à la condition d'une paix glorieuse, et elle aura raison. »

Il voulut savoir quelle conduite avait tenue Edmée à mon égard, depuis deux ans que nous étions en Amérique. Je lui montrai les rares et courtes lettres que j'avais reçues d'elle. Il fut frappé du grand sens et de la parfaite loyauté qui lui parurent ressortir de l'élévation et de la précision virile du style. Edmée ne me faisait aucune promesse et ne m'encourageait même par aucune espérance directe ; mais elle témoignait un vif désir de mon retour et me parlait du bonheur que nous goûterions *tous*, réunis autour de l'âtre, quand mes récits extraordinaires prolongeraient les veillées du château ; elle n'hésitait pas à me dire que j'étais, avec son père, l'*unique sollicitude de sa vie*. Cependant, malgré une tendresse si soutenue, un terrible soupçon m'obsédait. Dans ces courtes lettres de ma cousine, comme dans celles de son père, comme dans les longues épîtres tendres et fleuries de l'abbé Aubert, on ne me faisait jamais part des événements qui pouvaient et qui devaient survenir dans la famille. Chacun m'entretenait de soi-même, et jamais ils ne me disaient un mot les uns des autres; c'est tout au plus si on me parlait des attaques de goutte du chevalier. Il y avait comme une convention passée entre chacun des trois, de ne me point dire les occupations et la situation d'esprit des deux autres.

« Éclaire-moi et rassure-moi, si tu peux, à cet égard, dis-je à Arthur. Il y a des moments où je m'imagine qu'Edmée est mariée, et qu'on est convenu de ne me l'apprendre qu'à mon retour; car enfin, qui l'en empêche? Est-il probable qu'elle m'aime assez pour vivre dans la solitude par amour pour moi, tandis que cet amour, soumis aux principes d'une froide raison et d'une austère conscience, se résigne à voir mon absence se prolonger indéfiniment avec la guerre? J'ai des devoirs à remplir ici, sans nul doute; l'honneur exige que je défende mon drapeau jusqu'au jour du triomphe ou de la défaite irréparable de la cause que je sers; mais je sens que je préfère Edmée à ces vains honneurs, et que, pour la voir une heure plus tôt, j'abandonnerais mon nom à la risée et aux malédictions de l'univers. — Cette dernière pensée vous est suggérée, répondit Arthur en souriant, par la violence de votre passion; mais vous n'agiriez point comme vous dites, l'occasion se présentant. Quand nous sommes aux prises avec une seule de nos facultés, nous croyons les autres anéanties; mais qu'un choc extérieur les réveille, et nous voyons bien que notre âme vit par plusieurs points à la fois. Vous n'êtes pas insensible à la gloire, Bernard, et si Edmée vous invitait à y renoncer, vous vous apercevriez que vous y tenez plus que vous ne pensiez; vous avez d'ardentes convictions républicaines, et c'est Edmée qui vous les a inspirées la première. Que penseriez-vous d'elle, et que serait-elle en effet si elle vous disait aujourd'hui : Il y a, au-dessus de la religion que je vous ai prêchée et des dieux que je vous ai révélés, quelque chose de plus auguste et de plus sacré ; c'est mon bon plaisir? Bernard, votre amour est plein d'exigences contradictoires. L'inconséquence est d'ailleurs le propre de tous les amours humains. Les hommes s'imaginent que la femme n'a point d'existence par elle-même et qu'elle doit toujours s'absorber en eux, et pourtant ils n'aiment fortement que la femme qui paraît s'élever, par son caractère, au-dessus de la faiblesse et de l'inertie de son sexe. Vous voyez sous ce climat tous les colons disposer de la beauté de leurs esclaves, mais ils ne les aiment point, quelque belles qu'elles soient; et lorsque par hasard ils s'attachent à une d'elles, leur premier besoin est de l'affranchir. Jusque-là ils ne croient pas avoir affaire à une créature humaine. L'esprit d'indépendance, la notion de la vertu, l'amour du devoir, privilége des âmes élevées, est donc nécessaire dans une compagne ; et plus votre maîtresse vous montre de force et de patience, plus vous la chérissez, en dépit de vos souffrances. Sachez donc distinguer l'amour du désir ; le désir veut détruire les obstacles qui l'attirent, et il meurt sur les débris d'une vertu vaincue; l'amour veut vivre, et pour cela il veut voir l'objet de son culte longtemps défendu par cette muraille de diamant dont la force et l'éclat font la valeur et la beauté. »

C'est ainsi qu'Arthur m'expliquait les ressorts mystérieux de ma passion et projetait la lumière de sa sagesse dans les orages ténébreux de mon âme. Quelquefois il ajoutait : « Si le ciel m'eût donné la femme que j'ai parfois rêvée, je crois que j'aurais su faire de mon amour une passion noble et généreuse; mais la science prend trop de temps : je n'ai pas eu le loisir de chercher mon idéal, et si je l'ai rencontré, je n'ai pu ni l'étudier ni le reconnaître. Ce bonheur vous est accordé, Bernard ; mais vous n'approfondirez pas l'histoire naturelle : un seul homme ne peut pas tout avoir. »

Quant à mon soupçon sur le mariage d'Edmée que je redoutais, il le rejetait bien loin, comme une obsession maladive. Il trouvait, au contraire, dans le silence d'Edmée à cet égard, une admirable délicatesse de conduite et de sentiments. « Une personne vaine prendrait soin, disait-il, de vous apprendre tous les sacrifices qu'elle vous fait, de vous énumérer les titres et qualités des prétendants qu'elle repousse ; mais Edmée est une âme trop élevée, un esprit trop sérieux pour entrer dans ces détails futiles. Elle regarde vos conventions comme inviolables, et n'imite pas ces consciences faibles qui parlent toujours de leurs victoires pour se faire un mérite de ce que la vraie force trouve facile. Elle est née si fidèle qu'elle n'imagine même pas qu'on puisse la soupçonner de ne pas l'être. »

Ces entretiens versaient un baume salutaire sur mes blessures. Lorsque la France accorda enfin ouvertement son alliance à la cause américaine, j'appris de l'abbé une nouvelle qui me rassura entièrement sur un point. Il m'écrivait que probablement je retrouverais au Nouveau-Monde *un ancien ami*. Le comte de La Marche avait obtenu un régiment, et il partait pour les États-Unis. « *Entre nous soit dit*, ajoutait l'abbé, il lui était bien nécessaire de se créer une position. Ce jeune homme, quoique modeste et sage, a toujours eu la faiblesse de céder à un préjugé de famille. Il avait honte de sa pauvreté et la cachait comme on cache une lèpre, si bien qu'il a achevé de se ruiner en ne voulant pas laisser paraître les progrès de sa ruine. On attribue dans le monde la rupture d'Edmée avec lui à ces revers de fortune, et l'on va jusqu'à dire qu'il était peu épris de sa personne et beaucoup de sa dot. Je ne saurais me résoudre à lui supposer des vues basses, et je crois seulement qu'il a subi les souffrances auxquelles conduisent de faux principes sur le prix des biens de ce monde. Si vous le rencontrez, Edmée désire que vous lui témoigniez de l'intérêt, et que vous lui exprimiez celui qu'elle a toujours manifesté pour lui. La conduite de votre admirable cousine a été en ceci comme en toutes choses, pleine de douceur et de dignité. »

XV.

La veille du départ de M. de La Marche, après l'envoi de la lettre de l'abbé, il s'était passé dans la Varenne un petit événement qui me causa en Amérique une surprise agréable et plaisante, et qui d'ailleurs s'enchaîna d'une manière remarquable aux événements les plus importants de ma vie, ainsi que vous le verrez plus tard

Quoique assez grièvement blessé à la malheureuse affaire de Savannah, j'étais activement occupé en Virginie, sous les ordres du général Green, à rassembler les débris de l'armée de Gates, qui était à mes yeux un héros bien supérieur à son rival heureux Washington. Nous venions d'apprendre le débarquement de l'escadre de M. de Ternay, et la tristesse qui nous avait gagnés à cette époque de revers et de détresse commençait à se dissiper devant l'espoir d'un secours plus considérable que celui qui nous arrivait en effet. Je me promenais dans les bois, à peu de distance du camp, avec Arthur, et nous profitions de ce moment de répit pour nous entretenir enfin d'autre chose que de Cornwallis et de l'infâme Arnolds. Longtemps affligés par le spectacle des maux de la nation américaine, par la crainte de voir l'injustice et la cupidité triompher de la cause des peuples, nous nous abandonnions à une douce gaieté. Lorsque j'avais une heure de loisir, j'oubliais mes rudes travaux pour me réfugier dans l'oasis de mes pensées, dans la famille de Sainte-Sévère. Selon ma coutume, à ces heures-là, je racontais au complaisant Arthur quelque scène bouffonne de mes débuts dans la vie au sortir de la Roche-Mauprat. Je lui décrivais tantôt ma première toilette, tantôt le mépris et l'horreur de mademoiselle Leblanc pour ma personne, et ses recommandations à son ami Saint-Jean de ne jamais approcher de moi à la portée du bras. Je ne sais comment, au milieu de ces amusantes figures, celle du solennel hidalgo Marcasse se présenta à mon imagination, et je me mis à faire la peinture fidèle et détaillée de l'habillement, de la démarche et de la conversation de cet énigmatique personnage. Ce n'est pas que Marcasse fût réellement aussi comique qu'il m'apparaissait à travers ma fantaisie; mais, à vingt ans, un homme n'est qu'un enfant, surtout lorsqu'il est militaire, qu'il vient d'échapper à de grands périls, et que la conquête de sa propre vie le remplit d'un orgueil insouciant. Arthur riait de tout son cœur en m'écoutant, et m'assurait qu'il donnerait tout son bagage de naturaliste pour un animal aussi curieux que celui dont je lui faisais la description. Le plaisir qu'il trouvait à partager mes enfantillages me donnant de la verve, je ne sais si j'aurais pu résister au désir de charger un peu mon modèle, lorsque tout à coup, au détour du chemin, nous nous trouvâmes en présence d'un homme de haute taille, pauvrement vêtu, pitoyablement décharné, lequel marchait à nous d'un air grave et pensif, portant à la main une longue épée nue, dont la pointe était pacifiquement baissée jusqu'à terre. Ce personnage ressemblait si fort à celui que je venais de décrire qu'Arthur, frappé de l'à-propos, fut pris d'un rire inextinguible, et, se rangeant de côté pour laisser passer le Sosie de Marcasse, se jeta sur le gazon au milieu d'une quinte de toux convulsive.

Quant à moi, je ne riais point, car rien de ce qui semble surnaturel ne manque de frapper vivement l'homme le plus habitué au danger. La jambe en avant, l'œil fixe, le bras étendu, nous nous approchions l'un vers l'autre, moi et lui, non pas l'ombre de Marcasse, mais la personne respectable, en chair et en os, de l'hidalgo preneur de taupes.

Pétrifié de surprise, lorsque je vis ce que je prenais pour un spectre porter lentement la main à la corne de son chapeau et le soulever sans perdre une ligne de sa taille, je reculai de trois pas, et cette émotion, qu'Arthur prit pour une facétie de ma part, augmenta sa gaieté. Le chasseur de belettes n'en fut aucunement ému; peut-être pensa-t-il, dans son calme judicieux, que c'était la manière d'aborder les gens sur l'autre rive de l'Océan.

Mais la gaieté d'Arthur faillit redevenir contagieuse lorsque Marcasse me dit avec un flegme incomparable : « Il y a longtemps, monsieur Bernard, que j'ai l'honneur de vous chercher. — Il y a longtemps en effet, mon bon Marcasse, répondis-je en serrant gaiement la main de cet ancien ami ; mais dis-moi par quel pouvoir inouï j'ai eu le bonheur de t'attirer jusqu'ici. Autrefois tu passais pour sorcier ; le serais-je devenu aussi sans m'en douter? — Je vous dirai tout cela, mon cher général, répondit Marcasse, que mon uniforme de capitaine éblouissait apparemment; veuillez me permettre d'aller avec vous, et je vous dirai bien des choses, bien des choses ! »

En entendant Marcasse répéter son dernier mot d'une voix affaiblie et comme se faisant écho à lui-même, manie qu'un instant auparavant j'étais en train de contrefaire, Arthur se remit à rire. Marcasse se retourna vers lui, et, l'ayant regardé fixement, le salua avec une gravité imperturbable. Arthur, reprenant tout à coup son sérieux, se

leva et lui rendit son salut jusqu'à terre avec une dignité
comique.

Nous retournâmes ensemble au camp. Chemin faisant,
Marcasse me raconta son histoire dans ce style bref, qui,
forçant l'auditeur à mille questions fatigantes, loin de simplifier le discours, le compliquait extraordinairement. Ce
fut un grand divertissement pour Arthur ; mais, comme
vous ne trouveriez pas le même plaisir à entendre une relation exacte de cet interminable dialogue, je me bornerai
à vous dire comment Marcasse s'était décidé à quitter sa
patrie et ses amis pour apporter à la cause américaine le
secours de sa longue épée.

M. de La Marche partait pour l'Amérique à l'époque où
Marcasse, installé à son château du Berry pour huit jours,
faisait sa ronde annuelle sur les poutres et les solives des
greniers. La maison du comte, bouleversée de ce départ,
se livrait à de merveilleux commentaires sur ce pays lointain, plein de dangers, de prodiges, d'où l'on ne revenait
jamais, suivant les beaux esprits du village, qu'avec une
fortune si considérable et tant de lingots d'or et d'argent
qu'il fallait dix vaisseaux pour les rapporter. Sous son extérieur glacé, don Marcasse, semblable aux volcans hyperboréens, cachait une imagination brûlante, un amour passionné pour l'extraordinaire. Habitué à vivre en équilibre
sur les ais des charpentes, dans une région évidemment
plus élevée que les autres hommes, et n'étant pas insensible à la gloire d'étonner chaque jour les assistants par
la hardiesse et la tranquillité de ses manœuvres acrobatiques, il se laissa enflammer par la peinture de l'El Dorado ; et cette fantaisie fut d'autant plus vive que, selon
son habitude, il ne s'en ouvrit à personne. M. de La Marche
fut donc fort surpris lorsque, la veille de son départ, Marcasse se présenta devant lui, et lui proposa de l'accompagner en Amérique en qualité de valet de chambre. En vain

M. de La Marche lui représenta qu'il était bien vieux pour quitter son état et pour courir les chances d'une existence nouvelle ; Marcasse montra tant de fermeté qu'il finit par le convaincre. Plusieurs raisons déterminèrent M. de La Marche à faire ce singulier choix. Il avait résolu d'emmener un domestique encore plus âgé que le chasseur de belettes, et qui ne le suivait qu'avec beaucoup de répugnance. Mais cet homme avait toute sa confiance, faveur que M. de La Marche accordait difficilement, n'ayant du train d'un homme de qualité que l'apparence, et voulant être servi avec économie, prudence et fidélité. Il connaissait Marcasse pour un homme scrupuleusement honnête, et même singulièrement désintéressé ; car il y avait du don Quichotte dans l'âme de Marcasse tout aussi bien que dans sa personne. Il avait trouvé dans une ruine une sorte de trésor, c'est-à-dire un pot de grès renfermant une somme de dix mille francs environ, en vieille monnaie d'or et d'argent ; et non-seulement il l'avait remis au possesseur de la ruine, qu'il aurait pu tromper à son aise, mais encore il avait refusé une récompense, disant avec emphase, dans son jargon abréviatif, que *l'honnêteté mourrait se vendant*.

La frugalité de Marcasse, sa discrétion, sa ponctualité, devaient en faire un homme précieux, s'il pouvait s'habituer à mettre ces qualités au service d'autrui. Il y avait seulement à craindre qu'il ne pût s'habituer à la perte de son indépendance ; mais, avant que l'escadre de M. de Ternay mît à la voile, M. de La Marche pensa qu'il aurait le temps de faire une épreuve suffisante de son nouvel écuyer.

De son côté, Marcasse éprouva bien quelque regret en prenant congé de ses amis et de son pays ; car, s'il avait des *amis partout, partout une patrie*, comme il disait, faisant allusion à sa vie errante, il avait pour la Varenne une préférence bien marquée ; et, de tous ses châteaux (car il avait pour coutume d'appeler siens tous ses gîtes), le château de Sainte-Sévère était le seul où il arrivât avec plaisir et dont il s'éloignât avec regret. Un jour que le pied lui avait manqué sur la toiture et qu'il avait fait une chute assez grave, Edmée, encore enfant, avait gagné son cœur par les pleurs que cet accident lui avait fait répandre et par les soins naïfs qu'elle lui avait donnés. Depuis que Patience habitait la lisière du parc, Marcasse sentait encore plus d'attrait pour Sainte-Sévère, car Patience était l'Oreste de Marcasse. Marcasse ne comprenait pas toujours Patience ; mais Patience était le seul qui comprît parfaitement Marcasse et qui sût tout ce qu'il y avait d'honnêteté chevaleresque et de bravoure exaltée sous cette bizarre enveloppe. Prosterné devant la supériorité intellectuelle du solitaire, le chasseur de belettes s'arrêtait respectueusement, lorsque la verve poétique, s'emparant de Patience, devenait inintelligible pour son modeste ami. Alors Marcasse, avec une touchante douceur et s'abstenant de questions et de remarques déplacées, baissait les yeux, et faisant signe de la tête de temps à autre, comme s'il eût compris et approuvé, donnait du moins à son ami l'innocent plaisir d'être écouté sans contradiction.

Cependant Marcasse en avait compris assez pour embrasser les idées républicaines et pour partager les romanesques espérances de nivellement universel et de retour à l'égalité de l'âge d'or que nourrissait ardemment le bonhomme Patience. Ayant plusieurs fois ouï dire à son ami qu'il fallait cultiver ces doctrines avec prudence (précepte que d'ailleurs Patience n'observait guère pour son propre compte), l'hidalgo, puissamment aidé par son habitude et son penchant, ne parlait jamais de sa philosophie ; mais il faisait une propagande plus efficace, en colportant du château à la chaumière et de la maison bourgeoise à la ferme ces petites éditions à bon marché de *la Science du bonhomme Richard*, et d'autres menus traités de patriotisme populaire, que, selon la société jésuitique, une société secrète de philosophes voltairiens, voués aux pratiques diaboliques de la franc-maçonnerie, faisait circuler gratis dans les basses classes.

Il y avait donc autant d'enthousiasme révolutionnaire que d'amour pour les aventures dans la subite résolution de Marcasse. Depuis longtemps le loir et la fouine lui paraissaient des ennemis trop faibles, et l'aire aux grains un champ trop resserré pour sa valeur inquiète. Il lisait chaque jour les journaux de la veille dans l'office des bonnes maisons qu'il parcourait, et cette guerre d'Amérique, qu'on signalait comme le réveil de la justice et de la liberté dans l'univers, lui avait semblé devoir amener une révolution en France. Il est vrai qu'il prenait au pied de la lettre cette influence des idées qui devaient traverser les mers et venir s'emparer des esprits sur notre continent. Il voyait en rêve une armée d'Américains victorieux descendant de nombreux vaisseaux et apportant l'olivier de paix et la corne d'abondance à la nation française. Il se voyait dans ce même rêve commandant une légion héroïque, et reparaissant dans la Varenne guerrier, législateur, émule de Washington, supprimant les abus, renversant les grandes fortunes, dotant chaque prolétaire d'une portion convenable, et, au milieu de ces vastes et rigoureuses mesures, protégeant les bons et loyaux nobles et leur conservant une existence honorable. Il est inutile de dire que les nécessités douloureuses des grandes crises politiques n'entraient point dans l'esprit de Marcasse, et que pas une goutte de sang répandu ne venait souiller le romanesque tableau que Patience déroulait devant ses yeux.

Il y avait loin de ces espérances gigantesques au métier de valet de chambre de M. de La Marche ; mais Marcasse n'avait pas d'autre chemin pour arriver à son but. Les cadres du corps d'armée destiné pour l'Amérique étaient remplis depuis longtemps, et ce n'était qu'en qualité de passager attaché à l'expédition qu'il pouvait prendre place sur un bâtiment marchand à la suite de l'escadre. Il avait questionné l'abbé sur tout cela sans lui dire son projet. Son départ fut un coup de théâtre pour tous les habitants de la Varenne.

A peine eut-il mis le pied sur le rivage de l'Union qu'il sentit un besoin irrésistible de prendre son grand chapeau et sa grande épée, et d'aller tout seul devant lui à travers bois, comme il avait coutume de faire dans son pays ; mais sa conscience lui défendait de quitter son maître après avoir contracté l'engagement de le servir. Il avait compté sur la fortune, et la fortune le seconda. La guerre étant beaucoup plus meurtrière et plus active qu'on ne s'y attendait, M. de La Marche craignit à tort d'être embarrassé par la santé débile de son maigre écuyer. Pressentant d'ailleurs son désir de liberté, il lui offrit une somme d'argent et des lettres de recommandation pour qu'il pût se joindre comme volontaire aux troupes américaines. Marcasse, sachant la fortune de son maître, refusa l'argent, n'accepta que les recommandations, et partit léger comme la plus agile des belettes qu'il eût jamais occises.

Son intention était de se rendre à Philadelphie ; mais un hasard inutile à raconter lui ayant fait savoir que j'étais dans le sud, comptant avec raison trouver en moi un conseil et un appui, il était venu me rejoindre, seul, à pied, à travers des contrées inconnues, presque désertes et souvent pleines de périls de toute espèce. Son habit seul avait souffert ; sa figure jaune n'avait pas changé de nuance, et il n'était pas plus étonné de sa nouvelle destinée que s'il eût parcouru la distance de Sainte-Sévère à la tour Gazeau.

La seule chose insolite que je remarquai en lui fut qu'il se retournait de temps en temps et regardait en arrière, comme s'il eût été tenté d'appeler quelqu'un; puis aussitôt il souriait et soupirait presque au même instant. Je ne pus résister au désir de lui demander la cause de son inquiétude. « Hélas! répondit-il, habitude ne peut se perdre : un pauvre chien! un bon chien! Toujours dire : ici, Blaireau! Blaireau, ici!

— J'entends, lui dis-je, Blaireau est mort, et vous ne pouvez vous habituer à l'idée que vous ne le verrez plus sur vos traces?

— Mort! s'écria-t-il avec un geste d'épouvante. Non, Dieu merci! Ami Patience, grand ami! Blaireau heureux, mais triste comme son maître, son maître seul!

— Si Blaireau est chez Patience, dit Arthur, il est heureux en effet, car Patience ne manque de rien; Patience le chérira pour l'amour de vous, et certainement vous reverrez votre digne ami et votre chien fidèle. »

Marcasse leva les yeux sur la personne qui semblait si bien connaître sa vie; mais, s'étant assuré qu'il ne l'avait jamais vue, il prit le parti qu'il avait coutume de prendre quand il ne comprenait pas; il souleva son chapeau et salua respectueusement.

Marcasse fut, à ma prompte recommandation, enrôlé sous mes ordres, et peu de temps après il fut nommé sergent. Ce digne homme fit toute la campagne avec moi et la fit bravement, et lorsqu'en 1782 je passai sous le drapeau de ma nation et rejoignis l'armée de Rochambeau, il me suivit, voulant partager mon sort jusqu'à la fin. Dans les premiers jours, il fut pour moi un amusement plutôt qu'une société; mais bientôt sa bonne conduite et son intrépidité calme lui méritèrent l'estime de tous, et j'eus lieu d'être fier de mon protégé. Arthur aussi le prit en grande amitié, et hors du service il nous accompagnait dans toutes nos promenades, portant la boîte du naturaliste, et perforant les serpents de son épée.

Mais lorsque j'essayai de le faire parler de ma cousine, il ne me satisfit point. Soit qu'il ne comprît pas l'intérêt que je mettais à savoir tous les détails de la vie qu'elle menait loin de moi, soit qu'il se fût fait à cet égard une de ces lois invariables qui gouvernaient sa conscience, jamais je ne pus obtenir une solution claire aux doutes qui me tourmentaient. Il me dit bien d'abord qu'il n'était question de son mariage avec personne; mais quelque habitué que je fusse à la manière vague dont il s'exprimait, je m'imaginai qu'il avait fait cette réponse avec embarras et de l'air d'un homme qui s'est engagé à garder un secret. L'honneur me défendait d'insister au point de lui laisser voir mes espérances; il y eut donc toujours entre nous un point douloureux auquel j'évitais de toucher, et sur lequel, malgré moi, je me trouvais revenir toujours. Tant qu'Arthur fut près de moi, je gardai ma raison, j'interprétai les lettres d'Edmée dans le sens le plus loyal; mais quand j'eus la douleur de me séparer de lui, mes souffrances se réveillèrent, et le séjour de l'Amérique me pesa de plus en plus.

Cette séparation eut lieu lorsque je quittai l'armée américaine pour faire la guerre sous les ordres du général français. Arthur était Américain, et il n'attendait d'ailleurs que l'issue de la guerre pour se retirer du service et se fixer à Boston, auprès du docteur Cooper, qui l'aimait comme son fils, et qui se chargea de l'attacher à la bibliothèque de la société de Philadelphie, en qualité de bibliothécaire principal. C'était tout ce qu'Arthur avait désiré comme récompense de ses travaux.

Les événements qui remplirent ces dernières années appartiennent à l'histoire. Je vis la paix proclamer l'existence des États-Unis avec une joie toute personnelle. Le chagrin s'était emparé de moi, ma passion n'avait fait que grandir et ne laissait point de place aux enivrements de la gloire militaire. J'allai avant mon départ embrasser Arthur, et je m'embarquai avec le brave Marcasse, partagé entre la douleur de quitter mon seul ami et la joie de revoir mes seules amours. L'escadre dont je faisais partie éprouva de grandes vicissitudes dans la traversée, et plusieurs fois je renonçai à l'espérance de mettre jamais un genou en terre devant Edmée, sous les grands chênes de Sainte-Sévère. Enfin, après une dernière tempête essuyée sur les côtes de France, je mis le pied sur les grèves de la Bretagne, et je tombai dans les bras de mon pauvre sergent, qui avait supporté, sinon avec plus de force physique, du moins avec plus de tranquillité morale, les maux communs, et nos larmes se confondirent.

XVI.

Nous partîmes de Brest sans nous faire précéder d'aucune lettre.

Lorsque nous approchâmes de la Varenne, nous mîmes pied à terre, et, envoyant la chaise de poste par le plus long chemin, nous prîmes à travers bois. Quand je vis les arbres du parc élever leurs têtes vénérables au-dessus des bois taillis comme une grave phalange de druides au milieu d'une multitude prosternée, mon cœur battit si fort que je fus forcé de m'arrêter. « Eh bien ! » me dit Marcasse en se retournant d'un air presque sévère, et comme s'il m'eût reproché ma faiblesse ; mais un instant après je vis sa physionomie également compromise par une émotion inattendue. Un petit glapissement plaintif et le frôlement d'une queue de renard dans ses jambes l'ayant fait tressaillir, il jeta un grand cri en reconnaissant Blaireau. Le pauvre animal avait senti son maître de loin, il était accouru avec l'agilité de sa première jeunesse pour se rouler à nos pieds. Nous crûmes un instant qu'il allait y mourir, car il resta immobile et comme crispé sous la main caressante de Marcasse; puis tout à coup, se relevant comme frappé d'une idée digne d'un homme, il repartit avec la rapidité de l'éclair et se dirigea vers la cabane de Patience.

« Oui, va avertir mon ami, brave chien! s'écria Marcasse; plus ami que toi serait plus qu'homme. » Il se retourna vers moi, et je vis deux grosses larmes rouler sur les joues de l'impassible hidalgo.

Nous doublâmes le pas jusqu'à la cabane. Elle avait subi de notables améliorations; un joli jardin rustique, clos par une haie vive adossée à des quartiers de roc, s'étendait autour de la maisonnette; nous arrivâmes, non plus par un sentier pierreux, mais par une belle allée, aux deux côtés de laquelle des légumes splendides s'étalaient en lignes régulières comme une armée en ordre de marche. Un bataillon de choux composait l'avant-garde; les carottes et les salades formaient le corps principal, et le long de la haie l'oseille modeste fermait le cortége. De jolis pommiers, déjà forts, inclinaient sur ces plantes leur parasol de verdure, et les poiriers en quenouille, alternant avec les poiriers en éventail, les bordures de thym et de sauge baisant le pied des tournesols et des giroflées, trahissaient dans Patience un singulier retour à des idées d'ordre social et à des habitudes de luxe.

Ce changement était si notable que je croyais ne plus trouver Patience dans cette habitation. Une inquiétude plus grave encore commençait à me gagner; elle se changea presque en certitude lorsque je vis deux jeunes gens du village occupés à tailler les espaliers. Notre traversée avait duré plus de quatre mois, et il y en avait bien six que nous n'avions entendu parler du solitaire. Mais Marcasse ne ressentait aucune crainte; Blaireau lui avait dit que Patience vivait, et les traces du petit chien fraîchement marquées sur le sable de l'allée attestaient la direction qu'il avait prise. Néanmoins, j'avais tellement peur de voir troubler la joie d'un pareil jour que je n'osai pas faire une question aux jardiniers de Patience, et que je suivis en silence l'hidalgo, dont l'œil attendri se promenait sur ce nouvel Éden, et dont la bouche discrète ne laissait échapper que le mot *changement*, plusieurs fois répété.

Enfin l'impatience me prit : l'allée était interminable, bien que très-courte en réalité, et je me mis à courir, le cœur bondissant d'émotion. « Edmée, me disais-je, est peut-être là. »

Elle n'y était pourtant pas, et je n'entendis que la voix du solitaire qui disait : « Ah çà ! qu'est-ce qu'il y a donc ? ce pauvre vieux chien est-il devenu enragé ! A bas, Blaireau ! Vous n'auriez pas tourmenté votre maître de la sorte. Ce que c'est que de gâter les gens !

— Blaireau n'est pas enragé, dis-je en entrant; êtes-vous donc devenu sourd à l'approche d'un ami, maître Patience ? »

Patience laissa retomber sur sa table une pile d'argent qu'il était en train de compter, et vint à moi avec son ancienne cordialité. Je l'embrassai; il fut surpris et touché de ma joie; puis, me regardant de la tête aux pieds, il s'émerveillait du changement opéré dans ma personne, lorsque Marcasse parut sur le seuil de la porte.

Alors Patience, avec une expression sublime, s'écria en levant sa large main vers le ciel : « Les paroles du Cantique ! Maintenant je puis mourir, mes yeux ont vu celui que j'attendais. » L'hidalgo ne dit rien ; il leva son chapeau comme de coutume, et, s'asseyant sur une chaise, il devint pâle et ferma les yeux. Son chien sauta sur ses genoux en témoignant sa tendresse par des essais de petits cris qui se changeaient en éternuements multipliés (vous savez qu'il était *muet de naissance*). Tout tremblant de vieillesse et de joie, il allongea son nez pointu vers le long nez de son maître ; mais son maître ne lui répondit pas comme à l'ordinaire : « A bas, Blaireau ! » Marcasse était évanoui.

Cette âme aimante, qui ne savait pas plus que celle de Blaireau se manifester par la parole, succombait sous le poids de son bonheur. Patience courut lui chercher un grand *pichet* de vin du pays, de seconde année, c'est-à-dire du plus vieux et du meilleur possible ; il lui en fit avaler quelques gouttes dont la verdeur le ranima. L'hidalgo excusa sa faiblesse en l'attribuant à la fatigue et à la chaleur ; il ne voulut ou ne sut pas l'attribuer à son véritable motif. Il est des âmes qui s'éteignent, après avoir brûlé pour tout ce qu'il y a de beau et de grand dans l'ordre moral, sans avoir trouvé le moyen et même sans avoir senti le besoin de se manifester aux autres.

Quand les premiers élans furent calmés chez Patience, qui était aussi expansif que son ami l'était peu : « Ah çà ! me dit-il, je vois, mon officier, que vous n'avez pas envie de rester ici longtemps. Allons donc vite où vous êtes pressé d'arriver. On va être bien surpris et bien content, je vous jure. » Nous pénétrâmes dans le parc, et en le traversant Patience nous expliqua le changement survenu dans son habitation et dans sa vie. « Quant à moi, vous voyez que je n'ai pas changé, nous dit-il. Même tenue, mêmes allures ; et si je vous ai servi du vin tout à l'heure, je n'ai pas cessé pour cela de boire de l'eau. Mais j'ai de l'argent et des terres, et des ouvriers, da ! Eh bien ! tout cela, c'est malgré moi, comme vous allez le savoir. Il y a trois ans environ, mademoiselle Edmée me parla de l'embarras où elle était pour faire la charité à propos. L'abbé était aussi malhabile qu'elle. On les trompait tous les jours en leur tirant de l'argent pour en faire un méchant usage, tandis que des journaliers fiers et laborieux manquaient de tout sans qu'on pût le savoir. Elle craignait de les humilier en allant s'enquérir de leurs besoins, et lorsque de mauvais sujets s'adressaient à elle, elle aimait mieux être leur dupe que de se tromper au détriment de la charité. De cette manière elle dépensait beaucoup d'argent et faisait peu de bien. Je lui fis alors entendre que l'argent était la chose la moins nécessaire aux nécessiteux; que ce qui rendait les hommes vraiment malheureux, ce n'était pas de ne pouvoir se vêtir mieux que les autres, aller au cabaret le dimanche, étaler à la grand'messe un bas bien blanc avec une jarretière rouge sur le genou, de ne pouvoir dire : Ma jument, ma vache, ma vigne, mon grenier, etc., mais bien d'avoir le *corps faible et la saison dure*, de ne pouvoir se préserver du froid, du chaud, des maladies, *de la grand'soif et de la grand'faim*. Je lui dis donc de ne pas juger de la force et de la santé des paysans d'après moi, mais d'aller s'informer elle-même de leurs maladies et de ce qui manquait à leur ménage. Ces gens-là ne sont pas philosophes; ils ont de la vanité, ils aiment la *braverie*, mangent le peu qu'ils gagnent pour paraître, et n'ont pas la prévoyance de se priver d'un petit plaisir pour mettre en réserve une ressource contre les grands besoins. Enfin, ils ne savent pas gouverner l'argent; ils vous disent qu'ils ont des dettes, et s'il est vrai qu'ils en aient, il n'est pas vrai qu'ils emploient à les payer l'argent que vous leur donnez. Ils ne songent pas au lendemain, ils payent l'intérêt aussi haut qu'on veut le leur faire payer, et ils achètent avec votre argent une chenevière ou un mobilier, afin que les voisins s'étonnent et soient jaloux. Cependant les dettes augmentent tous les ans, et au bout du compte il faut vendre chenevière et mobilier, parce que le créancier, qui est toujours un d'entre eux, veut son remboursement ou de tels intérêts qu'on ne peut y suffire. Tout s'en va, le fonds emporte le fonds; les intérêts ont emporté le revenu; on est vieux, on ne peut plus travailler. Les enfants vous abandonnent, parce que vous les avez mal élevés et qu'ils ont les mêmes passions et les mêmes vanités que vous; il vous faut prendre une besace et aller de porte en porte demander du pain, parce que vous êtes habitué au pain et ne sauriez sans mourir manger des racines comme le sorcier Patience, rebut de la nature, que tout le monde hait et méprise, parce qu'il ne s'est pas fait mendiant. Le mendiant, au reste, n'est guère plus malheureux que le journalier, moins peut-être. Il n'a plus ni bonne ni sotte fierté, il ne souffre plus. Les gens du pays sont bons; aucun *besacier* ne manque d'un gîte et d'un souper en faisant sa ronde; les paysans lui chargent le dos de morceaux de pain, si bien qu'il peut nourrir volaille et pourceau dans la petite cahute où il laisse un enfant et une vieille parente pour soigner son bétail. Il y revient toutes les semaines passer deux ou trois jours à ne rien faire et à compter les pièces de deux sous qu'il a reçues. Cette pauvre monnaie lui sert souvent à satisfaire des besoins superflus que l'oisiveté engendre. Un métayer prend bien rarement du tabac; beaucoup de mendiants ne peuvent s'en passer et en demandent avec plus d'avidité que du pain. Ainsi le mendiant n'est pas plus à plaindre que le travailleur; mais il est corrompu et débauché quand il n'est pas méchant et féroce, ce qui du reste est assez rare.

« Voici donc ce qu'il faudrait faire, disais-je à Edmée; et l'abbé m'a dit que cela était l'avis de vos philosophes.

Il faudrait que les personnes qui font comme vous beaucoup de charités particulières les fissent sans consulter la fantaisie de celui qui demande, mais bien après avoir reconnu ses véritables besoins. Edmée m'objecta que cette connaissance-là lui serait impossible, qu'il y faudrait passer toutes ses journées, et abandonner M. le chevalier qui se fait vieux, et qui ne peut plus lire ni rien faire sans les yeux et la tête de sa fille. L'abbé aimait trop à s'instruire pour son compte dans les livres des savants, pour avoir du temps de reste. « Voilà à quoi sert la belle science de la vertu, lui dis-je, elle fait qu'on oublie d'être vertueux. — Tu as bien raison, repartit Edmée, mais comment faire ? » Je promis d'y songer, et voici ce que j'imaginai. Je me promenai tous les jours du côté des terres, au lieu de me promener comme d'habitude du côté des bois. Cela me coûta beaucoup; j'aime à être seul, et partout je fuyais l'homme depuis tant d'années que je n'en sais plus le compte. Enfin, c'était un devoir, je le fis. J'approchai des maisons; je m'enquis d'abord par-dessus la haie, et puis jusque dans l'intérieur des habitations, et comme par manière de conversation, de ce que je voulais savoir. D'abord on me reçut comme un chien perdu en temps de sécheresse, et je vis, avec un chagrin que j'eus bien de la peine à cacher, la haine et la méfiance sur toutes ces figures. Je n'avais pas voulu vivre avec les hommes, mais je les aimais; je les savais plus malheureux que méchants; j'avais passé tout mon temps à m'affliger de leurs maux, à m'indigner contre ceux qui les causaient; et quand pour la première fois j'entrevoyais la possibilité de faire quelque chose pour quelques-uns, ceux-là fermaient bien vite leur porte du plus loin qu'ils m'apercevaient, et leurs enfants, de beaux enfants que j'aime tant ! se cachaient dans les fossés pour n'avoir pas la fièvre que je donnais, disait-on, avec le regard. Cependant, comme on savait l'amitié qu'Edmée avait pour moi, on n'osa pas me repousser ouvertement, et je vins à bout de savoir ce qui nous intéressait. Elle apporta remède à tous les maux que je lui fis connaître. Une maison était lézardée, et tandis que la jeune fille portait un tablier de cotonnade à quatre livres l'aune, la pluie tombait sur le lit de la grand'mère et sur le berceau des petits enfants; on fit réparer les toits et les murailles, les matériaux furent fournis et les ouvriers payés par nous; mais plus d'argent pour les beaux tabliers. Ailleurs une vieille femme était réduite à mendier, parce qu'elle n'avait écouté que son cœur en donnant son bien à ses enfants, qui la mettaient à la porte ou lui rendaient la vie si dure à la maison qu'elle aimait mieux vagabonder. Nous nous fîmes les avocats de la vieille, avec menace de porter, à nos frais, l'affaire devant les tribunaux, et nous obtînmes pour elle une pension que nous augmentâmes de nos deniers quand elle ne suffisait pas. Nous amenâmes plusieurs vieillards, qui se trouvaient dans la même position, à s'associer et à se mettre en pension chez l'un d'entre eux, à qui nous fîmes un petit fonds, et qui, ayant de l'industrie et de l'ordre, fit de bonnes affaires, à tel point que ses enfants vinrent faire leur paix et demander à l'aider dans son établissement. Nous fîmes bien d'autres choses encore dont le détail serait trop long et que vous verrez de reste. Je dis *nous*, parce que peu à peu, quoique je ne voulusse me mêler de rien au delà de ce que j'avais fait, je fus entraîné et forcé à faire davantage, à me mêler de beaucoup de choses, et finalement de tout. Bref, c'est moi qui prends les informations, qui dirige les travaux et qui fais les négociations. Mademoiselle Edmée a voulu qu'il y eût de l'argent dans mes mains, que je pusse en disposer sans la consulter d'avance; c'est ce que je ne me suis jamais permis, et aussi jamais elle ne m'a contredit une seule fois dans mes idées. Mais tout cela, voyez-vous, m'a donné bien de la fatigue et bien du souci. Depuis que les habitants savent que je suis un *petit Turgot*, ils se sont mis ventre à terre devant moi, et cela m'a fait de la peine. J'ai donc des amis dont je ne me soucie pas, et j'ai aussi des ennemis dont je me passerais bien. Les *faux besoigneux* m'en veulent de ne pas être leur dupe ; il y a des indiscrets et des gens sans vertu qui trouvent qu'on fait toujours trop pour les autres, jamais assez pour eux. Au milieu de ce bruit et de ces tracasseries, je ne me promène plus la nuit, je ne dors plus le jour ; je suis monsieur Patience, et non plus le sorcier de la tour Gazeau, mais je ne suis plus le solitaire ; et croyez-moi, je voudrais de tout mon cœur être né égoïste, et jeter là le collier pour retourner à ma vie sauvage et à ma liberté. »

Patience nous ayant fait ce récit, nous lui fîmes compliment ; mais nous nous permîmes une objection contre sa prétendue abnégation personnelle ; ce jardin magnifique attestait une transaction avec les *nécessités superflues* dont il avait toute sa vie déploré l'usage chez les autres. « Cela ? dit-il en allongeant le bras du côté de son enclos, cela ne me regarde pas ; ils l'ont fait malgré moi ; mais comme c'étaient de braves gens et que mon refus les affligeait, j'ai été forcé de le souffrir. Sachez que, si j'ai fait bien des ingrats, j'ai fait aussi quelques heureux reconnaissants. Or, deux ou trois familles auxquelles j'ai rendu service ont cherché tous les moyens possibles de me faire plaisir ; et comme je refusais tout, on a imaginé de me surprendre. Une fois, j'avais été passer plusieurs jours à la Berthenoux pour une affaire de confiance dont on m'avait chargé ; car on en est venu à me supposer un grand esprit, tant les gens sont portés à passer d'une extrémité à l'autre. Quand je revins, je trouvai ce jardin tracé, planté et fermé comme vous l'avez vu. J'eus beau me fâcher, dire que je ne voulais pas travailler, que j'étais trop vieux, et que le plaisir de manger quelques fruits de plus ne valait pas la peine que ce jardin allait me coûter à l'entretenir ; on n'en tint compte et on l'acheva, en me déclarant que je n'aurais rien à y faire, parce qu'on se chargeait de le cultiver pour moi. En effet, depuis deux ans, les braves gens n'ont pas manqué de venir, tantôt celui-ci, tantôt celui-là, passer dans chaque saison le temps nécessaire à son parfait entretien. Au reste, quoique je n'aie rien changé à ma manière de vivre, le produit de ce jardin m'a été utile : j'ai pu nourrir pendant l'hiver plusieurs pauvres avec mes légumes ; les fruits me servent à gagner l'amitié des petits enfants, qui ne crient plus *au loup* quand ils me voient, et qui s'enhardissent jusqu'à venir embrasser le sorcier. On m'a aussi forcé d'accepter du vin et de temps en temps du pain blanc et des fromages de vache ; mais tout cela ne me sert qu'à faire politesse aux anciens du village, quand ils viennent m'exposer les besoins de l'endroit et me charger d'en informer le château. Ces honneurs ne me tournent pas la tête, voyez-vous ; et même je puis dire que quand j'aurai fait à peu près tout ce que j'ai à faire, je laisserai là les soucis de la grandeur et je retournerai à la vie du philosophe, peut-être à la tour Gazeau, qui sait ? »

Nous touchions au terme de notre marche. En mettant le pied sur le perron du château, je joignis les mains, et, saisi d'un sentiment religieux, j'invoquai le ciel avec une sorte de terreur. Je ne sais quel vague effroi se réveilla ; j'imaginai tout ce qui pouvait m'empêcher d'être heureux, et j'hésitai à franchir le seuil de la maison, puis je m'élançai. Un nuage passa devant mes yeux, un bourdonnement remplit mes oreilles. Je rencontrai Saint-Jean, qui, ne me reconnaissant pas, fit un grand cri et se jeta devant moi pour m'empêcher d'entrer sans être annoncé; je le poussai hors de mon chemin, et il tomba consterné sur une chaise dans l'antichambre, tandis que je gagnais la porte du salon avec impétuosité. Mais au moment de la pousser brusquement, je m'arrêtai saisi d'un nouvel effroi, et j'ouvris si timidement qu'Edmée, occupée à broder au métier, ne leva pas les yeux, croyant reconnaître dans ce léger bruit la manière respectueuse de Saint-Jean. Le chevalier dormait et ne s'éveilla pas. Ce vieillard, grand et maigre comme tous les Mauprat, était affaissé sur lui-même, et sa tête pâle et ridée, que l'insensibilité du tombeau semblait avoir déjà enveloppée, ressemblait à une des figures anguleuses, en chêne sculpté, qui ornaient le dossier de son grand fauteuil. Il avait les pieds allongés devant un feu de sarment, quoique le soleil fût chaud et qu'un clair rayon tombât sur sa tête blanche et la fît briller comme l'argent. Comment vous peindrais-je ce que me fit éprouver l'attitude d'Edmée? Elle était penchée sur sa tapisserie, et de temps en temps elle levait les yeux sur son père pour interroger les moindres mouvements de son sommeil. Mais que de patience et de résignation dans tout son être! Edmée n'aimait pas les travaux d'aiguille; elle avait l'esprit trop sérieux pour attacher de l'importance à l'effet d'une nuance à côté d'une nuance et à la régularité d'un point pressé contre un autre point. D'ailleurs elle avait le sang impétueux; et quand son esprit n'était pas absorbé par le travail de l'intelligence, il lui fallait de l'exercice et le grand air. Mais depuis que son père, en proie aux infirmités de la vieillesse, ne quittait presque plus son fauteuil, elle ne quittait plus son père un seul instant; et, ne pouvant toujours lire et vivre par l'esprit, elle avait senti la nécessité d'adopter ces occupations féminines, « qui sont, disait-elle, les amusements de la captivité. » Elle avait donc vaincu son caractère d'une manière héroïque. Dans une de ces luttes obscures qui s'accomplissent souvent sous nos yeux sans que nous en soupçonnions le mérite, elle avait fait plus que de dompter son caractère, elle avait changé jusqu'à la circulation de son sang. Je la trouvai maigrie, et son teint avait perdu cette première fleur de la jeunesse, qui est comme la fraîche vapeur que l'haleine du matin dépose sur les fruits et qui s'enlève au moindre choc extérieur, bien que l'ardeur du soleil l'ait respectée. Mais il y avait dans cette pâleur précoce et dans cette maigreur un peu maladive un charme indéfinissable ; son regard plus enfoncé, et toujours impénétrable, avait moins de fierté et plus de mélancolie qu'autrefois ; sa bouche, plus mobile, avait le sourire plus fin et moins dédaigneux. Lorsqu'elle me parla, il me sembla voir deux personnes en elle, l'ancienne et la nouvelle ; et, au lieu d'avoir perdu de sa beauté, je trouvai qu'elle avait complété l'idéal de la perfection. J'ai pourtant ouï dire alors à plusieurs personnes qu'elle avait *beaucoup changé;* ce qui voulait dire, selon elles, qu'elle avait beaucoup perdu. Mais la beauté est comme un temple dont les profanes ne voient que les richesses extérieures. Le divin mystère de la pensée de l'artiste ne se révèle qu'aux grandes sympathies, et le moindre détail de l'œuvre sublime renferme une inspiration qui échappe à l'intelligence du vulgaire. Un de vos modernes écrivains a dit cela, je crois, en d'autres termes et beaucoup mieux. Quant à moi, dans aucun moment de sa vie je n'ai trouvé Edmée moins belle que dans un autre moment ; jusque dans les heures de souffrance où la beauté semble effacée dans le sens matériel, la sienne se divinisait à mes yeux et me révélait une nouvelle beauté morale dont le reflet éclairait son visage. Au reste, je suis doué médiocrement sous le rapport des arts, et, si j'avais été peintre, je n'aurais pu reproduire qu'un seul type, celui dont mon âme était remplie ; car une seule femme m'a semblé belle dans le cours de ma longue vie : ce fut Edmée.

Je restai quelques instants à la regarder, pâle et touchante, triste, mais calme, vivante image de la piété filiale, de la force enchaînée par l'affection ; puis je m'élançai et tombai à ses pieds sans pouvoir dire un mot. Elle ne fit pas un cri, pas une exclamation ; mais elle entoura ma tête dans ses deux bras et la tint longtemps serrée contre sa poitrine. Dans cette forte étreinte, dans cette joie muette, je reconnus le sang de ma race, je sentis ma sœur. Le bon chevalier, réveillé en sursaut, l'œil fixe, le coude appuyé sur son genou et le corps plié en avant, nous regardait en disant : « Eh bien ! qu'est-ce donc que cela ? » Il ne pouvait voir mon visage caché dans le sein d'Edmée ; elle me poussa vers lui, et il me serra dans ses bras affaissés avec un élan de tendresse généreuse qui lui rendit un instant la vigueur de la jeunesse.

Vous pouvez imaginer les questions dont on m'accabla et les soins qui me furent prodigués. Edmée était pour moi une mère véritable. Cette bonté expansive et confiante avait tant de sainteté que, pendant toute cette journée, je n'eus pas auprès d'elle d'autres pensées que celles que j'aurais eues si j'avais été réellement son fils. Je fus vivement touché du soin qu'on prit d'enjoliver à l'abbé la surprise de mon retour ; j'y vis une preuve certaine de la joie qu'il en devait ressentir. On me fit cacher sous le métier d'Edmée et on me couvrit de la grande toile verte dont elle enveloppait son ouvrage. L'abbé s'assit tout près de moi, et je lui fis faire un cri en lui prenant les jambes. C'était une plaisanterie que j'avais l'habitude de lui faire autrefois ; et lorsque je sortis de ma cachette, en renversant brusquement le métier et en faisant rouler tous les pelotons de laine sur le parquet, il y eut sur son visage une expression de joie et de terreur tout à fait bizarre.

Mais je vous tiens quittes de toutes ces scènes d'intérieur, sur lesquelles ma mémoire se reporte malgré moi avec trop de complaisance.

XVII.

Un immense changement s'était opéré en moi dans le cours de six années. J'étais un homme à peu près semblable aux autres; les instincts étaient parvenus à s'équilibrer presque avec les affections, et les impressions avec le raisonnement. Cette éducation sociale s'était faite naturellement. Je n'avais eu qu'à accepter les leçons de l'expérience et les conseils de l'amitié. Il s'en fallait de beaucoup que je fusse un homme instruit, mais j'étais arrivé à pouvoir acquérir rapidement une instruction solide. J'avais sur toutes choses des notions aussi claires qu'on pouvait les avoir de mon temps. Je sais que, depuis cette époque, la science de l'homme a fait des progrès réels; je les ai suivis de loin, et je n'ai jamais songé à les nier. Or, comme je ne vois pas tous les hommes de mon âge se montrer aussi raisonnables, j'aime à croire que j'ai été mis de bonne heure dans une voie assez droite, puisque je ne me suis pas arrêté dans l'impasse des erreurs et des préjugés.

Les progrès de mon esprit et de ma raison parurent satisfaire Edmée. « Je n'en suis pas étonnée, me dit-elle; vos lettres me l'avaient appris; mais j'en jouis avec un orgueil maternel. »

Mon bon oncle n'avait plus la force de se livrer, comme autrefois, à d'orageuses discussions, et je crois vraiment que, s'il eût conservé cette force, il eût un peu regretté de ne plus retrouver en moi l'antagoniste infatigable qui l'avait tant contrarié jadis. Il fit même quelques essais de contradiction pour m'éprouver ; mais j'eusse regardé alors comme un crime de lui donner ce dangereux plaisir. Il eut un peu d'humeur et trouva que je le traitais trop en vieillard. Pour le consoler, je détournai la conversation vers l'histoire du passé qu'il avait traversé, et je l'interrogeai sur beaucoup de points où son expérience le servait mieux que mes lumières. De cette manière, j'acquis de bonnes notions sur l'esprit de conduite dans les affaires personnelles, et je satisfis pleinement son légitime amour-propre. Il me prit en amitié par sympathie comme il m'avait adopté par générosité naturelle et par esprit de famille. Il ne me cacha pas que son plus grand désir, avant de s'endormir du sommeil éternel, était de me voir devenir l'époux d'Edmée ; et, lorsque je lui répondis que c'était l'unique pensée de ma vie, l'unique vœu de mon âme : « Je le sais, je le sais, me dit-il ; tout dépend d'elle, et je crois qu'elle n'a plus de motifs d'hésitation. Je ne vois pas, ajouta-t-il après un instant de silence et avec un peu d'humeur, ceux qu'elle pourrait alléguer à présent. »

D'après cette parole, la première qui lui fût échappée sur le sujet qui m'intéressait le plus, je vis que depuis longtemps il était favorable à mes désirs, et que l'obstacle, s'il en existait encore un, venait d'Edmée. La dernière réflexion de mon oncle impliquait un doute que je n'osai pas chercher à éclaircir et qui me laissa beaucoup d'inquiétude. La fierté chatouilleuse d'Edmée m'inspirait tant de crainte, sa bonté ineffable m'imposait tant de respect, que je n'osai lui demander ouvertement de se prononcer sur mon sort. Je pris le parti d'agir comme si je n'eusse pas entretenu d'autre espérance que celle d'être à jamais son frère et son ami.

Un événement qui fut longtemps inexplicable vint faire diversion pendant quelques jours à mes pensées. Je m'étais d'abord refusé à aller prendre possession de la Roche-Mauprat. « Il faut absolument, m'avait dit mon oncle, que vous alliez voir les améliorations que j'ai faites à votre domaine, les terres qu'on a mises en bon état de culture, le cheptel que j'ai recomposé dans chacune de vos métairies. Vous devez enfin vous mettre au courant de vos affaires, montrer à vos paysans que vous vous intéressez à leurs travaux ; autrement, après ma mort, tout ira de mal en pis, vous serez forcé d'affermer, ce qui vous rapportera peut-être davantage, mais diminuera la valeur de votre fonds. Je suis trop vieux maintenant pour aller surveiller votre bien. Il y a deux ans que je n'ai pu quitter cette misérable robe de chambre ; l'abbé n'y entend rien ; Edmée est une excellente tête, mais elle ne peut pas se décider à aller dans cet endroit-là ; elle dit qu'elle y a eu trop peur, ce qui est un enfantillage. — Je sens que je dois montrer plus de courage, lui répondis-je ; et pourtant, mon bon oncle, ce que vous me prescrivez est pour moi la chose la plus rude qui soit au monde. Je n'ai pas mis le pied sur cette terre maudite depuis le jour où j'en suis sorti arrachant Edmée à ses ravisseurs. Il me semble que vous me chassez du ciel pour m'envoyer visiter l'enfer. » Le chevalier haussa les épaules ; l'abbé me conjura de prendre sur moi de le satisfaire ; c'était une véritable contrariété pour mon bon oncle que ma résistance. Je me soumis, et, résolu à me vaincre, je pris congé d'Edmée pour deux jours. L'abbé voulait m'accompagner pour me distraire des tristes pensées qui allaient m'assiéger ; mais je me fis scrupule de l'éloigner d'Edmée pendant ce court espace de temps ; je savais combien il lui était nécessaire. Attachée comme elle l'était au fauteuil du chevalier, sa vie était si grave, si retirée, que le plus petit événement s'y faisait sentir. Chaque année avait augmenté son isolement, et il était devenu à peu près complet depuis que la caducité du chevalier avait chassé de sa table les chansons et les bons mots, enfants joyeux du vin. Il avait été grand chasseur, et la Saint-Hubert, se trouvant précisément sa fête, avait rassemblé jadis autour de lui, à cette époque, toute la noblesse du pays. Longtemps les cours avaient retenti des hurlements de la meute; longtemps les écuries avaient serré deux longues files de chevaux fringants entre leurs stalles luisantes; longtemps la voix du cor avait plané sur les grands bois d'alentour ou sonné la fanfare sous les fenêtres de la grande salle, à chaque toast de la brillante compagnie. Mais ces beaux jours avaient disparu depuis longtemps; le chevalier ne chassait plus, et l'espoir d'obtenir la main de sa fille ne retenait plus autour de son fauteuil les jeunes gens ennuyés de sa vieillesse, de ses attaques de goutte et des histoires qu'il redisait le soir, ne se souvenant plus de les avoir dites le matin. Le refus obstiné d'Edmée et le renvoi de M. de La Marche avaient causé bien de la surprise et donné lieu à bien des recherches de curiosité. Un jeune homme amoureux d'elle, éconduit comme les autres et poussé par un sot et lâche orgueil à se venger de la seule femme de sa classe, qui, selon lui, eût osé le repousser, découvrit qu'Edmée avait été enlevée par les *coupe-jarrets*, et fit courir le bruit qu'elle avait passé une nuit d'orgie à la Roche-Mauprat. C'est tout au plus s'il daigna dire qu'elle n'avait cédé qu'à la violence. Edmée imposait trop de respect et d'estime pour qu'on l'accusât de complaisance avec les brigands; mais elle passa bientôt pour avoir été victime de leur brutalité. Marquée d'une tache ineffaçable, elle ne fut plus recherchée de personne. Mon absence ne servit qu'à confirmer cette opinion. Je l'avais sauvée de la mort, disait-on, mais non pas de la honte, et je ne pouvais en faire ma femme ; j'en étais amoureux, et je la fuyais pour ne pas succomber à la tentation de l'épouser. Tout cela avait tant de vraisemblance, qu'il eût été difficile de faire accepter au public la véritable version. Elle le fut d'autant moins qu'Edmée n'avait pas voulu agir en conséquence, et faire cesser les méchants bruits en donnant sa main à un homme qu'elle ne pouvait pas aimer. Telles étaient les causes de son isolement; je ne les sus bien que plus tard. Mais voyant l'intérieur si austère du chevalier et la sérénité si mélancolique d'Edmée, je craignis de faire tomber une feuille sèche sur cette onde endormie, et je suppliai l'abbé de rester auprès d'elle jusqu'à mon retour. Je ne pris avec moi que mon fidèle sergent Marcasse, qu'Edmée n'avait pas voulu laisser s'éloigner de moi, et qui partageait désormais la cabane élégante et la vie administrative de Patience.

J'arrivai à la Roche-Mauprat, par une soirée brumeuse, aux premiers jours de l'automne; le soleil était voilé, la nature s'assoupissait dans le silence et dans la brume; les plaines étaient désertes, l'air seul était rempli du mouvement et du bruit des grandes phalanges d'oiseaux de passage; les grues dessinaient dans le ciel des triangles gigantesques, et les cigognes, passant à une hauteur incommensurable, remplissaient les nuées de cris mélancoliques qui planaient sur les campagnes attristées comme le chant funèbre des beaux jours. Pour la première fois de l'année je sentis le froid de l'atmosphère, et je crois que tous les hommes sont saisis d'une tristesse instinctive à l'approche de la saison rigoureuse. Il y a dans les premiers frimas quelque chose qui rappelle à l'homme la prochaine dispersion des éléments de son être.

Nous avions traversé les bois et les bruyères, mon compagnon et moi, sans nous dire une seule parole; nous avions fait un long détour pour éviter la tour Gazeau,

20

que je ne me sentais pas la force de revoir. Le soleil se couchait dans des voiles gris quand nous franchîmes la herse de la Roche-Mauprat. Cette herse était brisée, le pont ne se levait plus et ne donnait plus passage qu'à de paisibles troupeaux et à leurs insouciants *pâtours*. Les fossés étaient à demi comblés, et déjà l'oseraie bleuâtre étendait ses rameaux flexibles sur les basses eaux ; l'ortie croissait au pied des tours écroulées, et les traces du feu semblaient encore fraîches sur les murs. Les bâtiments de ferme étaient tous renouvelés, et la basse-cour, pleine de bétail, de volailles, d'enfants, de chiens de berger et d'instruments aratoires, contrastait avec cette sombre enceinte, où je croyais encore voir monter la flamme rouge des assaillants et couler le sang noir des Mauprat.

Je fus reçu avec la cordialité tranquille et un peu froide des paysans du Berry. On n'essaya pas de me plaire, mais on ne me laissa manquer de rien. Je fus installé dans le seul des anciens bâtiments qui n'eût pas été endommagé lors du siége du donjon, ou abandonné depuis cette époque à l'action du temps. C'était un corps de logis dont l'architecture massive remontait au dixième siècle ; la porte était plus petite que les fenêtres, et les fenêtres elles-mêmes donnaient si peu de jour qu'il fallut allumer des flambeaux pour y pénétrer, quoique le soleil fût à peine couché. Ce bâtiment avait été restauré provisoirement pour servir de pied-à-terre au nouveau seigneur ou à ses mandataires. Mon oncle Hubert y était venu souvent surveiller mes intérêts tant que ses forces le lui avaient permis, et on me conduisit à la chambre qu'il s'était réservée et qui s'appelait désormais la chambre du maître. On y avait transporté tout ce qu'on avait sauvé de mieux de l'ancien ameublement ; et comme elle était froide et humide malgré tous les soins qu'on avait pris pour la rendre habitable, la servante du métayer me précéda, un tison dans une main et un fagot dans l'autre.

Aveuglé par la fumée dont elle promenait le nuage autour de moi, trompé par la nouvelle porte qu'on avait percée sur un autre point de la cour et par certains corridors qu'on avait murés pour se dispenser de les entretenir, je parvins jusqu'à cette chambre sans rien reconnaître ; il m'eût même été impossible de dire dans quelle partie des anciens bâtiments je me trouvais, tant le nouvel aspect de la cour déroutait mes souvenirs, tant mon âme assombrie et troublée était peu frappée des objets extérieurs.

On alluma le feu tandis que, me jetant sur une chaise et cachant ma tête dans mes mains, je me laissais aller à de tristes rêveries. Cette situation n'était pourtant pas sans charme, tant le passé se revêt naturellement de formes embellies ou adoucies dans le cerveau des jeunes gens, maîtres présomptueux de l'avenir. Quand, à force de souffler sur son tison, la servante eut rempli la chambre d'une épaisse fumée, elle sortit pour aller chercher de la braise et me laissa seul. Marcasse était resté à l'écurie pour soigner nos chevaux. Blaireau m'avait suivi ; couché devant l'âtre, il me regardait de temps en temps d'un air mécontent, comme pour me demander raison d'un si méchant gîte et d'un si pauvre feu.

Tout à coup, en jetant les yeux autour de moi, il me sembla que ma mémoire se réveillait. Le feu, après avoir fait crier le bois vert, envoya un jet de flamme dans la cheminée, et toute la chambre fut éclairée d'une lueur brillante, mais agitée, qui donnait aux objets une apparence douteuse et bizarre. Blaireau se releva, tourna le dos au feu, et s'assit entre mes jambes, comme s'il se fût attendu à quelque chose d'étrange et d'imprévu.

Je reconnus alors que ce lieu n'était autre que la chambre à coucher de mon grand-père Tristan, occupée depuis, pendant plusieurs années, par son fils aîné, le détestable Jean, mon plus cruel oppresseur, le plus fourbe et le plus lâche des Coupe-jarrets. Je fus saisi d'un mouvement de terreur et de dégoût en reconnaissant les meubles et jusqu'au lit à colonnes enroulées, où mon grand-père avait rendu à Dieu son âme criminelle dans les tortures d'une lente agonie. Le fauteuil sur lequel j'étais assis était celui où Jean *le Tors* (comme il prenait plaisir, dans ses jours facétieux, à se nommer lui-même) s'asseyait pour méditer ses scélératesses ou pour rendre ses odieux arrêts. Je crus voir passer, en cet instant, les spectres de tous les Mauprat avec leurs mains sanglantes et leurs yeux hébétés par le vin. Je me levai, et j'allais céder à l'horreur que j'éprouvais en prenant la fuite, lorsque, tout à coup, je vis se dresser devant moi une figure si distincte, si reconnaissable, si différente, par toutes les apparences de la réalité, des chimères dont je venais d'être assiégé, que je retombai sur mon siége, tout baigné d'une sueur froide. Jean Mauprat était debout auprès du lit. Il venait d'en sortir, car il tenait encore un pan du rideau entr'ouvert. Il me sembla le même qu'autrefois; seulement il était encore plus maigre, plus pâle et plus hideux; sa tête était rasée et son corps enveloppé d'un suaire de couleur sombre. Il me lança un regard infernal; un sourire haineux et méprisant effleura sa lèvre mince et flétrie. Il resta immobile, son œil étincelant attaché sur moi, et il semblait tout prêt à m'adresser la parole. J'étais convaincu, en cet instant, que ce que je voyais était un être vivant, un homme de chair et d'os; il est donc incroyable que je me sentisse glacé d'une terreur aussi puérile. Mais je le nierais en vain, et je n'ai jamais pu ensuite me l'expliquer à moi-même, j'étais enchaîné par la peur. Son regard me pétrifiait, ma langue était paralysée. Blaireau s'élança sur lui ; alors il agita les plis de son lugubre vêtement, semblable à un linceul souillé de l'humidité du sépulcre, et je m'évanouis.

Lorsque je revins à moi-même, Marcasse était auprès de moi et me relevait avec inquiétude. J'étais étendu à terre et raide comme un cadavre. J'eus beaucoup de peine à rassembler mes idées ; mais, aussitôt que je pus me tenir sur mes jambes, je saisis Marcasse par le corps, et je l'entraînai précipitamment hors de la chambre maudite. Je faillis tomber plusieurs fois en descendant l'escalier à vis, et ce ne fut qu'en respirant dans la cour l'air du soir et la saine odeur des étables que je recouvrai l'usage de ma raison.

Je n'hésitai pas à attribuer ce qui venait de se passer à une hallucination de mon cerveau. J'avais fait mes preuves de courage à la guerre, en présence de mon brave sergent ; je ne rougissais pas devant lui d'avouer la vérité. Je répondis sincèrement à ses questions, et je lui peignis mon horrible vision avec de tels détails qu'il en fut frappé à son tour comme d'une chose réelle, et répéta plusieurs fois d'un air pensif, en se promenant avec moi dans la cour : « Singulier, singulier !... étonnant !

— Non, cela n'est pas étonnant, lui dis-je quand je me sentis tout à fait remis. J'ai éprouvé la sensation la plus douloureuse en venant ici ; depuis pulsieurs jours je luttais pour surmonter la répugnance que j'éprouvais à revoir la Roche-Mauprat. J'ai eu le cauchemar la nuit dernière, et j'étais si fatigué et si triste en m'éveillant que, si je n'eusse craint de montrer de la mauvaise volonté à mon oncle, j'aurais encore différé ce voyage désagréable. En entrant ici, j'ai senti le froid me gagner ; ma poitrine était oppressée, je ne respirais pas. Peut-être aussi l'âcre fumée dont la chambre était remplie m'a-t-elle troublé le cerveau. Enfin, après les fatigues et les périls de notre

20.

malheureuse traversée, dont nous sommes à peine remis l'un et l'autre, est-il étonnant que j'aie éprouvé une crise nerveuse à la première émotion pénible?

— Dites-moi, reprit Marcasse toujours pensif, avez-vous remarqué Blaireau dans ce moment-là? Qu'a fait Blaireau? — J'ai cru voir Blaireau s'élancer sur le fantôme au moment où il a disparu; mais j'ai rêvé cela comme le reste.

— Hum! dit le sergent, quand je suis entré, Blaireau était tout en feu. Il venait à vous, flairait, pleurait à sa manière, allait du côté du lit, grattait le mur, venait à moi, allait à vous. Singulier, cela! Étonnant, capitaine, étonnant, cela! »

Après quelques instants de silence : « Pas de revenants, s'écria-t-il en secouant la tête, jamais de revenants; d'ailleurs, pourquoi mort, Jean? pas mort! Deux Mauprat encore. Qui le sait? Où diable? Pas de revenants; et mon maître fou? jamais. Malade? non. »

Après ce colloque, le sergent alla chercher de la lumière, tira du fourreau son inséparable épée, siffla Blaireau, et reprit bravement la corde qui servait de rampe à l'escalier, m'engageant à rester en bas. Quelle que fût ma répugnance à remonter dans cette chambre, je n'hésitai pas à suivre Marcasse, malgré ses recommandations, et notre premier soin fut de visiter le lit : mais, pendant que nous causions dans la cour, la servante avait mis des draps blancs et elle achevait de lisser les couvertures.

« Qui donc avait couché là? lui dit Marcasse avec sa prudence accoutumée. — Personne autre, répondit-elle, que M. le chevalier ou M. l'abbé Aubert, du temps qu'ils y venaient. — Mais aujourd'hui ou hier, par exemple? reprit Marcasse. — Oh! hier et aujourd'hui, personne, monsieur; car il y a bien deux ans que M. le chevalier n'est venu, et, pour M. l'abbé, il n'y couche jamais depuis qu'il y vient tout seul. Il arrive le matin, déjeune chez nous, et s'en retourne le soir. — Mais le lit était défait, dit Marcasse en la regardant fixement. — Ah, dame! monsieur, répondit-elle, ça se peut, je ne sais comment on l'a laissé la dernière fois qu'on y a couché; je n'y ai pas fait attention en mettant les draps; tout ce que je sais, c'est qu'il y avait le manteau à M. Bernard, qu'il avait jeté dessus. — Mon manteau? m'écriai-je, il est resté à l'écurie. — Et le mien aussi, dit Marcasse; je viens de les rouler tous les deux et de les placer sur le coffre à l'avoine. — Vous en aviez donc deux? reprit la servante; car je je suis sûre d'en avoir ôté un de dessus le lit, un manteau tout noir et pas neuf! » Le mien était précisément doublé de rouge et bordé d'un galon d'or. Celui de Marcasse était gris-clair. Ce n'était donc pas un de nos manteaux apportés un instant et rapportés à l'écurie par le garçon. « Mais qu'en avez-vous fait? dit le sergent. — Ma foi, monsieur, je l'ai mis là sur le fauteuil, répondit la grosse fille; mais vous l'avez donc repris pendant que j'allais chercher de la chandelle? car je ne le vois plus. »

Nous cherchâmes dans toute la chambre, le manteau fut introuvable. Nous feignîmes d'en avoir besoin, ne niant pas qu'il fût le nôtre. La servante défit le lit, retourna les matelas en notre présence, alla demander au garçon ce qu'il en avait fait. Il ne se trouva rien dans le lit ni dans la chambre; le garçon n'était pas même monté. Toute la ferme fut en émoi, craignant que quelqu'un ne fût accusé de vol. Nous demandâmes si un étranger n'était pas venu à la Roche-Mauprat et n'y était pas encore. Quand nous nous fûmes assurés que ces braves gens n'avaient logé ni vu personne, nous les rassurâmes sur le manteau perdu en leur disant que Marcasse l'avait roulé par mégarde dans les deux autres, et nous nous enfermâmes dans la chambre, afin de l'explorer à notre aise;

car il était à peu près évident, dès lors, que je n'avais point vu un spectre, mais Jean Mauprat lui-même ou un homme qui lui ressemblait et que j'avais pris pour lui.

Marcasse, ayant excité Blaireau de la voix et du geste, observa tous ses mouvements.

« Soyez tranquille, me dit-il avec orgueil ; le vieux chien n'a pas oublié le vieux métier ; s'il y a un trou, un trou grand comme la main, n'ayez peur. A toi, vieux chien ! n'ayez peur ! »

Blaireau, en effet, ayant flairé partout, s'obstina à gratter la muraille à l'endroit où j'avais vu l'apparition ; il tressaillait chaque fois que son nez pointu rencontrait une certaine partie du lambris ; puis il agitait sa queue de renard d'un air satisfait, revenait vers son maître et semblait lui dire de fixer là son attention. Le sergent se mit alors à examiner la muraille et la boiserie, il essaya d'insinuer son épée dans quelque fente ; rien ne céda. Néanmoins une porte pouvait se trouver là, car les rinceaux de la boiserie sculptée pouvaient cacher un coulisse adroitement pratiquée. Il fallait trouver le ressort qui faisait jouer cette coulisse ; mais cela nous fut impossible, malgré tous les efforts que nous fîmes pendant deux grandes heures. Nous essayâmes vainement d'ébranler le panneau, il rendait le même son que les autres ; tous étaient sonores, et indiquaient que la boiserie n'était pas posée immédiatement sur la maçonnerie ; mais elle pouvait n'en être éloignée que de quelques lignes. Enfin, Marcasse, baigné de sueur, s'arrêta et me dit : « Nous sommes bien fous ; quand nous chercherions jusqu'à demain, nous ne trouverions pas un ressort, s'il n'y en pas ; et quand nous cognerions, nous n'enfoncerions pas la porte, s'il y a derrière de grosses barres de fer, comme j'en ai vu déjà dans d'autres vieux manoirs.

— Nous pourrions, lui dis-je, trouver l'issue, s'il en

existe une, en nous servant de la cognée; mais pourquoi, sur la simple indication de ton chien qui gratte le mur, t'obstiner à croire que Jean Mauprat, ou l'homme qui lui ressemble, n'est pas entré et sorti par la porte? — Entré, tant que vous voudrez, répondit Marcasse, mais sorti! non, sur mon honneur! car, comme la servante descendait, j'étais sur l'escalier, brossant mes souliers; quand j'entendis tomber quelque chose ici, je montai vite trois marches, voilà tout, et me voilà près de vous. Vous mort, allongé sur le carreau et bien malade; personne dedans ni dehors, sur mon honneur! — En ce cas, j'ai rêvé de mon diable d'oncle, et la servante a rêvé d'un manteau noir; car, à coup sûr, il n'y a pas ici de porte secrète; et quand il y en aurait une, et que tous les Mauprat, vivants et morts, en auraient la clef, que nous fait cela? Sommes-nous attachés à la police pour nous enquérir de ces misérables? et si nous les trouvions cachés quelque part, ne les aiderions-nous pas à fuir plutôt que de les livrer à la justice? Nous avons nos armes, nous ne craignons pas qu'ils nous assassinent cette nuit; et s'ils s'amusent à nous faire peur, ma foi, malheur à eux! je ne connais ni parents ni alliés quand on me réveille en sursaut. Ainsi donc, faisons-nous servir l'omelette que les braves gens du domaine nous préparent; car si nous continuons à frapper et à gratter les murailles, ils vont nous croire fous. »

Marcasse se rendit par obéissance plutôt que par conviction; je ne sais quelle importance il attachait à découvrir ce mystère, ni quelle inquiétude le tourmentait, car il ne voulait pas me laisser seul dans la chambre enchantée. Il prétendait que je pouvais encore me trouver malade et tomber en convulsion.

« Oh! cette fois, lui dis-je, je ne serai pas si poltron. Le manteau m'a guéri de la peur des revenants, et je ne conseille à personne de se frotter à moi. »

L'hidalgo fut forcé de me laisser seul. J'amorçai mes pistolets et je les plaçai à portée de ma main sur la table; mais ces précautions furent en pure perte; rien ne troubla le silence de la chambre, et les lourds rideaux de soie rouge, aux coins armoriés d'argent noirci, ne furent pas agités par le plus léger souffle. Marcasse revint, et, joyeux de me trouver aussi gai qu'il m'avait laissé, prépara notre souper avec autant de soins que si nous fussions venus à la Roche-Mauprat avec la seule intention de faire un bon repas. Il plaisanta sur le chapon qui chantait encore à la broche, et sur le vin qui faisait l'effet d'une brosse dans le gosier. Mais le métayer vint augmenter sa bonne humeur en nous apportant quelques bouteilles d'excellent madère que le chevalier lui avait confiées autrefois, et dont il aimait à boire un verre ou deux lorsqu'il mettait le pied à l'étrier. Pour récompense, nous invitâmes le digne homme à souper avec nous, pour causer d'affaires le moins ennuyeusement possible. « A la bonne heure, nous dit-il, ce sera donc comme autrefois, les manants mangeaient à la table des seigneurs de la Roche-Mauprat; vous faites de même, monsieur Bernard, et c'est bien. — Oui, monsieur, lui répondis-je très-froidement; mais je le fais avec ceux qui me doivent de l'argent, et non avec ceux à qui j'en dois. » Cette réponse et le mot de monsieur l'intimidèrent tellement, qu'il fit beaucoup de façons pour se mettre à table; mais j'insistai, voulant sur-le-champ lui donner la mesure de mon caractère. Je le traitai comme un homme que j'élevais à moi, non comme un homme vers qui je voulais descendre. Je le forçai d'être chaste dans ses plaisanteries, et je lui permis d'être expansif et facétieux dans les limites d'une honnête gaicté. C'était un homme jovial et franc. Je l'examinais avec attention pour voir s'il n'aurait pas quelque accointance avec le fantôme qui laissait traîner son manteau sur les lits; mais cela n'était aucunement probable, et il avait au fond tant d'aversion pour les Coupe-jarrets que, sans son respect pour ma parenté, il les eût de bon cœur habillés, en ma présence, comme ils méritaient de l'être. Mais je ne pus souffrir aucune liberté de sa part sur ce sujet, et je l'engageai à me rendre compte de mes affaires, ce qu'il fit avec intelligence, exactitude et loyauté.

Quand il se retira, je m'aperçus que le madère lui avait fait beaucoup d'effet, car ses jambes étaient avinées et s'accrochaient à tous les meubles; néanmoins il avait eu assez d'empire sur son cerveau pour raisonner juste. J'ai toujours remarqué que le vin agissait beaucoup plus sur les muscles des paysans que sur leurs nerfs; qu'il divaguaient difficilement, et qu'au contraire les excitants produisaient en eux une béatitude que nous ne connaissons pas, et qui fait de leur ivresse un plaisir tout différent du nôtre et très-supérieur à notre exaltation fébrile.

Quand nous nous trouvâmes seuls, Marcasse et moi, quoique nous ne fussions pas gris, nous nous aperçûmes que le vin nous avait donné une gaieté, une insouciance que nous n'aurions pas eues à la Roche-Mauprat, même sans l'aventure du fantôme. Habitués à une franchise mutuelle, nous en fîmes la réflexion, et nous convînmes que nous étions beaucoup mieux disposés qu'avant souper à recevoir tous les loups-garous de la Varenne.

Ce mot de loup-garou me rappela l'aventure qui m'avait mis en relation très-peu sympathique avec Patience, à l'âge de treize ans. Marcasse la connaissait, mais il ne connaissait guère le caractère que j'avais à cette époque, et je m'amusai à lui raconter ma course effarée à travers champs, après avoir été fustigé par le sorcier. « Cela me fait penser, lui dis-je en terminant, que j'ai l'imagination facile à exalter et que je ne suis pas inaccessible à la peur des choses surnaturelles. Ainsi le fantôme de tantôt..... — N'importe, n'importe, dit Marcasse en examinant l'amorce de mes pistolets et en les posant sur ma table de nuit ; n'oubliez pas que tous les Coupe-jarrets ne sont pas morts ; que si Jean est de ce monde, il fera du mal jusqu'à ce qu'il soit enterré, enfermé à triple tour chez le diable. »

Le vin déliait la langue de l'hidalgo, qui ne manquait pas d'esprit lorsqu'il se permettait ces rares infractions à sa sobriété habituelle. Il ne voulut pas me quitter et fit son lit à côté du mien. Mes nerfs étaient excités par les émotions de la journée ; je me laissai donc aller à parler d'Edmée, non de manière à mériter de sa part l'ombre d'un reproche si elle eût entendu mes paroles, mais cependant plus que je n'aurais dû me le permettre avec un homme qui n'était encore que mon subalterne et non mon ami, comme il le devint plus tard. Je ne sais pas positivement ce que je lui dis de mes chagrins, de mes espérances et de mes inquiétudes ; toutefois ces confidences eurent un effet terrible, ainsi que vous le verrez bientôt.

Nous nous endormîmes tout en causant, Blaireau sur les pieds de son maître, l'épée en travers à côté du chien sur les genoux de l'hidalgo, la lumière entre nous deux, mes pistolets au bout de mon bras, mon couteau de chasse sous mon oreiller et les verrous tirés. Rien ne troubla notre repos ; et quand le soleil nous éveilla, les coqs chantaient joyeusement dans la cour, et les *boirons* échangeaient des facéties rustiques en *liant*[1] leurs bœufs sous nos fenêtres.

« C'est égal, il y a quelque chose là-dessous, » telle fut la première parole de Marcasse en ouvrant les yeux et en reprenant la conversation où il l'avait laissée la veille.

1. Les bouviers lient le joug avec des courroies aux cornes d'une paire de bœufs de travail.

« As-tu vu ou entendu quelque chose cette nuit? lui dis-je. — Rien du tout, répondit-il; mais c'est égal, Blaireau n'a pas bien dormi, mon épée est tombée par terre; et puis rien de ce qui s'est passé ici n'est expliqué. — L'explique qui voudra, répondis-je; je ne m'en occuperai certainement pas. — Tort, tort, vous avez tort! — Cela se peut, mon bon sergent; mais je n'aime pas du tout cette chambre, et elle me semble si laide au grand jour que j'ai besoin d'aller bien loin respirer un air pur. — Eh bien! moi, je vous conduirai, mais je reviendrai. Je ne veux pas laisser aller cela au hasard. Je sais de quoi Jean Mauprat est capable, et *pas vous*. — Je ne veux pas le savoir; et s'il y a quelque danger ici pour moi ou les miens, je ne veux pas que tu y reviennes. »

Marcasse secoua la tête et ne répondit rien. Nous fîmes encore un tour à la métairie avant de partir. Marcasse fut très-frappé d'une chose que je n'eusse pas remarquée. Le métayer voulut me présenter à sa femme; mais elle ne voulut jamais me voir, et alla se cacher dans sa chenevière. J'attribuais cette sauvagerie à la timidité de la jeunesse. « Belle jeunesse, ma foi! dit Marcasse; une jeunesse comme moi, cinquante ans passés! Il y a quelque chose là-dessous, quelque chose là-dessous, je vous dis. — Et que diable peut-il y avoir? — Hum! elle a été bien dans son temps avec Jean Mauprat. Elle a trouvé ce *tortu* à son gré. Je sais cela, moi; je sais encore bien des choses, bien des choses, soyez sûr! — Tu me les diras quand nous reviendrons ici, lui répondis-je: et ce ne sera pas de si tôt; car mes affaires vont beaucoup mieux que si je m'en mêlais, et je n'aimerais pas à prendre l'habitude de boire du madère pour ne pas avoir peur de mon ombre. Si tu veux m'obliger, Marcasse, tu ne parleras à personne de ce qui s'est passé. Tout le monde n'a pas pour ton capitaine la même estime que toi. — Celui-là est un imbécile qui n'estime pas mon capitaine, répondit l'hidalgo d'un ton doctoral ; mais, si vous me l'ordonnez, je ne dirai rien. »

Il me tint parole. Pour rien au monde je n'eusse voulu troubler l'esprit d'Edmée de cette sotte histoire. Mais je ne pus empêcher Marcasse d'exécuter son projet. Dès le lendemain matin il avait disparu, et j'appris de Patience qu'il était retourné à la Roche-Mauprat sous prétexte d'y avoir oublié quelque chose.

XVIII.

Tandis que Marcasse se livrait à ses graves recherches, je passais auprès d'Edmée des jours pleins de délices et d'angoisses. Sa conduite ferme, dévouée, mais réservée à beaucoup d'égards, me jetait dans de continuelles alternatives de joie et de douleur. Un jour, le chevalier eut une longue conférence avec elle tandis que j'étais à la promenade. Je rentrai au moment où leur conversation était le plus animée, et dès que je parus : « Approche, me dit mon oncle ; viens dire à Edmée que tu l'aimes, que tu la rendras heureuse, que tu es corrigé de tes anciens défauts. Arrange-toi pour être agréé, car il faut que cela finisse. Notre position vis-à-vis du monde n'est pas tenable, et je ne veux pas descendre dans le tombeau sans avoir vu réhabiliter l'honneur de ma fille, et sans être sûr que quelque sot caprice de sa part ne la jettera pas dans un couvent, au lieu de lui laisser occuper dans le monde le rang qui lui appartient, et que j'ai travaillé toute ma vie à lui assurer. Allons, Bernard, à ses pieds ! Ayez l'esprit de lui dire quelque chose qui la persuade ! ou bien je croirai, Dieu me pardonne, que c'est vous qui ne l'aimez pas et qui ne désirez pas sincèrement l'épouser.

— Moi ! juste ciel ! m'écriai-je, ne pas le désirer ! quand je n'ai pas d'autre pensée depuis sept ans, quand mon cœur n'a pas d'autre vœu et que mon esprit ne conçoit pas d'autre bonheur ! » Je dis à Edmée tout ce que me suggéra la passion la plus exaltée. Elle m'écouta en silence et sans retirer ses mains, que je couvrais de baisers. Mais sa physionomie était grave, et l'expression de sa voix me fit trembler lorsqu'elle dit, après avoir réfléchi quelques instants : « Mon père ne devrait jamais douter de ma parole ; j'ai promis d'épouser Bernard, je l'ai promis à Bernard et à mon père ; il est donc certain que je l'épouserai. » Puis elle ajouta après une nouvelle pause et d'un ton plus sévère encore : « Mais si mon père se croit à la veille de mourir, quelle force me suppose-t-il donc pour m'engager à ne songer qu'à moi, et me faire revêtir ma robe de noces à l'heure de ses funérailles? Si au contraire il est, comme je le crois, toujours plein de force malgré ses souffrances, et appelé à jouir encore pendant de longues années de l'amour de sa famille, d'où vient qu'il me presse si impérieusement d'abréger le délai que je lui ai demandé ? N'est-ce pas une chose assez importante pour que j'y réfléchisse ? Un engagement qui doit durer toute ma vie et qui décidera, je ne dis pas de mon bonheur, je saurais le sacrifier au moindre désir de mon père, mais de la paix de ma conscience et de la dignité de ma conduite (car quelle femme peut être assez sûre d'elle-même pour répondre d'un avenir enchaîné contre son gré?); un tel engagement ne mérite-t-il pas que j'en pèse tous les risques et tous les avantages pendant plusieurs années au moins? — Dieu merci ! voilà sept ans que vous passez à peser tout cela, dit le chevalier ; vous devriez savoir à quoi vous en tenir sur le compte de votre cousin. Si vous voulez l'épouser, épousez-le ; mais si vous ne le voulez pas, pour Dieu ! dites-le, et qu'un autre se présente. — Mon père, répondit Edmée un peu froidement, je n'épouserai que lui. — Que *lui* est fort bien, dit le chevalier en frappant avec la pincette sur les bûches ; mais cela ne veut peut-être pas dire que vous l'épouserez. — Je l'épouserai, mon père, reprit Edmée. J'aurais désiré quelques mois encore de liberté ; mais, puisque vous êtes mécontent de tous ces retards, je suis prête à obéir à vos ordres, vous le savez. — Parbleu ! voilà une jolie manière de consentir, s'écria mon oncle, et bien engageante pour votre cousin ! Ma foi ! Bernard, je suis bien vieux ; mais je puis dire que je ne comprends encore rien aux femmes, et il est probable que je mourrai sans y avoir rien compris.

— Mon oncle, lui dis-je, je comprends fort bien l'éloignement de ma cousine pour moi ; je l'ai mérité. J'ai fait tout ce qui était en mon pouvoir pour réparer mes crimes. Mais dépend-il d'elle d'oublier un passé dont elle a sans doute trop souffert? Au reste, si elle ne me le pardonne pas, j'imiterai sa rigueur, je ne me le pardonnerai pas à moi-même ; et, renonçant à tout espoir en ce monde, je m'éloignerai d'elle et de vous, pour me punir par un châtiment pire que la mort. — Allons, voilà que tout est rompu ! dit mon oncle en jetant les pincettes dans le feu ; voilà, voilà ce que vous cherchiez, ma fille ? »

J'avais fait quelques pas pour sortir ; je souffrais horriblement. Edmée courut vers moi, me prit par le bras, et me ramenant vers son père : « Ce que vous dites est cruel et plein d'ingratitude, me dit-elle. Appartient-il à un esprit modeste, à un cœur généreux, de nier une amitié, un dévouement, j'oserai me servir d'un autre mot, une fidélité de sept ans, parce que je vous demande encore quelques mois d'épreuves? Et quand même je n'aurais jamais pour vous, Bernard, une affection aussi vive que la vôtre, celle que je vous ai témoignée jusqu'ici est-elle donc si peu de chose que vous la méprisiez, et que vous y renonciez par dépit de ne pas m'inspirer précisément celle que vous croyez devoir exiger? Savez-vous qu'à ce compte une femme n'aurait pas le droit d'éprouver l'amitié? Enfin, voulez-vous me punir de vous avoir servi de mère en vous éloignant de moi, ou ne m'en récompenser qu'à la condition d'être votre esclave? — Non, Edmée, non, lui répondis-je le cœur serré et les yeux pleins de larmes, en portant sa main à mes lèvres; je sens que vous avez fait pour moi plus que je ne méritais, je sens que je voudrais en vain m'éloigner de votre présence; mais pouvez-vous me faire un crime de souffrir auprès de vous? C'est au reste un crime si involontaire et tellement fatal qu'il échapperait à tous vos reproches et à tous mes remords. N'en parlons pas, n'en parlons jamais; c'est tout ce que je puis faire. Conservez-moi votre amitié, j'espère m'en montrer toujours digne à l'avenir.

— Embrassez-vous, et ne vous séparez jamais l'un de l'autre, dit le chevalier attendri. Bernard, quel que soit le caprice d'Edmée, ne l'abandonnez jamais, si vous voulez mériter la bénédiction de votre père adoptif. Si vous ne parvenez pas à être son mari, soyez toujours son frère. Songez, mon enfant, que bientôt elle sera seule sur la terre, et que je mourrai désolé si je n'emporte dans la tombe la certitude qu'il lui reste un appui et un défenseur. Songez enfin que c'est à cause de vous, à cause d'un serment que son inclination désavoue peut-être, mais que sa conscience respecte, qu'elle est ainsi abandonnée, calomniée... »

Le chevalier fondit en larmes, et toutes les douleurs de cette famille infortunée me furent révélées en un instant. « Assez ! assez ! m'écriai-je en tombant à leurs pieds ; tout cela est trop cruel. Je serais le dernier des misérables si j'avais besoin qu'on me remît sous les yeux mes fautes et mes devoirs. Laissez-moi pleurer à vos genoux; laissez-moi expier par l'éternelle douleur, par l'éternel renoncement de ma vie, le mal que je vous ai fait! Pourquoi ne m'avoir pas chassé lorsque je vous ai nui? Pourquoi, mon oncle, ne m'avoir pas cassé la tête d'un coup de pistolet, comme à une bête fauve? Qu'ai-je fait pour être épargné, moi qui payais vos bienfaits de la ruine de votre honneur? Non, non, je le sens, Edmée ne doit pas m'épouser; ce serait accepter la honte de l'injure que j'ai attirée sur elle. Moi, je resterai ici; je ne la verrai jamais si elle l'exige; mais je me coucherai en travers de sa porte comme un chien fidèle, et je déchirerai le premier qui osera se présenter devant elle autrement qu'à genoux; et si quelque jour un honnête homme, plus heureux que moi, mérite de fixer son choix, loin de le combattre, je lui remettrai le soin cher et sacré de la protéger et de la défendre; je serai son ami, son frère; et quand je les verrai heureux ensemble, j'irai mourir en paix loin d'eux. »

Mes sanglots m'étouffaient, le chevalier serra sa fille et moi sur son cœur, et nous confondîmes nos larmes, en lui jurant de ne jamais nous séparer, ni pendant sa vie ni après sa mort.

« Ne perds pourtant pas l'espérance de l'épouser, me dit le chevalier à voix basse quelques instants après, quand le calme se fut rétabli; elle a d'étranges volontés; mais, vois-tu, rien ne m'ôtera de l'esprit qu'elle a de l'amour pour toi. Elle ne veut pas s'expliquer encore. Ce que femme veut, Dieu le veut.

— Ce qu'Edmée veut, je le veux, » répondis-je. »

Quelques jours après cette scène, qui fit succéder dans mon âme la tranquillité de la mort aux agitations de la vie, je me promenais dans le parc avec l'abbé.

« Il faut, me dit-il, que je vous fasse part d'une aventure qui m'est arrivée hier, et qui est passablement romanesque. J'avais été me promener dans les bois de Briantes, et j'étais descendu à la fontaine des Fougères. Vous savez qu'il faisait chaud comme au milieu de l'été; nos belles plantes, rougies par l'automne, sont plus belles que jamais autour du ruisseau qu'elles couvrent de leurs longues découpures. Les bois n'ont plus que bien peu d'ombrage, mais le pied foule des tapis de feuilles sèches dont le bruit est pour moi plein de charme. Le tronc satiné des bouleaux et des jeunes chênes est couvert de mousse et de jungermanes, qui étalent délicatement leur nuance brune, mêlée de vert tendre, de rouge et de fauve, en étoiles, en rosaces, en cartes de géographie de toute espèce, où l'imagination peut rêver de nouveaux mondes en miniature. J'étudiais avec amour ces prodiges de grâce et de finesse, ces arabesques où la variété infinie s'allie à la régularité inaltérable, et, heureux de savoir que vous n'êtes pas, comme le vulgaire, aveugle à ces coquetteries adorables de la création, j'en détachai quelques-unes avec le plus grand soin, enlevant même l'écorce de l'arbre où elles prennent racine, afin de ne pas détruire la pureté de leurs dessins. J'en ai fait une petite provision que j'ai déposée chez Patience en passant, et que nous allons voir si vous le voulez. Mais, chemin faisant, je veux vous dire ce qui m'arriva en approchant de la fontaine. J'avais la tête baissée, je marchais sur les cailloux humides, guidé par le petit bruit du jet clair et délicat qui s'élance du sein de la roche moussue. J'allais m'asseoir sur la pierre qui forme un banc naturel à côté, lorsque je vis la place occupée par un bon religieux dont le capuchon de bure cachait à demi la tête pâle et flétrie. Il me parut très-intimidé de ma rencontre; je le rassurai de mon mieux en lui disant que mon intention n'était pas de le déranger, mais d'approcher seulement mes lèvres de la rigole d'écorce que les bûcherons ont adaptée à la roche pour boire plus facilement. « O saint ecclésiastique! me dit-il du ton le plus humble, que n'êtes-vous le prophète dont la verge frappait aux sources de la grâce, et pourquoi mon âme, semblable à ce rocher, ne peut-elle donner cours à un ruisseau de larmes? » Frappé de la manière dont ce moine s'exprimait, de son air triste, de son attitude rêveuse, en ce lieu poétique où j'ai souvent rêvé l'entretien de la Samaritaine avec le Sauveur, je me laissai aller à causer de plus en plus sympathiquement. J'appris de ce religieux qu'il était trappiste, qu'il était en tournée pour accomplir une pénitence. « Ne me demandez ni mon nom ni mon pays, dit-il. J'appartiens à une illustre famille que je ferais rougir en lui rappelant que j'existe; d'ailleurs, en entrant à la Trappe, nous abjurons tout orgueil du passé, nous nous faisons semblables à des enfants naissants; nous mourons au monde pour revivre en Jésus-Christ. Mais soyez sûr que vous voyez en moi un des exemples les plus frappants des miracles de la grâce, et, si je pouvais vous faire le récit de ma vie religieuse, de mes terreurs, de mes remords, de mes expiations, vous en seriez certainement touché. Mais à quoi me serviront la compassion et l'indulgence des hommes, si la miséricorde de Dieu ne daigne m'absoudre? »

« Vous savez, continua l'abbé, que je n'aime pas les moines, que je me défie de leur humilité, que j'ai horreur de leur fainéantise. Mais celui-là parlait d'une manière si triste et si affectueuse, il était si pénétré de son devoir, il semblait si malade, si exténué d'austérités, si plein de repentir, qu'il m'a gagné le cœur. Il y a dans son regard et dans ses discours des éclairs qui trahissent une grande intelligence, une activité infatigable, une persévérance à toute épreuve. Nous avons passé deux grandes heures ensemble, et je l'ai quitté si attendri que j'ai désiré le revoir avant son départ. Il avait pris gîte pour la nuit à la ferme des Goulets, et j'ai voulu en vain l'amener au château. Il m'a dit avoir un compagnon de voyage qu'il ne pouvait quitter. « Mais, puisque vous êtes si charitable, me dit-il, je m'estimerai heureux de vous retrouver ici demain au coucher du soleil; peut-être même m'enhardirai-je au point de vous demander une grâce; vous pouvez m'être utile pour une affaire importante dont je suis chargé dans ce pays-ci. Je ne puis vous en dire davantage en ce moment. » Je l'assurai qu'il pouvait compter sur moi, et que j'obligerais de grand cœur un homme comme lui.

— Si bien que vous attendez avec impatience l'heure du rendez-vous? dis-je à l'abbé.

— Sans doute, répondit-il, et ma nouvelle connaissance a pour moi tant d'attraits que, si je ne craignais d'abuser de la confiance qu'il m'a témoignée, je conduirais Edmée à la fontaine des Fougères.

— Je crois, repris-je, qu'Edmée a beaucoup mieux à faire que d'écouter les déclamations de votre moine, qui peut-être après tout n'est qu'un intrigant, comme tant d'autres à qui vous avez fait la charité aveuglément. Pardonnez-moi, mon bon abbé, mais vous n'êtes pas un grand physionomiste, et vous êtes un peu sujet à vous laisser prévenir pour ou contre les gens, sans autre motif que la disposition bienveillante ou craintive de votre esprit romanesque. »

L'abbé sourit, prétendit que je parlais ainsi par rancune, soutint la piété du trappiste, et retomba dans la botanique. Nous passâmes assez de temps à herboriser chez Patience; et, comme je ne cherchais qu'à échapper à moi-même, je sortis de la cabane avec l'abbé et le conduisis jusqu'au bois où il avait son rendez-vous. A mesure que nous en approchions, l'abbé semblait revenir un peu de son empressement de la veille et craindre d'avoir été trop loin. L'incertitude succédant si vite à l'enthousiasme résumait tellement tout son caractère mobile, aimant, timide, mélange singulier des entraînements les plus opposés, que je recommençai à le railler avec l'abandon de l'amitié. « Allons, me dit-il, il faut que j'en aie le cœur net et que vous le voyiez. Vous regarderez son visage, vous l'étudierez pendant quelques instants, et vous nous laisserez seuls ensemble, puisque je lui ai promis d'écouter ses confidences. » Je suivis l'abbé par désœuvrement; mais quand nous fûmes au-dessus des rochers ombragés d'où la fontaine s'échappe, je m'arrêtai pour regarder le moine à travers le branchage d'un massif de frênes. Placé immédiatement au-dessous de nous, au bord de la fontaine, il interrogeait l'angle du sentier que nous devions tourner pour arriver à lui; mais il ne songeait pas à regarder l'endroit où nous étions, et nous pouvions le contempler à l'aise sans qu'il nous vît.

A peine l'eus-je envisagé que, saisi d'un rire amer, je pris l'abbé par le bras, je l'entraînai à quelque distance et lui parlai ainsi, non sans une grande agitation :

« Mon cher abbé, n'avez-vous jamais rencontré quelque part autrefois la figure de mon oncle Jean de Mauprat?

— Jamais que je sache, répondit l'abbé tout interdit; mais où voulez-vous donc en venir? — A vous dire, mon ami, que vous avez fait là une jolie trouvaille, et que ce bon et vénérable trappiste à qui vous trouvez tant de grâce, de candeur, de componction et d'esprit, n'est autre que Jean de Mauprat le coupe-jarret.

— Vous êtes fou! s'écria l'abbé en reculant de trois pas. Jean Mauprat est mort il y a longtemps. — Jean Mauprat n'est pas mort, ni Antoine Mauprat non plus peut-être, et je suis moins surpris que vous, parce que j'ai déjà rencontré un de ces deux revenants. Qu'il se soit fait moine et qu'il pleure ses péchés, cela est fort possible; mais qu'il se soit déguisé pour venir poursuivre ici quelque mauvais dessein, c'est ce qui n'est pas impossible non plus, et je vous engage à vous tenir sur vos gardes...»

L'abbé fut effrayé au point de ne vouloir plus aller au rendez-vous. Je lui démontrai qu'il était nécessaire de savoir où voulait en venir le vieux pécheur. Mais, comme je connaissais la faiblesse de l'abbé, comme je craignais que mon oncle Jean ne réussît à l'engager dans quelque fausse démarche et à s'emparer de sa conscience par des aveux mensongers, je pris le parti de me glisser dans le taillis de manière à tout voir et tout entendre.

Mais les choses ne se passèrent pas comme je l'aurais cru. Le trappiste, au lieu de jouer au plus fin, dévoila sur-le-champ à l'abbé son véritable nom. Il lui déclara que, touché de repentir, et ne croyant pas que sa conscience lui permît d'en éviter le châtiment à l'abri du froc (car il était réellement trappiste depuis plusieurs années), il venait se mettre entre les mains de la justice, afin d'expier d'une manière éclatante les crimes dont il était souillé. Cet homme, doué de facultés supérieures, avait acquis dans le cloître une éloquence mystique. Il parlait avec tant de grâce, de douceur, que je fus pris tout aussi bien que l'abbé. Ce fut en vain que ce dernier essaya de combattre une résolution qui lui semblait insensée; Jean de Mauprat montra le plus intrépide dévouement à ses idées religieuses. Il dit qu'ayant commis les crimes de l'antique barbarie païenne, il ne pouvait racheter son âme qu'au prix d'une pénitence publique digne des premiers chrétiens. « On peut, dit-il, être lâche envers Dieu comme envers les hommes, et dans le silence de mes veilles j'entends une voix terrible qui répond à mes sanglots : «Misérable poltron, c'est la peur des hommes qui te jette dans le sein de Dieu ; et, si tu ne craignais la mort temporelle, tu n'aurais jamais songé à la vie éternelle. » Alors je sens que ce que je crains le plus, ce n'est pas la colère de Dieu, mais la corde et le bourreau qui m'attendent parmi mes semblables. Eh bien ! il est temps que ma honte finisse vis-à-vis de moi-même, et c'est le jour où les hommes me couvriront d'opprobre et de châtiment que je me sentirai absous et réhabilité à la face du ciel. C'est alors seulement que je me croirai digne de dire à Jésus mon Sauveur : « Écoute-moi, victime innocente, toi qui écoutas le bon larron ; écoute la victime souillée, mais repentante, associée à la gloire de ton martyre, et rachetée par ton sang. »

— Dans le cas où vous persisteriez dans cette volonté enthousiaste, lui dit l'abbé après lui avoir présenté sans succès toutes les objections possibles, veuillez du moins me dire en quoi vous avez pensé que je consentirais à vous aider.

— Je ne puis agir en ceci, répondit le trappiste, sans l'autorisation d'un homme qui bientôt sera le dernier des Mauprat ; car le chevalier n'a que peu de jours à attendre la récompense céleste acquise à ses vertus, et, quant à moi, je ne puis échapper au supplice que je viens chercher que pour retomber dans l'éternelle nuit du cloître. Je veux parler de Bernard Mauprat : je ne dirai pas mon neveu ; car, s'il m'entendait, il rougirait de porter ce titre funeste. J'ai su son retour d'Amérique, et cette nouvelle m'a décidé à entreprendre le voyage au terme douloureux duquel vous me voyez. »

Il me sembla qu'en parlant ainsi il jetait un regard oblique sur le massif où j'étais, comme s'il eût deviné ma présence. Peut-être l'agitation de quelques branches m'avait-elle trahi.

« Puis-je vous demander, dit l'abbé, ce que vous avez de commun aujourd'hui avec ce jeune homme ? Ne craignez-vous pas qu'aigri par les mauvais traitements qui ne lui furent pas épargnés autrefois à la Roche-Mauprat, il ne refuse de vous voir?

— Je suis certain qu'il le refusera ; car je sais la haine qu'il nourrit contre moi, dit le trappiste en se tournant encore vers le lieu où j'étais. Mais j'espère que vous le déciderez à m'accorder cette entrevue, car vous êtes généreux et bon, monsieur l'abbé. Vous m'avez promis de m'obliger, et, d'ailleurs, vous êtes l'ami du jeune Mauprat, et vous lui ferez comprendre qu'il y va de ses intérêts et de l'honneur de son nom.

— Comment cela? reprit l'abbé. Sans doute il sera peu flatté de vous voir paraître devant les tribunaux pour des crimes effacés désormais dans l'ombre du cloître. Il doit désirer, certainement, que vous renonciez à cette expiation éclatante ; comment espérez-vous qu'il y consente?

— Je l'espère, parce que Dieu est bon et grand, parce que sa grâce est efficace, parce qu'elle touchera le cœur de quiconque daignera écouter le langage d'une âme vraiment repentante et fortement convaincue ; parce que mon salut éternel est dans les mains de ce jeune homme, et qu'il ne voudra pas se venger de moi au delà de la tombe. D'ailleurs, il faut que je meure en paix avec ceux que j'ai offensés, il faut que je tombe aux pieds de Bernard Mauprat et qu'il me remette mes péchés. Mes larmes le toucheront, ou, si son âme impitoyable les méprise, j'aurai du moins accompli un impérieux devoir. »

Voyant qu'il parlait avec la certitude d'être entendu par moi, je fus saisi de dégoût; je crus voir la fraude et la lâcheté percer sous cette basse hypocrisie. Je m'éloignai et j'allai attendre l'abbé à quelque distance. Il vint bientôt me rejoindre ; l'entrevue s'était terminée par la promesse mutuelle de se revoir bientôt. L'abbé s'était engagé à me transmettre les paroles du trappiste, qui menaçait, du ton le plus doucereux du monde, de venir me trouver si je me refusais à sa demande. Nous nous promîmes d'en conférer, l'abbé et moi, sans en informer le chevalier ni Edmée, afin de ne pas les inquiéter sans nécessité. Le trappiste avait été se loger à La Châtre, au couvent des Carmes, ce qui avait mis l'abbé tout à fait sur ses gardes, malgré son premier engouement pour le repentir du pécheur. Ces carmes l'avaient persécuté dans sa jeunesse, et le prieur avait fini par le forcer à se séculariser. Le prieur vivait encore, vieux, mais implacable; infirme, caché, mais ardent à la haine et à l'intrigue. L'abbé n'entendit pas son nom sans frémir; il m'engagea à me conduire prudemment dans toute cette affaire. « Quoique Jean Mauprat soit sous le glaive des lois, me dit-il, et que vous soyez au faîte de l'honneur et de la prospérité, ne méprisez pas la faiblesse de votre ennemi. Qui sait ce que peuvent la ruse et la haine? Elles peuvent prendre la place du juste et le jeter sur le fumier; elles peuvent rejeter leur crime sur autrui, et souiller de leur ignominie la robe de l'innocence. Vous n'en avez peut-être pas fini avec les Mauprat! »

Le pauvre abbé ne croyait pas dire si vrai.

XIX.

Après avoir réfléchi mûrement sur les intentions probables du trappiste, je crus devoir accorder l'entrevue demandée. Ce n'était pas moi que Jean Mauprat pouvait espérer d'abuser par ses artifices, et je voulus faire ce qui dépendait de moi pour éviter qu'il vînt tourmenter de ses intrigues les derniers jours de mon grand-oncle. Je me rendis donc dès le lendemain à la ville, vers la fin des vêpres, et je sonnai, non sans émotion, à la porte des Carmes.

La retraite choisie par le trappiste était une de ces innombrables communautés mendiantes que la France nourrissait; celle-là, quoique soumise à une règle austère, était riche et adonnée au plaisir. A cette époque sceptique, le petit nombre des moines n'étant plus en rapport avec l'étendue et la richesse des établissements fondés pour eux, les religieux errant dans les vastes abbayes au fond des provinces, au sein du luxe, débarrassés du contrôle de l'opinion (toujours effacée là où l'homme s'isole), menaient la vie la plus douce et la plus oisive qu'ils eussent jamais goûtée. Mais cette obscurité, mère des *vices aimables,* comme on disait alors, n'était chère qu'aux ignorants. Les chefs étaient livrés aux pénibles rêves d'une ambition nourrie dans l'ombre, aigrie dans l'inaction. Agir, même dans le cercle le plus restreint et à l'aide des éléments les plus nuls, agir à tout prix, telle était l'idée fixe des prieurs et des abbés.

Le prieur des *carmes chaussés* que j'allais voir était la vivante image de cette impuissance agitée. Cloué par la goutte dans son grand fauteuil, il m'offrit un étrange pendant à la vénérable figure du chevalier, pâle et immobile comme lui, mais noble et patriarcal dans sa mélancolie. Le prieur était court, gras et plein de pétulance. La partie supérieure de son corps étant libre, sa tête se tournait avec vivacité à droite et à gauche; ses bras s'agitaient pour donner des ordres; sa parole était brève, et son organe voilé semblait donner un sens mystérieux aux moindres choses. En un mot, la moitié de sa personne paraissait lutter sans cesse pour entraîner l'autre, comme cet homme enchanté des contes arabes, qui cachait sous sa robe son corps de marbre jusqu'à la ceinture.

Il me reçut avec un empressement exagéré, s'irrita de ce qu'on ne m'apportait pas un siége assez vite, étendit sa grosse main flasque pour attirer ce siége tout près du sien, fit signe à un grand satyre barbu, qu'il appelait son frère trésorier, de sortir ; puis, après m'avoir accablé de questions sur mon voyage, sur mon retour, sur ma santé, sur ma famille, et dardant sur moi de petits yeux clairs et mobiles qui soulevaient les plis des paupières grossies et affaissées par l'intempérance, il entra en matière.

« Je sais, mon cher enfant, dit-il, le sujet qui vous amène : vous voulez rendre vos devoirs à votre saint parent, à ce trappiste, modèle d'édification, que Dieu nous ramène pour servir d'exemple au monde et faire éclater le miracle de la grâce. — Monsieur le prieur, lui répondis-je, je ne suis pas assez bon chrétien pour apprécier le miracle dont vous parlez. Que les âmes dévotes en rendent grâces au ciel ! pour moi, je viens ici parce que M. Jean de Mauprat désire me faire part, a-t-il dit, de projets qui me concernent et que je suis prêt à écouter. Si vous voulez permettre que je me rende près de lui.... — Je n'ai pas voulu qu'il vous vît avant moi, jeune homme ! s'écria le prieur avec une affectation de franchise, et en s'emparant de mes mains, que je ne sentais pas sans dégoût dans les siennes ; j'ai une grâce à vous demander au nom de la charité, au nom du sang qui coule dans vos veines.... » Je dégageai une de mes mains, et le prieur, voyant l'expression de mon mécontentement, changea sur-le-champ de langage avec une souplesse admirable. « Vous êtes homme du monde, je le sais. Vous avez à vous plaindre de celui qui fut Jean de Mauprat et qui s'appelle aujourd'hui l'humble frère Jean Népomucène. Mais si les préceptes de notre divin maître Jésus-Christ ne vous portent pas à la miséricorde, il est des considérations de décence publique et d'esprit de famille qui doivent vous faire partager mes craintes et mes efforts. Vous savez la résolution pieuse, mais téméraire, qu'a formée frère Jean ; vous devez vous joindre à moi pour l'en détourner, et vous le ferez, je n'en doute pas. — Peut-être, monsieur, répondis-je froidement ; mais ne pourrais-je vous demander à quels motifs ma famille doit l'intérêt que vous voulez bien prendre à ses affaires ? — A l'esprit de charité qui anime tous les serviteurs du Christ, » répondit le moine avec une dignité fort bien jouée.

Retranché derrière ce prétexte, à la faveur duquel le clergé s'est toujours immiscé dans tous les secrets de famille, il lui fut aisé de mettre un terme à mes questions ; et, sans détruire le soupçon qui combattait contre lui dans mon esprit, il réussit à prouver à mes oreilles que je lui devais de la reconnaissance pour le soin qu'il prenait de l'honneur de mon nom. Il fallait bien voir où il voulait en venir, et ce que j'avais prévu arriva. Mon oncle Jean réclamait de moi la part qui lui revenait du fief de la Roche-Mauprat, et le prieur était chargé de me faire entendre que j'avais à opter entre une somme assez considérable à débourser (car on parlait du revenu arriéré de mes sept années de jouissance, outre le fonds d'un septième de propriété) et l'action insensée qu'il prétendait faire, et dont l'éclat ne manquerait pas de hâter les jours du vieux chevalier et de me créer peut-être d'*étranges embarras personnels*. Tout cela me fut insinué merveilleusement sous les dehors de la plus chrétienne sollicitude pour moi, de la plus fervente admiration pour le zèle du trappiste, et de la plus sincère inquiétude pour les effets de cette *ferme* résolution. Enfin, il me fut démontré clairement que Jean Mauprat ne venait pas me demander des moyens d'existence, mais qu'il me fallait le supplier humblement d'accepter la moitié de mon bien pour l'empêcher de traîner mon nom et peut-être ma personne sur le banc des criminels.

J'essayai une dernière objection. « Si la résolution du

frère Népomucène, comme vous l'appelez, monsieur le prieur, est aussi bien arrêtée que vous le dites ; si le soin de son salut est le seul qu'il ait en ce monde, expliquez-moi comment la séduction des biens temporels pourra l'en détourner ? Il y a là une inconséquence que je ne comprends guère. »

Le prieur fut un peu embarrassé du regard perçant que j'attachais sur lui ; mais se jetant au même instant dans une de ces parades de naïveté qui sont la haute ressource des fourbes : « Mon Dieu ! mon cher fils, s'écria-t-il, vous ne savez donc pas quelles immenses consolations la possession des biens de ce monde peut répandre sur une âme pieuse ? Autant les richesses périssables sont dignes de mépris lorsqu'elles représentent de vains plaisirs, autant le juste doit les réclamer avec fermeté quand elles lui assurent le moyen de faire le bien. A la place du saint trappiste, je ne vous cache pas que je ne céderais mes droits à personne ; que je voudrais fonder une communauté religieuse pour la propagation de la foi et la distribution des aumônes avec les fonds qui, entre les mains d'un jeune et brillant seigneur comme vous, ne servent qu'à entretenir à grands frais des chevaux et des chiens. L'Église nous enseigne que, par de grands sacrifices et de riches offrandes, nous pouvons racheter nos âmes des plus noirs péchés. Le frère Népomucène, assiégé d'une sainte terreur, croit qu'une expiation publique est nécessaire à son salut. Martyr dévoué il veut offrir son sang à l'implacable justice des hommes. Combien ne sera-t-il pas plus doux pour vous (et plus *sûr* en même temps) de lui voir élever quelque saint autel à la gloire de Dieu et cacher dans la paix bienheureuse du cloître l'éclat funeste d'un nom qu'il a déjà abjuré ! Il est tellement dominé par l'esprit de la Trappe, il a pris un tel amour de l'abnégation, de l'humilité, de la pauvreté, qu'il me faudra bien des efforts et bien des secours d'en haut pour le déterminer à accepter cet échange de *mérites*.

— C'est donc vous, monsieur le prieur, qui vous chargez, par bonté gratuite, de changer cette funeste résolution? J'admire votre zèle et je vous en remercie; mais je ne pense pas que tant de négociations soient nécessaires. M. Jean de Mauprat réclame sa part d'héritage, rien n'est plus juste; et lors même que la loi refuserait tout droit civil à celui qui n'a dû son salut qu'à la fuite (ce que je ne veux point examiner), mon parent peut être assuré qu'il n'y aurait jamais la moindre contestation entre nous à cet égard, si j'étais libre possesseur d'une fortune quelconque. Mais vous n'ignorez pas que je ne dois la jouissance de cette fortune qu'à la bonté de mon grand-oncle, le chevalier Hubert de Mauprat; qu'il a assez fait en payant les dettes de la famille qui absorbaient au delà du fonds; que je ne puis rien aliéner sans sa permission, et que je ne suis réellement que le dépositaire d'une fortune que je n'ai pas encore acceptée. » Le prieur me regarda avec surprise et comme frappé d'un coup imprévu; puis il sourit d'un air rusé et me dit : « Fort bien! Il paraît que je m'étais trompé, et que c'est à M. Hubert de Mauprat qu'il faut s'adresser. Je le ferai, car je ne doute pas qu'il ne me sache très-bon gré de sauver à sa famille un scandale qui peut avoir de très-bons résultats dans l'autre vie pour un de ses parents, mais qui à coup sûr peut en avoir de très-mauvais pour *un autre parent* dans celle-ci. — J'entends, monsieur, répondis-je. C'est une menace; je répondrai sur le même ton. Si M. Jean de Mauprat se permet d'obséder mon oncle et ma cousine, c'est à moi qu'il aura affaire; et ce ne sera pas devant les tribunaux que je l'appellerai en réparation de certains outrages que je n'ai point oubliés. Dites-lui que je n'accorderai point l'absolution au pénitent de la Trappe s'il ne reste fidèle au rôle qu'il a adopté. Si M. Jean de Mauprat est sans ressource et qu'il implore ma bonté, je pourrai lui donner, sur les revenus qui me sont accordés, les moyens d'exister humblement et sagement, selon l'esprit de ses vœux ; mais si l'ambition ecclésiastique s'empare de son cerveau, et qu'il compte, avec de folles et puériles menaces, intimider assez mon oncle pour lui arracher de quoi satisfaire ses nouveaux goûts, qu'il se détrompe, dites-le-lui bien de ma part. La sécurité du vieillard et l'avenir de la jeune fille n'ont que moi pour défenseur, et je saurai les défendre, fût-ce au péril de l'honneur et de la vie.

— L'honneur et la vie sont pourtant de quelque importance à votre âge, reprit l'abbé visiblement irrité, mais affectant des manières plus douces que jamais ; qui sait à quelle folie la ferveur religieuse peut entraîner le trappiste ? Car, entre nous soit dit, mon pauvre enfant..... voyez, moi, je suis un homme sans exagération ; j'ai vu le monde dans ma jeunesse, et je n'approuve pas ces partis extrêmes, dictés plus souvent par l'orgueil que par la piété. J'ai consenti à tempérer l'austérité de la règle, mes religieux ont bonne mine et portent des chemises... Croyez bien, mon cher monsieur, que je suis loin d'approuver le dessein de votre parent, et que je ferai tout au monde pour l'entraver ; mais enfin, s'il persiste, à quoi vous servira mon zèle ? Il a la permission de son supérieur et peut se livrer à une inspiration funeste..... Vous pouvez être gravement compromis dans une affaire de ce genre ; car enfin, quoique vous soyez, à ce qu'on assure, un digne gentilhomme, bien que vous ayez abjuré les erreurs du passé, bien que peut-être votre âme ait toujours haï l'iniquité, vous avez trempé de fait dans bien des exactions que les lois humaines réprouvent et châtient. Qui sait à quelles révélations involontaires le frère Népomucène peut se voir entraîné s'il provoque l'instruction d'une procédure criminelle? Pourra-t-il la provoquer contre lui-même sans la provoquer en même temps contre vous?..... Croyez-moi, je veux la paix... je suis un bon homme... — Oui, un très-bon homme, mon père, répondis-je avec ironie, je le vois parfaitement. Mais ne vous inquiétez pas trop; car il y a un raisonnement fort clair qui doit nous rassurer l'un et l'autre. Si une véritable vocation religieuse pousse frère Jean le trappiste à une réparation publique, il sera facile de lui faire entendre qu'il doit s'arrêter devant la crainte d'entraîner un autre que lui dans l'abîme, car l'esprit du Christ le lui défend. Mais si ce que je présume est certain, si M. Jean de Mauprat n'a pas la moindre envie de se livrer entre les mains de la justice, ses menaces sont peu faites pour m'épouvanter, et je saurai empêcher qu'elles ne fassent plus de bruit qu'il ne convient. — C'est donc là toute la réponse que j'aurai à lui porter? dit le prieur en me lançant un regard où perçait le ressentiment. — Oui, monsieur, répondis-je; à moins qu'il ne lui plaise de recevoir cette réponse de ma propre bouche et de paraître ici. Je suis venu, déterminé à vaincre le dégoût que sa présence m'inspire, et je m'étonne qu'après avoir manifesté un si vif désir de m'entretenir il se tienne à l'écart quand j'arrive. — Monsieur, reprit le prieur avec une ridicule majesté, mon devoir est de faire régner en ce lieu saint la paix du Seigneur. Je m'opposerai donc à toute entrevue qui pourrait amener des explications violentes... — Vous êtes beaucoup trop facile à effrayer, monsieur le prieur, répondis-je; il n'y a lieu ici à aucun emportement. Mais comme ce n'est pas moi qui ai provoqué ces explications, et que je me suis rendu ici par pure complaisance, je renonce de grand cœur à les pousser plus loin et vous remercie d'avoir bien voulu servir d'intermédiaire. »

Je le saluai profondément et me retirai.

XX.

Je fis à l'abbé, qui m'attendait chez Patience, le récit de cette conférence, et il fut entièrement de mon avis; il pensa comme moi que le prieur, loin de travailler à détourner le trappiste de ses prétendus desseins, l'engageait de tout son pouvoir à m'épouvanter pour m'amener à de grands sacrifices d'argent. Il était tout simple, à ses yeux, que ce vieillard, fidèle à l'esprit monacal, voulût mettre dans les mains d'un Mauprat moine le fruit des labeurs et des économies d'un Mauprat séculier. « C'est là le caractère indélébile du clergé catholique, me dit-il. Il ne saurait vivre sans faire la guerre aux familles et sans épier tous les moyens de les spolier. Il semble que ces biens soient sa propriété et que toutes les voies lui soient bonnes pour les recouvrer. Il n'est pas aussi facile que vous le pensez de se défendre contre ce doucereux brigandage. Les moines ont l'appétit persévérant et l'esprit ingénieux. Soyez prudent et attendez-vous à tout. Vous ne pourrez jamais décider un trappiste à se battre; retranché sous son capuchon, il recevra, courbé et les mains en croix, les plus sanglants outrages; et, sachant fort bien que vous ne l'assassinerez pas, il ne vous craindra guère. Et puis, vous ne savez pas ce qu'est la justice dans la main des hommes et de quelle manière un procès criminel est conduit et jugé quand une des parties ne recule devant aucun moyen de séduction et d'épouvante. Le clergé est puissant; la robe est déclamatoire; les mots probité et intégrité résonnent depuis des siècles sur les murs endurcis des prétoires, sans empêcher les juges prévaricateurs et les arrêts iniques. Méfiez-vous, méfiez-vous ! Le trappiste peut lancer la meute à bonnet carré sur ses traces et la dépister en disparaissant à point et la laissant sur les vôtres. Vous avez blessé bien des amours-propres en faisant échouer les nombreuses prétentions des époušeurs d'héritages. Un des plus outrés et des plus méchants est proche parent d'un magistrat tout-puissant dans la province. De La Marche a quitté la robe pour l'épée ; mais il a pu laisser parmi ses anciens confrères des gens portés à vous desservir. Je suis fâché que vous n'ayez pu le joindre en Amérique et vous mettre bien avec lui. Ne haussez pas les épaules ; vous en tuerez dix, et les choses iront de mal en pis. On se vengera, non peut-être sur votre vie, on sait que vous en faites bon marché, mais sur votre honneur, et votre grand-oncle mourra de chagrin... Enfin...

— Vous avez l'habitude de voir tout en noir au premier coup d'œil, quand par hasard vous ne voyez pas le soleil en plein minuit, mon bon abbé, lui dis-je en l'interrompant. Laissez-moi vous dire tout ce qui doit écarter ces sombres pressentiments. Je connais Jean Mauprat de longue main ; c'est un insigne imposteur, et de plus le dernier des lâches. Il rentrera sous terre à mon aspect, et dès le premier mot je lui ferai avouer qu'il n'est ni trappiste, ni moine, ni dévot. Tout ceci est un tour de chevalier d'industrie, et je lui ai entendu jadis faire des projets qui m'empêchent de m'étonner aujourd'hui de son impudence ; je le crains donc fort peu.

— Et vous avez tort, reprit l'abbé. Il faut toujours craindre un lâche, parce qu'il nous frappe par derrière au moment où nous l'attendons en face. Si Jean Mauprat n'était pas trappiste, si les papiers qu'il m'a montrés avaient menti, le prieur des carmes est trop subtil et trop prudent pour s'y être laissé prendre. Jamais cet homme-là n'embrassera la cause d'un séculier, et jamais il ne prendra un séculier pour un des siens. Au reste il faut aller aux informations, et je vais écrire sur-le-champ au supérieur de la Trappe; mais je suis certain qu'elles confirmeront ce que je sais déjà. Il est même possible que Jean de Mauprat soit sincèrement dévot. Rien ne sied mieux à un pareil caractère que certaines nuances de l'esprit catholique. L'inquisition est l'âme de l'Église, et l'inquisition doit sourire à Jean de Mauprat. Je crois volontiers qu'il se livrerait au glaive séculier rien que pour le plaisir de vous perdre avec lui, et que l'ambition de fonder un monastère avec vos deniers est une inspiration subite dont tout l'honneur appartient au prieur des carmes...

— Cela n'est guère probable, mon cher abbé, lui dis-je. D'ailleurs, à quoi nous mèneront ces commentaires? Agissons. Gardons à vue le chevalier, pour que l'animal immonde ne vienne pas empoisonner la sérénité de ses derniers jours. Écrivons à la Trappe, offrons une pension au misérable, et voyons venir, tout en épiant avec soin ses moindres démarches. Mon sergent Marcasse est un admirable limier. Mettons-le sur la piste, et, s'il peut parvenir à nous rapporter en langue vulgaire ce qu'il aura vu et entendu, nous saurons bientôt ce qui se passe dans tout le pays. »

En devisant ainsi, nous arrivâmes au château à la chute du jour. Je ne sais quelle inquiétude tendre et puérile, comme il en vient aux mères lorsqu'elles s'éloignent un instant de leur progéniture, s'empara de moi en entrant dans cette demeure silencieuse. Cette sécurité éternelle que rien n'avait jamais troublée dans l'enceinte des vieux lambris sacrés, la caducité nonchalante des serviteurs, les portes toujours ouvertes, à tel point que les mendiants entraient parfois dans le salon sans rencontrer personne ou sans causer d'ombrage; toute cette atmosphère de calme, de confiance et d'isolement contrastait avec les pensées de lutte et les soucis dont le retour de Jean et les menaces du carme avaient rempli mon esprit durant quelques heures. Je doublai le pas, et, saisi d'un tremblement involontaire, je traversai la salle de billard. Il me sembla, en cet instant, voir passer sous les fenêtres du rez-de-chaussée une ombre noire qui se glissait parmi les jasmins, et qui disparut dans le crépuscule. Je poussai vivement la porte du salon et m'arrêtai. Tout était silencieux et immobile. J'allais me retirer et chercher Edmée dans la chambre de son père, lorsque je crus voir remuer quelque chose de blanc près de la cheminée où le chevalier se tenait toujours. « Edmée, êtes-vous ici? » m'écriai-je. Rien ne me répondit. Mon front se couvrit d'une sueur froide et mes genoux tremblèrent. Honteux d'une faiblesse si étrange, je m'élançai vers la cheminée en répétant avec angoisse le nom d'Edmée. « Est-ce vous enfin, Bernard? » me répondit-elle d'une voix tremblante. Je la saisis dans mes bras; elle était agenouillée auprès du fauteuil de son père, et pressait contre ses lèvres les mains glacées du vieillard. « Grand Dieu! m'écriai-je en distinguant, à la faible clarté qui régnait dans l'appartement, la face livide et roidie du chevalier, notre père a-t-il cessé de vivre?... — Peut-être, me dit-elle avec un organe étouffé, peut-être évanoui seulement, s'il plaît à Dieu! De la lumière, au nom du ciel! sonnez! Il n'y a qu'un instant qu'il est dans cet état. » Je sonnai à la hâte; l'abbé nous rejoignit, et nous eûmes le bonheur de rappeler mon oncle à la vie.

Mais lorsqu'il ouvrit les yeux, son esprit semblait lutter contre les impressions d'un rêve pénible. « Est-il parti, est-il parti, ce misérable fantôme? s'écria-t-il à plusieurs reprises. Holà! Saint-Jean! mes pistolets!.....

Mes gens! qu'on jette ce drôle par les fenêtres! » Je soupçonnai la vérité. « Qu'est-il donc arrivé? dis-je à Edmée à voix basse; qui donc est venu ici durant mon absence! — Si je vous le dis, répondit Edmée, vous le croirez à peine, et vous nous accuserez de folie, mon père et moi; mais je vous conterai cela tout à l'heure; occupons-nous de mon père. »

Elle parvint, par ses douces paroles et ses tendres soins, à rendre le calme au vieillard. Nous le portâmes à son appartement, et il s'endormit tranquille. Quand Edmée eut retiré légèrement sa main de la sienne et abaissé le rideau ouaté sur sa tête, elle s'approcha de l'abbé et de moi, et nous raconta qu'un quart d'heure avant notre retour un frère quêteur était entré dans le salon où elle brodait, selon sa coutume, près de son père assoupi. Peu surprise d'un incident qui arrivait quelquefois, elle s'était levée pour prendre sa bourse sur la cheminée, tout en adressant au moine des paroles de bienveillance. Mais, au moment où elle se retournait pour lui tendre son aumône, le chevalier, éveillé en sursaut, s'était écrié en toisant le moine d'un air à la fois courroucé et effrayé : « Par le diable! monsieur, que venez-vous faire ici sous ce harnais-là? » Edmée avait alors regardé le visage du moine, et elle avait reconnu, « ce que vous n'imagineriez jamais, dit-elle, l'affreux Jean Mauprat! Je ne l'avais vu qu'une heure dans ma vie, mais cette figure repoussante n'était jamais sortie de ma mémoire, et jamais je n'ai eu le moindre accès de fièvre sans qu'elle se présentât devant mes yeux. Je ne pus retenir un cri. « N'ayez pas peur, nous dit-il avec un effroyable sourire, je ne viens pas ici en ennemi, mais en suppliant. » Et il se mit à genoux si près de mon père que, ne sachant ce qu'il voulait faire, je me jetai entre eux, et je poussai violemment le fauteuil à roulettes qui recula jusqu'à la muraille. Alors le moine, parlant d'une voix lugubre, que rendait encore plus effrayante l'approche de la nuit, se mit à nous déclamer je ne sais quelle formule lamentable de confession, demandant grâce pour ses crimes, et se disant déjà couvert du voile noir des parricides lorsqu'ils montent à l'échafaud. « Ce malheureux est devenu fou, » dit mon père en tirant le cordon de la sonnette ; mais Saint-Jean est sourd et il ne vint pas. Il nous fallut donc entendre, dans une angoisse inexprimable, les discours étranges de cet homme qui se dit trappiste, et qui prétend qu'il vient se livrer au glaive séculier en expiation de ses forfaits. Il voulait auparavant demander à mon père son pardon et sa dernière bénédiction. En disant cela, il se traînait sur ses genoux et parlait avec véhémence. Il y avait de l'insulte et de la menace dans le son de cette voix qui proférait les paroles d'une extravagante humilité. Comme il se rapprochait toujours de mon père, et que l'idée des sales caresses qu'il semblait vouloir lui adresser, me remplissaient de dégoût, je lui ordonnai d'un ton assez impérieux de se lever et de parler convenablement. Mon père, courroucé, lui commanda de se taire et de se retirer ; et comme en cet instant il s'écriait : « Non ! vous me laisserez embrasser vos genoux ! » je le repoussai pour l'empêcher de toucher à mon père. Je frémis d'horreur en songeant que mon gant a effleuré ce froc immonde. Il se retourna vers moi, et, quoiqu'il affectât toujours le repentir et l'humilité, je vis la colère briller dans ses yeux. Mon père fit un violent effort pour se lever, et il se leva en effet comme par miracle ; mais aussitôt il retomba évanoui sur son siége ; des pas se firent entendre dans le billard, et le moine sortit par la porte vitrée avec la rapidité de l'éclair. C'est alors que vous m'avez trouvée demi-morte et glacée d'épouvante aux pieds de mon père anéanti.

— L'abominable lâche n'a pas perdu de temps, vous le voyez, l'abbé ! m'écriai-je ; il voulait effrayer mon oncle et sa fille : il y a réussi ; mais il a compté sans moi, et je jure que, fallût-il le traiter à la mode de la Roche-Mauprat... s'il ose jamais se présenter ici de nouveau...

— Taisez-vous, Bernard, dit Edmée, vous me faites frémir ; parlez sagement, et dites-moi tout ce que cela signifie. » Quand je l'eus mise au fait de ce qui était arrivé à l'abbé et à moi, elle nous blâma de ne pas l'avoir prévenue. « Si j'avais su à quoi je devais m'attendre, nous dit-elle, je n'aurais pas été effrayée, et j'eusse pris des précautions pour ne jamais rester seule à la maison avec mon père et Saint-Jean, qui n'est guère plus ingambe. Maintenant je ne crains plus rien, et je me tiendrai sur mes gardes. Mais le plus sûr, mon cher Bernard, est d'éviter tout contact avec cet homme odieux, et de lui faire l'aumône aussi largement que possible pour nous en débarrasser. L'abbé a raison ; il peut être redoutable. Il sait que notre parenté avec lui nous empêchera toujours de nous mettre à l'abri de ses persécutions en invoquant les lois ; et, s'il ne peut nous nuire aussi sérieusement qu'il s'en flatte, il peut du moins nous susciter mille dégoûts que je répugne à braver. Jetez-lui de l'or, et qu'il s'en aille, mais ne me quittez plus, Bernard. Voyez, vous m'êtes nécessaire absolument ; soyez consolé du mal que vous prétendez m'avoir fait. » Je pressai sa main dans les miennes, et jurai de ne jamais m'éloigner d'elle, fût-ce par son ordre, tant que ce trappiste n'aurait pas délivré le pays de sa présence.

L'abbé se chargea des négociations avec le couvent. Il se rendit à la ville le lendemain, et porta, de ma part, au trappiste l'assurance expresse que je le ferais sauter par les fenêtres s'il s'avisait jamais de reparaître au château de Sainte-Sévère. Je lui proposais en même temps de subvenir à ses besoins, largement même, à condition qu'il se retirerait sur-le-champ, soit à sa chartreuse, soit dans toute autre retraite séculière ou religieuse, à son choix, et qu'il ne remettrait jamais les pieds en Berry.

Le prieur reçut l'abbé avec tous les témoignages d'un profond dédain et d'une sainte aversion pour son état d'hérésie; loin de le cajoler comme moi, il lui dit qu'il voulait rester étranger à toute cette affaire, qu'il s'en lavait les mains, qu'il se bornerait à transmettre les décisions de part et d'autre, et à donner asile au frère Népomucène, autant par charité chrétienne que pour édifier ses religieux par l'exemple d'ue homme vraiment saint. A l'en croire, le frère Népomucène serait le second du nom placé au premier rang de la milice céleste, en vertu des canons de l'Église.

Le jour suivant, l'abbé, rappelé au couvent par un message particulier, eut une entrevue avec le trappiste. A sa grande surprise, il trouva que l'ennemi avait changé de tactique. Il refusait avec indignation toute espèce de secours, se retranchant derrière son vœu de pauvreté et d'humilité, et blâmant avec emphase son cher hôte le prieur d'avoir osé proposer, sans son aveu, l'échange des biens éternels contre les biens périssables. Il refusait de s'expliquer sur le reste et se renfermait dans des réponses ambiguës et boursouflées; Dieu l'inspirerait, disait-il, et il comptait, à la prochaine fête de la Vierge, à l'heure auguste et sublime de la sainte communion, entendre la voix de Jésus parler à son cœur et lui dicter la conduite qu'il aurait à tenir. L'abbé dut craindre de montrer de l'inquiétude en insistant pour percer ce *saint mystère*, et il vint me rendre cette réponse, qui était moins faite que toute autre pour me rassurer.

Cependant les jours et les semaines s'écoulèrent sans que le trappiste donnât le moindre signe de volonté sur quoi que ce soit. Il ne reparut ni au château ni dans les environs, et se tint tellement enfermé aux Carmes que peu de personnes virent son visage. Cependant on sut bientôt, et le prieur mit grand soin à en répandre la nouvelle, que Jean de Mauprat, converti à la plus ardente et à la plus exemplaire piété, était de passage comme pénitent de la Trappe, au couvent des Carmes. Chaque matin on fit circuler un nouveau trait de vertu, un nouvel acte d'austérité de ce saint personnage. Les dévotes, avides du merveilleux, voulurent le voir, et lui portèrent mille petits présents qu'il refusa avec obstination. Quelquefois il se cachait si bien qu'on le disait parti pour la Trappe; mais, au moment où nous nous flattions d'en être débarrassés, nous apprenions qu'il venait de s'infliger dans la cendre et sous le cilice, des mortifications épouvantables; ou bien il avait été pieds nus, dans les endroits les plus déserts et les plus incultes de la Varenne, accomplir des pèlerinages. On alla jusqu'à dire qu'il faisait des miracles; si le prieur n'était pas guéri de la goutte, c'est que, par esprit de pénitence, il ne voulait pas guérir.

Cette incertitude dura près de deux mois.

XXI.

Ces jours, qui s'écoulèrent dans l'intimité, furent pour moi délicieux et terribles. Voir Edmée à toute heure, sans crainte d'être indiscret, puisque elle-même m'appelait à ses côtés, lui faire la lecture, causer avec elle de toutes choses, partager les tendres soins qu'elle rendait à son père, être de moitié dans sa vie, absolument comme si nous eussions été frère et sœur, c'était un grand bonheur sans doute, mais c'était un dangereux bonheur, et le volcan se ralluma dans mon sein. Quelques paroles confuses, quelques regards troublés me trahirent. Edmée ne fut point aveugle, mais elle resta impénétrable; son œil noir et profond, attaché sur moi comme sur son père avec la sollicitude d'une âme exclusive, se refroidissait quelquefois tout à coup au moment où la violence de ma passion était près d'éclater. Sa physionomie n'exprimait alors qu'une patiente curiosité et la volonté inébranlable de lire jusqu'au fond de mon âme sans me laisser voir seulement la surface de la sienne.

Mes souffrances, quoique vives, me furent chères dans les premiers temps; je me plaisais à les offrir intérieurement à Edmée comme une expiation de mes fautes passées. J'espérais qu'elle les devinerait et qu'elle m'en saurait gré. Elle les vit et ne m'en parla pas. Mon mal s'aigrit, mais il se passa encore des jours avant que je perdisse la force de le cacher. Je dis des jours, parce que, pour quiconque a aimé une femme et s'est trouvé seul avec elle, contenu par sa sévérité, les jours ont dû se compter comme des siècles. Quelle vie pleine et pourtant dévorante! Que de langueur et d'agitation, de tendresse et de colère! Il me semblait que les heures résumaient des années; et aujourd'hui, si je ne rectifiais par des dates l'erreur de ma mémoire, je me persuaderais aisément que ces deux mois remplirent la moitié de ma vie.

Je voudrais peut-être aussi me le persuader pour me réconcilier avec la conduite ridicule et coupable que je tins, au mépris des bonnes résolutions que je venais à peine de former. La rechute fut si prompte et si complète qu'elle me ferait rougir encore si je ne l'avais cruellement expiée, comme vous le verrez bientôt.

Après une nuit d'angoisse, je lui écrivis une lettre insensée qui faillit avoir pour moi des résultats effroyables; elle était à peu près conçue en ces termes : « Vous ne m'aimez point, Edmée, vous ne m'aimerez jamais. Je le sais, je ne demande rien, je n'espère rien ; je veux rester près de vous, consacrer ma vie à votre service et à votre défense. Je ferai, pour vous être utile, tout ce qui sera possible à mes forces ; mais je souffrirai, et, quoi que je fasse pour le cacher, vous le verrez, et vous attribuerez peut-être à des motifs étrangers une tristesse que je ne pourrai pas renfermer avec un constant héroïsme. Vous m'avez profondément affligé hier en m'engageant à sortir un peu *pour me distraire*. Me distraire de vous, Edmée ! quelle amère raillerie ! Ne soyez pas cruelle, ma pauvre sœur, car alors vous redevenez mon impérieuse fiancée des mauvais jours... et, malgré moi, je redeviens le brigand que vous détestiez... Ah ! si vous saviez combien je suis malheureux ! Il y a deux hommes en moi qui se combattent à mort et sans relâche ; il faut bien espérer que le brigand succombera ; mais il se défend pied à pied et il rugit, parce qu'il se sent couvert de blessures et frappé mortellement. Si vous saviez, si vous saviez, Edmée, quelles luttes, quels combats, quelles larmes de sang mon cœur distille, et quelles fureurs s'allument souvent dans la partie de mon esprit que gouvernent les anges rebelles ! Il y a des nuits que je souffre tant que, dans le délire de mes songes, il me semble que je vous plonge un poignard dans le cœur, et que, par une lugubre magie, je vous force ainsi à m'aimer comme je vous aime. Quand je m'éveille, baigné d'une sueur froide, égaré, hors de moi, je suis comme tenté d'aller vous tuer, afin d'anéantir la cause de mes angoisses. Si je ne le fais pas, c'est que je crains de vous aimer morte avec autant de passion et de ténacité que si vous étiez vivante. Je crains d'être contenu, gouverné, dominé par votre image, comme je le suis par votre personne ; et puis il n'y a pas de moyen de destruction dans la main de l'homme, l'être qu'il aime et qu'il redoute existe en lui lorsqu'il a cessé d'exister

sur la terre. C'est l'âme d'un amant qui sert de cercueil
à sa maîtresse et qui conserve à jamais ses brûlantes reliques pour s'en nourrir sans jamais les consumer... Mais,
ô ciel! dans quel désordre sont mes idées! Voyez, Edmée,
à quel point mon esprit est malade, et prenez pitié de moi.
Patientez, permettez-moi d'être triste, ne suspectez jamais
mon dévouement; je suis souvent fou, mais je vous chéris
toujours. Un mot, un regard de vous me rappellera toujours au sentiment du devoir, et ce devoir me sera doux
quand vous daignerez m'en faire souvenir... A l'heure où
je vous écris, Edmée, le ciel est chargé de nuées plus
sombres et plus lourdes que l'airain; le tonnerre gronde,
et à la lueur des éclairs semblent flotter les spectres douloureux du purgatoire. Mon âme est sous le poids de
l'orage, mon esprit troublé flotte comme ces clartés incertaines qui jaillissent de l'horizon. Il me semble que mon
être va éclater comme la tempête. Ah! si je pouvais élever
vers vous une voix semblable à la sienne! si j'avais la
puissance de produire au dehors les angoisses et les fureurs qui me rongent! Souvent, quand la tourmente passe
sur les grands chênes, vous dites que vous aimez le spectacle de sa colère et de leur résistance. C'est, dites-vous,
la lutte des grandes forces, et vous croyez saisir dans les
bruits de l'air les imprécations de l'aquilon et les cris douloureux des antiques rameaux. Lequel souffre davantage,
Edmée, ou de l'arbre qui résiste ou du vent qui s'épuise
à l'attaque? N'est-ce pas toujours le vent qui cède et qui
tombe? et alors le ciel, affligé de la défaite de son noble
fils, se répand sur la terre en ruisseaux de pleurs. Vous
aimez ces folles images, Edmée; et chaque fois que vous
contemplez la force vaincue par la résistance, vous souriez
cruellement, et votre regard mystérieux semble insulter
à ma misère. Eh bien! n'en doutez pas, vous m'avez jeté
à terre, et, quoique brisé, je souffre encore; sachez-le,

puisque vous voulez le savoir, puisque vous êtes impitoyable au point de m'interroger et de feindre pour moi la compassion. Je souffre et je n'essaie plus de soulever le pied que le vainqueur orgueilleux a posé sur ma poitrine défaillante. »

Le reste de cette lettre qui était fort longue, fort décousue, et absurde d'un bout à l'autre, était conçu dans le même sens. Ce n'était pas la première fois que j'écrivais à Edmée, quoique vivant sous le même toit et ne la quittant qu'aux heures du repos. Ma passion m'absorbait à tel point que j'étais invinciblement entraîné à prendre sur mon sommeil pour lui écrire. Je ne croyais jamais lui avoir assez parlé d'elle, assez renouvelé la promesse d'une soumission à laquelle je manquais à chaque instant; mais la lettre dont il s'agit était plus hardie et plus passionnée qu'aucune des autres. Peut-être fut-elle écrite fatalement sous l'influence de la tempête qui éclatait au ciel, tandis que, courbé sur ma table, le front en sueur, la main sèche et brûlante, je traçais avec exaltation la peinture de mes souffrances. Il me semble qu'il se fit en moi un grand calme, voisin du désespoir, lorsque je me jetai sur mon lit après être descendu au salon et avoir glissé ma lettre dans le panier à ouvrage d'Edmée. Le jour se levait chargé à l'horizon des ailes sombres de l'orage qui s'envolait vers d'autres régions. Les arbres, chargés de pluie, s'agitaient encore sous la brise fraîchissante. Profondément triste, mais aveuglément dévoué à la souffrance, je m'endormis soulagé, comme si j'eusse fait le sacrifice de ma vie et de mes espérances. Edmée ne parut pas avoir trouvé ma lettre, car elle n'y répondit pas. Elle avait coutume de le faire verbalement, et c'était pour moi un moyen de provoquer de sa part ces effusions d'amitié fraternelle dont il fallait bien me contenter, et qui versaient du moins un baume sur ma plaie. J'aurais dû me dire que cette fois ma lettre devait amener une explication décisive, ou être passée sous silence. Je soupçonnai l'abbé de l'avoir soustraite et jetée au feu, j'accusai Edmée de mépris et de dureté; néanmoins je me tus.

Le lendemain le temps était parfaitement rétabli. Mon oncle fit une promenade en voiture, et chemin faisant nous dit qu'il ne voulait pas mourir sans avoir fait une grande et dernière chasse au renard. Il était passionné pour ce divertissement, et sa santé s'était améliorée au point de rendre à son esprit des velléités de plaisir et d'action. Une étroite berline très-légère, attelée de fortes mules, courait rapidement dans les traînes sablonneuses de nos bois, et quelquefois déjà il avait suivi de petites chasses que nous montions pour le distraire. Depuis la visite du trappiste, le chevalier avait comme repris à la vie. Doué de force et d'obstination comme tous ceux de sa race, il semblait qu'il pérît faute d'émotions, car le plus léger appel à son énergie rendait momentanément la chaleur à son sang engourdi. Comme il insista beaucoup sur ce projet de chasse, Edmée s'engagea à organiser avec moi une battue générale et à y prendre une part active. Une des grandes joies du bon vieillard était de la voir à cheval, caracoler hardiment autour de sa voiture et lui tendre toutes les branches fleuries qu'elle arrachait aux buissons en passant. Il fut décidé que je monterais à cheval pour l'escorter et que l'abbé accompagnerait le chevalier dans la berline. Le ban et l'arrière-ban des garde-chasse, forestiers, piqueurs, voire des braconniers de la Varenne, furent convoqués à cette solennité de famille. Un grand repas fut préparé à l'office pour le retour, avec force pâtés d'oies et vin du terroir. Marcasse, dont j'avais fait mon régisseur à la Roche-Mauprat, et qui avait de grandes connaissances dans l'art de la chasse au renard, passa deux jours entiers à boucher les terriers. Quelques jeunes fermiers des environs, intéressés à la battue et capables de donner un bon conseil dans l'occasion, s'offrirent gracieusement à être de la partie, et enfin Patience, malgré son éloignement pour la destruction des animaux innocents, consentit à suivre la chasse en amateur. Au jour dit, qui se leva chaud et serein sur nos riants projets et sur mon implacable destinée, une cinquantaine de personnes se trouva sur pied avec cors, chevaux et chiens. La journée devait se terminer par une déconfiture de lapins dont le nombre était excessif, et qu'il était facile de détruire en masse en se rabattant sur la partie des bois qui n'aurait pas été traquée pendant la chasse. Chacun de nous s'arma donc d'une carabine, et mon oncle lui-même en prit une pour tirer de sa voiture, ce qu'il faisait encore avec beaucoup d'adresse.

Durant les deux premières heures, Edmée, montée sur une jolie petite jument limousine fort vive, et qu'elle s'amusait à exciter et à retenir avec une coquetterie touchante pour son vieux père, s'écarta peu de la calèche, d'où le chevalier souriant, animé, attendri, la contemplait avec amour. De même qu'emportés chaque soir par la rotation de notre globe, nous saluons, en entrant dans la nuit, l'astre radieux qui va régner sur un autre hémisphère, ainsi le vieillard se consolait de mourir en voyant la jeunesse, la force et la beauté de sa fille lui survivre dans une autre génération.

Quand la chasse fut bien *nouée*, Edmée, qui se ressentait certainement de l'humeur guerroyante de la famille, et chez qui le calme de l'âme n'enchaînait pas toujours la fougue du sang, céda aux signes réitérés que lui faisait son père, dont le plus grand désir était de la voir galoper, et elle suivit le *lancer* qui était déjà un peu en avant. « Suis-la, suis-la ! » me cria le chevalier, qui ne l'avait pas plus tôt vue courir, que sa douce vanité paternelle avait fait place à l'inquiétude. Je ne me le fis pas dire deux fois, et, enfonçant mes éperons dans le ventre de mon cheval, je rejoignis Edmée dans un sentier de traverse qu'elle avait pris pour retrouver les chasseurs. Je frémis en la voyant se plier comme un jonc sous les branches, tandis que son cheval, excité par elle, l'emportait au milieu du taillis avec la rapidité de l'éclair. « Edmée, pour l'amour de Dieu! lui criai-je, n'allez pas si vite. Vous allez vous faire tuer.

— Laisse-moi courir, me dit-elle gaiement; mon père me l'a permis. Laisse-moi tranquille, te dis-je; je te donne sur les doigts si tu arrêtes mon cheval.

— Laisse-moi du moins te suivre, lui dis-je en la serrant de près; ton père me l'a ordonné, et je ne suis là que pour me tuer, s'il t'arrive malheur. »

Pourquoi étais-je obsédé par ces idées sinistres, moi qui avais vu si souvent Edmée courir à cheval dans les bois? Je l'ignore. J'étais dans un état bizarre; la chaleur de midi me montait au cerveau, et mes nerfs étaient singulièrement excités. Je n'avais pas déjeuné, me trouvant dans une mauvaise disposition en partant, et pour me soutenir à jeun j'avais avalé plusieurs tasses de café mêlé de rhum. Je sentais alors un effroi insurmontable; puis au bout de quelques instants cet effroi fit place à un sentiment inexprimable d'amour et de joie. L'excitation de la course devint si vive que je m'imaginai n'avoir pas d'autre but que de poursuivre Edmée. A la voir fuir devant moi, aussi légère que sa cavale noire, dont les pieds volaient sans bruit sur la mousse, on l'eût prise pour une fée apparaissant en ce lieu désert pour troubler la raison des hommes et les entraîner sur ses traces au fond de ses retraites perfides. J'oubliai la chasse et tout le reste. Je ne vis qu'Edmée; un nuage passa devant mes yeux, et je ne la vis plus, mais je courais toujours; j'étais dans un état de démence muette, lorsqu'elle s'arrêta brusquement.

« Que faisons-nous ? me dit-elle. Je n'entends plus la chasse, et j'aperçois la rivière. Nous avons trop donné sur la gauche.

— Au contraire, Edmée, lui répondis-je sans savoir un mot de ce que je disais; encore un temps de galop, et nous y sommes.

— Comme vous êtes rouge ! me dit-elle. Mais comment passerons-nous la rivière ?

— Puisqu'il y a un chemin, il y a un gué, lui répondis-je. Allons, allons ! »

J'étais possédé de la rage de courir encore ; j'avais une idée, celle de m'enfoncer de plus en plus dans le bois avec elle; mais cette idée était couverte d'un voile, et lorsque j'essayais de le soulever, je n'avais plus d'autre perception que celle des battements impétueux de ma poitrine et de mes tempes.

Edmée fit un geste d'impatience. « Ces bois sont maudits; je m'y égare toujours, » dit-elle. Et sans doute elle pensa au jour funeste où elle avait été emportée loin de la chasse et conduite à la Roche-Mauprat ; car j'y pensai aussi, et les images qui s'offrirent à mon cerveau me causèrent une sorte de vertige. Je suivis machinalement Edmée vers la rivière. Tout à coup je la vis à l'autre bord. Je fus pris de fureur en voyant que son cheval était plus agile et plus courageux que le mien; car celui-ci fit, pour se risquer dans le gué, qui était assez mauvais, des difficultés durant lesquelles Edmée prit encore sur moi de l'avance. Je mis les flancs de mon cheval en sang ; et quand, après avoir failli être renversé plusieurs fois, je me trouvai sur la rive, je me lançai à la poursuite d'Edmée avec une colère aveugle. Je l'atteignis, et je pris la bride de sa jument en m'écriant :

— Arrêtez-vous, Edmée, je le veux! Vous n'irez pas plus loin. »

En même temps je secouai si rudement les rênes que son cheval se révolta. Elle perdit l'équilibre, et, pour ne pas tomber, elle sauta légèrement entre nos deux chevaux, au risque d'être blessée. Je fus à terre presque aussitôt qu'elle, et je repoussai vivement les chevaux. Celui d'Edmée, qui était fort doux, s'arrêta et se mit à brouter. Le mien s'emporta et disparut. Tout cela fut l'affaire d'un instant.

J'avais reçu Edmée dans mes bras; elle se dégagea, et me dit avec sécheresse :

— Vous êtes fort brutal, Bernard, et je déteste vos manières. A qui en avez-vous? »

Troublé, confus, je lui dis que je croyais que sa jument prenait le mors aux dents, et que je craignais qu'il ne lui arrivât malheur en s'abandonnant de la sorte à l'ardeur de la course.

« Et pour me sauver vous me faites tomber, au risque de me tuer, répondit-elle. Cela est fort obligeant, en vérité.

— Laissez-moi vous remettre sur votre cheval, » lui dis-je. Et sans attendre sa permission je la pris dans mes bras et je l'enlevai de terre.

« Vous savez fort bien que je ne monte pas à cheval ainsi, s'écria-t-elle tout à fait irritée. Laissez-moi, je n'ai pas besoin de vos services. »

Mais il ne m'était plus permis d'obéir. Ma tête se perdait; mes bras se crispaient autour de la taille d'Edmée, et c'était en vain que j'essayais de les en détacher; mes lèvres effleurèrent son sein malgré moi; elle pâlit de colère.

« Que je suis malheureux, disais-je avec des yeux pleins de larmes, que je suis malheureux de t'offenser toujours et d'être haï de plus en plus à mesure que je t'aime davantage! »

Edmée était de nature impérieuse et violente. Son caractère, habitué à la lutte, avait pris avec les années une énergie inflexible. Ce n'était plus la jeune fille tremblante, fortement inspirée, mais plus ingénieuse que téméraire à la défense, que j'avais serrée dans mes bras à la Roche-Mauprat; c'était une femme intrépide et fière, qui se fût laissé égorger plutôt que de permettre une espérance audacieuse. D'ailleurs, c'était la femme qui se sait aimée avec passion et qui connaît sa puissance. Elle me repoussa donc avec dédain, et, comme je la suivais avec égarement, elle leva sa cravache sur moi, et me menaça de me tracer une marque d'ignominie sur le visage si j'osais toucher seulement à son étrier.

Je tombai à genoux en la suppliant de ne pas me quitter ainsi sans me pardonner. Elle était déjà à cheval, et, regardant autour d'elle pour retrouver son chemin, elle s'écria :

« Il ne me manquait plus que de revoir ces lieux détestés! Voyez, monsieur, voyez où nous sommes! »

Je regardai à mon tour, et vis que nous étions à la lisière du bois, sur le bord ombragé du petit étang de Gazeau. A deux pas de nous, à travers le bois épaissi depuis le départ de Patience, j'aperçus la porte de la tour qui s'ouvrait comme une bouche noire derrière le feuillage verdoyant.

Je fus pris d'un nouveau vertige, il y eut en moi une lutte terrible des deux instincts. Qui expliquera le mystère qui s'accomplit dans le cerveau de l'homme, alors que l'âme est aux prises avec les sens et qu'une partie de son être cherche à étouffer l'autre? Dans une organisation comme la mienne, cette lutte devait être affreuse, croyez-le bien; et n'imaginez pas que la volonté joue un rôle secondaire chez les natures emportées; c'est une sotte habitude que de dire à un homme épuisé dans de semblables combats : « Vous auriez dû vous vaincre. »

XXII.

Comment vous expliquerai-je ce qui se passa en moi à l'aspect inattendu de la tour Gazeau ? Je ne l'avais vue que deux fois dans ma vie ; deux fois elle avait été le témoin des scènes les plus douloureusement émouvantes, et ces scènes n'étaient rien encore auprès de ce qui m'était destiné à cette troisième rencontre ; il est des lieux maudits !

Il me sembla voir encore, sur cette porte demi-brisée, le sang des deux Mauprat qui l'avait arrosée. Leur criminelle et tragique destinée me fit rougir des instincts de violence que je sentais en moi-même. J'eus horreur de ce que j'éprouvais, et je compris pourquoi Edmée ne m'aimait pas. Mais, comme s'il y avait eu dans ce déplorable sang des éléments de sympathique fatalité, je sentais la force effrénée de mes passions grandir en raison de l'effort de ma volonté pour les vaincre. J'avais terrassé toutes les autres intempérances ; il n'en restait en moi presque plus de traces. J'étais sobre, j'étais, sinon doux et patient, du moins affectueux et sensible ; je concevais au plus haut point les lois de l'honneur et le respect de la dignité d'autrui ; mais l'amour était le plus redoutable de mes ennemis, car il se rattachait à tout ce que j'avais acquis de moralité et de délicatesse ; c'était le lien entre l'homme ancien et l'homme nouveau, lien indissoluble et dont le milieu m'était presque impossible à trouver.

Debout devant Edmée, qui s'apprêtait à me laisser seul et à pied, furieux de la voir m'échapper pour la dernière fois, car, après l'offense que je venais de lui faire, jamais, sans doute, elle ne braverait le danger d'être seule avec moi, je la regardais d'une manière effrayante. J'étais pâle, mes poings se contractaient ; je n'avais qu'à vouloir, et la plus faible de mes étreintes l'eût arrachée de son cheval, terrassée, livrée à mes désirs. Un moment d'abandon à mes instincts farouches, et je pouvais assouvir, éteindre, par la possession d'un instant, le feu qui me dévorait depuis sept années ! Edmée n'a jamais su quel péril son honneur a couru dans cette minute d'angoisses ; j'en garde un éternel remords ; mais Dieu seul en sera juge, car je triomphai, et cette pensée de mal fut la dernière de ma vie. A cette pensée d'ailleurs se borna tout mon crime ; le reste fut l'ouvrage de la fatalité.

Saisi d'effroi, je tournai brusquement le dos, et, tordant mes mains avec désespoir, je m'enfuis par le sentier qui m'avait amené, sans savoir où j'allais, mais comprenant qu'il fallait me soustraire à ces tentations dangereuses. Le jour était brûlant, l'odeur des bois enivrante; leur aspect me ramenait au sentiment de ma vie sauvage : il fallait fuir ou succomber. Edmée m'ordonnait, d'un geste impérieux, de m'éloigner de sa présence. L'idée de tout autre danger que celui qu'elle courait avec moi ne pouvait, en cet instant, se présenter à ma pensée ni à la sienne ; je m'enfonçai dans le bois. Je n'avais pas franchi l'espace de trente pas qu'un coup de feu partit du lieu où je laissais Edmée. Je m'arrêtai glacé d'épouvante sans savoir pourquoi, car au milieu d'une battue un coup de fusil n'était pas chose étrange ; mais j'avais l'âme si lugubre que rien ne pouvait me sembler indifférent. J'allais retourner sur mes pas et rejoindre Edmée, au risque de l'offenser encore, lorsqu'il me sembla entendre un gémissement humain du côté de la tour Gazeau. Je m'élançai et puis je tombai sur mes genoux, comme foudroyé par mon émotion. Il me fallut quelques minutes pour triompher de ma faiblesse; mon cerveau était plein d'images et de bruits lamentables, je ne distinguais plus l'illusion de la réalité; en plein soleil je marchais à tâtons parmi les arbres. Tout à coup je me trouvai face à face avec l'abbé; il était inquiet, il cherchait Edmée. Le chevalier ayant été se placer avec sa voiture au passage du *lancer*, et n'ayant pas vu sa fille parmi les chasseurs, avait été saisi de crainte. L'abbé s'était jeté à la hâte dans le bois, et bientôt retrouvant la trace de nos chevaux, il venait s'informer de ce que nous étions devenus. Il avait entendu le coup de feu, mais sans en être effrayé. En me voyant pâle, les cheveux en désordre, l'air égaré, sans cheval et sans fusil (j'avais laissé tomber le mien à l'endroit où je m'étais à demi évanoui, et je n'avais pas songé à le relever), il fut aussi épouvanté que moi, et sans savoir, plus que moi-même, à quel propos. « Edmée! me dit-il, où est Edmée? » Je lui répondis des paroles sans suite. Il fut si consterné de me voir ainsi, qu'il m'accusa d'un crime en lui-même, comme il me l'a plus tard avoué.

« Malheureux enfant! me dit-il en me secouant fortement le bras pour me rappeler à moi-même, de la prudence, du calme, je vous en supplie!... »

Je ne le comprenais pas, mais je l'entraînai vers l'endroit fatal. O spectacle ineffaçable! Edmée était étendue par terre, roide et baignée dans son sang. Sa jument broutait l'herbe à quelques pas de là. Patience était debout auprès d'elle les bras croisés sur sa poitrine, la face livide, et le cœur tellement gonflé qu'il lui fut impossible de répondre à l'abbé, qui l'interrogeait avec des sanglots et des cris. Pour moi, je ne pus comprendre ce qui se passait. Je crois que mon cerveau, déjà troublé par les émotions précédentes, se paralysa entièrement. Je m'assis par terre à côté d'Edmée, dont la poitrine était frappée de deux balles. Je regardai ses yeux éteints, dans un état de stupidité absolue.

« Éloignez ce misérable ! dit Patience à l'abbé en me jetant un regard de mépris ; le pervers ne se corrige pas. — Edmée ! Edmée ! s'écria l'abbé en se jetant sur l'herbe et en s'efforçant d'étancher le sang avec son mouchoir. — Morte ! morte ! dit Patience, et voilà le meurtrier ! Elle l'a dit en rendant à Dieu son âme sainte, et c'est Patience qui sera le vengeur ! C'est bien dur ; mais ce sera !...... Dieu l'a voulu, puisque je me suis trouvé là pour entendre la vérité. — C'est horrible ! c'est horrible ! » criait l'abbé.

J'entendais le son de cette dernière syllabe, et je souriais d'un air égaré en la répétant comme un écho.

Des chasseurs accoururent. Edmée fut emportée. Je crois que son père m'apparut debout et marchant. Je ne saurais, au reste, affirmer que ce ne fût pas une vision mensongère (car je n'avais conscience de rien, et ces moments affreux n'ont laissé en moi que des souvenirs vagues, semblables à ceux d'un rêve), si on ne m'eût assuré que le chevalier sortit de sa calèche sans l'aide de personne, qu'il marcha et qu'il agit avec autant de force et de présence d'esprit qu'un jeune homme. Le lendemain il tomba dans un état complet d'enfance et d'insensibilité, et ne se releva plus de son fauteuil.

Que se passa-t-il quant à moi ? Je l'ignore. Quand je repris ma raison, je m'aperçus que j'étais dans un autre endroit de la forêt auprès d'une petite chute d'eau, dont j'écoutais machinalement le murmure avec une sorte de bien-être. Blaireau dormait à mes pieds, et son maître, debout contre un arbre, me regardait attentivement. Le soleil couchant glissait des lames d'or rougeâtre parmi les tiges élancées des jeunes frênes ; les fleurs sauvages semblaient me sourire ; les oiseaux chantaient mélodieusement. C'était un des plus beaux jours de l'année.

« Quelle magnifique soirée! dis-je à Marcasse. Ce lieu est aussi beau qu'une forêt de l'Amérique. Eh bien! mon vieil ami, que fais-tu là? Tu aurais dû m'éveiller plus tôt; j'ai fait des rêves affreux. »

Marcasse vint s'agenouiller auprès de moi; deux ruisseaux de larmes coulaient sur ses joues sèches et bilieuses. Il y avait sur son visage, si impassible d'ordinaire, une expression ineffable de pitié, de chagrin et d'affection. « Pauvre maître! disait-il; égarement, maladie de tête, voilà tout. Grand malheur! mais fidélité ne guérit pas. Éternellement avec vous, quand il faudrait mourir avec vous. »

Ses larmes et ses paroles me remplirent de tristesse; mais c'était le résultat d'un instinct sympathique aidé encore de l'affaiblissement de mes organes, car je ne me rappelais rien. Je me jetai dans ses bras en pleurant comme lui, et il me tint serré contre sa poitrine avec une effusion vraiment paternelle. Je pressentais bien que quelque affreux malheur pesait sur moi; mais je craignais de savoir en quoi il consistait; et pour rien au monde je n'eusse voulu l'interroger.

Il me prit par le bras et m'emmena à travers la forêt. Je me laissai conduire comme un enfant, et puis je fus pris d'un nouvel accablement, et il fut forcé de me laisser encore assis pendant une demi-heure. Enfin il me releva et réussit à m'emmener à la Roche-Mauprat, où nous arrivâmes fort tard. Je ne sais ce que j'éprouvai dans la nuit. Marcasse m'a dit que j'avais été en proie à un délire affreux. Il prit sur lui d'envoyer chercher au village le plus voisin un barbier qui me saigna dès le matin, et quelques instants après je repris ma raison.

Mais quel affreux service il me sembla qu'on m'avait rendu! *Morte! morte! morte!* c'était le seul mot que je pusse articuler. Je ne faisais que gémir et m'agiter sur mon lit. Je voulais sortir et courir à Sainte-Sévère. Mon pauvre sergent se jetait à mes pieds et se mettait en travers de la porte de ma chambre pour m'en empêcher. Il me disait alors pour me retenir des choses que je ne comprenais nullement, et je cédais à l'ascendant de sa tendresse et à mon propre épuisement sans pouvoir m'expliquer sa conduite. Dans une de ces luttes ma saignée se rouvrit, et je me remis au lit sans que Marcasse s'en aperçût. Je tombai peu à peu dans un évanouissement profond, et j'étais presque mort, lorsque, voyant mes lèvres bleues et mes joues violacées, il s'avisa de soulever mon drap et me trouva nageant dans une mare de sang.

C'était au reste ce qui pouvait m'arriver de plus heureux. Je demeurai plusieurs jours plongé dans un anéantissement où la veille différait peu du sommeil, et grâce auquel, ne comprenant rien, je ne souffrais pas.

Un matin, ayant réussi à me faire prendre quelques aliments et voyant qu'avec la force la tristesse et l'inquiétude me revenaient, il m'annonça avec une joie naïve et tendre qu'Edmée n'était pas morte et qu'on ne désespérait pas de la sauver. Ce fut pour moi un coup de foudre, car j'en étais encore à croire que cette affreuse aventure était l'ouvrage de mon délire. Je me mis à crier et à me tordre les bras d'une manière effrayante. Marcasse, à genoux près de mon lit, me suppliait de me calmer, et vingt fois il me répéta ces paroles qui me faisaient toujours l'effet des mots dépourvus de sens qu'on entend dans les rêves : « Vous ne l'avez pas fait exprès ; je le sais bien, moi. Non, vous ne l'avez pas fait exprès. C'est un malheur, un fusil qui part dans la main, par hasard. — Allons, que veux-tu dire? m'écriai-je impatienté; quel fusil? quel hasard? pourquoi moi? — Ne savez-vous donc pas comment elle a été frappée, maître? » Je passai mes

mains sur ma tête comme pour y ramener l'énergie de
la vie, et, ne pouvant m'expliquer l'événement mystérieux
qui en brisait tous les ressorts, je me crus fou et je restai
muet, consterné, craignant de laisser échapper une parole qui pût faire constater la perte de mes facultés.

Enfin peu à peu je ressaisis mes souvenirs ; je demandai du vin pour me fortifier, et à peine en eus-je bu quelques gouttes que toutes les scènes de la fatale journée se déroulèrent comme par magie devant moi. Je me souvins même des paroles que j'avais entendu prononcer à Patience aussitôt après l'événement. Elles étaient comme gravées dans cette partie de la mémoire qui garde le son des mots, alors même que sommeille celle qui sert à en pénétrer le sens. Un instant encore je fus incertain ; je me demandai si mon fusil était parti entre mes mains au moment où je quittais Edmée. Je me rappelai clairement que je l'avais déchargé une heure auparavant sur une huppe dont Edmée avait envie de voir de près le plumage ; et puis, lorsque le coup qui l'avait frappée s'était fait entendre, mon fusil était dans mes mains, et je ne l'avais jeté par terre que quelques instants après ; ce ne pouvait donc être cette arme qui fût partie en tombant. D'ailleurs, j'étais beaucoup trop loin d'Edmée dans ce moment pour que, même en supposant une fatalité incroyable, le coup l'atteignît. Enfin je n'avais pas eu de la journée une seule balle sur moi, et il était impossible que mon fusil se trouvât chargé à mon insu, puisque je ne l'avais pas ôté de la bandoulière depuis que j'avais tué la huppe.

Bien sûr donc que je n'étais pas la cause de l'accident funeste, il me restait à trouver une explication à cette catastrophe foudroyante. Elle m'embarrassa moins que personne ; je pensai qu'un tirailleur maladroit avait pris, à travers les branches, le cheval d'Edmée pour une bête fauve, et je ne songeai pas à accuser qui que ce fût d'assassinat volontaire; seulement je compris que j'étais accusé moi-même. J'arrachai la vérité à Marcasse. Il m'apprit que le chevalier et toutes les personnes qui faisaient partie de la chasse avaient attribué ce malheur à un accident fortuit, à une arme qui s'était, à mon grand désespoir, déchargée lorsque mon cheval m'avait renversé; car on pensait que j'avais été jeté par terre. Telle était à peu près l'opinion que chacun émettait. Dans les rares paroles qu'Edmée pouvait prononcer elle répondait affirmativement à ces commentaires. Une seule personne m'accusait, c'était Patience; mais il m'accusait en secret et sous le sceau du serment auprès de ses deux amis, Marcasse et l'abbé Aubert. « Je n'ai pas besoin, ajouta Marcasse, de vous dire que l'abbé garde un silence absolu et se refuse à vous croire coupable. Quant à moi, je puis vous jurer que jamais... — Tais-toi, tais-toi, lui dis-je, ne me dis pas même cela, ce serait supposer que quelqu'un sur la terre peut le croire. Mais Edmée a dit quelque chose d'inouï à Patience au moment où elle a expiré; car elle est morte, tu veux en vain m'abuser; elle est morte, je ne la verrai plus! — Elle n'est pas morte! » s'écria Marcasse. Et il me fit des serments qui me convainquirent; car je savais qu'il eût fait de vains efforts pour mentir; tout son être se fût mis en révolte contre ses charitables intentions. Quant aux paroles d'Edmée, il se refusa franchement à me les rapporter, et je compris par là qu'elles étaient accablantes. Alors je m'arrachai de mon lit, je repoussai inexorablement Marcasse qui voulait me retenir. Je fis jeter une couverture sur le cheval du métayer et je partis au grand galop. J'avais l'air d'un spectre quand j'arrivai au château. Je me traînai jusqu'au salon sans rencontrer personne que Saint-Jean, qui fit un cri de terreur en m'apercevant et qui disparut sans répondre à mes questions.

Le salon était vide. Le métier d'Edmée, enseveli sous la toile verte que sa main ne devait peut-être plus soulever, me fit l'effet d'une bière sous un linceul. Le grand fauteuil de mon oncle n'était plus dans le coin de la cheminée; mon portrait, que j'avais fait faire à Philadelphie et que j'avais envoyé pendant la guerre d'Amérique, avait été enlevé de la muraille. C'étaient des indices de mort et de malédiction.

Je sortis à la hâte de cette pièce et je montai l'escalier avec la hardiesse que donne l'innocence, mais avec le désespoir dans l'âme. J'allai droit à la chambre d'Edmée, et je tournai la clef aussitôt après avoir frappé. Mademoiselle Leblanc vint à ma rencontre, fit de grands cris et s'enfuit en cachant son visage dans ses mains, comme si elle eût vu paraître une bête féroce. Qui donc avait pu répandre d'affreux soupçons sur moi? L'abbé avait-il été assez peu loyal pour le faire? Je sus plus tard qu'Edmée, quoique ferme et généreuse dans ses instants lucides, m'avait accusé tout haut dans le délire.

Je m'approchai de son lit, et, en proie moi-même au délire, sans songer que mon aspect inattendu pouvait lui porter le coup de la mort, j'écartai les rideaux d'une main avide et je regardai Edmée. Jamais je n'ai vu une beauté plus surprenante. Ses grands yeux noirs avaient grandi encore de moitié et brillaient d'un éclat extraordinaire, quoique sans expression, comme des diamants. Ses joues tendues et décolorées, ses lèvres aussi blanches que ses joues, lui donnaient l'aspect d'une belle tête de marbre. Elle me regarda fixement, avec aussi peu d'émotion que si elle eût regardé un tableau ou un meuble, et, retournant un peu son visage vers la muraille, elle dit avec un sourire mystérieux : « *C'est la fleur qu'on appelle Edmea sylvestris.* »

Je tombai à genoux, je pris sa main, je la couvris de

baisers, j'éclatai en sanglots; elle ne s'aperçut de rien. Sa main immobile et glacée resta dans la mienne comme un morceau d'albâtre.

XXIII.

L'abbé entra et me salua d'un air sombre et froid, puis il me fit signe, et m'éloignant du lit : « Vous êtes un insensé! me dit-il. Retournez chez vous, ayez la prudence de ne pas venir ici ; c'est tout ce qui vous reste à faire. — Et depuis quand, m'écriai-je transporté de fureur, avez-vous le droit de me chasser du sein de ma famille? — Hélas! vous n'avez plus de famille, répondit-il avec un accent de douleur qui me désarma. D'un père et d'une fille il ne reste plus que deux fantômes chez qui la vie morale est éteinte et que la vie physique va bientôt abandonner. Respectez les derniers instants de ceux qui vous ont aimé. — Et comment puis-je témoigner mon respect et ma douleur en les abandonnant? répondis-je atterré.— A cet égard, dit l'abbé, je ne veux et ne dois rien vous dire, car vous savez que votre présence est ici une témérité et une profanation. Partez. Quand *ils ne seront plus* (ce qui ne peut tarder), si vous avez des droits sur cette maison, vous y reviendrez, et vous ne m'y trouverez certainement pas pour vous les contester ou pour vous les confirmer. En attendant, comme je ne connais pas ces droits, je crois pouvoir prendre sur moi de faire respecter jusqu'au bout ces deux saintes agonies. — Malheureux! m'écriai-je, je ne sais à quoi tient que je ne te mette en pièces! Quel abominable caprice te pousse à me retourner vingt fois le poignard dans le sein? Crains-tu que je survive à mon malheur? Ne sais-tu pas que trois cercueils sortiront ensemble de cette maison? Crois-tu que je vienne chercher ici autre chose qu'un dernier regard et une dernière bénédiction ? — Dites un dernier *pardon*, répondit l'abbé d'une voix sinistre et avec un geste d'inexorable condamnation. — Je dis que vous êtes fou! m'écriai-je, et que, si vous n'étiez pas un prêtre, je vous briserais dans ma main pour la manière dont vous me parlez. — Je vous crains peu, monsieur, me répondit-il. M'ôter la vie serait me rendre un grand service ; mais je suis fâché que vous confirmiez par vos menaces et votre emportement les accusations qui pèsent sur votre tête. Si je vous voyais touché de repentir, je pleurerais avec vous; mais votre assurance me fait horreur. Jusqu'ici je n'avais vu en vous qu'un fou furieux ; aujourd'hui je crois voir un scélérat. Retirez-vous. »

Je tombai sur un fauteuil, suffoqué de rage et de douleur. Un instant, j'espérai que j'allais mourir. Edmée expirante à côté de moi, et en face de moi un juge saisi d'une telle conviction que, de doux et timide qu'il était par nature, il se faisait rude et implacable! La perte de celle que j'aimais me précipitait vers le désir de la mort ; mais l'accusation horrible qui pesait sur moi réveillait mon énergie. Je ne pouvais croire qu'une telle accusation tînt un seul instant contre l'accent de la vérité. Je m'imaginais qu'il suffirait d'un regard et d'un mot de moi pour la faire tomber ; mais je me sentais si consterné, si profondément blessé, que ce moyen de défense m'était refusé ; et plus l'opprobre du soupçon s'appesantit sur moi, plus je compris qu'il est presque impossible de se défendre avec succès quand on n'a pour soi que la fierté de l'innocence méconnue.

Je restais accablé sans pouvoir proférer une parole. Il me semblait qu'une voûte de plomb me pesait sur le crâne. La porte se rouvrit, et mademoiselle Leblanc, s'approchant de moi d'un air haineux et guindé, me dit qu'une personne qui était sur l'escalier demandait à me parler. Je sortis machinalement et je trouvai Patience qui m'attendait, les bras croisés, dans son attitude la plus austère et avec une expression de visage qui m'eût commandé le respect et la crainte si j'eusse été coupable.

« Monsieur de Mauprat, dit-il, il est nécessaire que j'aie avec vous un entretien particulier; voulez-vous bien me suivre jusque chez moi?

— Oui, je le veux, répondis-je. Je supporterai toutes les humiliations, pourvu que je sache ce qu'on veut de moi et pourquoi l'on se plaît à outrager le plus infortuné des hommes. Marche, Patience, et va vite, je suis pressé de revenir ici. »

Patience marcha devant moi d'un air impassible, et, quand nous fûmes arrivés à sa maisonnette, nous vîmes mon pauvre sergent qui venait d'arriver aussi à la hâte. Ne trouvant pas de cheval pour me suivre et ne voulant pas me quitter, il était venu à pied, et si vite qu'il était baigné de sueur. Il se releva néanmoins avec vivacité du banc sur lequel il s'était jeté sous le berceau de vigne, pour venir à notre rencontre.

« Patience! s'écria-t-il d'un ton dramatique qui m'eût fait sourire s'il m'eût été possible d'avoir une lueur de gaieté dans de tels instants... Vieux fou!... Calomniateur à votre âge?... Fi! monsieur..... perdu par la fortune... vous l'êtes... oui. »

Patience, toujours impassible, leva les épaules et dit à son ami :

« Marcasse, vous ne savez ce que vous dites. Allez vous reposer au bout du verger. Vous n'avez rien à faire ici, et je ne puis parler qu'à votre maître. Allez, je le veux, » ajouta-t-il en le poussant de la main avec une autorité à laquelle le sergent, quoique fier et chatouilleux, céda par instinct et par habitude.

Quand nous fûmes seuls, Patience entra en matière et procéda à un interrogatoire que je résolus de subir afin d'obtenir plus vite moi-même l'éclaircissement de ce qui se passait autour de moi.

« Voulez-vous bien, monsieur, me dit-il, m'apprendre ce que vous comptez faire maintenant? — Je compte rester dans ma famille, répondis-je, tant que j'aurai une famille, et, quand je n'aurai plus de famille, ce que je ferai n'intéresse personne. — Mais, monsieur, reprit Patience, si on vous disait que vous ne pouvez pas rester dans votre famille sans porter le coup de la mort à l'un ou à l'autre de ses membres, vous obstineriez-vous à y rester? — Si j'étais convaincu qu'il en fût ainsi, répondis-je, je ne me montrerais pas devant eux; j'attendrais, au seuil de leur porte, ou le dernier jour de leur vie ou celui de leur rétablissement pour leur redemander une tendresse que je n'ai pas cessé de mériter... — Ah! nous en sommes là! dit Patience avec un sourire de mépris. Je ne l'aurais pas cru. Au reste, j'en suis bien aise, c'est plus clair. — Que voulez-vous dire? m'écriai-je. Parlez, misérable! expliquez-vous. — Il n'y a ici que vous de misérable, » répondit-il froidement en s'asseyant sur son unique escabeau, tandis que je restais debout devant lui.

Je voulais à tout prix qu'il s'expliquât. Je me contins, j'eus même l'humilité de dire que j'écouterais un bon conseil s'il consentait à me répéter les paroles qu'Edmée avait prononcées aussitôt après l'événement, et celles qu'elle disait encore aux heures de la fièvre.

« Non, certes, répondit Patience avec dureté; vous n'êtes pas digne d'entendre un mot de cette bouche, et ce ne sera pas moi qui vous les redirai. Qu'avez-vous besoin de les savoir? Espérez-vous cacher désormais quelque chose aux hommes? Dieu vous a vu, il n'y a pas de secret pour lui. Partez, restez à la Roche-Mauprat, tenez-vous tranquille, et, quand votre oncle sera mort et vos affaires réglées, quittez le pays. Si vous m'en croyez même, quittez-le dès à présent. Je ne veux pas vous faire poursuivre, à moins que vous ne m'y forciez par votre conduite. Mais d'autres que moi ont, sinon la certitude, du moins le soupçon de la vérité. Avant qu'il soit deux jours, un mot dit au hasard dans le public, l'indiscrétion d'un domestique, peuvent éveiller l'attention de la justice, et de là à l'échafaud, quand on est coupable, il n'y a qu'un pas. Je ne vous haïssais point, j'ai même eu de l'amitié pour vous ; croyez donc ce bon conseil que vous vous dites disposé à recevoir. Partez, ou tenez-vous caché et prêt à fuir. Je ne voudrais pas votre perte, Edmée ne la voudrait pas non plus... ainsi... Entendez-vous ? —Vous êtes insensé de croire que j'écouterai un semblable conseil. Moi, me cacher ! moi, fuir comme un coupable ! vous n'y songez pas ! Allez, allez, je vous brave tous. Je ne sais quelle fureur et quelle haine vous rongent, vous liguent contre moi ; je ne sais pourquoi vous voulez m'empêcher de voir mon oncle et ma cousine ; mais je méprise vos folies. Ma place est ici, je ne m'en éloignerai que sur l'ordre formel de ma cousine ou de mon oncle, et encore faudra-t-il que j'entende cet ordre sortir de leur bouche ; car je ne me laisserai transmettre d'avis par aucun étranger. Ainsi donc, merci de votre sagesse, monsieur Patience, la mienne ici suffira. Je vous salue. »

Je m'apprêtais à sortir de la chaumière, lorsqu'il s'élança au-devant de moi, et un instant je le vis disposé à employer la force pour me retenir. Malgré son âge avancé, malgré ma grande taille et ma force athlétique, il était encore capable de soutenir une lutte de ce genre peut-être avec avantage. Petit, voûté, large des épaules, c'était un Hercule.

Il s'arrêta pourtant au moment où il levait le bras sur moi, et, saisi d'un de ces accès de vive sensibilité auxquels il était sujet dans les moments de sa plus grande rudesse, il me regarda d'un air attendri et me parla avec douceur : « Malheureux ! me dit-il, toi que j'ai aimé comme mon enfant, car je te regardais comme le frère d'Edmée, ne cours pas à ta perte. Je t'en supplie au nom de celle que tu as assassinée et que tu aimes encore, je le sais, mais que tu ne peux plus revoir. Crois-moi, ta famille était hier encore un vaisseau superbe dont tu tenais le gouvernail ; aujourd'hui, c'est un vaisseau échoué qui n'a plus ni voile ni pilote ; il faut que les mousses fassent la manœuvre, comme dit l'ami Marcasse. Eh bien ! mon pauvre naufragé, ne vous obstinez pas à vous noyer ; je vous tends la corde, prenez-la ; un jour de plus, et il sera trop tard. Songez que, si la justice s'empare de vous, celui qui essaie aujourd'hui de vous sauver sera obligé demain de vous accuser et de vous condamner. Ne me forcez pas à faire une chose dont la seule pensée m'arrache des larmes. Bernard, vous avez été aimé, mon enfant, vivez encore aujourd'hui sur le passé. »

Je fondis en larmes, et le sergent, qui rentra en cet instant, se mit à pleurer aussi et à me supplier de retourner à la Roche-Mauprat. Mais bientôt je me relevai, et, les repoussant : « Je sais que vous êtes des hommes excellents, leur dis-je ; vous êtes généreux et vous m'aimez bien, puisque, me croyant souillé d'un crime effroyable, vous songez encore à me sauver la vie. Mais rassurez-vous, mes amis, je suis pur de ce crime, et je désire au contraire qu'on cherche des éclaircissements qui m'absoudront, soyez-en sûrs. Je dois à ma famille de vivre jusqu'à ce que mon honneur soit réhabilité. Ensuite, si je suis condamné à voir périr ma cousine, comme je n'ai qu'elle à aimer sur la terre, je me ferai sauter la cervelle.

Pourquoi donc serais-je accablé? Je ne tiens pas à la vie. Que Dieu rende douces et sereines les dernières heures de celle à qui je ne survivrai certainement pas! c'est tout ce que je lui demande. »

Patience secoua la tête d'un air sombre et mécontent. Il était si convaincu de mon crime, que toutes mes dénégations m'aliénaient sa pitié. Marcasse m'aimait quand même; mais je n'avais pour garant de mon innocence que moi seul au monde.

« Si vous retournez au château, vous allez jurer ici de ne pas rentrer dans la chambre de votre cousine ou de votre oncle sans l'autorisation de l'abbé! s'écria Patience.
— Je jure que je suis innocent, répondis-je, et que je ne me laisserai convaincre de crime par personne. Arrière tous deux! laissez-moi. Patience, si vous croyez qu'il soit de votre devoir de me dénoncer, allez, faites-le; tout ce que je désire, c'est qu'on ne me condamne pas sans m'entendre; j'aime mieux le tribunal des lois que celui de l'opinion. »

Je m'élançai hors de la chaumière et je retournai au château. Cependant, ne voulant pas faire d'esclandre devant les valets, et sachant bien qu'on ne pourrait me cacher le véritable état d'Edmée, j'allai m'enfermer dans la chambre que j'habitais ordinairement.

Mais au moment où j'en sortais, vers le soir, pour savoir des nouvelles des deux malades, mademoiselle Leblanc me dit de nouveau qu'on me demandait dehors. Je remarquai sur son visage une double expression de satisfaction et de peur. Je compris qu'on venait m'arrêter, et je pressentis (ce qui était vrai) que mademoiselle Leblanc m'avait dénoncé. Je me mis à la fenêtre, et je vis dans la cour les cavaliers de la maréchaussée. « C'est bien, dis-je, il faut que mon destin s'accomplisse. »

Mais avant de quitter, pour toujours peut-être, cette

maison où je laissais mon âme, je voulus revoir Edmée pour la dernière fois. Je marchai droit à sa chambre. Mademoiselle Leblanc voulut se jeter en travers de la porte ; je la poussai si rudement qu'elle tomba, et se fit, je crois, un peu de mal. Elle remplit la maison de ses cris, et fit grand bruit plus tard, dans les débats, de ce qu'il lui plaisait d'appeler une tentative d'assassinat sur sa personne. J'entrai donc chez Edmée ; j'y trouvai l'abbé et le médecin. J'écoutai en silence ce que disait celui-ci. J'appris que les blessures n'étaient pas mortelles par elles-mêmes, qu'elles ne seraient même pas très-graves, si une violente irritation du cerveau ne compliquait le mal et ne faisait craindre le tétanos. Ce mot affreux tomba sur moi comme un arrêt de mort. A la suite de blessures reçues à la guerre, j'avais vu en Amérique beaucoup de personnes mourir de cette terrible maladie. Je m'approchai du lit. L'abbé était si consterné qu'il ne songea point à m'en empêcher. Je pris la main d'Edmée, toujours insensible et froide. Je la baisai une dernière fois, et, sans dire un seul mot aux autres personnes, j'allai me livrer à la maréchaussée.

XXIV.

Je fus immédiatement enfermé dans la prison de la prévôté, à La Châtre ; le lieutenant-criminel au bailliage d'Issoudun prit en main l'assassinat de mademoiselle de Mauprat, et obtint permission de faire publier monitoire le lendemain. Il se rendit au village de Sainte-Sévère et dans les fermes des environs du bois de la Curat, où l'événement s'était passé, et reçut les dépositions de plus de trente témoins. Je fus décrété de prise de corps huit jours après mon arrestation. Si j'avais eu l'esprit assez libre, ou si quelqu'un se fût intéressé à moi, cette infraction à la loi et beaucoup d'autres, qui eurent lieu durant le procès, auraient pu être hardiment invoquées en ma faveur, et eussent prouvé qu'une haine cachée présidait aux poursuites. Dans tout le cours de l'affaire, une main invisible dirigea tout avec une célérité et une âpreté implacables.

La première instruction n'avait produit qu'une seule charge contre moi, celle de mademoiselle Leblanc. Tandis que tous les chasseurs déclaraient ne rien savoir et n'avoir aucune raison de regarder cet accident comme un meurtre volontaire, mademoiselle Leblanc, qui me haïssait de longue main pour quelques plaisanteries que je m'étais permises sur son compte, et qui d'ailleurs avait été gagnée, comme on l'a su depuis, déclara qu'Edmée, au sortir de son premier évanouissement, étant sans fièvre et raisonnant fort bien, lui avait confié, en lui recommandant le secret, qu'elle avait été insultée, menacée, jetée à bas de son cheval, et enfin assassinée par moi. Cette méchante fille, s'emparant des révélations qu'Edmée avait faites dans la fièvre, composa assez habilement un récit complet, et l'embellit de toutes les richesses de sa haine. Dénaturant les paroles vagues et les impressions délirantes de sa maîtresse, elle affirma par serment qu'Edmée m'avait vu diriger le canon de ma carabine sur elle en disant : « *Je te l'ai promis, tu ne mourras que de ma main.* »

Saint-Jean, interrogé le même jour, déclara ne rien savoir que ce que mademoiselle Leblanc lui avait raconté dans la soirée, et son récit fut exactement conforme à la déposition précédente. Saint-Jean était un honnête homme, mais froid et borné. Par amour de la ponctualité, il n'omit aucun des renseignements oiseux qui pouvaient être mal interprétés contre moi. Il assura que j'avais toujours été bizarre, brouillon, fantasque; que j'étais sujet à des maux de tête durant lesquels je ne me connaissais plus ; qu'en proie plusieurs fois déjà à des crises nerveuses, j'avais parlé de sang et de meurtre à une personne que je croyais toujours voir : enfin que j'étais d'un caractère tellement emporté que j'étais *capable de jeter n'importe quoi à la tête d'une personne, quoique pourtant je ne me fusse jamais porté, à sa connaissance, à aucun excès de ce genre.* Telles sont souvent les dépositions qui décident de la vie et de la mort en matière criminelle.

Patience fut introuvable le jour de cette enquête. L'abbé déclara qu'il avait des idées si incertaines sur l'événement, qu'il subirait toutes les peines infligées aux témoins récalcitrants plutôt que de s'expliquer avant un plus ample informé. Il engagea le lieutenant-criminel à lui donner du temps, promettant sur l'honneur de ne pas se dérober à l'action de la justice, et représentant qu'il pouvait acquérir au bout de quelques jours, par l'examen des choses, une conviction quelconque ; et en ce cas il s'engageait à s'expliquer nettement, soit pour, soit contre moi. Ce délai fut accordé.

Marcasse dit que, si j'étais l'auteur des blessures de mademoiselle de Mauprat, ce dont il commençait à douter beaucoup, j'en étais du moins l'auteur involontaire. Il engageait son honneur et sa vie sur cette assertion.

Tel fut le résultat de la première information. Elle fut continuée à plusieurs reprises les jours suivants, et plusieurs faux témoins affirmèrent qu'ils m'avaient vu assassiner mademoiselle de Mauprat, après avoir vainement essayé de la faire céder à mes désirs.

Un des plus funestes moyens de l'ancienne procédure était le monitoire ; on appelait ainsi un avertissement par voie de prédication, lancé par l'évêque et proclamé par tous les curés, aux habitants de leur paroisse, enjoignant de rechercher et de révéler tous les faits qui viendraient à leur connaissance sur le crime dont on informait. Ce moyen était un reflet adouci du principe inquisitorial qui régnait plus ouvertement dans d'autres contrées. La plupart du temps, le monitoire, institué d'ailleurs pour perpétuer au nom de la religion l'esprit de délation, était un chef-d'œuvre d'atrocité ridicule ; on y supposait souvent le crime et toutes les circonstances imaginaires que la passion des plaignants avait besoin de prouver ; c'était la publication d'un thème tout fait sur lequel, pour gagner quelque argent, le premier coquin venu pouvait faire une déposition mensongère dans l'intérêt du plus offrant... Le monitoire avait pour effet inévitable, quand la rédaction en était partiale, de soulever contre l'accusé la haine publique. Les dévots surtout, recevant du clergé leur opinion toute faite, poursuivaient la victime avec acharnement, et c'est ce qui eut lieu pour moi, d'autant plus que le clergé de la province joua en ceci un autre rôle occulte qui faillit décider de mon sort.

L'affaire, portée en cour criminelle au présidial de Bourges, fut instruite en très-peu de jours.

Vous pouvez imaginer le sombre désespoir auquel je fus en proie. Edmée était dans un état de plus en plus déplorable, sa raison était complétement égarée. J'étais sans inquiétude sur l'issue du procès ; je ne pensais pas qu'il fût possible de me convaincre d'un crime que je n'avais pas commis ; mais que m'importaient l'honneur et la vie si Edmée ne devait pas retrouver la faculté de me réhabiliter vis-à-vis d'elle-même? Je la considérais comme morte, morte en me maudissant ! Aussi, j'étais irrévocablement décidé à me tuer aussitôt après mon arrêt, quel qu'il fût. Je m'imposais comme un devoir de subir la vie jusque-là, et de faire ce qui serait nécessaire pour le triomphe de la vérité ; mais j'étais accablé d'une telle stupeur que je ne m'informais pas même de ce qu'il y avait à faire. Sans l'esprit et le zèle de mon avocat, sans le dévouement admirable de Marcasse, mon incurie m'eût abandonné au sort le plus funeste.

Marcasse passait toutes ses journées à courir et à s'employer pour moi. Le soir il venait se jeter sur une botte de paille au pied de mon lit de sangle ; et, après m'avoir donné des nouvelles d'Edmée et de mon oncle qu'il allait voir tous les jours, il me racontait le résultat de ses démarches. Je lui serrais la main avec tendresse ; mais la plupart du temps, absorbé par ce qu'il venait de me dire sur Edmée, je ne l'entendais point sur le reste.

Cette prison de La Châtre, ancienne forteresse des Elevains de Lombaud, seigneurs de la province, ne consistait plus alors qu'en une formidable tour carrée, noircie par les siècles et plantée sur le roc au revers d'un ravin où l'Indre forme un vallon étroit, sinueux et riche de la plus belle végétation. La saison était magnifique. Ma chambre, placée au plus haut de la tour, recevait les rayons du soleil levant, qui projetait, d'un horizon à l'autre, les ombres grêles et gigantesques d'un triple rideau de peupliers. Jamais paysage plus riant, plus frais et plus pastoral ne s'offrit aux regards d'un prisonnier ; mais de quoi pouvais-je jouir ? Il y avait des paroles de mort et d'outrage dans toutes les brises qui passaient dans les violiers de la muraille crevassée. Chaque son rustique, chaque refrain de cornemuse qui montait vers moi, semblaient renfermer une insulte ou signaler un profond mépris pour ma douleur. Il n'y avait pas jusqu'au bêlement des troupeaux qui ne me parût l'expression de l'oubli et de l'indifférence.

Marcasse avait depuis quelque temps une idée fixe : il pensait qu'Edmée avait été assassinée par Jean de Mauprat. Cela pouvait être ; mais, comme je n'avais à cet égard aucune probabilité à faire valoir, je lui imposai silence dès qu'il m'en parla. Il ne me convenait pas de chercher à me disculper aux dépens d'autrui. Quoique Jean de Mauprat fût capable de tout, il était possible que la pensée ne lui fût jamais venue de commettre ce crime, et, n'ayant pas entendu parler de lui depuis plus de six semaines, il me semblait qu'il y aurait eu de la lâcheté à l'inculper. Je persistais à croire qu'un des chasseurs de la battue avait tiré sur Edmée par mégarde, et qu'un sentiment de crainte et de honte l'empêchait d'avouer son malheur. Marcasse eut le courage d'aller voir tous ceux qui avaient pris part à cette chasse, et de les supplier, avec toute l'éloquence dont le ciel l'avait doué, de ne pas craindre le châtiment d'un meurtre involontaire, et de ne pas laisser charger un innocent à leur place. Toutes ces démarches furent sans résultat, et les réponses d'aucun des chasseurs ne purent laisser à mon pauvre ami l'espérance de trouver là une révélation du mystère qui nous enveloppait.

Je fus transféré à Bourges, dans l'ancien château des ducs de Berry, qui sert désormais de prison. Ce fut une grande douleur pour moi d'être séparé de mon fidèle sergent. On lui eût permis de me suivre; mais il craignait d'être arrêté bientôt à la suggestion de mes ennemis (car il persistait à me croire poursuivi par des haines cachées), et de se trouver par là hors d'état de me servir. Il voulait donc ne pas perdre un instant pour continuer ses recherches tant qu'on ne l'*appréhenderait pas au corps*.

Deux jours après mon installation à Bourges, Marcasse produisit un acte dressé à sa réquisition par deux notaires de La Châtre, par lequel, d'après les dépositions de dix témoins, on constatait qu'un frère mendiant avait rôdé, tous les jours antérieurs à celui de l'assassinat, dans la Varenne, paru sur divers points à des distances très-rapprochées, et notamment couché à Notre-Dame de Pouligny la veille de l'événement. Marcasse prétendait que ce moine était Jean de Mauprat; deux femmes déposèrent qu'elles avaient cru le reconnaître, soit pour Jean, soit pour Gaucher de Mauprat, qui lui ressemblait beaucoup. Mais ce Gaucher était mort noyé dans un étang, le lendemain de la prise du donjon, et toute la ville de La Châtre ayant vu, le jour de l'assassinat d'Edmée, le trappiste conduire, depuis le matin jusqu'au soir, avec le prieur des carmes, la procession et les offices au pèlerinage de Vaudevant, ces dépositions, loin de m'être favorables, firent le plus mauvais effet et jetèrent de l'odieux sur ma défense. Le trappiste fit victorieusement prouver son alibi, et le prieur des carmes l'aida à répandre que j'étais un infâme scélérat. Ce fut un temps de triomphe pour Jean de Mauprat; il disait hautement qu'il était venu se remettre à ses juges naturels pour subir la peine due à ses fautes passées, et personne ne voulait admettre la pensée de poursuivre un si saint homme. Le fanatisme qu'il inspirait dans notre province éminemment dévote était tel, qu'aucun magistrat n'eût osé braver l'opinion publique en faisant sévir contre lui. Dans ses dépositions, Marcasse raconta l'apparition mystérieuse et inexplicable du trappiste à la Roche-Mauprat, ses démarches pour s'introduire auprès de M. Hubert et de sa fille, l'insolence qu'il avait eue d'aller les effrayer jusque dans leurs appartements, et les efforts du prieur des carmes pour obtenir de moi des sommes considérables en faveur de ce personnage. Toutes ces dépositions furent traitées comme un roman; car Marcasse avouait n'avoir été témoin d'aucune des apparitions du trappiste, et ni le chevalier ni sa fille n'étaient en état de témoigner. Mes réponses aux divers interrogatoires que je subis confirmèrent, il est vrai, ces récits; mais comme je déclarai avec une parfaite sincérité que depuis deux mois le trappiste ne m'avait donné aucun sujet d'inquiétude ou de mécontentement, et comme je me refusai à lui attribuer le meurtre, il sembla, pendant quelques jours, que le trappiste dût être à jamais réhabilité dans l'opinion publique. Mon peu d'animosité contre lui n'adoucit pourtant pas celle de mes juges. On usa des pouvoirs arbitraires qu'avait la magistrature des temps passés, surtout au fond des provinces, et on paralysa tous les moyens de mon avocat par une précipitation féroce. Plusieurs personnages de robe que je ne veux pas désigner se livrèrent sur mon compte, et publiquement, à des déclamations qui eussent dû les faire récuser au tribunal de la dignité et de la morale humaines. Ils intriguèrent auprès de moi pour m'amener à des révélations, et me promirent presque un arrêt favorable si j'avouais au moins avoir blessé mademoiselle de Mauprat par mégarde. Le mépris avec lequel je reçus ces ouvertures acheva de me les aliéner. Étranger à toute intrigue, dans un temps où la justice et la vérité ne pouvaient triompher sans l'intrigue, je fus la proie de deux ennemis redoutables, le clergé et la robe : le premier, que j'avais offensé dans la personne du prieur des carmes, et la seconde, dont j'étais haï à cause des prétendants qu'Edmée avait repoussés, et dont le plus rancuneux tenait de près au personnage le plus éminent du présidial.

Néanmoins quelques hommes intègres auxquels j'étais à peu près inconnu prirent intérêt à mon sort, en raison des efforts qui furent faits pour me rendre odieux. L'un d'eux, M. E..., qui ne manquait pas d'influence, car il était frère de l'intendant de la province et se trouvait en rapport avec tous les délégués, me servit, par les excellents avis qu'il ouvrit, pour jeter du jour sur cette affaire embarrassante.

Patience eût pu servir mes ennemis sans le vouloir, par la conviction où il était de ma culpabilité; mais il ne le voulait pas. Il avait repris sa vie errante dans les bois, et sans se cacher il était insaisissable. Marcasse était fort inquiet de ses intentions et ne comprenait rien à sa conduite. Les cavaliers de la maréchaussée étaient furieux de voir un vieillard se jouer d'eux sans sortir du rayon de quelques lieues de pays. Je pense qu'avec les habitudes et la constitution de ce vieillard il eût pu vivre des années dans la Varenne sans tomber entre leurs mains et sans éprouver le besoin de se rendre, que l'ennui et l'effroi de la solitude suggèrent, la plupart du temps, aux grands criminels eux-mêmes.

XXV.

Le jour des débats arriva. Je m'y rendis avec calme, mais l'aspect de la foule m'attrista profondément. Je n'avais là aucun appui, aucune sympathie. Il me semblait que c'eût été une raison pour trouver du moins cette apparence de respect que le malheur et l'état d'abandon réclament. Je ne vis sur tous les visages qu'une brutale et insolente curiosité. Des jeunes filles du peuple se récrièrent tout haut à mes oreilles sur ma bonne mine et ma jeunesse. Un grand nombre de femmes, appartenant à la noblesse et à la finance, étalaient aux tribunes de brillantes toilettes, comme s'il se fût agi d'une fête. Grand nombre de capucins montraient leur crâne rasé au milieu d'une populace qu'ils excitaient contre moi, et des rangs serrés de laquelle j'entendais sortir les appellations de brigand, d'impie et de bête farouche. Les hommes à la mode du pays se dandinaient aux bancs d'honneur et s'exprimaient sur ma passion en termes de ruelles. J'entendais et je voyais tout avec la tranquillité d'un profond dégoût de la vie, et comme un voyageur, arrivé au terme de sa course, voit avec indifférence et lassitude les agitations de ceux qui repartent pour un but plus lointain.

Les débats commencèrent avec cette solennité emphatique qui caractérise dans tous les temps l'exercice des fonctions de la magistrature. Mon interrogatoire fut court, malgré la quantité innombrable de questions qui me furent adressées sur toute ma vie. Mes réponses déjouèrent singulièrement les espérances de la curiosité publique et abrégèrent de beaucoup la séance. Je me renfermai dans trois réponses principales et dont le fond était invariable : 1° à toutes celles qui concernaient mon enfance et mon éducation, je répondis que je n'étais point sur le banc des accusés pour faire le métier d'accusateur ; 2° à celles qui portèrent sur Edmée et sur la nature de mes sentiments et de mes relations avec elle, je répondis que le mérite et la réputation de mademoiselle de Mauprat ne permettaient pas même la plus simple question sur la nature de ses relations avec un homme quelconque ; que, quant à mes sentiments, je n'en devais compte à personne ; 3° à celles qui eurent pour but de me faire avouer mon prétendu crime, je répondis que je n'étais pas même l'auteur involontaire de l'accident. J'entrai par réponses monosyllabiques dans le détail des circonstances qui avaient précédé immédiatement l'événement ; mais sentant que je devais à Edmée autant qu'à moi-même de taire les mouvements tumultueux qui m'avaient agité, j'expliquai la scène à la suite de laquelle je l'avais quittée, par une chute de cheval, et l'éloignement où l'on m'avait trouvé de son corps gisant, par la nécessité où je m'étais cru de courir après mon cheval pour l'escorter de nouveau. Malheureusement tout cela n'était pas clair et ne pouvait pas l'être. Mon cheval avait couru dans le sens contraire à celui que je disais, et le désordre où l'on m'avait vu avant que j'eusse connaissance de l'accident n'était pas suffisamment expliqué par une chute de cheval. On m'interrogeait surtout sur cette pointe que j'avais faite dans le bois avec ma cousine, au lieu de suivre la chasse comme nous l'avions annoncé ; on ne voulait pas croire que nous nous fussions égarés, précisément guidés par la fatalité. On ne pouvait, disait-on, se représenter le hasard comme un être de raison, armé d'un fusil, attendant Edmée à point nommé à la tour Gazeau pour l'assassiner au moment où j'aurais le dos tourné pendant cinq minutes. On voulait que je l'eusse entraînée, soit par artifice, soit par force, en ce lieu écarté pour lui faire violence et lui donner la mort, soit par vengeance de n'y avoir pas réussi, soit par crainte d'être découvert et châtié de ce crime.

On fit entendre tous les témoins à charge et à décharge. A vrai dire, il n'y eut que Marcasse parmi ces derniers qu'on pût réellement considérer comme tel. Tous les autres affirmaient seulement qu'un moine, *ayant la ressemblance des Mauprat*, avait erré dans la Varenne à l'époque fatale, et qu'il avait même paru se cacher le soir qui suivit l'événement. On ne l'avait pas revu depuis. Ces dépositions, que je n'avais pas provoquées, et que je déclarai n'avoir pas personnellement invoquées, me causèrent beaucoup d'étonnement ; car je vis figurer parmi ces témoins les plus honnêtes gens du pays. Mais elles n'eurent de poids qu'aux yeux de M. E..., le conseiller qui s'intéressait réellement à la vérité. Il éleva la voix pour demander comment il se faisait que M. Jean de Mauprat n'eût pas été sommé de se présenter pour être confronté avec ces témoins, puisque d'ailleurs il s'était donné la peine de faire constater son alibi par des actes. Cette objection ne fut accueillie que par un murmure d'indignation. Les gens qui ne regardaient pas Jean Mauprat comme un saint n'étaient pourtant pas en petit nombre ; mais ils étaient froids à mon égard et n'étaient venus là que pour assister à un spectacle.

L'enthousiasme des cagots fut au comble lorsque le trappiste, sortant tout à coup de la foule et baissant son capuchon d'une manière théâtrale, s'approcha hardiment de la barre en disant qu'il était un misérable pécheur digne de tous les outrages; mais qu'en cette occasion, où la vérité était un devoir pour tous, il se regardait comme obligé de donner l'exemple de la franchise et de la simplicité en s'offrant de lui-même à toutes les épreuves qui pourraient éclairer la conscience des juges. Il y eut des trépignements de joie et de tendresse dans l'auditoire. Le trappiste fut introduit dans l'enceinte de la cour et confronté avec les témoins, qui déclarèrent tous, sans hésiter, que le moine qu'ils avaient vu portait le même habit et avait un air de famille, une sorte de ressemblance éloignée avec celui-là, mais que ce n'était pas le même, et qu'il ne leur restait pas un doute à cet égard.

L'issue de cet incident fut un nouveau triomphe pour le trappiste. Personne ne se dit que les témoins avaient montré tant de candeur qu'il était difficile de croire qu'ils n'eussent point vu réellement un autre trappiste. Je me souvins en cet instant que, lors de la première entrevue de l'abbé avec Jean de Mauprat à la fontaine des Fougères, ce dernier lui avait touché quelques mots d'un sien *frère en religion* qui voyageait avec lui et qui avait passé la nuit à la ferme des Goulets. Je crus devoir communiquer cette réminiscence à mon avocat, et il alla en conférer tout bas avec l'abbé, qui était sur le banc des témoins et qui se rappela fort bien cette circonstance sans pouvoir y ajouter aucun renseignement subséquent.

Quand ce fut au tour de l'abbé à parler, il se tourna vers moi d'un air d'angoisse; ses yeux se remplirent de larmes, et il répondit aux questions de formalité avec trouble et d'une voix éteinte. Il fit un grand effort sur lui-même pour répondre sur le fond, et enfin il le fit en ces termes :

« J'étais dans le bois lorsque M. le chevalier Hubert de Mauprat me pria de descendre de voiture et d'aller voir ce qu'était devenue sa fille Edmée, qui s'était écartée de la chasse depuis un temps assez long pour lui causer de l'inquiétude. Je courus assez loin et trouvai à trente pas de la tour Gazeau M. Bernard de Mauprat dans un grand désordre. Je venais d'entendre un coup de feu. Je vis qu'il n'avait plus sa carabine ; il l'avait jetée (déchargée, comme le fait a été constaté) à quelques pas de là. Nous courûmes ensemble jusqu'à mademoiselle de Mauprat, que nous trouvâmes à terre percée de deux balles. L'homme qui nous avait devancés et qui était près d'elle en cet instant pourrait seul nous dire les paroles qu'il a pu recueillir de sa bouche. Elle était sans connaissance quand je la vis.

— Mais vous avez su ponctuellement ces paroles de cette personne, dit le président ; car il existe, dit-on, une liaison d'amitié entre vous et ce paysan instruit qu'on appelle Patience. »

L'abbé hésita et demanda si les lois de la conscience n'étaient pas ici en contradiction avec les lois de la procédure ; si des juges avaient le droit de demander à un homme la révélation d'un secret confié à sa loyauté et de le faire manquer à son serment.

« Vous avez fait serment ici, par le Christ, de dire la vérité, toute la vérité, lui répondit-on ; c'est à vous de savoir si ce serment n'est pas plus solennel que tous ceux que vous avez pu faire précédemment.

— Mais si j'avais reçu cette confidence sous le sceau de la confession, dit l'abbé, vous ne m'exhorteriez certainement pas à la révéler.

« Il y a longtemps, dit le président, que vous ne confessez plus personne, monsieur l'abbé. »

A cette remarque inconvenante, il y eut de la gaieté sur le visage de Jean de Mauprat, une gaieté affreuse qui me le représenta tel qu'autrefois je l'avais vu se tordant de rire à la vue des souffrances et des pleurs.

L'abbé trouva dans le dépit que lui causa cette petite attaque personnelle la force qui lui eût manqué sans cela. Il resta quelques instants les yeux baissés. On le crut humilié ; mais, au moment où il se redressa, on vit briller dans son regard la maligne obstination du prêtre. « Tout bien considéré, dit-il d'un ton fort doux, je crois que ma conscience m'ordonne de taire cette révélation, je la tairai.—Aubert, dit l'avocat du roi avec emportement, vous ignorez apparemment les peines portées par la loi contre les témoins qui se conduisent comme vous le faites. — Je ne les ignore pas, répondit l'abbé d'un ton plus doux encore. — Et sans doute votre intention n'est pas de les braver ? — Je les subirai s'il le faut, » repartit l'abbé avec un imperceptible sourire de fierté et un maintien si parfaitement noble que toutes les femmes s'émurent. Les femmes sont d'excellents appréciateurs des choses délicatement belles. « C'est fort bien, reprit le ministère public. Persistez-vous dans ce système de silence ? — Peut-être, répondit l'abbé. — Nous direz-vous si, durant les jours qui ont suivi l'assassinat de mademoiselle de Mauprat, vous vous êtes trouvé à portée d'entendre les paroles qu'elle a proférées, soit dans le délire, soit dans la lucidité de ses idées ? — Je ne vous dirai rien de cela, répondit l'abbé. Il serait contre mes affections et contre toute convenance à mes yeux de redire des paroles qui, en cas de délire, ne prouveraient absolument rien, et, en cas d'idée lucide, n'auraient été prononcées que dans l'épanchement d'une amitié toute filiale. — C'est fort bien, dit l'avocat du roi en se levant; la cour sera par nous requise de délibérer sur votre refus de témoignage en joignant l'incident au fond. — Pour moi, dit le président, en attendant, et en vertu de mon pouvoir discrétionnaire, j'ordonne qu'Aubert soit arrêté et conduit en prison. »

L'abbé se laissa emmener avec une tranquillité modeste. Le public fut saisi de respect, et le plus profond silence régna dans l'assemblée, malgré les efforts et le dépit des moines et des curés, qui fulminaient tout bas contre l'hérétique.

Tous les témoins entendus (et je dois dire que ceux qu'on avait subornés jouèrent leur rôle très-faiblement en public), mademoiselle Leblanc comparut pour couronner l'œuvre. Je fus surpris de voir cette fille si acharnée contre moi et si bien dirigée dans sa haine. Elle avait d'ailleurs des armes bien puissantes pour me nuire. En vertu du droit d'écouter aux portes et de surprendre tous les secrets de famille que s'arrogent les laquais, habile d'ailleurs aux interprétations et féconde en mensonges, elle savait et arrangeait à sa guise la plupart des faits qu'elle pouvait invoquer pour ma perte. Elle raconta de quelle manière, sept ans auparavant, j'étais arrivé au château de Sainte-Sévère à la suite de mademoiselle de Mauprat, que j'avais soustraite à la grossièreté et à la méchanceté de mes oncles. (Cela soit dit, ajouta-t-elle en se tournant avec une grâce d'antichambre vers Jean de Mauprat, sans faire allusion au saint homme qui est dans cette enceinte, et qui de grand pécheur est devenu un grand saint.) Mais à quel prix, continua-t-elle en se retournant vers la cour, ce misérable bandit avait-il sauvé ma chère maîtresse? Il l'avait déshonorée, messieurs; et toute la suite des jours de la pauvre demoiselle s'est passée dans les larmes et dans la honte, à cause de la violence qu'elle avait subie et dont elle ne pouvait pas se consoler. Trop fière pour confier son malheur à personne et trop honnête pour tromper aucun homme, elle a rompu avec M. de La Marche, qu'elle aimait *à la passion*, et qui l'aimait de même : elle a refusé toutes les demandes en mariage qui lui ont été faites pendant sept ans, et tout cela par point d'honneur, car elle détestait M. Bernard. Dans les commencements elle voulait se tuer ; car elle avait fait aiguiser un petit couteau de chasse de son père, et (M. Marcasse est là pour le dire, s'il veut s'en souvenir) elle se serait tuée certainement si je n'avais jeté ce couteau dans le puits de la maison. Elle songeait aussi à se défendre contre les attaques nocturnes de son persécuteur ; car elle mettait toujours ce couteau, tant qu'elle l'a eu, sous son oreiller ; elle verrouillait tous les soirs la porte de sa chambre, et plusieurs fois je l'ai vue rentrer pâle et près de s'évanouir, tout essoufflée, comme une personne qui vient d'être poursuivie et d'avoir une grande frayeur. A mesure que ce monsieur a *pris de l'éducation* et des manières, mademoiselle, voyant qu'elle ne pouvait pas avoir d'autre mari, puisqu'il parlait toujours de tuer tous ceux qui se présenteraient, espéra qu'il se *corrigerait de sa férocité*, et lui montra beaucoup de douceur et de bonté. Elle le soigna même pendant sa maladie, non pas qu'elle l'aimât et l'*estimât* autant qu'il a plu à M. Marcasse de le dire dans sa *version ;* mais elle craignait toujours que dans son délire il ne trahît devant les domestiques ou devant son père le secret de l'affront qu'il lui avait fait, et qu'elle avait grand soin de cacher par pudeur et par fierté. Toutes les dames qui sont ici doivent bien comprendre cela. Quand la famille fut passer l'hiver de 77 à Paris, M. Bernard redevint jaloux, despote, et fit tant de menaces de tuer M. de La Marche que mademoiselle fut forcée de congédier celui-ci. Après cela elle eut des scènes violentes avec Bernard, lui déclara qu'elle ne l'aimait pas et ne l'aimerait jamais. De colère et de chagrin, car on ne peut pas nier qu'il n'en fût amoureux *comme un tigre*, il partit pour l'Amérique, et, pendant les six ans qu'il y passa, ses lettres le montrèrent fort *amendé*. Quand il revint, mademoiselle avait pris son parti d'être vieille fille, et elle était redevenue très-tranquille. M. Bernard paraissait devenu, de son côté, assez *bon enfant*. Mais, à force de la voir tous les jours et d'être sans cesse appuyé sur le dos de son fauteuil, ou de lui dévider des écheveaux de laine, en lui parlant tout bas pendant que son père dormait, voilà qu'il en est redevenu si amoureux que la tête *lui en a parti*. Je ne veux pas trop l'accuser, le pauvre malheureux, et crois que sa place est aux Petites-Maisons plutôt qu'à la potence. Il criait et rugissait toute la nuit, et lui écrivait des lettres *si bêtes* qu'elle les lisait en souriant et les mettait dans sa poche sans y répondre. Au reste, en voici une que j'ai trouvée sur elle quand je l'ai déshabillée après le malheureux événement; elle a été percée par une balle et tachée de sang, mais on peut encore en lire assez pour voir que *monsieur* avait souvent l'intention de tuer *mademoiselle*. »

Elle déposa sur le bureau un papier demi-brûlé, demi-sanglant, qui produisit sur les assistants un mouvement d'horreur, sincère chez quelques-uns, affecté chez beaucoup d'autres.

Avant qu'on le lût, elle acheva sa déposition, et la termina par des assertions qui me troublèrent profondément; car je ne distinguais plus la limite entre la réalité et la perfidie. « Depuis son accident, dit-elle, mademoiselle a toujours été entre la vie et la mort. Elle n'en relèvera certainement pas, quoi qu'en disent messieurs les médecins. J'ose dire que ces messieurs, ne voyant la malade qu'à de certaines heures, ne connaissent pas sa maladie comme moi, qui ne l'ai pas quittée une seule nuit. Ils prétendent que les blessures vont bien, mais que la tête est dérangée. Je dis, moi, que les blessures vont mal, et que la tête va mieux qu'on ne dit. Mademoiselle déraisonne fort rarement, et, *si elle a à déraisonner*, c'est en présence de ces messieurs qui la troublent et l'effraient. Elle fait alors tant d'efforts pour ne pas sembler folle, qu'elle le devient; mais sitôt qu'on la laisse seule avec moi ou avec Saint-Jean, ou avec M. l'abbé, *qui a fort bien pu dire ce qui en est, s'il l'a voulu*, elle redevient calme, douce, sensée comme à l'ordinaire. Elle dit qu'elle souffre à en mourir, bien qu'elle prétende avec messieurs les médecins qu'elle ne souffre presque plus. Elle parle alors de son meurtrier avec la générosité qui convient à une chrétienne, et répète cent fois par jour : « Que Dieu lui pardonne dans l'autre vie comme je lui pardonne dans celle-ci! *Après tout, il faut bien aimer une femme pour la tuer!* J'ai eu tort de ne pas l'épouser, il m'aurait peut-être rendue heureuse; je l'ai porté au désespoir, et il s'est vengé de moi. Chère Leblanc, garde-toi de jamais trahir le secret que je te confie. Un mot indiscret le conduirait à l'échafaud, et mon père en mourrait! » La pauvre demoiselle est loin d'imaginer que les choses en sont là, que je suis sommée par la loi et par la religion de dire ce que je voudrais taire, et qu'au lieu de venir chercher ici un appareil pour les douches, je suis venue confesser la vérité. Ce qui me console, c'est que tout cela sera facile à cacher à M. le chevalier, qui n'a pas plus sa tête que l'enfant qui vient de naître. Pour moi, j'ai fait mon devoir; que Dieu soit mon juge! »

Après avoir ainsi parlé avec une parfaite assurance et une grande volubilité, mademoiselle Leblanc se rassit au milieu d'un murmure approbateur, et on procéda à la lecture de la lettre trouvée sur Edmée.

C'était bien celle que je lui avais écrite quelques jours avant le jour funeste. On me la présenta; je ne pus me défendre de porter à mes lèvres l'empreinte du sang d'Edmée; puis ayant jeté les yeux sur l'écriture, je rendis la lettre en déclarant avec calme qu'elle était de moi.

La lecture de cette lettre fut mon coup de grâce. La fatalité, qui semble ingénieuse à nuire à ses victimes, voulut (et peut-être une main infâme contribua-t-elle à cette mutilation) que les passages qui témoignaient de ma soumission et de mon respect fussent détruits. Certaines allusions poétiques qui expliquaient et excusaient les divagations exaltées furent illisibles. Ce qui sauta aux yeux et s'empara de toutes les convictions, ce furent les lignes restées intactes qui témoignèrent de la violence de ma passion et de l'emportement de mes délires. Ce furent des phrases telles que celle-ci: *J'ai parfois envie de me lever au milieu de la nuit et d'aller vous tuer! Je l'aurais fait déjà cent fois, si j'étais assuré de ne plus vous aimer quand vous serez morte. Ménagez-moi; car il y a deux hommes en moi, et quelquefois le brigand d'autrefois règne sur l'homme nouveau*, etc. Un sourire de délices passa sur les lèvres de mes ennemis. Mes défenseurs furent démoralisés, et mon pauvre sergent lui-même me regarda d'un air désespéré. Le public m'avait déjà condamné.

Après cet incident, l'avocat du roi eut beau jeu à déclamer un réquisitoire fulminant, dans lequel il me présenta comme un pervers incurable, comme un rejeton maudit d'une souche maudite, comme un exemple de la fatalité des méchants instincts; et, après s'être évertué à faire de moi un objet d'horreur et d'épouvante, il essaya, pour se donner un air d'impartialité et de générosité, de provoquer en ma faveur la compassion des juges; il voulut prouver que je n'étais pas maître de moi-même; que ma raison, bouleversée dès l'enfance par des spectacles atroces et des principes de perversité, n'était pas complète, et n'aurait jamais pu l'être, quels qu'eussent été les circonstances et le développement de mes passions. Enfin, après avoir fait de la philosophie et de la rhétorique, au grand plaisir des assistants, il conclut contre moi à la peine d'interdiction et de réclusion à perpétuité.

Quoique mon avocat fût un homme de cœur et de tête, la lettre l'avait tellement surpris, l'auditoire était si mal disposé pour moi, la cour donnait publiquement de telles marques d'incrédulité et d'impatience en l'écoutant (habitude indécente qui s'est perpétuée sur les siéges de la magistrature de ce pays), que son plaidoyer fut pâle. Tout ce qu'il parut fondé à demander avec force fut un supplément d'instruction. Il se plaignit de ce que toutes les formalités n'avaient pas été remplies, de ce que la justice n'avait pas suffisamment éclairé toutes les parties de l'affaire, de ce qu'on se hâtait de juger une cause dont plusieurs circonstances étaient encore enveloppées de mystère. Il demanda que les médecins fussent appelés à s'expliquer sur la possibilité de faire entendre mademoiselle de Mauprat. Il démontra que la plus importante, la seule importante déposition était celle de Patience, et que Patience pouvait se présenter au premier jour et me disculper. Il demanda enfin qu'on fît des recherches pour retrouver le moine quêteur dont la ressemblance avec les Mauprat n'avait pas encore été expliquée et avait été affirmée par des témoins dignes de foi. Il fallait, selon lui, savoir ce qu'était devenu Antoine de Mauprat et faire expliquer le trappiste à cet égard. Il se plaignit hautement de ce qu'on l'avait privé de tous ces moyens de défense en refusant tout délai, et il eut la hardiesse de faire entendre qu'il y avait de mauvaises passions intéressées à la marche aveugle et rapide d'une telle procédure. Le président le rappela à l'ordre; l'avocat du roi répliqua victorieusement que toutes les formalités étaient remplies, que la cour était suffisamment éclairée, que la recherche du moine quêteur était une puérilité de mauvais goût, que Jean de Mauprat avait prouvé la mort de son dernier frère, arrivée depuis plusieurs années auparavant. La cour se retira pour délibérer, et au bout d'une demi-heure elle rentra, et rendit contre moi un arrêt qui me condamnait à la peine capitale.

XXVI.

Quoique la promptitude et la rigidité de cet arrêt fussent une chose inique et qui frappa de stupeur les plus acharnés contre moi, je reçus le coup avec un grand calme : je ne m'intéressais plus à rien sur la terre. Je recommandai à Dieu mon âme et la réhabilitation de ma mémoire. Je me dis que, si Edmée mourait, je la retrouverais dans un monde meilleur; que, si elle me survivait et retrouvait la raison, elle arriverait un jour à l'éclaircissement de la vérité, et qu'alors je vivrais dans son cœur comme un souvenir cher et douloureux. Irritable comme je le suis, et toujours disposé à la fureur envers tout ce qui m'est obstacle ou offense, je m'étonne de la résignation philosophique et de la fierté silencieuse que j'ai trouvées dans les grandes occasions de ma vie, et surtout dans celle-là.

Il était deux heures du matin. L'audience durait depuis quatorze heures. Un silence de mort planait sur l'assemblée, qui était aussi attentive, aussi nombreuse, qu'au commencement, tant les hommes sont avides de spectacles. Celui qu'offrait l'enceinte de la cour criminelle en cet instant était lugubre. Ces hommes en robe rouge, aussi pâles, aussi absolus, aussi implacables que le conseil des Dix à Venise; ces spectres de femmes coiffées de fleurs, que la lueur blafarde des flambeaux faisait ressembler à des souvenirs de la vie flottant dans les tribunes au-dessus des prêtres de la mort; les mousquets de la garde étincelant dans l'ombre des derniers plans; l'attitude brisée de mon pauvre sergent, qui s'était laissé tomber à mes pieds; la joie muette et puissante du trappiste, infatigablement debout auprès de la barre; le son lugubre d'une cloche de couvent qui se mit à sonner matines dans le voisinage, au milieu du silence de l'assemblée : c'était de quoi émouvoir les nerfs des femmes de fermiers généraux et faire battre les larges poitrines des corroyeurs du parterre.

Tout à coup, au moment où la cour allait se disperser et annoncer la levée de la séance, une figure en tout semblable à celle qu'on prête au paysan du Danube, trapue, en haillons, pieds nus, à la barbe longue, aux cheveux en désordre, au front large et austère, au regard imposant et sombre, se leva au milieu des mouvants reflets dont la foule était à demi éclairée, et se dressa devant la barre en disant d'une voix creuse et accentuée : « Moi, Jean Le Houx, dit *Patience*, je m'oppose à ce jugement, comme inique quant au fond et illégal quant à la forme. Je demande qu'il soit revisé, afin que je puisse faire ma déposition, qui est nécessaire, souveraine peut-être, et qu'on aurait dû attendre.

— Et si vous aviez quelque chose à dire, s'écria l'avocat du roi avec passion, que ne vous présentiez-vous lorsque vous en avez été requis? Vous en imposez à la cour en prétendant que vous avez des motifs à faire valoir. — Et vous, répondit Patience d'un ton plus lent et d'une voix plus creuse encore qu'auparavant, vous en imposez au public en disant que je n'en ai pas. Vous savez bien que je dois en avoir. — Songez où vous êtes, témoin, et rappelez-vous à qui vous parlez. — Je le sais trop, et je ne dirai rien de trop. Je déclare ici que j'ai des choses importantes à dire, et que je les aurais dites à temps si vous n'aviez pas *violenté* le temps. Je veux les dire, et je les dirai; et croyez-moi, il vaut mieux que je les dise pendant qu'on peut encore revenir sur la procédure. Cela vaut mieux encore pour les juges que pour le condamné; car celui-là revit par l'honneur, au moment où les autres meurent par l'infamie.

— Témoin, dit le magistrat irrité, l'âcreté et l'insolence de votre langage seront plus nuisibles qu'avantageuses à l'accusé. — Et qui vous dit que je sois favorable à l'accusé? dit Patience d'une voix de tonnerre. Que savez-vous de moi? Et s'il me plaît de faire qu'un arrêt illégal et sans force devienne un arrêt puissant et irrévocable? — Comment accorder ce désir de faire respecter les lois, dit le magistrat, véritablement ébranlé par l'ascendant de Patience, avec l'infraction que vous avez commise contre elles en ne vous rendant pas à l'assignation du lieutenant-criminel? — Parce que je ne voulais pas. — Il y a des peines sévères contre ceux dont la volonté ne s'accorde pas toujours avec les lois du royaume. — Possible. — Venez-vous avec l'intention de vous y soumettre aujourd'hui? — Je viens avec celle de vous les faire respecter. — Je vous préviens que, si vous ne changez de ton, je vais vous faire conduire en prison. — Je vous préviens que, si vous aimez la justice et si vous servez Dieu, vous m'entendrez et suspendrez l'exécution de l'arrêt. Il n'appartient pas à celui qui apporte la vérité de s'humilier devant ceux qui la cherchent. Mais vous qui m'entendez, hommes du peuple dont les grands ne voudraient sans doute pas se jouer, vous dont on appelle la voix *voix de Dieu*, joignez-vous à moi, embrassez la défense de la vérité qui va être étouffée peut-être sous de malheureuses apparences, ou bien qui va triompher par de mauvais moyens. Mettez-vous à genoux, hommes du peuple, mes frères, mes enfants; priez, suppliez, obtenez que justice soit faite et colère réprimée. C'est votre devoir, c'est votre droit et votre intérêt; c'est vous qu'on insulte et qu'on menace quand on viole les lois. »

Patience parlait avec tant de chaleur, et la sincérité éclatait en lui avec tant de puissance, qu'il y eut un mouvement sympathique dans tout l'auditoire. La philosophie était alors trop à la mode chez les jeunes gens de qualité pour que ceux-ci ne répondissent pas des premiers à un appel qui ne leur était pourtant pas adressé. Ils se levèrent avec une impétuosité chevaleresque et se tournèrent vers le peuple, qui se leva, entraîné par ce noble exemple. Il y eut une clameur furieuse, et chacun, sentant sa dignité et sa force, oublia les préventions personnelles pour se réunir dans le droit commun. Ainsi, quelquefois il suffit d'un noble élan et d'une parole vraie pour ramener les masses égarées par de longs sophismes.

Le sursis fut accordé, et je fus reconduit à ma prison au milieu des applaudissements. Marcasse me suivit. Patience se déroba à ma reconnaissance, et disparut.

La révision de mon jugement ne pouvait se faire que sur un ordre du grand conseil. Pour ma part, j'étais décidé, avant l'arrêt, à ne point me pourvoir auprès de cette chambre de cassation de l'ancienne jurisprudence; mais l'action et le discours de Patience n'avaient pas moins agi sur mon esprit que sur celui des spectateurs. L'esprit de lutte et le sentiment de la dignité humaine, engourdis et comme paralysés en moi par le chagrin, se réveillèrent soudainement, et je sentis à cette heure que l'homme n'est pas fait pour cette concentration égoïste du désespoir qu'on appelle ou l'abnégation, ou le stoïcisme. Nul ne peut abandonner le soin de son honneur sans abandonner le respect dû au principe de l'honneur. S'il est beau de sacrifier sa gloire personnelle et sa vie aux mystérieux arrêts de la conscience, c'est une lâcheté d'abandonner l'une et l'autre aux fureurs d'une injuste persécution. Je me sentis relevé à mes propres yeux, et je passai le reste de cette nuit importante à chercher les moyens de me réhabiliter, avec autant de persévérance que j'en avais mis à m'abandonner au destin. Avec le sentiment de la force je sentis renaître celui de l'espérance. Edmée n'était peut-être ni folle ni frappée de mort. Elle pouvait m'absoudre, elle pouvait guérir. « Qui sait? me disais-je, elle m'a peut-être déjà rendu justice, peut-être est-ce elle qui envoie Patience à mon secours; sans doute j'accomplirai son vœu en reprenant courage, en ne me laissant pas écraser par les fourbes. »

Mais comment obtenir cet ordre du grand conseil? Il fallait une ordonnance du roi; qui la solliciterait? Qui hâterait ces odieuses lenteurs que la justice sait apporter, quand il lui plaît, dans les mêmes affaires où elle s'est jetée avec une précipitation aveugle? Qui empêcherait mes ennemis de me nuire et de paralyser tous mes moyens? Qui combattrait pour moi, en un mot? L'abbé seul aurait pu le faire, mais il était en prison à cause de moi. Sa généreuse conduite dans le procès m'avait prouvé qu'il était encore mon ami, mais son zèle était enchaîné. Que pouvait Marcasse dans son obscure condition et son langage énigmatique? Le soir vint, et je m'endormis avec l'espérance d'un secours céleste, car j'avais prié Dieu avec ferveur. Quelques heures de sommeil me rafraîchirent, et j'ouvris les yeux au bruit des verrous qu'on tirait derrière ma porte. Ô Dieu de bonté! quel fut mon transport en voyant Arthur, mon compagnon d'armes, cet autre moi-même pour lequel je n'avais pas eu un secret pendant six ans, s'élancer dans mes bras ! Je pleurai comme un enfant en recevant cette marque d'amour de la Providence. Arthur ne m'accusait pas ! il avait appris à Paris, où les intérêts scientifiques de la bibliothèque de Philadelphie l'avaient appelé, la triste affaire où j'étais inculpé. Il avait rompu des lances avec tous ceux qui me chargeaient, et il n'avait pas perdu un instant pour venir me sauver ou me consoler.

J'épanchai mon âme dans la sienne avec délices et lui dis ce qu'il pouvait faire pour moi. Il voulait prendre la poste dès le soir même pour Paris; mais je le priai de commencer par aller à Sainte-Sévère me chercher des nouvelles d'Edmée; il y avait quatre mortels jours que je n'en avais reçu, et Marcasse ne m'en avait d'ailleurs jamais donné d'aussi exactes et d'aussi détaillées que je les aurais voulues. « Rassure-toi, me dit Arthur, par moi tu sauras la vérité. Je suis assez bon chirurgien; j'ai le coup d'œil exercé, je pourrai te dire vraisemblablement ce que tu dois craindre ou espérer; de là, je partirai immédiatement pour Paris. » Il m'écrivit dès le surlendemain une lettre longue et détaillée.

Edmée était dans un état fort extraordinaire. Elle ne parlait pas et ne paraissait pas souffrir, tant qu'on se bornait à lui épargner toute espèce d'excitation nerveuse; mais, au premier mot qui pouvait réveiller la mémoire de ses douleurs, elle tombait en convulsion. L'isolement moral où elle se trouvait était le plus grand obstacle à sa guérison. Elle ne manquait de rien quant aux soins physiques; elle avait deux bons médecins et une garde-malade fort dévouée. Mademoiselle Leblanc la soignait aussi, sous ce rapport, avec beaucoup de zèle; mais cette fille dangereuse lui faisait souvent du mal par ses réflexions déplacées et ses interrogations indiscrètes. Arthur m'assura d'ailleurs que si jamais Edmée m'avait cru coupable et s'était expliquée à cet égard, ce devait être dans une phase précédente de sa maladie ; car depuis au moins quinze jours elle était dans un état d'inertie complète. Elle sommeillait souvent, mais sans dormir tout à fait ; elle digérait quelques breuvages gélatineux et ne se plaignait jamais ; elle répondait par des signes nonchalants et toujours négatifs aux questions des médecins sur ses souffrances ; elle n'exprimait par aucun signe le souvenir des affections qui avaient rempli sa vie. Sa tendresse pour son père, ce sentiment si profond et si puissant en elle, n'était pourtant pas éteint ; elle versait souvent des larmes abondantes, mais alors elle paraissait n'entendre aucun son ; c'était en vain qu'on essayait de lui faire comprendre que son père n'était pas mort, comme elle semblait le croire. Elle repoussait d'un geste suppliant, non le bruit (il ne semblait pas frapper son oreille), mais le mouvement qui se faisait autour d'elle, et, cachant son visage dans ses mains, s'enfonçant dans son fauteuil et roidissant ses genoux jusque vers sa poitrine, elle semblait livrée à un désespoir sans remède. Cette muette douleur, qui ne se combattait plus elle-même et ne voulait plus être combattue ; cette grande volonté, qui avait été capable de dompter les plus violents orages et qui s'en allait à la dérive sur une mer morte et par un calme plat, était, selon Arthur, le spectacle le plus douloureux qu'il eût jamais contemplé. Edmée semblait avoir rompu avec la vie. Mademoiselle Leblanc, pour l'éprouver et pour l'émouvoir, s'était grossièrement ingérée de lui dire que son père était mort ; elle avait fait entendre par un signe de tête qu'elle le savait. Quelques heures plus tard, les médecins avaient essayé de lui faire comprendre qu'il était vivant ; elle avait répondu par un autre signe qu'elle ne le croyait pas. On avait roulé le fauteuil du chevalier dans sa chambre, on les avait mis en présence l'un de l'autre ; le père et la fille ne s'étaient pas reconnus. Seulement, au bout de quelques instants, Edmée, prenant son père pour un spectre, avait jeté des cris affreux et était tombée dans des convulsions qui avaient rouvert une de ses blessures et donné à craindre pour sa vie. On avait soin depuis ce moment de les tenir séparés et de ne prononcer, devant Edmée, aucune parole qui eût rapport à lui. Elle prenait Arthur pour un médecin du pays et l'avait reçu avec la même douceur et la même indifférence que les autres. Il n'avait pas osé essayer de lui parler de moi; mais il m'exhortait à ne pas désespérer. L'état d'Emée n'avait rien dont le temps et le repos ne pussent triompher; elle avait peu de fièvre, aucune des fonctions vitales de son être n'était réellement troublée; les blessures étaient à peu près guéries, et le cerveau ne paraissait pas devoir se désorganiser par un excès d'activité. L'affaiblissement où cet organe était tombé, la prostration de tous les autres organes, ne devaient pas lutter longtemps, selon Arthur, contre les ressources de la jeunesse et la puissance d'une admirable constitution. Il m'engageait enfin à songer à moi-même; je pouvais être utile à Edmée par mes soins et devenir heureux par le retour de son affection et de son estime.

Au bout de quinze jours, Arthur revint de Paris avec l'ordonnance du roi pour la révision de mon jugement. De nouveaux témoins furent entendus. Patience ne parut pas; mais je reçus de sa part un morceau de papier, avec ces mots d'une écriture informe : « *Vous n'êtes pas coupable, espérez donc.* » Les médecins affirmèrent que mademoiselle de Mauprat pouvait désormais être interrogée sans danger, mais que ses réponses n'auraient aucun sens. Elle était mieux portante. Elle avait reconnu son père et ne le quittait plus. Mais elle ne comprenait rien à tout ce qui n'était pas lui. Elle paraissait éprouver un grand plaisir à le soigner comme un enfant, et, de son côté, le chevalier reconnaissait de temps en temps sa fille chérie ; mais les forces de ce dernier décroissaient sensiblement. On l'interrogea dans un de ses moments lucides. Il répondit que sa fille était *effectivement* tombée de cheval, à la chasse, et qu'elle s'était ouvert la poitrine sur une souche d'arbre ; mais que personne n'avait tiré sur elle, même par mégarde, et qu'il fallait être fou pour croire son cousin capable d'un pareil crime. Ce fut tout ce qu'on put obtenir de lui. Quand on lui demanda ce qu'il pensait de l'absence de son neveu, il répondit que son neveu n'était point absent et qu'il le voyait tous les jours. Fidèle à son respect pour la réputation d'une famille, hélas ! si compromise, voulut-il, par des mensonges enfantins, repousser les investigations de la justice ? C'est ce que je n'ai jamais pu savoir. Edmée ne put être interrogée. A la première question qui lui fut adressée, elle haussa les épaules et fit signe qu'elle voulait être tranquille. Le lieutenant-criminel insistant et devenant plus explicite, elle le regarda fixement et parut s'efforcer de le comprendre. Il prononça mon nom, elle poussa un grand cri et tomba évanouie. Il fallut renoncer à l'entendre. Cependant Arthur ne désespéra point. Au contraire, le récit de cette scène lui fit penser qu'il pouvait s'opérer dans les facultés intellectuelles d'Edmée une crise favorable. Il repartit aussitôt et alla s'installer à Sainte-Sévère, où il resta plusieurs jours sans m'écrire, ce qui me jeta dans une grande anxiété.

L'abbé, interrogé de nouveau, persista dans ses refus calmes et laconiques.

Mes juges, voyant que les renseignements promis par Patience n'arrivaient pas, hâtèrent la révision de la procédure, et donnèrent, par une nouvelle précipitation, une nouvelle preuve de leur animosité contre moi. Le jour fixé arriva. J'étais dévoré d'inquiétude. Arthur m'avait écrit d'espérer, dans un style aussi laconique que Patience. Mon avocat n'avait pu saisir aucune bonne preuve à faire valoir. Je voyais bien qu'il commençait à me croire coupable. Il n'espérait obtenir que des délais.

XXVII.

L'auditoire fut encore plus nombreux que la première fois. La garde fut forcée aux portes du prétoire, et la foule envahit jusqu'aux fenêtres du manoir de Jacques Cœur, aujourd'hui l'Hôtel de Ville. J'étais fort troublé cette fois, quoique j'eusse la force et la fierté de n'en rien laisser paraître. Je m'intéressais désormais au succès de ma cause, et les espérances que j'avais conçues ne semblant pas devoir se réaliser, j'éprouvais un malaise indicible, une fureur concentrée, une sorte de haine contre ces hommes qui n'ouvraient pas les yeux sur mon innocence et contre ce Dieu qui semblait m'abandonner.

Dans cet état violent, je fis un tel travail sur moi-même pour paraître calme, que je m'aperçus à peine de ce qui se passait autour de moi. Je retrouvai ma présence d'esprit pour répondre dans les mêmes termes que la première fois à mon nouvel interrogatoire. Puis un crêpe funèbre sembla s'étendre sur ma tête ; un anneau de fer me serrait le front, je sentais un froid de glace dans mes orbites, je ne voyais plus que moi-même, et je n'entendais que des bruits vagues et incompréhensibles. Je ne sais ce qui se passa ; je ne sais si l'on annonça l'apparition qui me frappa subitement. Je me souviens seulement qu'une porte s'ouvrit derrière le tribunal, qu'Arthur s'avança soutenant une femme voilée, qu'il lui ôta son voile après l'avoir fait asseoir sur un large fauteuil que les huissiers roulèrent vers elle avec empressement, et qu'un cri d'admiration remplit l'auditoire lorsque la beauté pâle et sublime d'Edmée lui apparut.

En ce moment, j'oubliai et la foule et le tribunal, et ma cause et l'univers entier. Je crois qu'aucune force humaine n'aurait pu s'opposer à mon élan impétueux. Je me précipitai comme la foudre au milieu de l'enceinte, et, tombant aux pieds d'Edmée, j'embrassai ses genoux avec effusion. On m'a dit que ce mouvement entraîna le public, et que presque toutes les dames fondirent en larmes. Les jeunes élégants n'osèrent railler ; les juges furent émus. La vérité eut un instant de triomphe complet.

Edmée me regarda longtemps. L'insensibilité de la mort était sur son visage. Il ne semblait pas qu'elle pût jamais me reconnaître. L'assemblée attendait dans un profond silence qu'elle exprimât sa haine ou son affection pour moi. Tout à coup elle fondit en larmes, jeta ses bras autour de mon cou, et perdit connaissance. Arthur la fit emporter aussitôt ; il eut de la peine à me faire retourner à ma place. Je ne savais plus où j'étais ni de quoi il s'agissait; je m'attachais à la robe d'Edmée, je voulais la suivre. Arthur, s'adressant à la cour, demanda qu'on fît constater de nouveau l'état de la malade par les médecins qui l'avaient examinée dans la matinée. Il demanda et obtint qu'Edmée fût de nouveau appelée en témoignage et confrontée avec moi lorsque la crise qu'elle subissait en cet instant serait passée. « Cette crise n'est pas grave, dit-il ; mademoiselle de Mauprat en a éprouvé plusieurs du même genre ces jours derniers et pendant son voyage. A la suite de chacun de ces accès, ses facultés intellectuelles ont pris un développement de plus en plus heureux.

— Allez donner vos soins à la malade, dit le président. Elle sera rappelée dans deux heures si vous croyez que ce temps suffise pour mettre fin à son évanouissement.

En attendant, la cour entendra le témoin à la requête duquel le premier jugement n'a point reçu d'exécution. »

Arthur se retira, et Patience fut introduit. Il était vêtu proprement ; mais, après avoir dit quelques paroles, il déclara qu'il lui était impossible de continuer si on ne lui permettait pas d'ôter son habit. Cette toilette d'emprunt le gênait tellement et lui semblait si lourde qu'il suait à grosses gouttes. Il attendit à peine un signe d'adhésion accompagné d'un sourire de mépris que lui fit le président, pour jeter à terre ces insignes de la civilisation, et, abaissant avec soin les manches de sa chemise sur ses bras nerveux, il parla à peu près ainsi :

« Je dirai la vérité, toute la vérité. Je lève la main une seconde fois, car j'ai à dire des choses qui se contredisent et que je ne peux pas m'expliquer moi-même. Je jure devant Dieu et devant les hommes que je dirai ce que je sais, comme je le sais, sans être influencé pour ni contre personne. »

Il leva sa large main et se tourna vers le peuple avec une confiance naïve, comme pour lui dire : « Vous voyez tous que je jure, et vous savez que l'on peut croire en moi. » Cette confiance de sa part n'était pas mal fondée. On s'était beaucoup occupé, depuis l'incident du premier jugement, de cet homme extraordinaire qui avait parlé devant le tribunal avec tant d'audace et harangué le peuple en sa présence. Cette conduite inspirait beaucoup de curiosité et de sympathie à tous les démocrates et *Philadelphes*. Les œuvres de Beaumarchais avaient, auprès des hautes classes, un succès qui vous expliquera comment Patience, en opposition avec toutes les puissances de la province, se trouvait soutenu et applaudi par tout ce qui se piquait d'un esprit élevé. Chacun croyait voir en lui Figaro sous une forme nouvelle. Le bruit de ses vertus privées s'était répandu ; car vous vous souvenez que, durant mon séjour en Amérique, Patience s'était fait connaître aux habitants de la Varenne et avait échangé sa réputation de sorcier contre celle de bienfaiteur. On lui avait donné le surnom de *grand-juge*, parce qu'il intervenait volontiers dans les différends, et les terminait à la satisfaction de chacun avec une bonté et une habileté admirables.

Il parla cette fois d'une voix haute et pénétrante; il avait dans la voix plusieurs belles cordes. Son geste était lent ou animé selon la circonstance, toujours noble et saisissant; sa figure courte et socratique était toujours belle d'expression. Il avait toutes les qualités de l'orateur, mais il ne mettait à les produire aucune vanité. Il parla d'une manière claire et concise qu'il avait acquise nécessairement dans son commerce récent avec les hommes et dans la discussion de leurs intérêts positifs.

« Quand mademoiselle de Mauprat reçut le coup, dit-il, j'étais à dix pas tout au plus ; mais le taillis est si épais dans cet endroit que je ne pouvais rien voir à deux pas de moi. On m'avait engagé à faire la chasse. Cela ne m'amusait guère. Me retrouvant près de la tour Gazeau, que j'ai habitée pendant vingt ans, j'eus envie de revoir mon ancienne cellule, et j'y arrivais à grands pas quand j'entendis le coup. Cela ne m'effraya pas du tout; c'était si naturel qu'on fît du bruit dans une battue ! Mais quand je fus sorti du fourré, c'est-à-dire environ deux minutes après, je trouvai Edmée (pardonnez-moi, j'ai l'habitude de l'appeler comme cela, je suis avec elle comme qui dirait une sorte de père nourricier), je trouvai Edmée à genoux par terre, blessée, ainsi qu'on vous l'a dit, et tenant encore la bride de son cheval qui se cabrait. Elle ne savait pas si elle avait peu ou beaucoup de mal, mais elle avait son autre main sur sa poitrine et disait : *Ber-*

nard, *c'est affreux! je ne vous aurais jamais cru capable de me tuer. Bernard, où êtes-vous? venez me voir mourir. Vous tuez mon père!* Elle tomba tout à fait en disant cela et lâcha la bride de son cheval. Je m'élançai vers elle. *Ah! tu l'as vu, Patience?* me dit-elle, *n'en parle pas, ne dis pas à mon père...* Elle étendit les bras, son corps se roidit; je la crus morte, et elle ne parla plus que dans la nuit, après qu'on eut retiré les balles de sa poitrine.

— Vîtes-vous alors Bernard de Mauprat?

— Je le vis sur le lieu de l'événement, au moment où Edmée perdit connaissance et sembla rendre l'âme; il était comme fou. Je crus que c'était le remords qui l'accablait; je lui parlai durement, je le traitai d'assassin. Il ne répondit rien et s'assit à terre auprès de sa cousine. Il resta là, abruti longtemps encore après qu'on l'eut emportée. Personne ne songea à l'accuser; on pensait qu'il était tombé de cheval, parce qu'on voyait son cheval courir au bord de l'étang; on crut que sa carabine s'était déchargée en tombant. M. l'abbé Aubert fut le seul qui entendit accuser M. Bernard d'avoir assassiné sa cousine. Les jours suivants Edmée parla; mais ce ne fut pas toujours en ma présence, et d'ailleurs, depuis ce moment, elle eut presque toujours le délire. Je soutiens qu'elle n'a confié à personne (à mademoiselle Leblanc moins qu'à personne) ce qui s'était passé entre elle et M. de Mauprat avant le coup de fusil. Elle ne me l'a pas confié plus qu'aux autres. Dans les moments bien rares où elle avait sa tête, elle répondait à nos questions que certainement Bernard ne l'avait pas fait exprès, et plusieurs fois même, durant les trois premiers jours, elle demanda à le voir. Mais quand elle avait la fièvre, elle criait: *Bernard! Bernard! vous avez commis un grand crime, vous avez tué mon père!* C'était là son idée; elle croyait réellement que son père était mort, et elle l'a cru longtemps. Elle a donc dit très-peu de chose qui ait de la valeur. Tout ce que mademoiselle Leblanc lui a fait dire est faux. Au bout de trois jours elle a cessé de dire des paroles intelligibles, et au bout de huit jours sa maladie a tourné à un silence complet. Elle a chassé mademoiselle Leblanc depuis sept jours qu'elle a retrouvé sa raison, ce qui prouverait bien quelque chose contre cette fille de chambre. Voilà ce que j'ai à dire contre M. de Mauprat. Il ne tenait qu'à moi de le taire; mais, ayant autre chose à dire encore, j'ai voulu révéler toute la vérité. »

Patience fit une pause; l'auditoire et la cour elle-même, qui commençait à s'intéresser à moi et à perdre l'âcreté de ses préventions, restèrent comme atterrés d'une déposition si différente de celle qu'on attendait.

Patience reprit la parole. « Je suis resté convaincu pendant plusieurs semaines, dit-il, du crime de Bernard. Et puis j'ai beaucoup réfléchi à cela; je me suis dit bien des fois qu'un homme aussi bon et aussi instruit que l'était Bernard, un homme dont Edmée faisait tant d'estime, et que M. le chevalier de Mauprat aimait comme son fils, un homme enfin qui avait tant d'idées sur la justice et sur la vérité, ne pouvait pas du jour au lendemain devenir un scélérat. Et puis il m'est venu l'idée que ce pouvait bien être quelque autre Mauprat qui eût fait le coup. Je ne parle pas de celui qui est trappiste, ajouta-t-il en cherchant dans l'auditoire Jean de Mauprat, qui n'y était pas; je parle de celui dont la mort n'a pas été constatée, quoique la cour ait cru devoir passer outre et en croire M. Jean de Mauprat sur parole.

— Témoin, dit le président, je vous ferai observer que vous n'êtes ici ni pour servir d'avocat à l'accusé, ni pour réviser les arrêts de la cour. Vous devez dire ce que vous savez du fait, et non ce que vous préjugez du fond de l'affaire. — Possible, répondit Patience. Il faut pourtant que je dise pourquoi je n'ai pas voulu témoigner la première fois contre Bernard, n'ayant à fournir que des preuves contre lui et n'ayant pas foi à ces preuves mêmes. — On ne vous le demande pas pour le moment. Ne vous écartez pas de votre déposition. — Un instant ! j'ai mon honneur à défendre, j'ai ma propre conduite à expliquer, s'il vous plaît. — Vous n'êtes pas l'accusé, vous n'avez pas lieu à plaider votre propre cause. Si la cour juge à propos de vous poursuivre pour votre désobéissance, vous aviserez à vous défendre; mais il n'est pas question de cela maintenant. — Il est question de faire savoir à la cour si je suis un honnête homme ou un faux témoin. Pardon, il me semble que cela fait quelque chose à l'affaire; la vie de l'accusé en dépend; la cour ne peut pas regarder cela comme indifférent. — Parlez, dit l'avocat du roi, et tâchez de garder le respect que vous devez à la cour.

— Je n'ai pas envie d'offenser la cour, reprit Patience, je dis seulement qu'un homme peut se soustraire aux ordres de la cour par des raisons de conscience que la cour peut condamner légalement, mais que chaque juge en particulier peut comprendre et excuser. Je dis donc que je n'ai pas senti en moi-même que Bernard de Mauprat fût coupable; mes oreilles seules le savaient; ce n'était pas assez pour moi. Excusez-moi, messieurs, je suis juge, moi aussi. Enquérez-vous de moi! dans mon village on m'appelle le *grand-juge*. Quand mes concitoyens me prient de prononcer sur une querelle de cabaret ou sur la limite d'un champ, je n'écoute pas tant leur sentiment que le mien. On a d'autres notions sur les gens qu'un fait tout court. Il y en a beaucoup d'autres qui servent à démontrer la vérité ou la fausseté du dernier qu'on leur impute. Ainsi ne pouvant croire que Bernard fût un assassin, et ayant entendu témoigner à plus de dix personnes, que je regarde comme incapables de faux serment, qu'un moine *fait en manière de Mauprat* avait couru le pays, ayant moi-même vu le dos et le froc de ce moine passer à Pouligny le matin de l'événement, j'ai voulu savoir s'il était dans la Varenne, et j'ai su qu'il y était encore; c'est-à-dire qu'après l'avoir quittée, il y était revenu aux environs du jugement du mois dernier, et, qui plus est, qu'il avait accointance avec M. Jean de Mauprat. Quel est donc ce moine? me disais-je; pourquoi sa figure fait-elle peur à tous les habitants du pays? Qu'est-ce qu'il fait dans la Varenne? S'il est du couvent des carmes, pourquoi n'en porte-t-il pas l'habit! S'il est de l'ordre de M. Jean, pourquoi n'est-il pas logé avec lui aux Carmes? S'il est quêteur, pourquoi, après avoir fait sa quête, ne va-t-il pas plus loin, plutôt que de revenir importuner les gens qui lui ont donné la veille? S'il est trappiste et qu'il ne veuille pas rester aux carmes comme l'autre, pourquoi ne retourne-t-il pas dans son couvent? Qu'est-ce donc que ce moine vagabond? et pourquoi M. Jean de Mauprat, qui a dit à plusieurs personnes ne pas le connaître, le connaît-il si bien qu'ils déjeunent de temps en temps ensemble, dans un cabaret à Crevant? J'ai donc voulu alors que ma déposition fût faite, même dût-elle nuire en partie à Bernard, afin d'avoir le droit de dire ce que je vous dis là, même quand cela ne servirait à rien. Mais comme, vous autres, vous ne donnez jamais le temps aux témoins de chercher à s'éclairer sur ce qu'ils ont à croire, je suis reparti tout de suite pour mes bois, où je vis à la manière des renards, me promettant de n'en pas sortir tant que je n'aurais pas découvert ce que ce moine fait dans le pays. Je me suis donc mis sur sa piste, et j'ai découvert ce qu'il est : il est l'assassin d'Edmée de Mauprat, il s'appelle Antoine de Mauprat. »

Cette révélation causa un grand mouvement dans la cour et dans l'auditoire. Tous les regards cherchèrent Jean de Mauprat, dont la figure ne parut point.

« Quelles sont vos preuves ? dit le président. — Je vais vous les dire, répondit Patience. Sachant par la cabaretière de Crevant, à qui j'ai eu occasion de rendre service, que les deux trappistes déjeunaient chez elle de temps en temps, comme je vous l'ai dit, j'ai été me loger à une demi-lieue de là, dans un ermitage qu'on appelle *le Trou aux Fades*, et qui est au milieu des bois, abandonné au premier venu, logis et mobilier. C'est une caverne dans le rocher, avec une grosse pierre pour s'asseoir et rien avec. Je vécus là deux jours de racines et d'un morceau de pain qu'on m'apportait de temps en temps du cabaret. Il n'est pas dans mes principes de demeurer dans un cabaret. Le troisième jour, le petit garçon de la cabaretière vint m'avertir que les deux moines allaient se mettre à table. J'y courus, et je me cachai dans un cellier qui touche au jardin. La porte de ce cellier est ombragée d'un pommier, sous lequel ces messieurs déjeunaient en plein air. M. Jean était sobre ; l'autre mangeait comme un carme et buvait comme un cordelier. J'entendis et je vis tout à mon aise. « Il est temps que cela finisse, disait Antoine, que je reconnus fort bien en le voyant boire et en l'entendant jurer ; je suis las du métier que vous me faites faire. Donnez-moi asile chez les carmes, ou je fais du bruit. — Et quel bruit pouvez-vous faire qui ne vous conduise à la roue, *lourde bête ?* lui répondit M. Jean ; soyez sûr que vous ne mettrez pas le pied aux carmes ; je ne me soucie pas de me voir inculpé dans un procès criminel, car on vous découvrirait là au bout de trois heures. — Pourquoi donc, s'il vous plaît ? vous leur faites bien croire que vous êtes un saint ! — Je suis capable de me conduire comme un saint, et vous vous conduisez comme un imbécile. Est-ce que vous pouvez vous tenir une heure de jurer et de casser les pots après dîner! — Dites, donc, *Népomucène*, est-ce que vous espéreriez sortir de là bien net, si j'avais une affaire criminelle? reprit l'autre. — Qui sait? répondit le trappiste; je n'ai point pris part à votre folie ni conseillé rien de ce genre. — Ah! ah! le bon apôtre! s'écria Antoine en se renversant de rire sur sa chaise, vous en êtes bien content, à présent que cela est fait. Vous avez toujours été lâche, et sans moi vous n'auriez imaginé rien de mieux que d'aller vous faire trappiste, pour singer la dévotion et venir ensuite vous faire absoudre du passé, afin d'avoir le droit de tirer un peu d'argent aux *cassetêtes* de Sainte-Sévère. Belle ambition, ma foi! que de crever sous un froc après s'être gêné toute sa vie, et n'avoir pris que la moitié de tous les plaisirs, encore en se cachant comme une taupe! Allez, allez, quand on aura pendu le gentil Bernard, que la belle Edmonde sera morte, et que le vieux casse-cou aura rendu ses grands os à la terre, quand nous hériterons de cette jolie fortune-là, vous trouverez que c'est là un joli coup de Jarnac; se défaire de trois à la fois! Il m'en coûtera bien un peu de faire le dévot, moi qui n'ai pas les habitudes du couvent et qui ne sais pas porter l'habit; aussi je jetterai le froc aux orties, et je me contenterai de bâtir une chapelle à la Roche-Mauprat, et d'y communier quatre fois l'an. — Tout ce que vous avez fait là est une sottise et une infamie! — Ouais! ne parlez pas d'infamie, mon doux frère, ou je vais vous faire avaler cette bouteille toute cachetée. — Je dis que c'est une sottise, et que, si cela réussit, vous devez une belle chandelle à la Vierge; si cela ne réussit pas, je m'en lave les mains, entendez-vous? Quand j'étais caché dans la chambre secrète du donjon, et que j'ai entendu Bernard conter à son valet, après souper, qu'il perdait l'esprit pour la belle Edmée, je vous ai dit en l'air qu'il y aurait là un joli coup à faire ; et, comme une brute, vous avez pris la chose au sérieux, vous avez été, sans me consulter et sans attendre un moment favorable, exécuter une chose qui voulait être pesée et mûrie. — Le moment favorable, cœur de lièvre que vous êtes ! et où donc l'aurais-je trouvé ? *L'occasion fait le larron.* Je me vois surpris par la chasse au milieu du bois ; je me cache dans la maudite tour Gazeau ; je vois arriver mes deux tourtereaux ; j'entends une conversation à crever de rire, Bernard larmoyant, la fille faisant la fière ; Bernard se retire comme un sot, sans avoir fait métier d'homme ; je me trouve sur moi, le bon Dieu sait comment, un scélérat de pistolet tout chargé. *Paf...* — Taisez-vous, bête sauvage ! dit l'autre tout effrayé, parle-t-on de ces choses-là dans un cabaret ? Tenez votre langue, malheureux ! ou je ne vous verrai plus. — Il faudra pourtant bien que vous me voyiez, mon doux frère, quand j'irai sonner et faire carillon à la porte des Carmes. — Vous n'y viendrez pas, ou je vous dénonce. — Vous ne me dénoncerez pas, car j'en sais trop long sur votre compte. — Je ne vous crains pas, j'ai fait mes preuves ; j'ai expié mes péchés. — Hypocrite ! — Allons, taisez-vous, insensé, dit l'autre ; il faut que je vous quitte. Voilà de l'argent. — *Tout cela !* — Que voulez-vous que vous donne un religieux ? Croyez-vous que je sois riche ? — Vos carmes le sont, et vous en faites ce que vous voulez. — Je pourrais vous donner plus, que je ne le ferais pas. Vous n'auriez pas plus tôt deux louis que vous feriez des débauches et un bruit qui vous trahiraient. — Et si vous voulez que je quitte le pays pour quelque temps, avec quoi voulez-vous que je voyage ? — Ne vous ai-je pas déjà donné trois fois de quoi partir, et n'êtes-vous pas revenu après avoir bu tout ce que vous aviez dans le premier mauvais lieu à la frontière de la province ? Votre impudence me révolte, après les dépositions qu'on a faites contre vous, quand la maréchaussée a l'éveil, quand Bernard fait réviser son jugement, et que vous allez être découvert ! — Mon frère, c'est à vous d'y veiller ; vous menez les carmes, les carmes mènent l'évêque, Dieu sait pour quelle petite folie qui a été faite de compagnie, en grand secret, après souper dans leur couvent... »

Ici le président interrompit le récit de Patience.

« Témoin, dit-il, je vous rappelle à l'ordre ; vous outragez la vertu d'un prélat par le récit scandaleux d'une telle conversation.

— Nullement, répondit Patience, je rapporte les invectives d'un crapuleux et d'un assassin contre le prélat ; je n'en prends rien sur moi, et chacun ici sait le cas qu'il a à en faire ; mais, si vous le voulez, je n'en dirai pas davantage sur ce sujet. Il y eut encore un assez long débat. Le vrai trappiste voulait faire partir le faux trappiste, et celui-ci s'obstinait à rester, disant que, s'il n'était pas sur les lieux, son frère le ferait arrêter aussitôt après que Bernard aurait la tête tranchée, afin d'avoir l'héritage à lui tout seul. Jean, poussé à bout, le menaça sérieusement de le dénoncer et de le livrer à la justice. « Baste ! vous vous en garderez bien, après tout, reprit Antoine, car, si Bernard est absous, adieu l'héritage ! »

« C'est ainsi qu'ils se séparèrent. Le vrai trappiste s'en alla fort soucieux, l'autre s'endormit les coudes sur la table. Je sortis de ma cachette pour procéder à son arrestation. C'est dans ce moment que la maréchaussée, qui est à mes trousses depuis longtemps pour me forcer à venir témoigner, me mit la main au collet. J'eus beau désigner le moine comme l'assassin d'Edmée, on ne voulut pas me croire, et on me dit qu'on n'avait pas d'ordre contre lui. Je voulais ameuter le village, on m'empêcha de parler ; on m'amena ici de brigade en brigade comme un déserteur, et depuis huit jours je suis au cachot sans qu'on daigne faire droit à mes réclamations. Je n'ai même pu voir l'avocat de M. Bernard et lui faire savoir que j'étais en prison ; c'est tout à l'heure seulement que le geôlier est venu me dire qu'il fallait endosser un habit et *comparoir*. Je ne sais pas si tout cela est dans les formes de la justice ; mais ce qu'il y a de certain, c'est que l'assassin aurait pu être arrêté et qu'il ne l'est pas, et qu'il ne le sera pas si vous ne vous assurez de la personne de M. Jean de Mauprat pour l'empêcher d'avertir, je ne dis pas son complice, mais son protégé. Je fais serment que dans tout ce que j'ai entendu M. Jean de Mauprat est à l'abri de tout soupçon de complicité ; quant à l'action de laisser livrer à la rigueur des lois un innocent et de vouloir sauver un coupable au point de feindre sa mort par de faux témoignages et de faux actes... » Patience, voyant que le président allait encore l'interrompre, se hâta de terminer son discours en disant : « Quant à cela, messieurs, il appartient à vous et non à moi de le juger. »

XXVIII.

Après cette déposition importante, la cour suspendit pendant quelques instants la séance, et lorsqu'elle rentra, Edmée fut ramenée en sa présence. Pâle et brisée, pouvant à peine se traîner jusqu'au fauteuil qui lui était réservé, elle montra cependant une grande force et une grande présence d'esprit.

« Croyez-vous pouvoir répondre avec calme et sans trouble aux questions qui vont vous être adressées ? lui dit le président. — Je l'espère, monsieur, répondit-elle. Il est vrai que je sors d'une maladie grave, et que j'ai recouvré depuis peu de jours seulement l'exercice de ma mémoire; mais je crois l'avoir très-bien recouvrée, et mon esprit ne ressent aucun trouble.

— Votre nom? — Solange-Edmonde de Mauprat, *Edmea sylvestris,* » ajouta-t-elle à demi-voix.

Je frissonnai. Son regard avait pris, en disant cette parole intempestive, une expression étrange. Je crus qu'elle allait divaguer plus que jamais. Mon avocat effrayé, me regarda d'un air d'interrogation. Personne autre que moi n'avait compris ces deux mots qu'Edmée avait pris l'habitude de répéter souvent dans les premiers et dans les derniers jours de sa maladie. Heureusement ce fut le dernier ébranlement de ses facultés. Elle secoua sa belle tête comme pour chasser des idées importunes; et le président lui ayant demandé compte de ces mots inintelligibles, elle répondit avec douceur et noblesse : « Ce n'est rien, monsieur; veuillez continuer mon interrogatoire.

— Votre âge, mademoiselle? — Vingt-quatre ans. — Vous êtes parente de l'accusé? — Sa tante à la mode de Bretagne. Il est mon cousin issu de germain et le petit-neveu de mon père. — Jurez-vous de dire la vérité, toute la vérité? — Oui, monsieur. — Levez la main. »

Edmée se retourna vers Arthur avec un triste sourire. Il lui ôta son gant et l'aida à élever son bras sans force et presque sans mouvement. Je sentis de grosses larmes couler sur mes joues.

Edmée raconta avec finesse et naïveté qu'étant égarée dans le bois avec moi elle avait été jetée à bas de son cheval par l'empressement plein de sollicitude que j'avais mis à la retenir, croyant qu'elle était emportée; qu'il s'en était suivi une petite altercation, à la suite de laquelle, par une *petite colère de femme assez niaise,* elle avait voulu remonter seule sur sa jument; qu'elle m'avait même dit des paroles dures, dont elle ne pensait pas un mot, car elle m'aimait comme son frère; que, profondément affligé de sa brusquerie, je m'étais éloigné de quelques pas pour lui obéir, et qu'au moment de me suivre, affligée qu'elle était elle-même de notre puérile querelle, elle avait senti une violente commotion à la poitrine, et qu'elle était tombée en entendant à peine la détonation. Il lui était impossible de dire de quel côté elle était tournée et de quel côté était parti le coup. « Voilà tout ce qui est arrivé, ajouta-t-elle; je suis la dernière personne en état de vous expliquer cet accident. Je ne puis en mon âme et conscience l'attribuer qu'à la maladresse d'un de nos chasseurs, qui aura craint de l'avouer. Les lois sont si sévères! et la vérité est si difficile à prouver!

— Ainsi, Mademoiselle, vous ne pensez pas que votre cousin soit l'auteur de cet attentat? — Non, monsieur, certainement non! Je ne suis plus folle, et je ne me serais pas laissé conduire devant vous si j'avais senti mon cerveau malade. — Vous semblez imputer à un état d'aliénation mentale les révélations que vous avez faites au bonhomme Patience, à mademoiselle Leblanc, votre gouvernante, et peut-être aussi à l'abbé Aubert. — Je n'ai fait aucune *révélation*, répondit-elle avec assurance, pas plus au digne Patience qu'au respectable abbé, et à la servante Leblanc. Si l'on appelle révélation les paroles dépourvues de sens qu'on dit dans la fièvre, il faut condamner à mort toutes les figures qui nous font peur dans les rêves. Quelle *révélation* aurais-je pu faire d'un fait que j'ignore? — Mais vous avez dit, au moment où vous avez reçu la blessure en tombant de votre cheval : *Bernard, Bernard, je ne vous aurais jamais cru capable de me tuer!* — Je ne me souviens pas d'avoir jamais dit cela; et quand je l'aurais dit, je ne concevrais pas l'importance qu'on peut attribuer aux impressions d'une personne frappée de la foudre et dont l'esprit est comme anéanti. Ce que je sais, c'est que Bernard de Mauprat donnerait sa vie pour mon père et pour moi, ce qui ne rend pas très-probable qu'il ait voulu m'assassiner. Et pour quelle raison, grand Dieu ! »

Le président se servit alors, pour embarrasser Edmée, de tous les arguments que pouvaient lui fournir les dépositions de mademoiselle Leblanc. Il y avait de quoi la troubler en effet. Edmée, surprise de voir la justice en possession de tant de choses qu'elle croyait secrètes, reprit cependant courage et fierté lorsqu'on lui fit entendre, dans les termes brutalement chastes qu'on emploie devant les tribunaux en pareil cas, qu'elle avait été victime de ma grossièreté à la Roche-Mauprat. C'est alors que, prenant avec feu la défense de mon caractère et celle de son honneur, elle affirma que je m'étais conduit avec une loyauté bien supérieure à ce qu'on pouvait attendre encore de mon éducation. Mais il restait à expliquer toute la vie d'Edmée à partir de cette époque, la rupture de son mariage avec M. de La Marche, ses querelles fréquentes avec moi, mon brusque départ pour l'Amérique, le refus qu'elle avait fait de se marier.

« Cet interrogatoire est une chose odieuse, dit-elle en se levant tout à coup et en retrouvant ses forces physiques avec l'exercice de sa force morale. On me demande compte de mes plus intimes sentiments, on descend dans les mystères de mon âme, on tourmente ma pudeur, on s'arroge des droits qui n'appartiennent qu'à Dieu. Je vous déclare que, s'il s'agissait ici de ma vie et non de celle d'autrui, vous ne m'arracheriez pas un mot de plus. Mais, pour sauver la vie du dernier des hommes, je sacrifierais mes répugnances ; à plus forte raison le ferais-je pour celui qui est devant vos yeux. Apprenez-le donc, puisque vous me contraignez à faire un aveu contraire à la réserve et à la fierté de mon sexe : tout ce qui vous semble inexplicable dans ma conduite, tout ce que vous attribuez aux torts de Bernard et à mes ressentiments, à ses menaces et à mes terreurs, se justifie par un seul mot : *Je l'aime!* »

En prononçant ce mot avec la rougeur au front et l'accent profond de l'âme la plus passionnée et la plus orgueilleusement concentrée qui ait jamais existé, Edmée se rassit et couvrit son visage de ses deux mains. En ce moment je fus si transporté, que je m'écriai sans pouvoir me contenir : « Qu'on me mène à l'échafaud maintenant, je suis le roi de la terre!

— A l'échafaud! toi! dit Edmée en se relevant; on m'y mènera plutôt moi-même. Est-ce ta faute, malheureux enfant, si depuis sept ans je te cache le secret de mon affection, si j'ai voulu attendre pour te le dire que tu fusses le premier des hommes par la sagesse et l'intelligence, comme tu en es le premier par le cœur? Tu payes cher mon ambition, puisqu'on l'interprète par le mépris et la haine. Tu dois bien me haïr, puisque ma fierté t'a conduit sur le banc du crime. Mais je laverai ta honte par une réparation éclatante, et quand même on t'enverrait à l'échafaud demain, tu n'y marcherais qu'avec le titre de mon époux.

— Votre générosité vous entraîne trop loin, Edmée de Mauprat, dit le président; vous consentiriez presque, pour sauver votre parent, à vous accuser de coquetterie et de dureté; car comment expliqueriez-vous vos sept années de refus, qui ont exaspéré la passion de ce jeune homme?

— Peut-être, monsieur, dit Edmée avec malice, la cour n'est-elle pas compétente sur cette matière. Beaucoup de femmes pensent que ce n'est pas un grand crime d'avoir un peu de coquetterie avec l'homme qu'on aime. On en a peut-être le droit quand on lui a sacrifié tous les autres hommes; c'est une fierté naturelle bien innocente que de

vouloir faire sentir à celui qu'on préfère qu'on est une
âme de prix et qu'on mérite d'être sollicitée et recherchée
longtemps. Il est vrai que si cette coquetterie avait pour
résultat de faire condamner un amant à la mort, on s'en
corrigerait vite. Mais il est impossible, messieurs, que
vous vouliez consoler de la sorte ce pauvre jeune homme
de mes rigueurs. »

En parlant ainsi d'un air d'excitation ironique, Edmée
fondit en pleurs. Cette sensibilité nerveuse, qui mettait en dehors toutes les qualités de son âme et de son
esprit, tendresse, courage, finesse, fierté, pudeur, donnait en même temps à son visage une expression si mobile et si admirable sous toutes ses faces, que la grave et
sombre assemblée des juges sentit tomber la cuirasse d'airain de l'intégrité impassible et la chape de plomb de l'hypocrite vertu. Si Edmée ne m'avait pas défendu victorieusement par ses aveux, du moins elle avait excité au plus
haut point l'intérêt en ma faveur. Un homme aimé d'une
belle et vertueuse femme porte avec lui un talisman qui
le rend invulnérable ; chacun sent que sa vie a plus de
prix que celle des autres.

Edmée subit encore beaucoup de questions et rétablit
les faits dénaturés par mademoiselle Leblanc ; elle m'é-
pargna beaucoup, il est vrai ; mais elle sut, avec un art
admirable, éluder certaines questions et se soustraire à la
nécessité de mentir ou de me condamner. Elle s'accusa
généreusement de tous mes torts, et prétendit que, si
nous avions eu des querelles, c'était parce qu'elle y prenait un secret plaisir, parce qu'elle y voyait la force de
mon amour ; qu'elle m'avait laissé partir pour l'Amérique,
voulant mettre ma vertu à l'épreuve, et ne pensant pas
que la campagne durerait plus d'un an, comme on le
disait alors ; qu'ensuite elle m'avait regardé comme engagé d'honneur à subir cette prolongation illimitée, mais

qu'elle avait souffert plus que moi de mon absence; enfin elle reconnut fort bien la lettre qu'on avait trouvée sur elle; et, la prenant, elle en rétablit les passages mutilés avec une mémoire surprenante et en priant le greffier de suivre avec elle les mots à demi effacés. « Cette lettre est si peu une lettre de menace, dit-elle, et l'impression que j'en ai reçue est si peu celle de la crainte et de l'aversion, qu'on l'a trouvée sur mon cœur où je la portais depuis huit jours, bien que je n'eusse pas seulement avoué à Bernard que je l'eusse reçue.

— Mais vous n'expliquez point, lui dit le président, pourquoi, il y a sept ans, dans les premiers temps du séjour de votre cousin auprès de vous, vous étiez armée d'un couteau que vous placiez toutes les nuits sous votre oreiller, et que vous aviez fait aiguiser pour un cas urgent de défense?

— Dans ma famille, répondit-elle en rougissant, on a l'esprit assez romanesque et l'humeur très-fière. Il est vrai que j'eus plusieurs fois dessein de me tuer, parce que je sentais naître en moi pour mon cousin un penchant insurmontable. Me croyant liée par des engagements indissolubles à M. de La Marche, je serais morte plutôt que de manquer à ma parole et plutôt que d'épouser un autre homme que Bernard. Plus tard, M. de La Marche me rendit ma promesse avec beaucoup de délicatesse et de loyauté, et je ne songeai plus à mourir. »

Edmée se retira suivie de tous les regards et d'un murmure approbateur. A peine avait-elle franchi la porte du prétoire qu'elle s'évanouit de nouveau; mais cette crise n'eut pas de suites graves et ne laissa pas de traces au bout de quelques jours.

J'étais si bouleversé, si enivré de ce qu'elle venait de dire, que je ne vis plus guère ce qui se passait. Concentré dans la seule pensée de mon amour, je doutais pourtant;

car, si Edmée n'avait pas avoué tous mes torts, elle pouvait bien aussi avoir exagéré son inclination pour moi dans le dessein d'atténuer mes défauts. Il m'était impossible de croire qu'elle m'eût aimé avant mon départ pour l'Amérique, et surtout dès les premiers temps de mon séjour auprès d'elle. Je n'avais que cette préoccupation dans l'esprit ; je ne me souvenais même plus de la cause ni du but de mon procès. Il me semblait que la question agitée dans ce froid aréopage était uniquement celle-ci : *Est-il aimé, ou n'est-il pas aimé ?* Le triomphe ou la défaite, la vie ou la mort n'étaient que là pour moi.

Je fus tiré de ces rêveries par la voix de l'abbé Aubert. Il était maigre et défait, mais plein de calme ; on l'avait tenu au secret, et il avait souffert toutes les rigueurs de la prison avec la résignation d'un martyr. Malgré toutes les précautions, l'adroit Marcasse, habile à se glisser partout comme un furet, avait réussi à lui faire tenir une lettre d'Arthur, où Edmée avait ajouté quelques mots. Autorisé par cette lettre à tout dire, il fit une déposition conforme à celle de Patience, avouant que, d'après les premières paroles d'Edmée après l'événement, il m'avait accusé ; mais qu'ensuite, voyant l'état d'aliénation de la malade et se souvenant de ma conduite sans reproche depuis plus de six ans, tirant aussi quelque lumière des précédents débats et des bruits publics sur l'existence et la présence d'Antoine Mauprat, il s'était senti trop convaincu de mon innocence pour vouloir témoigner contre moi. S'il le faisait maintenant, c'est qu'il pensait qu'un supplément d'instruction avait éclairé la cour, et que sa déposition n'aurait pas les conséquences graves qu'elle eût pu avoir un mois auparavant.

Interrogé sur les sentiments d'Edmée à mon égard, il détruisit toutes les inventions de mademoiselle Leblanc, et déclara que, non-seulement Edmée m'aimait ardemment, mais qu'elle avait senti de l'amour pour moi dès les premiers jours de notre entrevue. Il l'affirma par serment, tout en appuyant un peu plus sur mes torts passés que ne l'avait fait Edmée. Il avoua qu'il avait craint plusieurs fois alors que ma cousine ne fît la folie de m'épouser ; mais qu'il n'avait jamais eu de crainte pour sa vie, puisque d'un mot et d'un regard il l'avait toujours vue me réduire, même à l'époque de ma plus mauvaise éducation.

La continuation des débats fut remise à l'issue des perquisitions ordonnées pour découvrir et arrêter l'assassin. On compara mon procès à celui de Calas, et cette comparaison n'eut pas plus tôt cours dans les conversations que mes juges, se voyant en butte à mille traits sanglants, éprouvèrent par eux-mêmes que la haine et la prévention sont de mauvais conseillers et des guides dangereux. L'intendant de la province se déclara le champion de ma cause et le chevalier d'Edmée, qu'il reconduisit en personne auprès de son père. Il mit sur pied toute la maréchaussée. On agit avec vigueur, on arrêta Jean de Mauprat. Quand il se vit saisi et menacé, il livra son frère, et déclara qu'on le trouverait toutes les nuits réfugié à la Roche-Mauprat, et caché dans une chambre secrète où la femme du métayer l'aidait à se renfermer à l'insu de son mari.

On conduisit le trappiste sous bonne escorte à la Roche-Mauprat, afin qu'il révélât cette chambre secrète à laquelle, malgré tout son génie à explorer les murailles et les charpentes, l'ancien chasseur de fouines, le taupeur Marcasse, n'avait jamais pu parvenir. On m'y conduisit moi-même, afin que j'aidasse à retrouver cette chambre ou les passages qui pouvaient y aboutir, au cas où le trappiste se départirait de la sincérité de ses intentions. Je revis donc encore une fois ce manoir détesté avec son ancien chef de brigands transformé en trappiste. Il se montra si humble et si rampant vis-à-vis de moi, il fit si bon marché de la vie de son frère et m'exprima une si vile soumission que, saisi de dégoût, je le priai, au bout de quelques instants, de ne plus m'adresser la parole. Gardés à vue par les cavaliers, nous nous mîmes à la recherche de la chambre secrète. Jean avait prétendu d'abord qu'il en savait l'existence sans en connaître la situation exacte depuis que le donjon était aux trois quarts détruit. Quand il me vit, il se souvint que je l'avais surpris dans ma chambre et qu'il avait disparu par la muraille. Il se résigna donc à nous y conduire et à nous montrer le secret, qui était fort curieux, et dont je ne m'amuserai pas à vous faire la description. La chambre secrète fut ouverte, il ne s'y trouva personne. L'expédition avait été pourtant conduite avec promptitude et mystère. Il ne paraissait pas probable que Jean eût eu le temps de prévenir son frère. Le donjon était entouré de cavaliers, toutes les issues étaient bien gardées. La nuit était sombre, et nous avions fait une invasion qui avait bouleversé d'effroi tous les habitants de la métairie. Le métayer ne comprenait rien à ce que nous cherchions ; mais le trouble et l'angoisse de sa femme semblaient nous assurer la présence d'Antoine dans le donjon. Elle n'eut pas la présence d'esprit de prendre un air rassuré après que nous eûmes exploré la première chambre, et cela fit penser à Marcasse qu'il y en avait une seconde. Le trappiste en avait-il connaissance et feignit-il de l'ignorer ? Il joua si bien son rôle que nous y fûmes tous pris. Il fallut explorer de nouveau les moindres détours et recoins des ruines. Une grande tour isolée de tous les bâtiments ne semblait pouvoir offrir aucun refuge. La cage de l'escalier s'était entièrement écroulée lors de l'incendie, et il ne se trouvait pas d'échelle assez longue, à beaucoup près, même en attachant l'une à l'autre avec des cordes celles du métayer, pour atteindre au dernier étage, qui semblait bien conservé et contenir une pièce éclairée par deux meurtrières. Marcasse objecta qu'il pouvait se trouver un escalier dans l'épaisseur du mur, ainsi qu'il arrive dans beaucoup d'anciennes tours. Mais où se trouvait l'issue? dans quelque souterrain peut-être? L'assassin oserait-il sortir de sa retraite tant que nous serions là? S'il avait, malgré la nuit obscure et le silence que nous gardions, vent de notre présence, se risquerait-il dans la campagne tant que nous serions postés comme nous l'étions sur tous les points? « Ce n'est pas probable, dit Marcasse. Il faut trouver un moyen prompt de parvenir là-haut, et j'en vois un. » Il montra une poutre noircie par le feu qui joignait la tour à une hauteur effrayante, et sur une portée de vingt pieds environ, aux greniers du bâtiment voisin. Une large crevasse, faite par l'éboulement des parties attenantes, était située à l'extrémité de cette poutre dans le flanc de la tour. Dans ses explorations il avait bien semblé à Marcasse voir au travers de cette crevasse les marches d'un petit escalier. Le mur avait d'ailleurs l'épaisseur nécessaire pour le contenir. Le taupeur n'avait jamais osé se risquer sur cette poutre, non à cause de sa ténuité ni de son élévation, il était habitué à ces périlleuses *traversées*, comme il les appelait; mais la poutre était attaquée par le feu et tellement amincie par le milieu qu'il était impossible de savoir si elle porterait le poids d'un homme, fût-il svelte et diaphane comme le brave sergent. Jusque-là aucune considération assez importante pour risquer sa vie à cette expérience ne s'était présentée; elle s'offrait en cet instant. Marcasse n'hésita pas. Je n'étais point auprès de lui lorsqu'il conçut ce dessein; je l'en aurais empêché à tout prix. Je ne m'en aperçus que lorsque Marcasse était déjà au milieu de la poutre, à l'endroit où le bois calciné n'était peut-être qu'un charbon. Comment vous rendre ce que j'éprouvai en voyant mon fidèle ami debout dans les airs, marchant avec gravité vers son but? Blaireau allait devant lui avec autant de tranquillité que s'il se fût agi d'aller comme jadis au milieu des bottes de foin à la découverte des fouines et des loirs. Le jour se levait et dessinait dans l'air grisâtre la silhouette effilée et la démarche modeste et fière de l'hidalgo. Je mis mes mains sur mon visage, il me semblait entendre craquer la poutre fatale ; j'étouffai un cri de terreur dans la crainte de l'émouvoir en cet instant solennel et décisif. Je ne pus retenir ce cri, je ne pus m'empêcher de relever la tête lorsque deux coups de feu partirent de la tour. Le chapeau de Marcasse tomba au premier coup, le second effleura son épaule. Il s'était arrêté. « Pas touché ! » nous cria-t-il ; et, prenant son élan, il franchit au pas de course le reste du pont aérien. Il pénétra dans la tour par la crevasse et s'élança dans l'escalier en criant : « A moi, mes amis, la poutre est solide. » Aussitôt cinq hommes hardis et vigoureux qui l'accompagnaient se mirent à cheval sur la poutre en s'aidant des mains, et parvinrent un à un à l'autre extrémité. Lorsque le premier d'entre eux pénétra dans le grenier où était retiré Antoine de Mauprat, il le trouva aux prises avec Marcasse qui, tout exalté de son triomphe et oubliant qu'il ne s'agissait pas de tuer l'ennemi, mais de le prendre, s'était mis en devoir de le larder comme une belette avec sa longue rapière. Mais le faux trappiste était un ennemi redoutable. Il avait arraché l'épée des mains du sergent, l'avait terrassé, et l'aurait étranglé si on ne se fût jeté sur lui par derrière. Il résista avec une force prodigieuse aux trois premiers assaillants, mais avec l'aide des deux autres on réussit à le dompter. Quand il se vit pris, il ne fit plus de résistance et se laissa lier les mains pour descendre l'escalier, qui venait aboutir au fond d'un puits desséché qui se trouvait au centre de la tour. Antoine avait l'habitude d'en sortir et d'y descendre par une échelle que lui tendait la femme du métayer, et qu'elle retirait aussitôt après. Je me jetai avec transport dans les bras du sergent.

« Ce n'est rien, dit-il; cela m'a amusé. J'ai senti que j'avais encore la jambe sûre et la tête froide. Eh! eh! vieux sergent, ajouta-t-il en regardant sa jambe, vieil hidalgo, vieux taupeur, on ne se moquera plus tant de ton mollet. »

XXIX.

Si Antoine de Mauprat eût été un homme énergique, il aurait pu me faire un mauvais parti en se disant témoin de l'assassinat commis par moi sur la personne d'Edmée. Comme il avait pour se cacher des raisons antérieures à ce dernier crime, il eût expliqué le mystère dont il s'enveloppait et son silence sur l'événement de la tour Gazeau. Je n'avais pour moi que le témoignage de Patience. Eût-il suffi pour m'absoudre? Tant d'autres, même ceux de mes amis, même celui d'Edmée, qui ne pouvait nier mon caractère violent et les probabilités de mon crime, étaient contre moi!

Mais Antoine, le plus insolent en paroles de tous les coupe-jarrets, était le plus lâche en action. Il ne se vit pas plus tôt au pouvoir de la justice qu'il avoua tout, même avant de savoir que son frère l'avait abandonné.

Il y eut de scandaleux débats, où les deux frères se chargèrent l'un l'autre d'une manière infâme. Le trappiste, toujours contenu par son hypocrisie, abandonnait froidement l'assassin à son sort et se défendait de lui avoir jamais donné le conseil de commettre le crime; l'autre, porté au désespoir, l'accusa des forfaits les plus horribles, de l'empoisonnement de ma mère et de celui de la mère d'Edmée, qui étaient mortes l'une et l'autre de violentes inflammations d'entrailles à des époques assez rapprochées. Jean de Mauprat était, disait-il, très-habile dans l'art de préparer les poisons, et s'introduisait dans les maisons sous divers déguisements pour les mêler aux aliments. Il assura que, le jour où Edmée avait été amenée à la Roche-Mauprat, il avait assemblé tous ses frères pour délibérer avec eux sur le moyen de se débarrasser de cette héritière d'une fortune considérable, fortune qu'il avait travaillé à saisir par les voies du crime en essayant de détruire les effets du mariage du chevalier Hubert. Ma mère avait payé de sa vie l'affection qui avait porté ce dernier à vouloir adopter l'enfant de son frère. Tous les Mauprat voulaient qu'on se débarrassât d'Edmée et de moi du même coup, et Jean apprêtait le poison lorsque la maréchaussée vint faire diversion à cet affreux dessein en attaquant le donjon. Jean repoussa ces accusations avec horreur, disant humblement qu'il avait commis bien assez de péchés mortels dans la débauche et l'irréligion, sans qu'on lui imputât encore ceux-là. Comme ils étaient difficiles à admettre, sans examen, de la bouche d'Antoine; que cet examen était à peu près impossible, et que le clergé était trop puissant et trop intéressé à empêcher ce scandale pour le permettre, Jean de Mauprat fut déchargé de l'accusation de complicité et seulement renvoyé à la Trappe, avec défense de l'archevêque de remettre les pieds dans le diocèse et invitation à ses supérieurs de ne le laisser jamais sortir de son couvent. Il y mourut peu d'années après, dans les transes d'un repentir exalté, qui avait même le caractère de l'aliénation. Il est vraisemblable qu'à force de feindre le remords, afin d'arriver à une sorte de réhabilitation sociale, il avait fini, après avoir échoué dans ses projets, par resssentir au sein des austérités et des châtiments terribles de son ordre, les frayeurs et les angoisses d'une mauvaise conscience et d'un tardif repentir. La peur de l'enfer est la seule foi des âmes viles.

Je ne fus pas plus tôt acquitté, réhabilité et élargi, que je courus auprès d'Edmée ; j'arrivai pour assister aux derniers moments de mon grand-oncle. Il recouvra, vers sa fin, non la mémoire des événements, mais celle du cœur. Il me reconnut, me pressa sur sa poitrine, me bénit en même temps qu'Edmée, et mit ma main dans celle de sa fille. Après que nous eûmes rendu les derniers devoirs à cet excellent et noble parent, dont la perte nous fut aussi douloureuse que si nous ne l'eussions pas prévue et attendue depuis longtemps, nous quittâmes pour quelque temps le pays, afin de n'être pas témoins de l'exécution d'Antoine, qui fut condamné au supplice de la roue. Les deux faux témoins qui m'avaient chargé furent fouettés, flétris, et chassés du ressort du présidial. Mademoiselle Leblanc, que l'on ne pouvait accuser précisément de faux témoignage, car elle n'avait guère procédé que par induction, se déroba au mécontentement public, et alla vivre dans une autre province avec assez de luxe pour faire penser qu'elle avait reçu des sommes considérables pour me perdre.

Nous ne voulûmes pas nous séparer, même momentanément, de nos excellents amis, de mes seuls défenseurs, Marcasse, Patience, Arthur et l'abbé Aubert. Nous montâmes tous dans la même voiture de voyage : les deux premiers, habitués au grand air, occupèrent volontairement le siége extérieur ; nous les traitâmes sur le pied de la plus parfaite égalité. Jamais, dès lors, ils n'eurent d'autre table que la nôtre. Quelques personnes eurent le mauvais goût de s'en étonner ; nous laissâmes dire. Il est des circonstances qui effacent radicalement toutes les distances imaginaires ou réelles du rang et de l'éducation.

Nous visitâmes la Suisse. Arthur jugeait ce voyage nécessaire au rétablissement complet d'Edmée ; les soins tendres et ingénieux de cet ami dévoué, le bonheur dont notre affection chercha à entourer Edmée, ne contribuèrent pas moins que le beau spectacle des montagnes à chasser sa mélancolie et à effacer le souvenir des orages que nous venions de traverser. La Suisse produisit sur le cerveau poétique de Patience un effet magique. Il entrait souvent dans une telle exaltation, que nous en étions à la fois ravis et effrayés. Il fut tenté de se construire un chalet au fond de quelque vallée, et d'y passer le reste de ses jours dans la contemplation de la nature; mais sa tendresse pour nous le fit renoncer à ce projet. Marcasse déclara par la suite que, malgré tout le plaisir qu'il avait goûté dans notre compagnie, il regardait ce voyage comme le temps le plus funeste de sa vie. A l'auberge de Martigny, lors de notre retour, Blaireau, dont l'âge avancé rendait les digestions pénibles, mourut victime du trop bon accueil qu'il reçut à la cuisine. Le sergent ne dit pas un mot, le contempla quelque temps d'un air sombre, et alla l'enterrer dans le jardin sous le plus beau rosier; il ne parla de sa douleur que plus d'un an après.

Pendant ce voyage, Edmée fut pour moi un ange de bonté et de sollicitude; s'abandonnant désormais à toutes les inspirations de son cœur, n'ayant plus aucune méfiance contre moi, ou se disant que j'avais été assez malheureux pour mériter ce dédommagement, elle me confirma mille fois les célestes assurances d'amour qu'elle avait données en public lorsqu'elle avait élevé la voix pour proclamer mon innocence. Quelques réticences qui m'avaient frappé dans sa déposition, et le souvenir des paroles accusatrices qui lui étaient échappées lorsque Patience l'avait trouvée assassinée, me laissèrent, je l'avoue, une assez longue souffrance. Je pensai, avec raison peut-être, qu'Edmée avait fait un grand effort pour croire à mon innocence avant les révélations de Patience. Mais elle s'expliqua toujours avec beaucoup de délicatesse et un peu de réserve à cet égard. Cependant un jour elle ferma la plaie en me disant avec sa brusquerie charmante : « Et si je t'ai aimé assez pour t'absoudre dans mon cœur et pour te défendre devant les hommes au prix d'un mensonge, qu'as-tu à dire? »

Ce qui ne m'importait pas moins, c'était de savoir à quoi m'en tenir sur l'amour qu'elle prétendait avoir eu pour moi dès les premiers jours de notre liaison. Ici elle se troubla un peu, comme si dans son invincible fierté elle eût regretté la jalouse possession de son secret. Ce fut l'abbé qui se chargea de me faire sa confession et de m'assurer que dans ce temps il avait bien souvent grondé Edmée de son penchant pour l'*enfant sauvage*. Comme je lui objectais l'entretien confidentiel que j'avais surpris un soir dans le parc entre Edmée et lui, et que je lui rapportais avec la grande exactitude de mémoire que je possède, il me répondit : « Si vous nous eussiez suivis un peu sous les arbres, vous eussiez entendu ce soir-là même une querelle qui vous eût bien rassuré, et qui vous eût expliqué comment, d'antipathique, (je dirai presque d'odieux) que vous m'étiez, vous me devîntes supportable d'abord, et peu à peu cher au plus haut degré.

— Racontez-le-moi, m'écriai-je; d'où vint ce miracle?
— D'un mot, répondit-il; Edmée vous aimait. Quand elle me l'eut avoué, elle couvrit son visage de ses deux mains, et resta un instant comme accablée de honte et de chagrin; puis, tout à coup relevant la tête : « Eh bien! oui, s'écria-t-elle, eh bien! oui, je l'aime! puisque vous voulez le savoir absolument. J'en suis éprise, comme vous dites. Ce n'est pas ma faute, pourquoi en rougirais-je? Je n'y puis rien; cela est venu fatalement. Je n'ai jamais aimé M. de La Marche; je n'ai que de l'amitié pour lui. Et pour Bernard, c'est un autre sentiment, un sentiment si fort, si mobile, si rempli d'agitations, de haine,

de peur, de pitié, de colère et de tendresse, que je n'y comprends rien, et que je n'essaie plus d'y rien comprendre. — O femme! femme! m'écriai-je consterné en joignant les mains, tu es un abîme, un mystère, et celui qui croit te connaître est trois fois insensé. — Tant qu'il vous plaira, l'abbé, reprit-elle avec une résolution pleine de dépit et de trouble, cela m'est bien égal. Je me suis dit à moi-même, à cet égard, plus que vous n'avez dit à toutes vos ouailles dans tout le cours de votre vie. Je sais que Bernard est un ours, un blaireau, comme dit mademoiselle Leblanc; un sauvage, un rustre, quoi encore? Il n'est rien de plus hérissé, de plus épineux, de plus sournois, de plus méchant que Bernard; c'est une brute qui sait à peine signer son nom; c'est un homme grossier, qui croit me dompter comme une haquenée des Varennes. Il se trompe beaucoup; je mourrai plutôt que de lui appartenir jamais, à moins que, pour m'épouser, il ne se civilise. Autant vaudrait compter sur un miracle; je l'essaie sans l'espérer. Mais qu'il me force à me tuer ou à me faire religieuse, qu'il reste tel qu'il est ou qu'il devienne pire, il n'en sera pas moins vrai que je l'aime. Mon cher abbé, vous savez qu'il doit m'en coûter de faire cet aveu, et vous ne devez pas, lorsque mon amitié se fait pénitente à vos pieds et dans votre sein, m'humilier par vos exclamations et vos exorcismes! Réfléchissez maintenant; examinez, discutez, décidez! Voilà le mal, je l'aime! Voici les symptômes : je ne pense qu'à lui, je ne vois que lui, et je n'ai pas pu dîner aujourd'hui parce qu'il n'était pas rentré. Je le trouve plus beau qu'aucun homme qui existe. Quand il me dit qu'il m'aime, je vois, je sens que c'est vrai; cela me choque et me charme en même temps. M. de La Marche me paraît fade et guindé depuis que je connais Bernard. Bernard seul me semble aussi fier, aussi colère, aussi hardi que moi et aussi faible que moi ; car il pleure comme un enfant quand je l'irrite, et voilà que je pleure aussi en songeant à lui. »

— Cher abbé ! m'écriai-je en me jetant à son cou, que je vous embrasse jusqu'à vous étouffer, pour vous être souvenu de tout cela.

— L'abbé brode, dit Edmée avec malice.

— Eh quoi ! lui dis-je en serrant ses mains à les briser, vous m'avez fait souffrir sept ans, et aujourd'hui vous avez regret à trois paroles qui me consolent... — N'aie pas regret au passé, me dit-elle ; va, nous eussions été perdus si, tel que tu étais dans ce temps-là, je n'avais pas eu de la raison et de la force pour nous deux. Où en serions-nous aujourd'hui, grand Dieu ! tu aurais bien autrement souffert de mes duretés et de mon orgueil ; car tu m'aurais offensée dès le premier jour de notre union, et je t'aurais puni en t'abandonnant, ou en me donnant la mort, ou en te tuant toi-même : car on tue dans notre famille, c'est une habitude d'enfance. Ce qu'il y a de certain, c'est que tu aurais fait un détestable mari ; tu m'aurais fait rougir par ton ignorance, tu aurais voulu m'opprimer, et nous nous serions brisés l'un contre l'autre ; cela eût fait le désespoir de mon père, et, tu le sais, mon père passait avant tout ! J'aurais peut-être risqué mon propre sort très-légèrement si j'avais été seule au monde, car j'ai de la témérité dans le caractère ; mais mon père *devait* être heureux, calme et respecté ; il m'avait élevée dans le bonheur, dans l'indépendance. Je n'aurais jamais pu me réconcilier avec moi-même si j'avais privé sa vieillesse des biens qu'il avait répandus sur toute ma vie. Ne crois pas que je sois vertueuse et grande, comme l'abbé le prétend ; j'aime, voilà tout, mais j'aime avec force, avec exclusion, avec persévérance. Je t'ai sacrifié à mon père, mon pauvre Bernard ! et le ciel, qui nous eût maudits si j'eusse sacrifié mon père, nous récompense aujourd'hui en nous donnant éprouvés et invincibles l'un à l'autre. A mesure que tu as grandi à mes yeux, j'ai senti que je pouvais attendre, parce que j'avais à t'aimer longtemps, et que je ne craignais pas de voir évanouir ma passion avant de l'avoir satisfaite, comme font les passions dans les âmes faibles. Nous étions deux caractères d'exception, il nous fallait des amours héroïques; les choses ordinaires nous eussent rendus méchants l'un et l'autre. »

XXX.

Nous revînmes à Sainte-Sévère à l'expiration du deuil d'Edmée, époque fixée pour notre mariage. Lorsque nous avions quitté cette province où nous avions éprouvé l'un et l'autre de si profonds dégoûts et de si grands malheurs, nous nous étions imaginé que nous ne sentirions jamais le besoin d'y revenir; et pourtant telle est la force des souvenirs de l'enfance et le lien des habitudes domestiques, qu'au sein d'un pays enchanteur, et qui ne nous rappelait aucune amertume, nous avions vite regretté notre Varenne triste et sauvage, et soupiré après les vieux chênes de notre parc. Nous y rentrâmes avec une joie profonde et respectueuse. Le premier soin d'Edmée fut de cueillir les belles fleurs du jardin et d'aller les déposer à genoux sur la tombe de son père. Nous baisâmes cette terre sacrée, et nous y fîmes le serment de travailler sans cesse à laisser un nom respectable et vénéré comme le sien. Il avait souvent porté cette ambition jusqu'à la faiblesse, mais c'était une faiblesse noble et une sainte vanité.

Notre mariage fut célébré dans la chapelle du village, et la noce se fit en famille; aucun autre qu'Arthur, l'abbé, Marcasse et Patience ne s'assit à notre banquet modeste.

Qu'avions-nous besoin de spectateurs étrangers a notre bonheur? Ils eussent peut-être cru nous faire une grâce en venant couvrir de leur importance les taches de notre famille. Nous étions assez pour être heureux et joyeux entre nous. Nos cœurs avaient autant d'amitiés qu'ils en pouvaient contenir. Nous étions trop fiers pour solliciter celle de personne, trop contents les uns des autres pour aspirer à quelque chose de mieux. Patience retourna à sa cabane, et, refusant toujours de rien changer à sa vie sobre et retirée, reprit à certains jours de la semaine ses fonctions de *grand-juge* et de *trésorier*. Marcasse resta près de moi jusqu'à sa mort, qui arriva vers la fin de la révolution française; j'espère m'être acquitté de mon mieux envers lui par une amitié sans restriction et une intimité sans nuages.

Arthur, qui nous avait sacrifié une année de son existence, ne put se résoudre à abjurer l'amour de sa patrie et le désir de contribuer à son élévation en lui apportant le tribut de ses connaissances et le résultat de ses travaux; il repartit pour Philadelphie, où j'allai le voir après mon veuvage.

Je ne vous raconterai pas le bonheur que je goûtai avec ma noble et généreuse femme; de telles années ne se racontent pas. On ne saurait se décider à vivre après les avoir perdues, si on ne faisait tous ses efforts pour ne pas trop se les rappeler. Elle me donna six enfants, dont quatre vivent encore et sont avantageusement et sagement établis. Je me flatte qu'ils achèveront d'effacer la mémoire déplorable de leurs ancêtres. J'ai vécu pour eux, par l'ordre d'Edmée à son lit de mort. Permettez-moi de ne vous point parler autrement de cette perte que j'ai faite il y a seulement dix ans; elle m'est aussi sensible qu'au premier jour, et je ne cherche point à m'en consoler, mais à me rendre digne de rejoindre dans un monde meilleur, après avoir accompli mon temps d'épreuve, la sainte compagne de ma vie. Elle fut la seule femme que j'aimai; jamais aucune autre n'attira mon regard et ne connut l'étreinte de ma main. Je suis ainsi fait; ce que j'aime, je l'aime éternellement, dans le passé, dans le présent, dans l'avenir.

Les orages de la révolution ne détruisirent point notre existence, et les passions qu'elle souleva ne troublèrent pas l'union de notre intérieur. Nous fîmes de grand cœur, et en les considérant comme de justes sacrifices, l'abandon d'une grande partie de nos biens aux lois de la république. L'abbé, effrayé du sang versé, renia parfois sa religion politique, quand les nécessités du temps dépassèrent la force de son âme. Il fut le girondin de la famille.

Edmée eut plus de courage sans avoir moins de sensibilité; femme et compatissante, elle souffrit profondément des misères de tous les partis, elle pleura tous les malheurs de son siècle; mais elle n'en méconnut jamais la grandeur saintement fanatique. Elle resta fidèle à ses théories d'égalité absolue. Au temps où les actes de la Montagne irritaient et désespéraient l'abbé, elle lui fit généreusement le sacrifice de ses élans patriotiques, et eut la délicatesse de ne jamais prononcer devant lui certains noms qui le faisaient frémir, et qu'elle vénérait avec une sorte de persuasion que je n'ai jamais vue chez aucune femme.

Pour moi, je puis dire que mon éducation fut faite par elle; pendant tout le cours de ma vie je m'abandonnai entièrement à sa raison et à sa droiture. Quand le désir de jouer un rôle populaire vint tenter mon enthousiasme, elle m'arrêta, en me représentant que mon nom paralyserait toute mon influence sur une classe qui se méfierait de moi et qui me croirait désireux de m'appuyer sur elle pour réhabiliter mon patriciat. Quand l'ennemi fut aux portes de la France, elle m'envoya servir en qualité de volontaire ; quand la carrière militaire devint un moyen d'ambition et que la république fut anéantie, elle me rappela et me dit : « Tu ne me quitteras plus. »

Patience joua un grand rôle dans la révolution. Il fut nommé à l'unanimité juge de son district. Son intégrité, son impartialité entre le château et la chaumière, sa fermeté et sa sagesse, ont laissé des souvenirs ineffaçables dans la Varenne.

J'eus occasion, à la guerre, de sauver les jours de M. de La Marche et de l'aider à passer en pays étranger.

Voilà, je crois, dit le vieux Mauprat, tous les événements de ma vie où Edmée joue un rôle. Le reste ne vaut pas la peine d'être raconté. S'il y a quelque chose de bon et d'utile dans ce récit, profitez-en, jeunes gens. Souhaitez d'avoir un conseiller franc, un ami sévère ; et n'aimez pas celui qui vous flatte, mais celui qui vous corrige. Ne croyez pas trop à la phrénologie ; car j'ai la bosse du meurtre très-développée, et, comme disait Edmée dans ses jours de gaieté mélancolique, on *tue de naissance* dans notre famille. Ne croyez pas à la fatalité, ou du moins n'exhortez personne à s'y abandonner. Voilà la morale de mon histoire.

Ainsi disant, le vieux Bernard nous donna un bon souper et nous parla encore, sans confusion et sans fatigue, pendant une partie de la soirée. Nous l'avions prié de développer un peu plus ce qu'il appelait la moralité de son histoire : il s'éleva alors à des considérations générales dont le bon sens et la netteté nous frappèrent.

Je vous parlais de la phrénologie, nous dit-il, non pas pour faire la critique d'un système qui a son bon côté en ce qu'il tend à compléter la série d'observations physiologiques qui a pour but la connaissance de l'homme.

Je me suis servi du mot *phrénologie* parce que la seule fatalité à laquelle on croie de nos jours, c'est celle que nos instincts nous créent à nous-mêmes. Je ne pense pas que la phrénologie soit plus fataliste qu'aucun système de ce genre, et Lavater, accusé de fatalisme aussi dans son temps, était l'homme le plus chrétien que l'Évangile ait jamais formé.

Ne croyez à aucune fatalité absolue et nécessaire, mes enfants, et cependant admettez une part d'entraînement dans nos instincts, dans nos facultés, dans les impressions qui ont entouré notre berceau, dans les premiers spectacles qui ont frappé notre enfance; en un mot, dans tout ce monde extérieur qui a présidé au développement de notre âme. Admettez que nous ne sommes pas toujours absolument libres de choisir entre le bien et le mal si vous voulez être indulgents pour les coupables, c'est-à-dire justes comme le ciel; car il y a beaucoup de miséricorde dans les jugements de Dieu, autrement sa justice serait incomplète.

Ce que je vous dis là n'est peut-être pas très-orthodoxe, mais c'est chrétien, je vous en réponds, parce que c'est vrai. L'homme ne naît pas méchant; il ne naît pas bon non plus, comme l'entend Jean-Jacques Rousseau, le vieux maître de ma chère Edmée. L'homme naît avec plus ou moins de passions, avec plus ou moins de vigueur pour les satisfaire, avec plus ou moins d'aptitude pour en tirer un bon ou un mauvais parti dans la société. Mais l'éducation peut et doit trouver remède à tout; là est le grand problème à résoudre, c'est de trouver l'éducation qui convient à chaque être en particulier. L'éducation générale et en commun semble nécessaire, s'ensuit-il qu'elle doive être la même pour tous? Je crois bien que si l'on m'eût mis au collége à dix ans, j'eusse été sociable de meilleure heure; mais eût-on su corriger mes violents appétits et m'enseigner à les vaincre comme Edmée l'a fait? J'en doute, tout le monde a besoin d'être aimé pour valoir quelque chose, mais il faut qu'on le soit de différentes manières. Celui-ci avec une indulgence infatigable, celui-là avec une sévérité soutenue. En attendant qu'on ait résolu le problème d'une éducation commune à tous, et cependant appropriée à chacun, attachez-vous à vous corriger les uns les autres.

Vous me demandez comment? Ma réponse sera courte : en vous aimant beaucoup les uns les autres. — C'est ainsi que les mœurs agissant sur les lois, vous en viendrez à supprimer la plus odieuse et la plus impie de toutes, la loi du talion, la peine de mort, qui n'est autre chose que la consécration du principe de la fatalité, puisqu'elle suppose le coupable incorrigible et le ciel implacable.

FIN DE MAUPRAT.

METELLA

METELLA

I

Le comte de Buondelmonte, revenant d'un voyage de quelques journées aux environs de Florence, fut versé par la maladresse de son postillon, et tomba, sans se faire aucun mal, dans un fossé de plusieurs pieds de profondeur. La chaise de poste fut brisée, et le comte allait être forcé de gagner à pied le plus prochain relais, lorsqu'une calèche de voyage, qui avait changé de chevaux peu après lui à la poste précédente, vint à passer. Les postillons des deux voitures entamèrent un dialogue d'exclamations qui aurait pu durer longtemps encore sans remédier à rien, si le voyageur de la calèche, ayant jeté un regard sur le comte, n'eût proposé le dénoûment naturel à ces sortes d'accidents : il pria poliment Buondelmonte de monter dans sa voiture et de continuer avec lui son voyage. Le comte accepta sans répugnance, car les manières distinguées du voyageur rendaient au moins tolérable la perspective de passer plusieurs heures en tête-à-tête avec un inconnu.

Le voyageur se nommait Olivier; il était Genevois, fils unique, héritier d'une grande fortune. Il avait vingt ans et voyageait pour son instruction ou son plaisir. C'était un jeune homme blanc, frais et mince. Sa figure était charmante, et sa conversation, sans avoir un grand éclat, était fort au-dessus des banalités que le comte, encore un peu aigri intérieurement de sa mésaventure, s'attendait à échanger avec lui. La politesse, néanmoins, empêcha les deux voyageurs de se demander mutuellement leur nom.

Le comte, forcé de s'arrêter au premier relais pour y attendre ses gens, leur donner ses ordres et faire raccommoder sa chaise brisée, voulut prendre congé d'Olivier; mais celui-ci n'y consentit point. Il déclara qu'il attendrait à l'auberge que son compagnon improvisé eût réglé ses affaires, et qu'il ne repartirait qu'avec lui pour Florence. « Il m'est absolument indifférent, lui dit-il, d'arriver dans cette ville quelques heures plus tard ; aucune obligation ne m'appelle impérieusement dans un lieu ou dans un autre. Je vais, si vous me le permettez, faire préparer le dîner pour nous deux. Vos gens viendront vous parler ici, et nous pourrons repartir dans deux ou trois heures, afin d'être à Florence demain matin. »

Olivier insista si bien que le Florentin fut contraint de se rendre à sa politesse. La table fut servie aussitôt par les ordres du jeune Suisse ; et le vin de l'auberge n'étant pas fort bon, le valet de chambre d'Olivier alla chercher dans la calèche quelques bouteilles d'un excellent vin du Rhin que le vieux serviteur réservait à son maître pour les mauvais gîtes.

Le comte, qui, même sur les meilleures apparences, se livrait rarement avec des étrangers, but très-modérément et s'en tint à une politesse franche et de bonne humeur. Le Genevois, plus expansif, plus jeune, et sachant bien, sans doute, qu'il n'était forcé de veiller à la garde d'aucun secret, se livra au plaisir de boire plusieurs larges verres d'un vin généreux, après une journée de soleil et de poussière. Peut-être aussi commençait-il à s'ennuyer de son voyage solitaire, et la société d'un homme d'esprit l'avait-elle disposé à la joie : il devint communicatif.

Il est fort rare qu'un homme parle de lui-même sans dire bientôt quelque impertinence : aussi le comte, qu'une certaine malice contractée dans le commerce du monde abandonnait rarement, s'attendait-il à chaque instant à découvrir dans son compagnon ce levain d'égoïsme et de fatuité que nous avons tous au-dessous de l'épiderme. Il fut surpris d'avoir longtemps attendu inutilement; il essaya de flatter toutes les idées du jeune homme pour lui trouver enfin un ridicule, et il n'y parvint pas, ce qui le piqua un peu, car il n'était pas habitué à déployer en vain les finesses gracieuses de sa pénétration.

« Monsieur, dit le Genevois dans le cours de la conversation, pouvez-vous me dire si lady Mowbray est en ce moment à Florence?

— Lady Mowbray? dit Buondelmonte avec un léger tressaillement : oui, monsieur, elle doit être de retour de Naples.

— Elle passe tous les hivers à Florence?

— Oui, monsieur, depuis bien des années. Vous connaissez lady Mowbray?

— Non, mais j'ai un vif désir de la connaître.

— Ah!

— Est-ce que cela vous surprend, monsieur? On dit que c'est la femme la plus aimable de l'Europe.

— Oui, monsieur, et la meilleure. Vous en avez beaucoup entendu parler, à ce que je vois?

— J'ai passé une partie de la saison dernière aux eaux d'Aix; lady Mowbray venait d'en partir, et il n'était question que d'elle. Combien j'ai regretté d'être arrivé si tard ! J'aurais adoré cette femme-là.

— Vous en parlez vivement ! dit le comte.

— Je ne risque pas d'être impertinent envers elle, reprit le jeune homme ; je ne l'ai jamais vue et ne la verrai peut-être jamais.

— Pourquoi non ?

— Sans doute, pourquoi non ? mais l'on peut aussi demander pourquoi oui ? Je sais qu'elle est affable et bonne, que sa maison est ouverte aux étrangers, et que sa bienveillance leur est une protection précieuse ; je sais aussi que je pourrais me recommander de quelques personnes qu'elle honore de son amitié ; mais vous devez comprendre et connaître, monsieur, cette espèce de répugnance craintive que nous éprouvons tous à nous approcher des personnes qui ont le plus excité de loin nos sympathies et notre admiration.

— Parce que nous craignons de les trouver au-dessous de ce que nous en avons attendu, dit le comte.

— Oh ! mon Dieu, non, reprit vivement Olivier, ce n'est pas cela. Quant à moi, c'est parce que je me sens peu digne d'inspirer tout ce que j'éprouve, et en outre malhabile à l'exprimer.

— Vous avez tort, dit le comte en le regardant en face avec une expression singulière ; je suis sûr que vous plairiez beaucoup à lady Mowbray.

— Comment ! vous croyez ? et pourquoi ? d'où me viendrait ce bonheur ?

— Elle aime la franchise, la bonté. Je crois que vous êtes franc et bon.

— Je le crois aussi, dit Olivier ; mais cela peut-il suffire pour être remarqué d'elle au milieu de tant de gens distingués qui lui forment, dit-on, une petite cour ?

— Mais..., dit le comte reprenant son sourire ironique... remarqué... remarqué... comment l'entendez-vous ?

— Oh ! monsieur, ne me faites pas plus d'honneur que je ne mérite, répondit Olivier en riant ; je l'entends comme un écolier modeste qui désire une mention honorable au concours, mais qui n'ambitionne pas le grand prix. D'ailleurs... mais je vais peut-être dire une sottise. Si vous ne buvez plus, permettez-moi de faire emporter cette dernière bouteille. Depuis un quart d'heure je bois par distraction...

— Buvez, dit le comte en remplissant le verre d'Olivier, et ne me laissez pas croire que vous craignez de vous faire connaître à moi.

— Soit, dit le Genevois en avalant gaiement son sixième verre de vin du Rhin. Ah! vous voulez savoir mes secrets, monsieur l'Italien? Eh bien! de tout mon cœur. Je suis amoureux de lady Mowbray.

— Bien! dit le comte en lui tendant la main dans un accès de gaieté sympathique; très-bien!

— Est-ce la première fois qu'un homme serait devenu amoureux d'une femme sans l'avoir vue?

— Non, parbleu! dit Buondelmonte. J'ai lu plus de trente romans, j'ai vu plus de vingt pièces de théâtre qui commençaient ainsi; et croyez-moi, la vie ressemble plus souvent à un roman qu'un roman ne ressemble à la vie. Mais, dites-moi, je vous en prie, de tous les éloges que vous avez entendu faire de lady Mowbray, quel est celui qui vous a le plus enthousiasmé?

— Attendez,... dit Olivier, dont les idées commençaient à s'embrouiller un peu. On raconte d'elle beaucoup de traits presque merveilleux : on dit pourtant que, dans sa première jeunesse, elle avait montré le caractère d'une personne assez frivole.

— Comment dites-vous? demanda Buondelmonte avec sécheresse; mais Olivier n'y fit pas attention.

— Oui, continua-t-il; je dis un peu coquette.

— C'est beaucoup plus flatteur! dit le comte. De sorte que...

— De sorte que, soit imprudence de sa part, soit jalousie de la part des autres femmes, sa réputation avait reçu en Angleterre quelques atteintes assez sérieuses pour lui faire désirer de quitter ce pays d'hommes flegmatiques et de femmes collet monté. Elle vint donc en Italie chercher une vie plus libre, des mœurs plus élégantes. Même on dit...

— Que dit-on, monsieur? dit le comte d'un air sévère.

— On dit, continua Olivier, dont la vue était un peu troublée, bah! elle l'a dit elle-même en confidence à Aix, à une de ses amies intimes, qui l'a répété à tous les buveurs d'eau...

— Mais qu'est-ce donc qu'elle a dit? s'écria le comte en coupant avec impatience un fruit et un peu de son doigt.

— Elle a dit qu'à son arrivée en Italie elle était si aigrie contre l'injustice des hommes et si offensée d'avoir été victime de leurs calomnies, qu'elle se sentait disposée à fouler aux pieds les lois du préjugé, et à mener une aussi joyeuse vie que la plupart des grands personnages de ce pays-ci. »

Le comte ôta son bonnet de voyage et le remit gravement sur sa tête sans dire une seule parole. Olivier continua.

« Mais ce fut en vain. La noble lady fit ce vœu sans connaître son propre cœur. N'ayant point encore aimé, et s'en croyant incapable, elle allait y renoncer, lorsqu'un jeune homme tomba éperdument amoureux d'elle et lui écrivit sans façon pour lui demander un rendez-vous.

— Vous a-t-on dit le nom de ce jeune homme? demanda Buondelmonte.

— Ma foi! je ne m'en souviens plus. C'était un Florentin; et vous devez le connaître, car il est encore... »

Le comte l'interrompit afin d'éluder la question : « Et que répondit lady Mowbray?

— Elle accorda le rendez-vous, résolue à punir le jeune

homme de sa fatuité et à le couvrir de ridicule. Elle avait préparé, à cet effet, je ne sais quel guet-apens de bonne compagnie, dont je ne sais pas bien les détails.

—N'importe, dit le comte.

—Le Florentin arriva donc; mais il était si beau, si aimable, si spirituel, que lady Mowbray chancela dans sa résolution. Elle l'écouta parler, hésita et l'écouta encore. Elle s'attendait à voir un impertinent qu'il faudrait châtier; elle trouva un jeune homme sincère, ardent et romanesque... Que vous dirai-je! Elle se sentit émue, et essaya pourtant de lui faire peur en lui parlant de prétendus dangers qui l'environnaient. Le Florentin était brave; il se mit à rire. Elle tenta alors de l'effrayer en le menaçant de sa froideur et de sa coquetterie; il se mit à pleurer, et elle l'aima... Si bien que le comte de... ma foi! je crois que son nom va me revenir... Buonacorsi... Belmonte... Buondelmonte, ah! m'y voici! le comte de Buondelmonte eut le pouvoir d'attendrir ce cœur rebelle. Lady Mowbray fixa à Florence ses affections et sa vie. Le comte de Buondelmonte fut son premier et son seul amant sur la joyeuse terre d'Italie. Maintenant que je vous ai raconté cette histoire telle qu'on me l'a donnée, dites-moi, vous qui êtes de Florence, si elle est vraie de tout point... Et cependant, si elle ne l'est pas, ne me dites pas que c'est un conte fait à plaisir; il est trop beau pour que je sois désabusé sans regret!

—Monsieur, dit le comte, dont la figure avait pris une expression grave et pensive, cette histoire est belle et vraie. Le comte de Buondelmonte a vécu dix ans le plus heureux et le plus envié des hommes aux pieds de lady Mowbray.

—Dix ans! s'écria Olivier.

—Dix ans, monsieur, reprit Buondelmonte. Il y a dix ans que ces choses se sont passées.

—Dix ans! répéta le jeune homme; lady Mowbray ne doit plus être très-jeune. »

Le comte ne répondit rien.

« On m'a pourtant assuré à Aix, poursuivit Olivier, qu'elle était toujours belle comme un ange, qu'elle était grande, légère, agile, qu'elle galopait au bord des précipices sur un vigoureux cheval, qu'elle dansait à merveille. Elle doit avoir trente ans environ, n'est-ce pas, monsieur?

— Qu'importe son âge! dit le comte avec impatience. Une femme n'a jamais que l'âge qu'elle paraît avoir, et tout le monde vous l'a dit : lady Mowbray est toujours belle. On vous l'a dit, n'est-ce pas?

— On me l'a dit partout, à Aix, à Berne, à Gênes, dans tous les lieux où elle a passé.

— Elle est admirée et respectée, dit le comte

— Oh! monsieur, vous la connaissez, vous êtes son ami peut-être? Je vous en félicite; quelle réputation plus glorieuse que celle de savoir aimer? Que ce Buondelmonte a dû être fier de retremper cette belle âme et de voir refleurir cette plante courbée par l'orage! »

Le comte fit une légère grimace de dédain. Il n'aimait pas les phrases de roman, peut-être parce qu'il les avait aimées jadis. Il regarda fixement le Genevois; mais voyant que celui-ci se grisait décidément, il voulut en profiter pour échanger avec un homme sincère et confiant des idées qui le gênaient depuis longtemps.

Sans se donner la peine de feindre beaucoup de désintéressement, car Olivier n'était plus en état de faire de très-clairvoyantes observations, le comte posa sa main sur la sienne, afin d'appeler son attention sur le sens de ses paroles.

« Pensez-vous, lui demanda-t-il, qu'il ne soit pas plus glorieux pour un homme d'ébranler la réputation d'une femme que de la rétablir quand elle a reçu à tort ou à raison de notables échecs?

— Ma foi, ce n'est pas mon opinion, dit Olivier. J'aimerais mieux relever un temple que de l'abattre.

— Vous êtes un peu romanesque, dit le comte.

— Je ne m'en défends pas, cela est de mon âge ; et ce qui prouve que les exaltés n'ont pas toujours tort, c'est que Buondelmonte fut récompensé d'une heure d'enthousiasme par dix ans d'amour.

— Lui seul pourrait être juge dans cette question, » reprit le comte ; et il se promena dans la chambre, les mains derrière le dos et le sourcil froncé. Puis, craignant de se laisser deviner, il jeta un regard de côté sur son compagnon. Olivier avait la tête penchée en avant, le coude dans son assiette, et l'ombre de ses cils, abaissés par un doux assoupissement, se dessinait sur ses joues, que la chaleur généreuse du vin colorait d'un rose plus vif qu'à l'ordinaire. Le comte continua de marcher silencieusement dans la chambre jusqu'à ce que le claquement des fouets et les pieds des chevaux eussent annoncé que la calèche était prête. Le vieux domestique d'Olivier vint lui offrir une pelisse fourrée que le jeune homme passa en bâillant et en se frottant les yeux. Il ne s'éveilla tout à fait que pour prendre le bras de Buondelmonte et le forcer de monter le premier dans sa voiture, qui prit aussitôt la route de Florence. « Parbleu! dit-il en regardant la nuit qui était sombre, ce temps de voleurs me rappelle une histoire que j'ai entendu raconter sur lady Mowbray.

— Encore? dit le comte ; lady Mowbray vous occupe beaucoup.

— Ne me demandiez-vous pas quel trait de son caractère m'avait le plus enthousiasmé? Je ne saurais dire lequel ; mais voici une aventure qui m'a rendu plus envieux de voir lady Mowbray que Rome, Venise et Naples. Vous allez me dire si celle-là est aussi vraie que la première. Un jour qu'elle traversait les Apennins avec son heureux amant Buondelmonte, ils furent attaqués par des voleurs; le comte se défendit bravement contre trois hommes; il en tua un, et luttait contre les deux autres lorsque lady Mowbray, qui s'était presque évanouie dans le premier accès de surprise, s'élança hors de la calèche et tomba sur le cadavre du brigand que Buondelmonte avait tué. Dans ce moment d'horreur, ranimée par une présence d'esprit au-dessus de son sexe, elle vit à la ceinture du brigand un grand pistolet dont il n'avait pas eu le temps de faire usage, et que sa main semblait encore presser. Elle écarta cette main encore chaude, arracha le pistolet de la ceinture, et se jetant au milieu des combattants, qui ne s'attendaient à rien de semblable, elle déchargea le pistolet à bout portant dans la figure d'un bandit qui tenait Buondelmonte à la gorge. Il tomba raide mort, et Buondelmonte eut bientôt fait justice du dernier. N'est-ce pas là encore une belle histoire, monsieur?

— Aussi belle que vraie, répéta Buondelmonte. Le courage de lady Mowbray la soutint encore quelque temps après cette terrible scène. Le postillon, à demi mort de peur, s'était tapi dans un fossé, les chevaux effrayés avaient rompu leurs traits; le seul domestique qui accompagnât les voyageurs était blessé et évanoui. Buondelmonte et sa compagne furent obligés de réparer ce désordre en toute hâte, car à tout instant d'autres bandits, attirés par le bruit du combat, pouvaient fondre sur eux, comme cela arrive souvent. Il fallut battre le postillon pour le ranimer, bander la plaie du domestique, qui perdait tout son sang, le porter dans la voiture, et ratteler les chevaux. Lady Mowbray s'employa à toutes les choses avec une force de corps et d'esprit vraiment extraordinaire. Elle avisait à tous les expédients et trouvait toujours le plus sûr et le plus prompt moyen de sortir d'embarras. Ses belles mains, souillées de sang, rattachaient des courroies, déchiraient des vêtements, soulevaient des pierres. Enfin tout fut réparé, et la voiture se mit en route. Lady Mowbray s'assit auprès de son amant, le regarda fixement, fit un grand cri et s'évanouit. A quoi pensez-vous? ajouta le comte en voyant Olivier tomber dans le silence et la méditation.

— Je suis amoureux, dit Olivier.

— De lady Mowbray?

— Oui, de lady Mowbray.

— Et vous allez sans doute à Florence pour le lui déclarer? dit le comte.

— Je vous répéterai le mot que vous me disiez tantôt : « Pourquoi non? »

— En effet, dit le comte d'un ton sec, pourquoi non? » Puis il ajouta d'un autre ton, et comme s'il se parlait à lui-même : « Pourquoi non? »

« Monsieur, reprit Olivier après un instant de silence, soyez assez bon pour confirmer ou démentir une troisième histoire qui m'a été racontée à propos de lady Mowbray, et qui me semble moins belle que les deux premières.

— Voyons, monsieur.

— On dit que le comte de Buondelmonte quitte lady Mowbray.

— Pour cela, monsieur, répondit le comte très-brusquement, je n'en sais rien, et n'ai rien à vous dire.

— Mais, moi, on me l'a assuré, reprit Olivier; et, quelque triste que soit ce dernier dénoûment, il ne me paraît pas impossible.

— Mais que vous importe? dit le comte.

— Vous êtes le comte de Buondelmonte, » dit Olivier, vivement frappé de l'accent de son compagnon; et lui saisissant le bras, il ajouta : « Et vous ne quittez pas lady Mowbray?

— Je suis le comte de Buondelmonte, répondit celui-ci; le saviez-vous, monsieur?

— Sur mon honneur! non.

— En ce cas vous n'avez pu m'offenser. Mais parlons d'autre chose. »

Ils essayèrent, mais la conversation languit bientôt. Tous deux étaient contraints. Ils prirent d'un commun accord le parti de feindre le sommeil. Aux premiers rayons du jour, Olivier, qui avait fini par s'endormir tout de bon, s'éveilla au milieu de Florence. Le comte prit congé de lui avec une cordialité à laquelle il avait eu le temps de se préparer.

« Voici ma demeure, lui dit-il en lui montrant un des plus beaux palais de la ville, devant lequel le postillon s'était arrêté; et au cas où vous oublieriez le chemin, vous me permettrez d'aller vous chercher pour vous servir de guide moi-même. Puis-je savoir où vous descendrez, et à quelle heure je pourrai, sans vous déranger, aller vous offrir mes remercîments et mes services?

— Je n'en sais rien encore, répondit Olivier un peu embarrassé; mais il est inutile que vous preniez cette peine. Aussitôt que je serai reposé, j'irai vous demander vos bons offices dans cette ville, où je ne connais personne.

— J'y compte, répondit Buondelmonte en lui tendant la main.

— Je m'en garderai bien, » pensa le Genevois en lui rendant sa politesse. Ils se séparèrent.

« J'ai fait une belle école! se disait Olivier le lendemain matin en s'éveillant dans la meilleure hôtellerie de Florence; je commence bien! Aussi cet homme est fou d'avoir pris au sérieux les divagations d'un étourdi à moitié ivre. J'ai réussi toutefois à me fermer la porte de lady Mowbray, moi qui désirais tant la connaître ! c'est horriblement désagréable, après tout... » Il appela son valet de chambre pour qu'il lui fît la barbe, et s'impatientait sérieusement de ne pouvoir retrouver dans son nécessaire une certaine savonnette au garafoli qu'il avait achetée à Parme, lorsque le comte de Buondelmonte entra dans sa chambre.

« Pardonnez-moi si j'entre en ami sans me faire annoncer, lui dit-il d'un air riant et ouvert; j'ai su en bas que vous étiez éveillé, et je viens vous chercher pour déjeuner avec moi chez lady Mowbray. »

Olivier s'aperçut que le comte cherchait dans ses yeux à deviner l'effet de cette nouvelle. Malgré sa candeur, il ne manquait pas d'une certaine défiance des autres; il avait en même temps une honnête confiance en son propre jugement. On pouvait l'affliger, mais non le jouer ou l'intimider.

« De tout mon cœur, répondit-il avec assurance, et je vous remercie, mon cher compagnon de voyage, de m'avoir procuré cette faveur. Maintenant nous sommes quittes. »

Les manières cordiales et franches de Buondelmonte ne se démentirent point. Seulement, comme le jeune étranger, tout en se hâtant, donnait des soins minutieux à sa toilette, le comte ne put réprimer un sourire qu'Olivier saisit au fond de la glace devant laquelle il nouait sa cravate. « Si nous faisons une guerre d'embûches, pensa-t-il, c'est fort bien ; avançons. » Il ôta sa cravate, et gronda son domestique de lui en avoir donné une si mal pliée. Le vieux Hantz en apporta une autre. « J'en aimerais mieux une bleu de ciel, » dit Olivier; et quand Hantz eut apporté la cravate bleu de ciel, Olivier les examina l'une après l'autre d'un air d'incertitude et de perplexité.

32.

« S'il m'était permis de donner mon avis ; dit le valet de chambre timidement...

— Vous n'y entendez rien, dit gravement Olivier ; monsieur le comte, je m'en rapporte à vous, qui êtes un homme de goût : laquelle de ces deux couleurs convient le mieux au ton de ma figure ?

— Lady Mowbray, répondit le comte en souriant, ne peut souffrir ni le bleu ni le rose.

— Donnez-moi une cravate noire, dit Olivier à son domestique. »

La voiture du comte les attendait à la porte. Olivier y monta avec lui. Ils étaient contraints tous deux, et cependant il n'y parut point. Buondelmonte avait trop d'habitude du monde pour ne pas sembler ce qu'il voulait être ! Olivier avait trop de résolution pour laisser voir son inquiétude. Il pensait que si lady Mowbray était d'accord avec Buondelmonte pour se moquer de lui, sa situation pouvait devenir difficile ; mais si Buondelmonte était seul de son parti, il pouvait être agréable de le tourmenter un peu. En secret, leur première sympathie avait fait place à une sorte d'aversion. Olivier ne pouvait pardonner au comte de l'avoir laissé parler à tort et à travers sans se nommer ; le comte avait sur le cœur, non les étourderies qu'Olivier avait débitées la veille, mais le peu de repentir ou de confusion qu'il en montrait.

Lady Mowbray habitait un palais magnifique ; le comte mit quelque affectation à y entrer comme chez lui, et à parler aux domestiques comme s'ils eussent été les siens. Olivier se tenait sur ses gardes et observait les moindres mouvements de son guide. La pièce où ils attendirent était décorée avec un art et une richesse dont le comte semblait orgueilleux, bien qu'il n'y eût coopéré ni par son argent ni par son goût. Cependant il fit les honneurs des tableaux de lady Mowbray comme s'il avait été son maître de peinture, et semblait jouir de l'émotion insurmontable avec laquelle Olivier attendait l'apparition de lady Mowbray.

Metella Mowbray était fille d'une Italienne et d'un Anglais; elle avait les yeux noirs d'une Romaine et la blancheur rosée d'une Anglaise. Ce que les lignes de sa beauté avaient d'antique et de sévère était adouci par une expression sereine et tendre qui est particulière aux visages britanniques. C'était l'assemblage des deux plus beaux types. Sa figure avait été reproduite par tous les peintres et sculpteurs de l'Italie; mais malgré cette perfection, malgré ces triomphes, malgré la parure exquise qui faisait ressortir tous ses avantages, le premier regard qu'Olivier jeta sur elle lui dévoila le secret tourment du comte de Buondelmonte : Metella n'était plus jeune...

Aucun des prestiges du luxe qui l'entourait, aucune des gloires dont l'admiration universelle l'avait couronnée, aucune des séductions qu'elle pouvait encore exercer, ne la défendirent de ce premier arrêt de condamnation que le regard d'un homme jeune lance à une femme qui ne l'est plus. En un clin d'œil, en une pensée, Olivier rapprocha de cette beauté si parfaite et si rare le souvenir d'une fraîche et brutale beauté de Suissesse. Les sculpteurs et les peintres en eussent pensé ce qu'ils auraient voulu; Olivier se dit qu'il valait toujours mieux avoir seize ans que cet âge problématique dont les femmes cachent le chiffre comme un affreux secret.

Ce regard fut prompt; mais il n'échappa point au comte, et lui fit involontairement mordre sa lèvre inférieure.

Quant à Olivier, ce fut l'affaire d'un instant; il se remit et veilla mieux sur lui-même : il se dit qu'il ne serait point amoureux, mais qu'il pouvait fort bien, sans se compromettre, agir comme s'il l'était; car si lady Mowbray n'avait plus le pouvoir de lui faire faire des folies, elle valait encore la peine qu'il en fît pour elle. Il se trompait peut-être ; peut-être une femme en a-t-elle le pouvoir tant qu'elle en a le droit.

Le comte, dissimulant aussi sa mortification, présenta Olivier à lady Mowbray avec toutes sortes de cajoleries hypocrites pour l'un et pour l'autre ; et au moment où Metella tendait sa main au Genevois en le remerciant du service qu'il avait rendu à *son ami*, le comte ajouta: « Et vous devez aussi le remercier de l'enthousiasme passionné qu'il professe pour vous, madame. Celui-ci mérite plus que les autres : il vous a adorée avant de vous voir. »

Olivier rougit jusqu'aux yeux, mais lady Mowbray lui adressa un sourire plein de douceur et de bonté; et, lui tendant la main, « Soyons donc amis, lui dit-elle, car je vous dois un dédommagement pour cette mauvaise plaisanterie de monsieur.

—Soyez ou non sa complice, répondit Olivier, il vous a dit ce que je n'aurais jamais osé vous dire. Je suis trop payé de ce que j'ai fait pour lui. » Et il baisa résolument la main de lady Mowbray.

« L'insolent! » pensa le comte.

Pendant le déjeuner, le comte accabla sa maîtresse de petits soins et d'attentions. Sa politesse envers Olivier ne put dissimuler entièrement son dépit ; Olivier cessa bientôt de s'en apercevoir. Lady Mowbray, de pâle, nonchalante et un peu triste qu'elle était d'abord, devint vermeille, enjouée et brillante. On n'avait exagéré ni son esprit ni sa grâce. Lorsqu'elle eut parlé, Olivier la trouva rajeunie de dix ans ; cependant son bon sens naturel l'empêcha de se tromper sur un point important. Il vit que Metella, sincère dans sa bienveillance envers lui, ne tirait sa gaieté, son plaisir et son *rajeunissement* que des attentions affectueuses du comte. « Elle l'aime encore, pensa-t-il, et lui l'aimera tant qu'elle sera aimée des autres.»

Dès ce moment il fut tout à fait à son aise, car il comprit ce qui se passait entre eux, et il s'inquiéta peu de ce qui pouvait se passer en lui-même; il était encore trop tôt.

Le comte vit que Metella avait charmé son adversaire; il crut tenir la victoire. Il redoubla d'affection pour elle, afin qu'Olivier se convainquît bien de sa défaite.

A trois heures il offrit à Olivier, qui se retirait, de le reconduire chez lui, et, au moment de quitter Metella, il lui baisa deux fois la main si tendrement qu'une rougeur de plaisir et de reconnaissance se répandit sur le visage de lady Mowbray. L'expression du bonheur dans l'amour semble être exclusivement accordée à la jeunesse, et quand on la rencontre sur un front flétri par les années, elle y jette de magiques éclairs. Metella parut si belle en cet instant que Buondelmonte en eut de l'orgueil, et, passant son bras sous celui d'Olivier, il lui dit en descendant l'escalier : « Eh bien! mon cher ami, êtes-vous toujours amoureux de ma maîtresse?

— Toujours, répondit hardiment Olivier, quoiqu'il n'en pensât pas un mot.

— Vous y mettez de l'obstination.

— Ce n'est pas ma faute, mais bien la vôtre. Pourquoi vous êtes-vous emparé de mon secret et pourquoi l'avez-vous révélé? A présent nous jouons jeu sur table.

— Vous avez la conscience de votre habileté!

— Pas du tout, l'amour est un jeu de hasard.

— Vous êtes très-facétieux!

— Et vous donc, monsieur le comte! »

Olivier consacra plusieurs jours à parcourir Florence. Il pensa peu à lady Mowbray; il aurait fort bien pu l'oublier s'il ne l'eût pas revue. Mais un soir il la vit au spectacle, et il crut devoir aller la saluer dans sa loge. Elle était magnifique aux lumières et en grande toilette; il en devint amoureux et résolut de ne plus la voir.

Lady Mowpray s'était maintenue miraculeusement belle au delà de l'âge marqué pour le déclin du règne des femmes; mais, depuis un an, le temps inexorable semblait vouloir reprendre ses droits sur elle et lui faire sentir le réveil de sa main endormie. Souvent, le matin, Metella, en se regardant sans parure devant sa glace, jetait un cri d'effroi à l'aspect d'une ride légère, creusée durant la nuit sur les plans lisses et nobles de son visage et de son cou. Elle se défendait encore avec orgueil de la tentation de se mettre du rouge, comme faisaient autour d'elle les femmes de son âge. Jusque-là elle avait pu braver le regard d'un homme en plein midi; mais des nuances ternes s'étendaient au contour de ses joues, et un reflet bleuâtre encadrait ses grands yeux noirs. Elle voyait déjà ses rivales se réjouir autour d'elle et lui faire un meilleur accueil à mesure qu'elles la trouvaient moins redoutable.

Dans le monde on disait qu'elle était si affectée de vieillir qu'elle en était malade. Les femmes assuraient déjà qu'elle se teignait les cheveux et qu'elle avait plusieurs fausses dents. Le comte de Buondelmonte savait bien que c'étaient autant de calomnies; mais il s'en affectait peut-être plus sincèrement que d'une vérité qui serait restée secrète. Il avait été trop heureux, trop envié depuis dix ans, pour que les jouissances de la vanité, qui sont les plus durables de toutes, n'eussent pas fait pâlir celles de l'amour. L'attachement et la fidélité de la plus belle et de la plus aimable des femmes avaient-ils développé en lui un immense orgueil, ou l'avaient-ils seulement nourri?

Je n'en sais rien. Toutes les personnes que je connais ont eu vingt ans, et mes études psychologiques me portent à croire que presque tout le monde est capable d'avoir vingt ans, ne fût-ce qu'une fois en sa vie. Mais le comte en eut trente et demi le jour où lady Mowbray en eut... (je suis trop bien élevé pour tracer un chiffre qui désignerait au juste ce que j'appellerai, sans offenser ni compromettre personne, l'âge *indéfinissable* d'une femme), et le comte, qui avait tiré une grande gloire de la préférence de lady Mowbray, commença à jouer dans le monde un rôle moitié honorable, moitié ridicule, qui fit beaucoup souffrir sa vanité. Dix ans apportent dans toutes les passions possibles beaucoup de calme et de raisonnement. L'amitié, lorsqu'elle n'est qu'une survivance de l'amour, est plus susceptible de calcul et plus froide dans ses jugements. Une telle amitié (que deux ou trois exceptions qui sont dans le monde me le pardonnent!) n'est point héroïque de sa nature. L'amitié de Buondelmonte pour Metella vit d'un œil très-clairvoyant les chances d'ennui et de dépendance qui allaient s'augmentant d'un côté, de l'autre les chances d'avenir et de triomphe qui étaient encore vertes et séduisantes. Une certaine princesse allemande, grande liseuse de romans, et renommée pour le luxe de ses équipages, débitait des œillades sentimentales qui, au spectacle, attiraient dans leur direction magnétique tous les yeux vers la loge du comte. Une prima donna, pour laquelle quantité de colonels s'étaient battus en duel, invitait souvent le comte à ses soupers et le raillait de sa vie bourgeoise et retirée. Des jeunes gens, dont il faisait du reste l'admiration par ses gilets et les pierres gravées de ses bagues, lui reprochaient sérieusement la perte de sa liberté. Enfin il ne voyait plus personne se lever et se dresser sur la pointe des pieds quand lady Mowbray, appuyée sur son bras, paraissait en public. Elle était encore belle, mais tout le monde le savait ; on l'avait tant vue, tant admirée ! il y avait si longtemps qu'on l'avait proclamée la reine de Florence, qu'il n'était plus question d'elle et que la moindre pensionnaire excitait plus d'intérêt. Les femmes osaient aborder les modes que la seule lady Mowbray avait eu le droit de porter ; on ne disait plus le moindre mal d'elle, et le comte entendait avec un plaisir diabolique répéter autour de lui que sa conduite était exemplaire, et que c'était une bien belle chose que de s'abuser aussi longtemps sur les attraits de sa maîtresse.

La douleur de Metella, en se voyant négligée de celui qu'elle aimait exclusivement, fut si grande que sa santé s'altéra, et que les ravages du temps firent d'effrayants progrès. Le refroidissement de Buondelmonte en fit à proportions égales, et lorsque le jeune Olivier les vit ensemble, lady Mowbray n'en était plus à compter son bonheur par années, mais par heures.

« Savez-vous, ma chère Metella, lui dit le comte le lendemain du jour où elle avait rencontré Olivier au spectacle, que ce jeune Suisse est éperdument amoureux de vous ?

— Est-ce que vous auriez envie de me le faire croire ? dit lady Mowbray en s'efforçant de prendre un ton enjoué : voilà au moins la dixième fois depuis quinze jours que vous me le répétez !

— Et quand vous le croiriez, dit assez sèchement le comte, qu'est-ce que cela me ferait ? »

Metella eut envie de lui dire qu'il n'avait pas toujours été aussi insouciant ; mais elle craignit de tomber dans les phrases du vocabulaire des femmes abandonnées, elle garda le silence.

Le comte se promena quelque temps dans l'appartement d'un air sombre.

« Vous vous ennuyez, mon ami ? lui dit-elle avec douceur.

— Moi ! pas du tout ! Je suis un peu souffrant. » Lady Mowbray se tut de nouveau, et le comte continua à se promener en long et en large. Quand il la regarda, il s'aperçut qu'elle pleurait. « Eh bien! qu'est-ce que vous avez? lui dit-il en feignant la plus grande surprise. Vous pleurez parce que j'ai un peu mal à la gorge.

— Si j'étais sûre que vous souffrez, je ne pleurerais pas.

— Grand merci, milady!

— J'essaierais de vous soulager; mais je crois que votre mal est sans remède.

— Quel est donc mon mal, s'il vous plaît?

— Regardez-moi, monsieur, répondit-elle en se levant et en lui montrant son visage flétri; votre mal est écrit sur mon front...

— Vous êtes folle, répondit-il en levant les épaules, ou plutôt vous êtes furieuse de vieillir! Est-ce ma faute à moi? puis-je l'empêcher?

— Oh! certainement, Luigi, répondit Metella, vous auriez pu l'empêcher encore! » Elle retomba sur son fauteuil, pâle, tremblante, et fondit en larmes.

Le comte fut attendri, puis contrarié; et, cédant au dernier mouvement, il lui dit brutalement : « Parbleu! madame, vous ne devriez pas pleurer; cela ne vous embellira pas. » Et il sortit avec colère.

« Il faut absolument que cela finisse, pensa-t-il quand il fut dans la rue. Il n'est pas en mon pouvoir de feindre plus longtemps un amour que je ne ressens plus. Tous ces ménagements ressemblent à l'hypocrisie. Ma faiblesse d'ailleurs prolonge l'incertitude et les souffrances de cette malheureuse femme. C'est une sorte d'agonie que nous endurons tous deux. Il faut couper ce lien, puisqu'elle ne veut pas le dénouer. »

Il retourna sur ses pas et la trouva évanouie dans les bras de ses femmes : il en fut touché et lui demanda pardon. Quand il la vit plus calme, il se retira plus mécontent de lui-même que s'il l'eût laissée furieuse. « Il est donc décidé, se dit-il en serrant les poings sous son manteau, que je n'aurai pas l'énergie de me débarrasser d'une femme ! » Il s'excita tant qu'il put à prendre un parti décisif, et toujours, au moment d'en adopter un, il sentit qu'il n'aurait pas le courage de braver le désespoir de Metella. Après tout, que ce fût par vanité ou par tendresse, il l'avait aimée, il avait vécu dix ans heureux auprès d'elle, il lui devait en partie l'éclat de sa position dans le monde, et il y avait des jours où elle était encore si belle qu'on le proclamait heureux ; il était heureux ces jours-là. « Cependant il le faut, pensa-t-il; car, dans peu de temps elle sera décidément laide : je ne pourrai plus la souffrir, et je ne serai pas assez fort pour lui cacher mon dégoût. Alors notre rupture sera éclatante et rude. Il vaudrait mieux qu'elle se fît à l'amiable dès à présent... »

Il se promena seul pendant une heure au clair de la lune. Il était tellement malheureux que lady Mowbray serait venue au-devant de ses desseins si elle avait su combien il était rongé d'ennui. Enfin il s'arrêta au milieu de la rue, et, regardant autour de lui dans une sorte de détresse, il vit qu'il était devant l'hôtel où logeait Olivier. Il y entra précipitamment, je ne sais pas bien pourquoi, et peut-être ne le savait-il pas non plus lui-même. Quoi qu'il en soit, il demanda le Genevois, et apprit avec plaisir qu'il était chez lui. Il le trouva se disposant à aller au bal chez un banquier auquel il était recommandé. Olivier fut surpris de l'agitation du comte. Il ne l'avait pas encore vu ainsi, et ne savait que penser de son air inquiet et de ses fréquentes contradictions. Rien de ce qu'il disait ne semblait être dans ses habitudes ni dans son caractère. Enfin, après un quart d'heure de cette étrange manière d'être, Buondelmonte lui pressa la main avec effusion, le conjura de venir souvent chez lady Mowbray.

Après lui avoir fait mille politesses exagérées, il se retira précipitamment, comme un homme qui vient de commettre un crime.

Il retourna chez lady Mowbray : il la trouva souffrante et prête à se mettre au lit. Il l'engagea à se distraire et à venir avec lui au bal chez le banquier A..... Metella n'en avait pas la moindre envie ; mais, voyant que le comte le désirait vivement, elle céda pour lui faire plaisir, et ordonna à ses femmes de préparer sa toilette.

« Vraiment, Luigi, lui dit-elle en s'habillant, je ne vous comprends plus. Vous avez mille caprices : avant-hier je désirais aller au bal de la princesse Wilhelmine, et vous m'en avez empêchée ; aujourd'hui...

— Ah ! c'était bien différent : j'avais un rhume effroyable ce jour-là... Je tousse encore un peu...

— On m'a dit cependant...

— Qu'est-ce qu'on vous a dit ? et qui est-ce qui vous l'a dit ?

— Oh ! c'est le jeune Suisse avec lequel vous avez voyagé, et que j'ai vu au spectacle hier soir ; il m'a dit qu'il vous avait rencontré la veille au bal chez la princesse Wilhelmine.

— Ah ! madame, dit le comte, je comprends très-bien les raisons de M. Olivier de Genève pour me calomnier auprès de vous !

— Vous calomnier, dit Metella en levant les épaules. Est-ce qu'il sait que vous m'avez fait un mensonge ?

— Est-ce que vous allez mettre cette robe-là, milady ? interrompit le comte. Oh ! mais vous négligez votre toilette déplorablement !

— Cette robe arrive de France, mon ami ; elle est de Victorine, et vous ne l'avez pas encore vue.

— Mais une robe de velours violet ! c'est d'une sévérité effrayante.

— Attendez donc : il y a des nœuds et des torsades d'argent qui lui donnent beaucoup d'éclat.

— Ah! c'est vrai! voilà une toilette très-riche et très-noble. On a beau dire, Metella, c'est encore vous qui avez la mise la plus élégante, et il n'y a pas une femme de vingt ans qui puisse se vanter d'avoir une taille aussi belle...

— Hélas! dit Metella, je ne sens plus la souplesse que j'avais autrefois; ma démarche n'est plus aussi légère; il me semble que je m'affaisse et que je suis moins grande d'une ligne chaque jour.

— Vous êtes trop sincère et trop bonne, ma chère lady, dit le comte en baissant la voix. Il ne faut pas dire cela, surtout devant vos soubrettes; ce sont des babillardes qui iront le répéter dans toute la ville.

— J'ai un délateur qui parlera plus haut qu'elles, répondit Metella : c'est votre indifférence.

— Ah! toujours des reproches! Mon Dieu! qu'une femme qui se croit offensée est cruelle dans sa plainte et persévérante dans sa vengeance!

— Vengeance! moi, vengeance! dit Metella.

— Non, je me sers d'un mot inconvenant, ma chère lady; vous êtes douce et généreuse, en ai-je jamais douté! Allons, ne nous querellons pas, au nom du ciel! Ne prenez pas votre air abattu et fatigué. Votre coiffure est bien plate, ne trouvez-vous pas?

— Vous aimez ces bandeaux lisses avec un diamant sur le front...

— Je trouve qu'à présent les tresses descendant le long des joues, à la manière des reines du moyen âge, vous vont encore mieux.

— Il est vrai que mes joues ne sont plus très-rondes, t qu'on les voit moins avec des tresses. Francesca, faites-moi des tresses.

—Metella, dit le comte lorsqu'elle fut coiffée, pourquoi ne mettez-vous pas de rouge?

—Hélas! il est donc temps que j'en mette? répondit-elle tristement. Je me flattais de n'en jamais avoir besoin.

—C'est une folie, ma chère; est-ce que tout le monde n'en met pas? Les plus jeunes femmes en ont.

—Vous haïssiez le fard, et vous me disiez souvent que vous préfériez ma pâleur à une fraîcheur factice.

—Mais la dernière fois que vous êtes sortie, on vous a trouvée bien pâle... On ne va pas au bal uniquement pour son amant.

—J'y vais uniquement pour vous aujourd'hui, je vous jure.

—Ah! milady, c'est à mon tour de dire qu'il n'en fut pas toujours ainsi! *Autrefois* vous étiez un peu fière de vos triomphes.

—J'en étais fière à cause de vous, Luigi; à présent qu'ils m'échappent et que je vous vois souffrir, je voudrais me cacher. Je voudrais éteindre le soleil et vivre avec vous dans les ténèbres.

—Ah! vous êtes en veine de poésie, milady. J'ai trouvé tout à l'heure votre Byron ouvert à cette belle page des ténèbres; je ne m'étonne pas de vous voir des idées sombres. Eh bien! le rouge vous sied à merveille. Regardez-vous, vous êtes superbe. Allons, Francesca, apportez les gants et l'éventail de milady. Voici votre bouquet, Metella; c'est moi qui l'ai apporté; c'est un droit que je ne veux pas perdre. »

Metella prit le bouquet, regarda tendrement le comte avec un sourire sur les lèvres et une larme dans les yeux. « Allons, venez, mon amie, lui dit-il. Vous allez être encore une fois la reine du bal. »

Le bal était somptueux; mais, par un de ces hasards facétieux qui se rencontrent souvent dans le monde, il y avait une quantité exorbitante de femmes laides et vieilles. Parmi les jeunes et les agréables, il y en avait peu de vraiment jolies. Lady Mowbray eut donc un très-grand succès, et Olivier, qui ne s'attendait pas à la rencontrer, s'abandonna à sa naïve admiration. Dès que le comte le vit auprès de lady Mowbray, il s'éloigna, et dès qu'il les vit s'éloigner l'un de l'autre, il prit le bras d'Olivier, et, sous le premier prétexte venu, il le ramena auprès de Metella. « Vous m'avez dit en route que vous aviez vu Goëthe, dit-il au voyageur ; parlez donc de lui à milady. Elle est si avide d'entendre parler du vieux Faust qu'elle voulait m'envoyer à Weymar tout exprès pour lui rapporter les dimensions exactes de son front. Heureusement pour moi, le grand homme est mort au moment où j'allais me mettre en route. » Buondelmonte tourna sur ses talons fort habilement en achevant sa phrase, et laissa Olivier parler de Goëthe à lady Mowbray.

Metella, qui l'avait d'abord accueilli avec une politesse bienveillante, l'écouta peu à peu avec intérêt. Olivier n'avait pas infiniment d'esprit, mais il avait fait beaucoup de bonnes lectures ; il avait de la vivacité, de l'enthousiasme, et, ce qui est extrêmement rare chez les jeunes gens, pas la moindre affectation. Avec lui, on n'était pas forcé de pressentir le grand homme en herbe, la puissance intellectuelle méconnue et comprimée ; c'était un vrai Suisse pour la franchise et le bon sens, une sorte d'Allemand pour la sensibilité et la confiance ; il n'avait rien de français, ce qui plut infiniment à Metella.

Vers la fin du bal le comte revint auprès d'eux, et, les retrouvant ensemble, il se sentit joyeux et triompha intérieurement de son habileté. Il laissa Olivier donner le bras à lady Mowbray pour la reconduire à sa voiture, et les suivit par derrière avec une discrétion vraiment maritale.

Le lendemain, il fit à Metella le plus pompeux éloge du jeune Suisse, et l'engagea à lui écrire un mot pour l'inviter à dîner. Après le dîner, il se fit appeler dehors pour une prétendue affaire imprévue, et les laissa ensemble toute la soirée. Comme il revenait seul et à pied, il vit deux jeunes bourgeois de la ville arrêtés devant le balcon de lady Mowbray, et il s'arrêta pour entendre leur conversation.

« Vois-tu la taille de lady Mowbray au clair de la lune? On dirait une belle statue sur une terrasse.

— Le comte est aussi un beau cavalier. Comme il est grand et mince!

— Ce n'est pas le comte de Buondelmonte; celui-ci est plus grand de toute la tête. Qui diable est-ce donc? je ne le connais pas.

— C'est le jeune duc d'Asti.

— Non, je viens de le voir passer en sédiole.

— Bah! ces grandes dames ont tant d'adorateurs, celle-là qui est si belle surtout! Le comte de Buondelmonte doit être fier!...

— C'est un niais. Il s'amuse à faire la cour à cette grosse princesse allemande, qui a des yeux de faïence et des mains de macaroni, tandis qu'il y a dans la ville un petit étranger nouvellement débarqué qui donne le bras à madame Metella, et qui change d'habit sept fois par jour pour lui plaire.

— Ah! parbleu! c'est lui que nous voyons là-haut sur le balcon. Il a l'air de ne pas s'ennuyer.

— Je ne m'ennuierais pas à sa place.

— Il faut que Buondelmonte soit bien fou! »

Le comte entra dans le palais et traversa les appartements avec agitation. Il arriva à l'entrée de la terrasse, et s'arrêta pour regarder Metella et Olivier, dont les silhouettes se dessinaient distinctement sur le ciel pur et transparent d'une belle soirée. Il trouva le Genevois bien près de sa maîtresse ; il est vrai que celle-ci regardait d'un autre côté et semblait rêver à autre chose ; mais un sentiment de jalousie et d'orgueil blessé s'alluma dans l'âme italienne du comte. Il s'approcha d'eux et leur parla de choses indifférentes. Lorsqu'ils rentrèrent tous trois dans le salon, Buondelmonte remarqua tout haut que Metella avait été bien préoccupée ; car elle n'avait pas fait allumer les bougies, et il se heurta à plusieurs meubles pour atteindre à une sonnette, ce qui acheva de le mettre de très-mauvaise humeur.

Le jeune Olivier n'avait pas assez de fatuité pour s'imaginer qu'il pouvait consoler Metella de l'abandon de son amant. Quoiqu'elle ne lui eût fait aucune confidence, il avait pénétré facilement son chagrin, et il en voyait la cause. Il la plaignait sincèrement et l'en aimait davantage. Cette compassion, jointe à une sorte de ressentiment des persiflages du comte, lui inspirait l'envie de le contrarier. Il vit avec joie que le dépit avait pris la place de cette singulière affectation de courtoisie, et il reprit la conversation sur un ton de sentimentalité que le comte était peu disposé à goûter. Metella, surprise de voir son amant capable encore d'un sentiment de jalousie, s'en réjouit, et, femme qu'elle était, se plut à l'augmenter en accordant beaucoup d'attention au Genevois. Si ce fut une scélératesse, elle fut excusable, et le comte l'avait bien méritée. Il devint âcre et querelleur, au point que lady Mowbray, qui vit Olivier très-disposé à lui tenir tête, craignit une scène ridicule et fit entendre au jeune homme qu'il eût à se retirer. Olivier comprit fort bien ; mais il affecta la gaucherie d'un campagnard, et parut ne se douter de rien jusqu'à ce que Metella lui eût dit tout bas : « Allez-vous-en, mon cher monsieur, je vous en prie. »

Olivier feignit de la regarder avec surprise.

« Allez, ajouta-t-elle, profitant d'un moment où le comte allait prendre le chapeau d'Olivier pour le lui présenter; vous m'obligerez, je vous reverrai...

— Madame, le comte s'apprête à me faire une impertinence; il tient mon chapeau; je vais être obligé de le traiter de fat; que faut-il que je fasse?

— Rien; allez-vous-en et revenez demain soir. »

Olivier se leva : « Je vous demande pardon, monsieur le comte, dit-il; vous vous trompez, c'est mon chapeau que vous prenez pour le vôtre; veuillez me le rendre, je vais avoir l'honneur de vous saluer. »

Le comte toujours prudent, non par absence de courage (il était brave), mais par habitude de circonspection et par crainte du ridicule, fut enchanté d'en être quitte ainsi. Il lui remit son chapeau et le quitta poliment; mais, dès qu'il fut parti, il le déclara souverainement insipide, mal appris et ridicule. « Je ne sais comment vous avez fait pour supporter ce personnage, dit-il à Metella; il faut que vous ayez une patience angélique.

— Mais il me semble, mon ami, que c'est vous qui m'avez priée de l'inviter, et vous me l'avez laissé sur les bras ensuite.

— Depuis quand êtes-vous si Agnès que vous ne sachiez pas vous débarrasser d'un fat importun? Vous n'êtes plus dans l'âge de la gaucherie et de la timidité. »

Metella se sentit vivement offensée de cette insolence; elle répondit avec aigreur; le comte s'emporta et lui dit tout ce que depuis longtemps il n'osait pas lui dire. Metella comprit sa position, et, en s'éclairant sur son malheur, elle retrouva l'orgueil que son affection irréprochable envers le comte devait lui inspirer.

« Il suffit, monsieur, lui dit-elle; il ne fallait pas me faire attendre si longtemps la vérité. Vous m'avez trop fait jouer auprès de vous un rôle odieux et ridicule. Il est temps que je comprenne celui que mon âge et le vôtre m'imposent : je vous rends votre liberté. »

Il y avait longtemps que le comte aspirait à ce jour de délivrance ; il lui avait semblé que le mot échappé aux lèvres de Metella le ferait bondir de joie. Il avait trop compté sur la force que nous donne l'égoïsme. Quand il entendit ce mot si étrange entre eux, quand il vit en face ce dénoûment triste et honteux à une vie d'amour et de dévouement mutuels, il eut horreur de Metella et de lui-même ; il demeura pâle et consterné. Puis un violent sentiment de colère et de jalousie s'empara de lui.

« Sans doute, s'écria-t-il, cet aveu vous tardait, madame ! En vérité, vous êtes très-jeune de cœur, et je vous faisais injure en voulant compter vos années. Vous avez promptement rencontré le réparateur de mes torts et le consolateur de vos peines. Vous comptez recourir à lui pour oublier les maux que je vous ai causés, n'est-ce pas ? Mais il n'en sera pas ainsi ; demain, un de nous deux, madame, sera près de vous. L'autre ne vous disputera plus jamais à personne. Dieu ou le sort décideront de votre joie ou de votre désespoir. »

Metella ne s'attendait point à cette bizarre fureur. La malheureuse femme se flatta d'être encore aimée ; elle attribua tout ce que le comte lui avait dit d'abord à la colère. Elle se jeta dans ses bras, lui fit mille serments, lui jura qu'elle ne reverrait jamais Olivier s'il le désirait, et le supplia de lui pardonner un instant de vanité blessée.

Le comte s'apaisa sans joie, comme il s'était emporté sans raison. Ce qu'il craignait le plus au monde c'était de prendre une résolution dans l'état de contradiction continuelle où il était vis-à-vis de lui-même. Il fit des excuses à lady Mowbray, s'accusa de tous les torts, la conjura de ne pas lui retirer son affection, et l'engagea à recevoir

Olivier, dans la crainte qu'il ne soupçonnât ce qui s'était passé à cause de lui.

Le jour vint et termina enfin les orages d'une nuit d'insomnie, de douleur et de colère. Ils se quittèrent réconciliés en apparence, mais tristes, découragés, incertains, et tellement accablés de fatigue l'un et l'autre, qu'ils comprenaient à peine leur situation.

Le comte dormit douze heures à la suite de cette rude émotion. Lady Mowbray s'éveilla assez tôt dans la journée; elle attendait Olivier avec inquiétude; elle ne savait comment lui expliquer ses paroles de la veille et la conduite de M. de Buondelmonte.

Il vint et se conduisit avec assez d'adresse pour rendre Metella plus expansive qu'elle ne l'avait résolu. Son secret lui échappa, et des larmes couvrirent son visage en avouant tout ce qu'elle avait souffert et tout ce qu'elle craignait d'avoir à souffrir encore.

Olivier s'attendrit à son tour, et, comme un excellent enfant qu'il était, il pleura avec lady Mowbray. Il est impossible, quand on est malheureux par suite de l'injustice d'autrui, de n'être pas reconnaissant de l'intérêt et de l'affection qu'on rencontre ailleurs. Il faudrait, pour s'en défendre, un stoïcisme ou une défiance qu'on n'a point dans ces moments-là. Metella fut touchée de la réserve délicate et des larmes silencieuses du jeune Olivier. Elle avait compris vaguement la veille qu'elle était aimée de lui, et maintenant elle en était sûre. Mais elle ne pouvait trouver dans cet amour qu'un faible allégement aux douleurs du sien.

Plusieurs semaines se passèrent dans cette incertitude. Le comte ne pouvait rallumer son amour, sans cesse prêt à s'éteindre, qu'au feu de la jalousie. Dès qu'il se trouvait seul avec sa maîtresse, il regrettait de ne l'avoir pas quittée lorsqu'elle le lui avait offert. Alors il ramenait son rival auprès d'elle, espérant qu'une autre affection consolerait Metella et la rendrait complice de son parjure. Mais dès qu'il lui semblait voir Olivier gagner du terrain sur lui, sa vanité blessée, et sans doute un reste d'amour pour lady Mowbray, le rejetaient dans de violents accès de fureur. Il ne sentait le prix de sa maîtresse qu'autant qu'elle lui était disputée. Olivier comprit le caractère du comte et sa situation d'esprit. Il vit qu'il disputerait le cœur de Metella tant qu'il aurait un rival; il s'éloigna et alla passer quelque temps à Rome. Quand il revint, il trouva Metella au désespoir et presque entièrement délaissée. Son malheur était enfin livré au public, toujours avide de se repaître d'infortunes et de se réjouir la vue avec les chagrins qu'il ne sent pas; la désertion du comte et ses motifs rendirent le rôle de lady Mowbray fâcheux et triste. Les femmes s'en réjouissaient, et quoique les hommes la tinssent encore pour charmante et désirable, nul n'osait se présenter, dans la crainte d'être accepté comme un pis-aller. Olivier vint, et, comme il aimait sincèrement, il ne craignit pas d'être ridicule; il s'offrit, non pas encore comme un amant, mais comme un ami sincère, comme un fils dévoué. Un matin, lady Mowbray quitta Florence sans qu'on sût où elle était allée; on vit encore le jeune Olivier pendant quelques jours dans les endroits publics, se montrant comme pour prouver qu'il n'avait pas enlevé lady Mowbray. Le comte lui en sut bon gré et ne lui chercha pas querelle. Au bout de la semaine, le Genevois disparut à son tour, sans avoir prononcé devant personne le nom de lady Mowbray.

Il la rejoignit à Milan, où, selon sa promesse, elle l'attendait; il la trouva bien pâle et bien près de la vieillesse. Je ne sais si son amour diminua, mais son amitié s'en accrut. Il se mit à ses genoux, baisa ses mains, l'appela sa mère, et la supplia de prendre courage.

« Oui, appelez-moi toujours votre mère, lui dit-elle ; je dois en avoir pour vous la tendresse et l'autorité. Écoutez donc ce que ma conscience m'ordonne de vous dire dès aujourd'hui. Vous m'avez parlé souvent de votre affection, non pas seulement de celle qu'un généreux enfant peut avoir pour une vieille amie, mais vous m'avez parlé comme un jeune homme pourrait le faire à une femme dont il désire l'amour. Je crois, mon cher Olivier, que vous vous êtes trompé alors, et qu'en me voyant vieillir chaque jour vous serez bientôt désabusé. Quant à moi, je vous dirai la vérité. J'ai essayé de partager tous vos sentiments ; je l'ai résolu, je vous l'ai presque promis. Je ne devais plus rien à Buondelmonte, et je me devais à moi-même de le laisser disposer de son avenir. J'ai quitté Florence dans l'espoir de me guérir de ce cruel amour, et d'en ressentir un plus jeune et plus enivrant avec vous. Eh bien ! je ne vous dirai pas aujourd'hui que ma raison repousse cette imprudente alliance entre deux âges aussi différents que le vôtre et le mien. Je ne vous dirai pas non plus que ma conscience me défend d'accepter un dévouement dont vous vous repentiriez bientôt. Je ne sais pas à quel point j'écouterais ma conscience et ma raison, si l'amour était une fois rentré dans mon cœur. Je sais que je suis encore malheureusement bien jeune au moral ; mais voici ma véritable raison. Olivier, n'en soyez pas offensé, et songez que vous me remercierez un jour de vous l'avoir dite, et que vous m'estimerez de n'avoir pas agi comme une femme de mon âge, blessée dans ses plus chères vanités, eût agi envers un jeune homme tel que vous. Je suis femme, et j'avoue qu'au milieu de mon désespoir j'ai ressenti vivement l'affront fait à mon sexe et à ma beauté passée. J'ai versé des larmes de sang en voyant le triomphe de mes rivales, en essuyant les railleries de celles qui sont jeunes aujourd'hui, et qui semblent ignorer qu'elles passeront, que demain elles seront comme moi. Eh bien ! Olivier, je me suis débattue contre ce dépit poignant ; j'ai résisté aux conseils de mon orgueil, qui m'engageait à recevoir vos soins publiquement et à me parer de votre jeune amour comme d'un dernier trophée : je ne l'ai pas fait, et j'en remercie Dieu et ma conscience. Je vous dois aujourd'hui une dernière preuve de loyauté...

— Arrêtez, madame, dit Olivier, et ne m'ôtez pas tout espoir ! Je sais ce que vous avez à me dire : vous aimez encore le comte de Buondelmonte, et vous voulez rester fidèle à la mémoire d'un bonheur qu'il a détruit. Je vous en vénère et vous en aime davantage ; je respecterai ce noble sentiment, et j'attendrai que le temps et Dieu vous parlent en ma faveur. Si j'attends en vain, je ne regretterai pas de vous avoir consacré mes soins et mon respect. »

Lady Mowbray serra la main d'Olivier et l'appela son fils. Ils se rendirent à Genève, et Olivier tint ses promesses. Peut-être ne furent-elles pas très-héroïques d'abord ; mais, au bout de six mois, Metella, apaisée par sa résignation et rétablie par l'air vif des montagnes, retrouva la fraîcheur et la santé qu'elle avait perdues. Ainsi qu'on voit, après les premières pluies de l'automne, recommencer une saison chaude et brillante, lady Mowbray entra dans son *été de la Saint-Martin ;* c'est ainsi que les villageois appellent les beaux jours de novembre. Elle redevint si belle, qu'elle espéra avec raison jouir encore de quelques années de bonheur et de gloire. Le monde ne lui donna pas de démenti, et l'heureux Olivier moins que personne.

Ils avaient fait ensemble le voyage de Venise ; et, à la suite des fêtes du carnaval, ils s'apprêtaient à revenir à Genève, lorsque le comte de Buondelmonte, tiré à la remorque par sa princesse allemande, vint passer une se-

maine dans la ville des doges. La princesse Wilhelmine
était jeune et vermeille ; mais, lorsqu'elle lui eut récité
une assez grande quantité de phrases apprises par cœur
dans ses livres favoris, elle rentra dans un pacifique silence
dont elle ne sortit plus que pour redire ses apologues et
ses sentences accoutumés. Le pauvre comte se repentait
cruellement de son choix et commençait à craindre une
luxation de la mâchoire s'il continuait à jouir de son bonheur, lorsqu'il vit passer dans une gondole Metella avec
son jeune Olivier. Elle avait l'air d'une belle reine suivie
de son page. La jalousie du comte se réveilla, et il rentra
chez lui déterminé à passer son épée au travers de son
rival. Heureusement pour lui ou pour Olivier, il fut saisi
d'un accès de fièvre qui le retint au lit huit jours. Durant
ce temps, la princesse Wilhelmine, scandalisée de l'entendre invoquer sans cesse dans son délire lady Mowbray,
prit la route de Wurtemberg avec un chevalier d'industrie qui se donnait à Venise pour un prince grec, et qui,
grâce à de fort belles moustaches noires et à un costume
théâtral, passait pour un homme très-vaillant. Pendant le
même temps, lady Mowbray et Olivier quittèrent Venise
sans avoir appris qu'ils avaient heurté la gondole du
comte de Buondelmonte, et qu'ils le laissaient entre deux
médecins, dont l'un le traitait pour une gastrite, et l'autre
pour une affection cérébrale. A force de glace appliquée,
par l'un sur l'estomac, et par l'autre sur la tête, le comte
se trouva bientôt guéri des deux maladies qu'il n'avait pas
eues, et, revenant à Florence, il oublia les deux femmes
qu'il n'avait plus.

II.

Un matin, lady Mowbray, qui s'était fixée en Suisse,
reçut une lettre datée de Paris ; elle était de la supérieure

d'un couvent de religieuses où Metella avait mis deux ou trois ans auparavant sa nièce, miss Sarah Mowbray, jeune orpheline *très-intéressante*, comme le sont toutes les orphelines en général, et particulièrement celles qui ont de la fortune. La supérieure avertissait lady Mowbray que la maladie de langueur dont miss Sarah était atteinte depuis un an faisait des progrès assez sérieux pour que les médecins eussent prescrit le changement d'air et de lieu dans le plus court délai possible. Aussitôt après la réception de cette lettre, lady Mowbray demanda des chevaux de poste, fit faire à la hâte quelques paquets, et partit pour Paris dans la journée.

Olivier resta seul dans le grand château que lady Mowbray avait acheté sur le Léman, et dans lequel depuis cinq ans il passait auprès d'elle tous les étés. C'était depuis ces cinq années la première fois qu'il se trouvait seul à la campagne, forcé, pour ainsi dire, de réfléchir et de contempler sa situation. Bien que le voyage de lady Mowbray dût être d'une quinzaine de jours tout au plus, elle avait semblé très-affectée de cette séparation, et lui-même n'avait point accepté sans répugnance l'idée qu'un tiers allait venir se placer dans une intimité jusqu'alors si paisible et si douce. Le caractère romanesque d'Olivier n'avait pas changé; son cœur avait le même besoin d'affection, son esprit la même candeur qu'autrefois. Avait-il obéi à la loi du temps, et son amour pour lady Mowbray avait-il fait place à l'amitié? il n'en savait rien lui-même, et Metella n'avait jamais eu l'imprudence de l'interroger à cet égard. Elle jouissait de son affection sans l'analyser. Trop sage et trop juste pour n'en pas sentir le prix, elle s'appliquait à rendre douce et légère cette chaîne qu'Olivier portait avec reconnaissance et avec joie.

Metella était si supérieure à toutes les autres femmes, sa société était si aimable, son humeur si égale, elle était si habile à écarter de son jeune ami tous les ennuis ordinaires de la vie, qu'Olivier s'était habitué à une existence facile, calme, délicieuse tous les jours, quoique tous les jours semblable. Quand il fut seul, il s'ennuya horriblement, engendra malgré lui des idées sombres, et s'effraya de penser que lady Mowbray pouvait et devait mourir longtemps avant lui.

Metella retira sa nièce du couvent et reprit avec elle la route de Genève. Elle avait fait toutes choses si précipitamment dans ce voyage, qu'elle avait à peine vu Sarah; elle était partie de Paris le même soir de son arrivée. Ce ne fut qu'après douze heures de route que, s'éveillant au grand jour, elle jeta un regard attentif sur cette jeune fille étendue auprès d'elle dans le coin de sa berline.

Lady Mowbray écarta doucement la pelisse dont Sarah était enveloppée, et la regarda dormir. Sarah avait quinze ans; elle était pâle et délicate, mais belle comme un ange. Ses longs cheveux blonds s'échappaient de son bonnet de dentelle, et tombaient sur son cou blanc et lisse, orné çà et là de signes bruns semblables à de petites mouches de velours. Dans son sommeil, elle avait cette expression raphaélique qu'on avait si longtemps admirée dans Metella, et dont elle avait conservé la noble sérénité en dépit des années et des chagrins. En retrouvant sa beauté dans cette jeune fille, Metella éprouva comme un sentiment d'orgueil maternel. Elle se rappela son frère, qu'elle avait tendrement aimé, et qu'elle avait promis de remplacer auprès du dernier rejeton de leur famille; lady Mowbray était le seul appui de Sarah, elle retrouvait dans ses traits le beau type de ses nobles ancêtres. En la lui rendant au couvent avec des larmes de regret, on lui avait dit que son caractère était angélique comme sa figure. Metella se sentit pénétrée d'intérêt et d'affection pour cette enfant;

34.

elle prit doucement sa petite main pour la réchauffer dans les siennes ; et, se penchant vers elle, elle la baisa au front.

Sarah s'éveilla, et à son tour regarda Metella ; elle la connaissait fort peu et l'avait vue préoccupée la veille. Naturellement timide, elle avait osé à peine la regarder. Maintenant, la voyant si belle, avec un sourire si doux et les yeux humides d'attendrissement, elle retrouva la confiance caressante de son âge et se jeta à son cou avec joie.

Lady Mowbray la pressa sur son cœur, lui parla de son père, le pleura avec elle ; puis la consola, lui promit sa tendresse et ses soins, l'interrogea sur sa santé, sur ses goûts, sur ses études, jusqu'à ce que Sarah, un peu fatiguée du mouvement de la voiture, se rendormit à son côté.

Metella pensa à Olivier et l'associa intérieurement à la joie qu'elle éprouvait d'avoir auprès d'elle une si aimable enfant. Mais peu à peu ses idées prirent une teinte plus sombre ; des conséquences qu'elle n'avait pas encore abordées se présentèrent à son esprit ; elle regarda de nouveau Sarah, mais cette fois avec une inconcevable souffrance d'esprit et de cœur. La beauté de cette jeune fille lui fit amèrement sentir ce que la femme doit perdre de sa puissance et de son orgueil en perdant sa jeunesse. Involontairement elle mit sa main auprès de celle de Sarah : sa main était toujours belle ; mais elle pensa à son visage, et, regardant celui de sa nièce, « Quelle différence ! pensa-t-elle ; comment Olivier fera-t-il pour ne pas s'en apercevoir ? Olivier est aussi beau qu'elle ; ils vont s'admirer mutuellement ; ils sont bons tous deux, ils s'aimeront... Et pourquoi ne s'aimeraient-ils pas ? Ils seront frère et sœur ; moi, je serai leur mère... La mère d'Olivier ! Ne le faut-il pas ? n'ai-je pas pensé cent fois qu'il en devait être ainsi ! Mais déjà ! Je ne m'attendais pas à trouver une jeune fille, une femme presque dans cette enfant! Je n'avais pas prévu que ce serait une rivale... Une rivale, ma nièce! mon enfant! Quelle horreur! Oh! jamais! »

Lady Mowbray cessa de regarder Sarah; car, malgré elle, sa beauté, qu'elle avait admirée tout à l'heure avec joie, lui causait maintenant un effroi insurmontable; le cœur lui battait; elle fatiguait son cerveau à trouver une pensée de force et de calme à opposer à ces craintes qui s'élevaient de toutes parts, et que, dans sa première consternation, elle exagérait sans doute. De temps en temps elle jetait sur Sarah un regard effaré, comme ferait un homme qui s'éveillerait avec un serpent dans la main. Elle s'effrayait surtout de ce qui se passait en elle; elle croyait sentir des mouvements de haine contre cette orpheline qu'elle devait, qu'elle voulait aimer et protéger. « Mon Dieu, mon Dieu! s'écriait-elle, vais-je devenir jalouse! Est-ce qu'il va falloir que je ressemble à ces femmes que la vieillesse rend cruelles, et qui se font une joie infâme de tourmenter leurs rivales? Est-ce une horrible conséquence de mes années que de haïr ce qui me porte ombrage? Haïr Sarah! la fille de mon frère! cette orpheline qui tout à l'heure pleurait dans mon sein!... Oh! cela est affreux, et je suis un monstre!

« Mais non, ajoutait-elle, je ne suis pas ainsi; je ne peux pas haïr cette pauvre enfant; je ne peux pas lui faire un crime d'être belle! Je ne suis pas née méchante; je sens que ma conscience est toujours jeune, mon cœur toujours bon, je l'aimerai; je souffrirai quelquefois peut-être, mais je surmonterai cette folie... »

Mais l'idée d'Olivier amoureux de Sarah revenait toujours l'épouvanter, et ses efforts pour affronter une pareille crainte étaient infructueux. Elle en était glacée, atterrée, et Sarah, en s'éveillant, trouvait souvent une expression si sombre et si sévère sur le visage de sa tante, qu'elle n'osait la regarder, et feignait de se rendormir pour cacher le malaise qu'elle en éprouvait.

Le voyage se passa ainsi, sans que lady Mowbray pût sortir de cette anxiété cruelle. Olivier ne lui avait jamais donné le moindre sujet d'inquiétude ; il ne se plaisait nulle part loin d'elle, et elle savait bien qu'aucune femme n'avait jamais eu le pouvoir de le lui enlever ; mais Sarah allait vivre près d'eux, entre eux deux, pour ainsi dire ; il la verrait tous les jours ; et, lors même qu'il ne lui parlerait jamais, il aurait toujours devant les yeux cette beauté angélique à côté de la beauté flétrie de lady Mowbray ; lors même que cette intimité n'aurait aucune des conséquences que Metella craignait, il y en avait une affreuse, inévitable ; ce serait la continuelle angoisse de cette âme jalouse, épiant les moindres chances de sa défaite, s'aigrissant dans sa souffrance, et devenant injuste et haïssable à force de soins pour se faire aimer ! « Pourquoi m'exposerais-je gratuitement à ce tourment continuel? pensait Metella. J'étais si calme et si heureuse il y a huit jours ! Je savais bien que mon bonheur ne pouvait pas être éternel ; mais du moins il aurait pu durer quelque temps encore. Pourquoi faut-il que j'aille chercher une ennemie domestique, une pomme de discorde, et que je l'apporte précieusement au sein de ma joie et de mon repos, qu'elle va troubler et détruire peut-être à jamais? Je n'aurais qu'un mot à dire pour faire tourner bride aux postillons et pour reconduire cette petite-fille à son couvent... Je retournerais plus tard à Paris pour la marier ; Olivier ne la verrait jamais, et, si je dois perdre Olivier, du moins ce ne serait pas à cause d'elle ! »

Mais l'état de langueur de Sarah, l'espèce de consomption qui menaçait sa vie, imposait à lady Mowbray le devoir de la soigner et de la guérir. Son noble caractère prit le dessus, et elle arriva chez elle sans avoir adressé une seule parole dure ou désobligeante à la jeune Sarah.

Olivier vint à leur rencontre sur un beau cheval anglais, qu'il fit caracoler autour de la voiture pendant deux lieues. En les abordant, il avait mis pied à terre, et il avait baisé la main de lady Mowbray en l'appelant, comme à l'ordinaire, sa chère maman. Lorsqu'il se fut éloigné de la portière, Sarah dit ingénument à lady Mowbray : « Ah! mon Dieu! chère tante, je ne savais pas que vous aviez un fils; on m'avait toujours dit que vous n'aviez pas d'enfants?

— C'est mon fils adoptif, Sarah, répondit lady Mowbray ; regardez-le comme votre frère. »

Sarah n'en demanda pas davantage, et ne s'étonna même pas ; elle regarda de côté Olivier, lui trouva l'air noble et doux ; mais, réservée comme une véritable Anglaise, elle ne le regarda plus, et, durant huit jours, ne lui parla plus que par monosyllabes et en rougissant.

Ce que lady Mowbray voulait éviter par-dessus tout, c'était de laisser voir ses craintes à Olivier ; elle en rougissait à ses propres yeux et ne concevait pas la jalousie qui se manifeste. Elle était Anglaise aussi, et fière au point de mourir de douleur plutôt que d'avouer une faiblesse. Elle affecta, au contraire, d'encourager l'amitié d'Olivier pour Sarah ; mais Olivier s'en tint avec la jeune miss à une prévenance respectueuse, et la timide Sarah eût pu vivre dix ans près de lui sans faire un pas de plus.

Lady Mowbray se rassura donc, et commença à goûter un bonheur plus parfait encore que celui dont elle avait joui jusqu'alors. La fidélité d'Olivier paraissait inébranlable ; il semblait ne pas voir Sarah lorsqu'il était auprès de Metella, et s'il la rencontrait seule dans la maison, il l'évitait sans affectation.

Une année s'écoula pendant laquelle Sarah, fortifiée par l'exercice et l'air des montagnes, devint tellement belle que les jeunes gens de Genève ne cessaient d'errer autour du parc de lady Mowbray pour tâcher d'apercevoir sa nièce.

Un jour que lady Mowbray et sa nièce assistaient à une fête villageoise aux environs de la ville, un de ces jeunes gens s'approcha très-près de Sarah et la regarda presque insolemment. La jeune fille effrayée saisit vivement le bras d'Olivier et le pressa sans savoir ce qu'elle faisait. Olivier se retourna, et comprit en un instant le motif de sa frayeur. Il échangea d'abord des regards menaçants et bientôt des paroles sérieuses avec le jeune homme. Le lendemain, Olivier quitta le château de bonne heure et revint à l'heure du déjeuner; mais, malgré son air calme, lady Mowbray s'aperçut bientôt qu'il souffrait, et le força de s'expliquer. Il avoua qu'il venait de se battre avec l'homme qui avait regardé insolemment miss Mowbray, et qu'il l'avait grièvement blessé; mais il l'était lui-même, et Metella l'ayant forcé de retirer sa main, qu'il tenait dans sa redingote, vit qu'il l'était assez sérieusement. Elle s'occupait avec anxiété des soins qu'il fallait donner à cette blessure, lorsqu'en se retournant vers Sarah, elle vit qu'elle s'était évanouie auprès de la fenêtre. Cette excessive sensibilité parut naturelle à Olivier, dans une personne d'une complexion aussi délicate; mais lady Mowbray y fit une attention plus marquée.

Lorsque Metella eut secouru sa nièce, et qu'elle se trouva seule avec Olivier, elle lui demanda le motif et les détails de son affaire. Elle n'avait rien vu de ce qui s'était passé la veille; elle était en ce moment à plusieurs pas en avant de sa nièce et d'Olivier, et donnait le bras à une autre personne. Olivier tâcha d'éluder ses questions; mais comme lady Mowbray le pressait de plus en plus, il raconta avec beaucoup de répugnance que miss Mowbray ayant été regardée insolemment par un jeune homme d'assez mauvais ton, il s'était placé entre elle et ce jeune homme ; celui-ci avait affecté de se rapprocher encore pour le braver, et Olivier avait été forcé de le pousser rudement pour l'empêcher de froisser le bras de Sarah, qui se pressait tout effrayée contre son défenseur. Les deux adversaires s'étaient donc donné rendez-vous dans des termes que Sarah n'avais pas compris, et, au bout d'une heure, après que les dames étaient montées en voiture, Olivier avait été retrouver le jeune homme et lui demander compte de sa conduite. Celui-ci avait soutenu son arrogance, et, malgré les efforts des témoins de la scène pour l'engager à reconnaître son tort, il s'était obstiné à braver Olivier ; il lui avait même fait entendre assez grossièrement qu'on le regardait comme l'amant de miss Sarah, en même temps que celui de sa tante, et que, quand on promenait en public le scandale de pareilles relations, on devait être prêt à en subir les conséquences.

Olivier n'avait donc pas hésité à se constituer le défenseur de Sarah, et, tout en repoussant avec mépris ces imputations ignobles, il avait versé son sang pour elle. « Je suis prêt à recommencer demain s'il le faut, dit-il à lady Mowbray, que ces calomnies avaient jetée dans la consternation. Vous ne devez ni vous affliger ni vous effrayer ; votre nièce est sous ma protection, et je me conduirai comme si j'étais son père. Quant à vous, votre nom suffira auprès des gens de bien pour garder le sien à l'abri de toute atteinte. »

Lady Mowbray feignit de se calmer ; mais elle ressentit une profonde douleur de l'affront fait à sa nièce. Ce fut dans ce moment qu'elle comprit toute l'affection que cette aimable enfant lui inspirait. Elle s'accusa de l'avoir amenée auprès d'elle pour la rendre victime de la méchanceté de ces provinciaux, et s'effraya de sa situation, car elle n'y voyait d'autre remède que d'éloigner Olivier de chez elle tant que Sarah y demeurerait.

L'idée d'un sacrifice au-dessus de ses forces, mais qu'elle croyait devoir à la réputation de sa nièce, la tourmenta secrètement sans qu'elle pût se décider à prendre un parti.

Elle remarqua quelques jours après que Sarah paraissait moins timide avec Olivier, et qu'Olivier, de son côté, lui montrait moins de froideur. Lady Mowbray en souffrit; mais elle pensa qu'elle devait encourager cette amitié au lieu de la contrarier, et elle la vit croître de jour en jour sans paraître s'en alarmer.

Peu à peu Olivier et Sarah en vinrent à une sorte de familiarité. Sarah, il est vrai, rougissait toujours en lui parlant, mais elle osait lui parler, et Olivier était surpris de lui trouver autant d'esprit et de naturel. Il avait eu contre elle une sorte de prévention qui s'effaçait de plus en plus. Il aimait à l'entendre chanter; il la regardait souvent peindre des fleurs, et lui donnait des conseils. Il en vint même à lui montrer la botanique et à se promener avec elle dans le jardin. Un jour Sarah témoignait le regret de ne plus monter à cheval. Lady Mowbray, indisposée depuis quelque temps, ne pouvait plus supporter cette fatigue; ne voulant pas priver sa nièce d'un exercice salutaire, elle pria Olivier de monter à cheval avec elle dans l'intérieur du parc, qui était fort grand, et où miss Mowbray pût se livrer à l'innocent plaisir de galoper pendant une heure ou deux tous les jours.

Ces heures étaient mortelles pour Metella. Après avoir embrassé sa nièce au front et lui avoir fait un signe d'amitié, en la voyant s'éloigner avec Olivier, elle restait sur le perron du château, pâle et consternée comme si elle les eût vus partir pour toujours; puis elle allait s'enfermer dans sa chambre et fondait en larmes. Elle s'enfonçait quelquefois furtivement dans les endroits les plus sombres du parc, et les apercevait au loin, lorsqu'ils franchissaient rapidement tous les deux les arcades de lumière qui terminaient le berceau des allées. Mais elle se cachait aussitôt dans la profondeur du taillis, car elle craignait d'avoir l'air de les observer, et rien au monde ne l'effrayait tant que de paraître ridicule et jalouse.

Un jour qu'elle était dans sa chambre et qu'elle pleurait, le front appuyé sur le balcon de sa fenêtre, Sarah et Olivier passèrent au galop; ils rentraient de leur promenade; les pieds de leurs chevaux soulevaient des tourbillons de sable; Sarah était rouge, animée, aussi souple, aussi légère que son cheval, avec lequel elle ne semblait faire qu'un. Olivier galopait à son côté; ils riaient tous les deux de ce bon rire franc et heureux de la jeunesse qui n'a pas d'autre motif qu'un besoin d'expansion, de bruit et de mouvement. Ils étaient comme deux enfants contents de crier et de se voir courir. Metella tressaillit et se cacha derrière son rideau pour les regarder. Tant de beauté, d'innocence et de douceur brillait sur leurs fronts, qu'elle en fut attendrie. « Ils sont faits l'un pour l'autre; la vie s'ouvre devant eux, pensa-t-elle, l'avenir leur sourit, et moi je ne suis plus qu'une ombre que le tombeau semble réclamer... » Elle entendit bientôt les pas d'Olivier qui approchait de sa chambre; s'asseyant précipitamment devant sa toilette, elle feignit de se coiffer pour le dîner.

Olivier avait l'air content et ouvert; il lui baisa tendrement les mains, et lui remit de la part de Sarah, qui était allée se débarrasser de son amazone, un gros bouquet d'hépatiques qu'elle avait cueillies dans le parc. « Vous êtes donc descendus de cheval? dit lady Mowbray.

— Oui, répondit-il; Sarah, en apercevant toutes ces fleurs dans la clairière, a voulu absolument vous en apporter, et, avant que j'eusse pris la bride de son cheval, elle avait sauté sur le gazon. Je lui ai servi de page, et j'ai tenu sa monture pendant qu'elle courait comme un petit chevreau après les fleurs et les papillons. Ma bonne Metella, votre nièce n'est pas ce que vous croyez. Ce n'est pas une petite fille, c'est une espèce d'oiseau déguisé. Je le lui ai dit, et je crois qu'elle rit encore.

— Je vois avec plaisir, dit lady Mowbray avec un sourire mélancolique, que ma Sarah est devenue gaie. Chère enfant! elle est si aimable et si belle!

— Oui, elle est jolie, dit Olivier, elle a une physionomie que j'aime beaucoup. Elle a l'air intelligent et bon; elle vous ressemble, Metella; je ne l'ai jamais tant trouvé qu'aujourd'hui. Elle a votre son de voix par instants.

— Je suis heureuse de voir que vous l'aimez enfin, cette pauvre petite! dit lady Mowbray. Dans les commencements, elle vous déplaisait, convenez-en?

— Non, elle me gênait, et voilà tout.

— Et à présent, dit Metella en faisant un violent effort sur elle-même pour conserver un air calme et doux, vous voyez bien qu'elle ne vous gêne plus.

— Je craignais, dit Olivier, qu'elle ne fût pas avec vous ce qu'elle devait être; à présent, je vois qu'elle vous comprend, qu'elle vous apprécie, et cela me fait plaisir. Je ne suis pas seul à vous aimer ici. Je puis parler de vous à quelqu'un qui m'entend, et qui vous aime autant qu'un autre que moi peut vous aimer. »

Sarah entra en cet instant en s'écriant : « Eh bien! chère tante, vous a-t-il remis le bouquet de ma part? C'est un méchant homme que monsieur votre fils. Il me l'a presque ôté de force pour vous l'apporter lui-même. Il est aussi jaloux que votre petit chien, qui pleure quand vous caressez ma chevrette. »

Lady Mowbray embrassa la jeune fille, et se dit qu'elle devait se trouver heureuse d'être aimée comme une mère.

Quelques jours après, tandis que les deux enfants de lady Mowbray (c'est ainsi qu'elle les appelait) faisaient leur promenade accoutumée, elle entra dans la chambre de Sarah pour prendre un livre et ramassa un petit coin de papier déchiré qui était sur le bord d'une tablette. Au milieu de mots interrompus qui ne pouvaient offrir aucun sens, elle lut distinctement le nom d'Olivier, suivi d'un grand point d'exclamation. C'était l'écriture de Sarah. Lady Mowbray jeta un regard sur les meubles. Le secrétaire et les tiroirs étaient fermés avec soin ; toutes les clefs en étaient retirées. Il ne convenait pas au caractère de lady Mowbray de faire d'autre enquête. Elle sortit cependant pour résister aux suggestions d'une curiosité inquiète.

Lorsque Sarah rentra de la promenade, lady Mowbray remarqua qu'elle était fort pâle et que sa voix tremblait. Un sentiment d'effroi mortel passa dans l'âme de Metella. Elle remarqua pendant le dîner que Sarah avait pleuré, et le soir elle était si abattue et si triste qu'elle ne put s'empêcher de la questionner. Sarah répondit qu'elle était souffrante, et demanda à se retirer.

Lady Mowbray interrogea Olivier sur sa promenade. Il lui répondit, avec le calme d'une parfaite innocence, que Sarah avait été fort gaie toute la première heure, qu'ensuite ils avaient été au pas et en causant ; qu'elle ne se plaignait d'aucune douleur, et que c'était lady Mowbray qui, en rentrant, l'avait fait apercevoir de sa pâleur.

En quittant Olivier, lady Mowbray, inquiète de sa nièce, se rendit à sa chambre, et, avant d'entrer, elle y jeta un coup d'œil par la porte entr'ouverte. Sarah écrivait. Au léger bruit que fit Metella, elle tressaillit et cacha précipitamment son papier, jeta sa plume et saisit un livre ; mais elle n'avait pas eu le temps de l'ouvrir que lady Mowbray était auprès d'elle. « Vous écriviez, Sarah ? lui dit-elle d'un ton grave et doux cependant.

— Non, ma tante, répondit Sarah dans un trouble inexprimable.

— Ma chère fille, est-il possible que vous me fassiez un mensonge ! »

Sarah baissa la tête et resta toute tremblante.

— Qu'est-ce que vous écriviez, Sarah ? continua lady Mowbray avec un calme désespérant.

— J'écrivais... une lettre, répondit Sarah au comble de l'angoisse.

— A qui, ma chère ? continua Metella.

— A Fanny Hurst, mon amie de couvent.

— Cela n'a rien de répréhensible, ma chère ; pourquoi donc vous cachez-vous ?

— Je ne me cachais pas, ma tante, répondit Sarah en essayant de reprendre courage. Mais sa confusion n'échappa point au regard sévère de lady Mowbray.

— Sarah, lui dit-elle, je n'ai jamais surveillé votre correspondance. J'avais une telle confiance en vous que j'aurais cru vous outrager en vous demandant à voir vos lettres. Mais si j'avais pensé qu'il pût exister un secret entre vous et moi, j'aurais regardé comme un devoir de vous en demander l'aveu. Aujourd'hui, je vois que vous en avez un, et je vous le demande.

— O ma tante ! s'écria Sarah éperdue.

— Sarah; si vous me refusiez, dit Metella avec beaucoup de douceur et en même temps de fermeté, je croirais que vous avez dans le cœur quelque sentiment coupable, et je n'insisterais pas, car rien n'est plus opposé à mon caractère que la violence. Mais je sortirais de votre chambre le cœur navré, car je me dirais que vous ne méritez plus mon estime et mon affection.

— O ma chère tante, ma mère ! ne dites pas cela ! »

s'écria miss Mowbray en se jetant tout en larmes aux pieds de Metella.

Metella craignit de se laisser attendrir; et, lui retirant sa main, elle rassembla toutes ses forces pour lui dire froidement : « Eh bien ! miss Mowbray, refusez-vous de me remettre le papier que vous écriviez? »

Sarah obéit, voulut parler, et tomba demi-évanouie sur son fauteuil. Lady Mowbray résista au sentiment d'intérêt qui luttait chez elle contre un sentiment tout contraire. Elle appela la femme de chambre de Sarah, lui ordonna de la soigner, et courut s'enfermer chez elle pour lire la lettre. Elle était ainsi conçue :

« Je vous ai promis depuis longtemps, *dearest* Fanny, l'aveu de mon secret. Il est temps enfin que je tienne ma promesse. Je ne pouvais pas confier au papier une chose si importante sans trouver un moyen de vous faire parvenir directement ma lettre. Maintenant je saisis l'occasion d'une personne que nous voyons souvent ici, et qui part pour Paris. Elle veut bien se charger de vous porter de ma part des minéraux et un petit herbier. Elle vous demandera au parloir et vous remettra le paquet et la lettre, qui de cette manière ne passera pas par les mains de madame la supérieure. Ne me grondez donc pas, ma chère amie, et ne dites pas que je manque de confiance en vous. Vous verrez, en lisant ma lettre, qu'il ne s'agit plus de bagatelles comme celles qui nous occupaient au couvent. Ceci est une affaire sérieuse, et que je ne vous confie pas sans un grand trouble d'esprit. Je crois que mon cœur n'est pas coupable, et cependant je rougis comme si j'allais paraître devant un confesseur. Il y a plusieurs jours que je veux vous écrire. J'ai fait plus de dix lettres que j'ai toutes déchirées ; enfin je me décide ; soyez indulgente pour moi, et si vous me trouvez imprudente et blâmable, reprenez-moi doucement.

« Je vous ai parlé d'un jeune homme qui demeure ici avec nous, et qui est le fils adoptif de ma tante. La première fois que je le vis, c'était le jour de notre arrivée, je fus tellement troublée que je n'osai pas le regarder. Je ne sais pas ce qui se passa en moi lorsqu'il entra à demi dans la calèche pour baiser les mains de ma tante; il le fit avec tant de tendresse que je me sentis tout émue, et que je compris tout de suite la bonté de son cœur; mais il se passa plus de six mois avant que je connusse sa figure, car je n'osai jamais le regarder autrement que de profil. Ma tante m'avait dit : « Sarah, regardez Olivier comme votre frère. » Je me livrai donc d'abord à une joie intérieure que je croyais très-légitime. Il me semblait doux d'avoir un frère; et s'il m'eût traitée tout de suite comme sa sœur, peut-être n'aurais-je jamais songé à l'aimer autrement!... Hélas! vous voyez quel est mon malheur, Fanny; j'aime, et je crois que je ne serai jamais unie à celui que j'aime. Pour vous dire comment j'ai eu l'imprudence d'aimer ce jeune homme, je ne le puis pas; en vérité, je n'en sais rien moi-même, et c'est une bien affreuse fatalité. Imaginez-vous qu'au lieu de me parler avec la confiance et l'abandon d'un frère, il a passé plus d'un an sans m'adresser plus de trois paroles par jour; si bien que je crois que tous nos entretiens durant tout ce temps-là tiendraient à l'aise dans une page d'écriture. J'attribuais cette froideur à sa timidité; mais, le croiriez-vous? il m'a avoué depuis qu'il avait pour moi une espèce d'antipathie avant de me connaître. Comment peut-on haïr une personne qu'on n'a jamais vue et qui ne vous a fait aucun mal? Cette injustice aurait dû m'empêcher de prendre de l'attachement pour lui. Eh bien! c'est tout le contraire, et je commence à croire que l'amour est une chose tout à fait involontaire, une maladie de l'âme à laquelle tous nos raisonnements ne peuvent rien.

« J'ai été bien longtemps sans comprendre ce qui se passait en moi. J'avais tellement peur de M. Olivier que je croyais parfois avoir aussi de l'éloignement pour lui. Je le trouvais froid et orgueilleux ; et cependant, lorsqu'il parlait à ma tante il changeait tellement d'air et de langage, il lui rendait des soins si délicats, que je ne pouvais pas m'empêcher de le croire sensible et généreux.

« Une fois je passais au bout de la galerie, je le vis à genoux auprès de ma tante ; elle l'embrassait, et tous deux semblaient pleurer. Je passai bien vite et sans qu'on m'aperçût ; mais je ne saurais vous rendre l'émotion que cette scène touchante me causa. J'en fus agitée toute la nuit, et je me surpris plusieurs fois à désirer d'avoir l'âge de ma tante, afin d'être aimée comme une mère par celui qui ne voulait pas m'aimer comme une sœur.

« Je compris mes véritables sentiments à l'occasion du duel dont je vous ai parlé. Je ne vous ai pas nommé la personne qui me donnait le bras et qui se battit pour moi ; je vous ai dit que c'était un ami de la maison : c'était M. Olivier. Lorsqu'il revint, il était fort pâle, et tenait sa main dans sa redingote ; ma tante se douta de la vérité et le força de nous la montrer. Je ne sais si cette main était ensanglantée. Il me sembla voir du sang sur le linge qui l'enveloppait, et je sentis tout le mien se retirer vers mon cœur. Je m'évanouis, ce qui fut bien imprudent et bien malheureux, mais je crois qu'on ne se douta de rien. Quand je revis M. Olivier, je ne pus m'empêcher de le remercier de ce qu'il avait fait pour moi ; et, tout en voulant parler, je me mis à pleurer comme une sotte. Je ne sais pourquoi je n'avais jamais pu me décider à le remercier devant ma tante. Peut-être que ce fut un mauvais sentiment qui me fit attendre un moment où j'étais seule avec lui. Je ne sais pas ce qu'il y avait de coupable à le faire, et cependant je me le suis toujours reproché comme une dissimulation envers lady Mowbray. J'avais espéré, je crois, être moins timide devant une seule personne que devant deux. Mais ce fut encore pis ; je sentis que j'étouffais, et j'eus comme un vertige, car je ne m'aperçus pas que M. Olivier me pressait les mains. Quand je revins à moi, mes mains étaient dans les siennes, et il me dit plusieurs choses que je n'entendis pas. Je sais seulement qu'il me dit en s'en allant : « Ma chère miss Mowbray, je suis touché de votre amitié ; mais, en vérité, il ne faut pas que vous pleuriez pour cette égratignure. » Depuis ce temps, sa conduite envers moi a été toute différente, et il a été d'une bonté et d'une obligeance qui ont achevé de me gagner le cœur. Il me donne des leçons, il corrige mes dessins, il fait de la musique avec moi ; ma tante semble prendre un grand plaisir à nous voir si unis. Elle nous fait monter à cheval ensemble, elle nous force à nous donner la main pour nous raccommoder ; car il arrive souvent que, tout en riant, nous finissons par disputer et nous bouder un peu. Moi, j'étais tout à fait à l'aise avec lui, j'étais heureuse, et j'avais la vanité de croire qu'il m'aimait. Il me le disait du moins, et je m'imaginais que, quand on s'aime seulement d'amitié, et qu'on se convient sous les rapports de la fortune et de l'éducation, il est tout simple qu'on se marie ensemble. La conduite de ma tante semblait autoriser en moi cette espérance, et je pensais qu'on me trouvait encore trop jeune pour m'en parler. Dans ces idées, j'étais aussi heureuse qu'il est permis de l'être ; je ne désirais rien sur la terre que la continuation d'une semblable existence. Mais, hélas ! ce rêve s'est effacé, et le désespoir depuis ce matin... »

Ici la lettre avait été interrompue par l'arrivée de lady Mowbray.

Metella laissa tomber la lettre, et cachant son visage

dans ses mains, elle resta plongée dans une morne consternation. Elle demeura ainsi jusqu'à une heure du matin, s'accusant de tout le mal et cherchant en vain comment elle pourrait le réparer. Enfin elle céda à un besoin instinctif et se rendit à la chambre de sa nièce. Tout le monde dormait dans la maison; le temps était superbe, la lune éclairait en plein la façade du château, et répandait de vives clartés dans les galeries, dont toutes les fenêtres étaient ouvertes. Metella les traversa lentement et sans bruit, comme une ombre qui glisse le long des murs. Tout à coup elle se trouva face à face avec Sarah, qui, les pieds nus et vêtue d'un peignoir de mousseline blanche, allait à sa rencontre; elles ne se virent que quand elles traversèrent l'une et l'autre un angle lumineux des murs. Lady Mowbray surprise continua de s'avancer pour s'assurer que c'était Sarah; mais la jeune fille, voyant venir à elle cette grande femme pâle traînant sur le pavé de la galerie sa longue robe de chambre en velours noir, fut saisie d'effroi. Cette figure morne et sombre ressemblait si peu à celle qu'elle avait habitude de voir à sa tante, qu'elle crut rencontrer un spectre et faillit tomber évanouie; mais elle fut aussitôt rassurée par la voix de lady Mowbray, qui était pourtant froide et sévère.

« Que faites-vous ici à cette heure, Sarah, et où allez-vous?

— Chez vous, ma tante, répondit Sarah sans hésiter.

— Venez, mon enfant, » lui dit lady Mowbray en prenant son bras sous le sien.

Elles regagnèrent en silence l'appartement de Metella. Le calme, la nuit et le chant joyeux des rossignols contrastaient avec la tristesse profonde dont ces deux femmes étaient accablées.

Lady Mowbray ferma les portes et attira sa nièce sur

le balcon de sa chambre. Là elle s'assit sur une chaise et la fit asseoir à ses pieds sur un tabouret; elle attira sa tête sur ses genoux et prit ses mains dans les siennes, que Sarah couvrit de larmes et de baisers.

« Oh! ma tante, ma chère tante, pardonnez-moi, je suis coupable...

—Non, Sarah, vous n'êtes pas coupable; je n'ai qu'un reproche à vous faire, c'est d'avoir manqué de confiance en moi. Votre réserve a fait tout le mal, mon enfant; maintenant il faut être franche, il faut tout me dire..... tout ce que vous savez..... »

Lady Mowbray prononça ces paroles dans une angoisse mortelle; et en attendant la réponse de sa nièce, elle sentit son front se couvrir de sueur. Sarah avait-elle découvert à quel titre Olivier vivait, ou du moins avait vécu auprès d'elle durant plusieurs années? Lady Mowbray ne savait pas quelle raison Sarah pouvait avoir pour renoncer tout à coup à une espérance si longtemps nourrie en secret et frémissait d'entendre sortir de sa bouche des reproches qu'elle croyait mériter. Un poids énorme fut ôté de son cœur lorsque Sarah lui répondit avec assurance : « Oui, ma tante, je vous dirai tout; que ne vous ai-je dit plus tôt mes folles pensées! Vous m'auriez empêchée de m'y livrer; car vous saviez bien que votre fils ne pouvait pas m'epouser...

— Mais, Sarah, quelles sont vos raisons pour le croire?... Qui vous l'a donc dit?...

— Olivier, répondit Sarah. Ce matin, nous causions de choses indifférentes dans le parc; nous étions près de la grille qui donne sur la route. Une noce vint à passer, nous nous arrêtâmes pour voir la figure des mariés; je remarquai qu'ils avaient l'air timide. « Ils ont l'air triste, répondit Olivier. Comment ne l'auraient-ils pas? Quelle chose stupide et misérable qu'un jour de noce! — Eh

quoi ! lui dis-je, vous voudriez qu'on se mariât en secret ?
Ce serait encore bien plus triste. — Je voudrais qu'on ne
se mariât pas du tout, répondit-il ; pour moi, j'ai le mariage en horreur et je ne me marierai jamais. » Oh ! ma
chère tante, cette parole m'enfonça un poignard dans le
cœur ; en même temps elle me sembla si extraordinaire,
que j'eus la hardiesse d'insister et de lui dire en affectant de le plaisanter : « Vous ne savez guère ce que vous
ferez à cet égard-là. » Il me répondit avec beaucoup d'empressement, et comme s'il eût eu l'intention de m'ôter
toute présomption : « Soyez sûre de ce que je vous dis,
miss ; j'ai fait un serment devant Dieu, et je le tiendrai. »
La honte et la douleur me rendirent silencieuse, et j'ai
fait de vains efforts toute la journée pour cacher mon
désespoir...

Sarah fondit en larmes. Metella, soulagée d'une affreuse
inquiétude, fut pendant quelques instants insensible à la
douleur de sa nièce. Olivier n'aimait pas Sarah ! En vain
elle l'aimait, en vain elle était jeune, riche et belle ; il ne
voulait pas d'autre affection intime, pas d'autre bonheur
domestique que celui qu'il avait goûté auprès de lady
Mowbray. Un instant livrée à une reconnaissance égoïste,
à une secrète gloire de son cœur enivré, elle laissa pleurer la pauvre Sarah, et oublia que son triomphe avait
fait une victime. Mais sa cruauté ne fut pas de longue
durée ; la passion de lady Mowbray pour Olivier prenait
sa source dans une âme chaleureuse ouverte à toutes les
tendresses qui embellissent les femmes. Elle aimait Sarah
presque autant qu'Olivier, car elle l'aimait comme une
mère aime sa fille. La vue de sa douleur brisa le cœur
de Metella ; elle avait bien des torts à se reprocher ! Elle
aurait dû prévoir les conséquences d'un rapprochement
continuel entre ces deux jeunes gens. Déjà la malignité
des voisins lui avait signalé un grave inconvénient de

cette situation. Elle avait résisté à cet avertissement, et maintenant le bonheur de Sarah était compromis plus encore que sa réputation.

Elle la pressa dans ses bras en pleurant, et, dans le premier instant de sa compassion et de sa tendresse, elle pensa à lui sacrifier son amour.

« Non, lui dit-elle, égarée par un sentiment de générosité exaltée, Olivier n'a pas fait de serment; il est libre, il peut vous épouser; qu'il vous aime, qu'il vous rende heureuse, et je vous bénirai tous deux. Ce ne sera pas moi qui m'opposerai à l'union de deux êtres qui sont ce que j'ai de plus cher au monde...

— Oh! je le crois bien, ma bonne tante! s'écria Sarah en se jetant de nouveau à son cou; mais c'est lui qui ne m'aime pas! Que faire à cela?

— Il ne vous a pas dit qu'il ne vous aimait pas? Est-ce qu'il vous l'a dit, Sarah?

— Non, mais pourquoi se dit-il engagé? Oh! peut-être qu'il l'est en effet. Il a quelque raison que vous ne connaissez pas! Il aime une femme, il est marié en secret peut-être.

— Je l'interrogerai, je saurai ce qu'il pense, répondit Metella; je ferai pour vous, ma fille, tout ce qui dépendra de moi. Si je ne puis rien, ma tendresse vous restera.

— Oh! oui, ma mère! toujours, toujours! » s'écria Sarah en se jetant à ses pieds.

Apaisée par les promesses hasardées de sa tante, Sarah se retira plus tranquille. Metella la mit au lit elle-même, lui fit prendre une potion calmante, et ne la quitta que quand elle eut cessé de soupirer dans son sommeil, comme font les enfants qui s'endorment en pleurant et qui sanglottent encore à demi en rêvant.

Lady Mowbray ne dormit pas; elle était rassurée sur certains points, mais à l'égard des autres elle était en proie à mille agitations, et ne voyait pas d'issue à la position délicate où elle avait placé la pauvre Sarah. La pensée d'engager Olivier à l'épouser n'avait pu prendre de consistance dans son esprit; vainement eût-elle sacrifié cette jalousie de femme qu'elle combattait si généreusement depuis plus d'une année. Il y a dans la vie des rapports qui deviennent aussi sacrés que si les lois les eussent sanctionnés, et Olivier lui-même n'eût pas pu oublier qu'il avait regardé Sarah comme sa fille.

Incapable de se retirer elle-même de cette perplexité, lady Mowbray résolut d'attendre quelques jours pour prendre un parti; elle chercha à se persuader que la passion de Sarah n'était peut-être pas aussi sérieuse que dans ses romanesques confidences la jeune fille se l'imaginait; ensuite, Olivier pouvait, par sa froideur, l'en guérir mieux que tous les raisonnements. Elle alla retrouver Sarah le lendemain, lui dit qu'elle avait réfléchi, et que le résultat de ses réflexions était celui-ci : il était impossible d'interroger Olivier sur ses intentions, et de lui demander l'explication de ses paroles de la veille sans lui laisser deviner l'impression qu'elles avaient produite sur miss Mowbray, et sans lui faire soupçonner l'importance qu'elle y attachait. « Dans la situation où vous êtes vis-à-vis de lui, dit-elle, le premier point, le plus important de tous, c'est de ne pas avouer que vous aimez sans savoir si l'on vous aime.

— Oh! certainement, ma tante, dit Sarah en rougissant.

— Il n'est pas besoin sans doute, mon enfant, que je fasse appel à votre pudeur et à votre fierté; l'une et l'autre doivent vous suggérer une grande prudence et beaucoup d'empire sur vous-même...

— Oh! certes, ma tante, reprit la jeune Anglaise avec

un mélange d'orgueil et de douleur qui lui donna l'expression d'une vierge martyre de Titien.

— Si mon fils, poursuivit Metella, est réellement lié au célibat par quelque engagement qu'il ne puisse pas confier, même à moi, il faudra bien, Sarah, que vous vous sépariez l'un de l'autre...

— Oh! s'écria Sarah effrayée, est-ce que vous me chasseriez de chez vous? est-ce qu'il faudrait retourner au couvent ou en Angleterre? Loin de lui, loin de vous, toute seule!... Oh! j'en mourrais! Après avoir été tant aimée!

— Non, dit Metella d'une voix grave, je ne t'abandonnerai jamais; je te suis nécessaire : nous sommes liées l'une à l'autre pour la vie.

En parlant ainsi elle posa ses deux mains sur la tête blonde de Sarah, et leva les yeux au ciel d'un air solennel et sombre. En se consacrant à cette enfant de son adoption, elle sentait combien étaient terribles les devoirs qu'elle s'était imposés envers elle, puisqu'il faudrait peut-être lui sacrifier le bonheur de toute sa vie, la société d'Olivier.

« Me promettez-vous du moins, continua-t-elle, que si, après avoir fait tout ce qui dépendra de moi pour votre bonheur, je ne réussis pas à fermer cette plaie de votre âme, vous ferez tous vos efforts pour vous guérir? Ai-je affaire à une enfant romanesque et entêtée, ou bien à une jeune fille forte et courageuse?

— Doutez-vous de moi? dit Sarah.

— Non, je ne doute pas de toi; tu es une Mowbray, tu dois savoir souffrir en silence.,... Allez vous coiffer, Sarah, et tâchez d'être aussi soignée dans votre toilette, aussi calme dans votre maintien que de coutume. Nous allons attendre quelques jours encore avant de décider de notre avenir. Jurez-moi que vous n'écrirez à aucune de vos amies ; que je serai votre seule confidente, votre seul conseil, et que vous travaillerez à être digne de ma tendresse. »

Sarah jura en pleurant de faire tout ce que désirait sa tante ; mais, malgré tous ses efforts, son chagrin fut si visible qu'Olivier s'en aperçut dès le premier instant. Il regarda lady Mowbray et trouva la même altération sur ses traits. Les vérités qu'il avait confusément entrevues brillèrent à son esprit ; les pensées qui, par bouffées brûlantes, avaient traversé son cerveau à de rares intervalles, revinrent l'embraser. Il fut effrayé de ce qui se passait en lui et autour de lui ; il prit son fusil et sortit. Après avoir tué quelques innocentes volatiles, il rentra plus fort, trouva les deux femmes plus calmes, et la soirée s'écoula assez doucement. Quand on a l'habitude de vivre ensemble, quand on s'est compris si bien que durant longtemps toutes les idées, tous les intérêts de la vie privée ont été en commun, il est presque impossible que le charme des relations se rompe tout à coup sur une première atteinte. Les jours suivants virent donc se prolonger cette intimité, dont aucun des trois n'avait altéré la douceur par sa faute. Néanmoins la plaie allait s'élargissant dans le cœur de ces trois personnes. Olivier ne pouvait plus douter de l'amour de Sarah pour lui ; il en avait toujours repoussé l'idée, mais maintenant tout le lui disait, et chaque regard de Metella, quelle qu'en fût l'expression, lui en donnait une confirmation irrécusable. Olivier chérissait si réellement, si tendrement sa mère adoptive, il avait connu auprès d'elle une manière d'aimer si paisible et si bienfaisante, qu'il s'était cru incapable d'une passion plus vive ; il s'était donc livré en toute sécurité au danger d'avoir pour sœur une créature vraiment angélique. A mesure que ses sentiments pour Sarah devenaient plus vifs, il réussissait à se tranquilliser en se disant que

Metella lui était toujours aussi chère ; et en cela il ne se trompait pas, seulement pour l'une l'amour prenait la place de l'amitié, et pour l'autre l'amitié avait remplacé l'amour. L'âme de ce jeune homme était si bonne et si ardente qu'il ne savait pas se rendre compte de ce qu'il éprouvait.

Mais quand il crut s'en être assuré, il ne transigea point avec sa conscience : il résolut de partir. La tristesse de Sarah, sa douceur modeste, sa tendresse réservée et pleine d'une noble fierté, achevèrent de l'enthousiasmer ; expansif et impressionnable comme il l'était, il sentit qu'il ne serait pas longtemps maître de son secret, et ce qui acheva de le déterminer, ce fut de voir que Metella l'avait deviné.

En effet, lady Mowbray connaissait trop bien toutes les nuances de son caractère, tous les plis de son visage, pour n'avoir pas pénétré, avant lui-même peut-être, ce qu'il éprouvait auprès de Sarah. Ce fut pour elle le dernier coup ; car, en dépit de sa bonté, de son dévouement et de sa raison, elle aimait toujours Olivier comme aux premiers jours. Ses manières avec lui avaient pris cette dignité que le temps, qui sanctifie les affections, devait nécessairement apporter ; mais le cœur de cette femme infortunée était aussi jeune que celui de Sarah. Elle devint presque folle de douleur et d'incertitude : devait-elle laisser sa nièce courir les dangers d'une passion partagée ? devait-elle favoriser un mariage qui lui semblait contraire à toute délicatesse d'esprit et de mœurs ? Mais pouvait-elle s'y opposer, si Olivier et Sarah le désiraient tous deux ? Cependant il fallait s'expliquer, sortir de ces perplexités, interroger Olivier sur ses intentions ; mais à quel titre ? Était-ce l'amante désespérée d'Olivier, ou la mère prudente de Sarah qui devait provoquer un aveu aussi difficile à faire pour lui ?

Un soir, Olivier parla d'un voyage de quelques jours qu'il allait faire à Lyon; lady Mowbray, dans la position désespérée où elle était réduite, accepta cette nouvelle avec joie, comme un répit accordé à ses souffrances. Le lendemain, Olivier fit seller son cheval pour aller à Genève, où il devait prendre la poste. Il vint à l'entrée du salon prendre congé des dames : Sarah, dont il baisa la main pour la première fois de sa vie, fut si troublée qu'elle n'osa pas lever les yeux sur lui; Metella, au contraire, l'observait attentivement; il était fort pâle et calme, comme un homme qui accomplit courageusement un devoir rigoureux. Il embrassa lady Mowbray, et alors sa force parut l'abandonner; des larmes roulèrent dans ses yeux; sa main trembla convulsivement en lui glissant une lettre humide...

Il se précipita dehors, monta à cheval et partit au galop. Metella resta sur le perron jusqu'à ce qu'elle n'entendît plus les pas de son cheval. Alors elle mit une main sur son cœur, pressa le billet de l'autre, et comprit que tout était fini pour elle.

Elle rentra dans le salon. Sarah, penchée sur sa broderie, feignait de travailler pour prouver à sa tante qu'elle avait du courage et savait tenir sa promesse; mais elle était aussi pâle que Metella, et, comme elle, elle ne sentait plus battre son cœur.

Lady Mowbray traversa le salon sans lui adresser une parole; elle monta dans sa chambre et lut le billet d'Olivier.

« Je pars, vous ne me reverrez plus, à moins que dans plusieurs années... et lorsque miss Mowbray sera mariée !... Ne me demandez pas pourquoi il faut que je vous quitte; si vous le savez, ne m'en parlez jamais ! »

Metella crut qu'elle allait mourir, mais elle éprouva ce que la nature a de force contre le chagrin. Elle ne put pleurer, elle étouffait; elle eut envie de se briser la tête contre les murs de sa chambre ; et puis elle pensa à Sarah, et elle eut un instant de haine et de fureur.

« Maudit soit le jour où tu es entrée ici ! s'écria-t-elle. La protection que je t'ai accordée me coûte cher, et mon frère m'a légué la robe de Déjanire ! »

Elle entendit Sarah qui approchait, et se calma aussitôt; la vue de cette aimable créature réveilla sa tendresse, elle lui tendit ses bras.

« O mon Dieu ! qu'est-ce qui nous arrive ? s'écria Sarah épouvantée. Ma tante, où est allé Olivier ?

— Il va voyager pour sa santé, répondit lady Metella avec un sourire mélancolique, mais il reviendra; ayons courage, restons ensemble, aimons-nous bien. »

Sarah sut renfermer ses larmes; Metella reporta sur elle toute son affection. Olivier ne revint pas : Sarah ne sut jamais pourquoi.

Mais le temps est plus maître de nous que nous-mêmes; la femme ne veut pas se flétrir sans avoir fleuri, et il n'est point de courageux dévouement que Dieu ne récompense dans ceux qui l'accomplissent, ou dans ceux qui en sont l'objet. Celui d'Olivier porta ses fruits. Sarah s'habitua peu à peu à son absence, et un jour vint où elle aima un époux digne d'elle. Metella, fortifiée contre le souvenir des passions par une conscience raffermie et par le sentiment maternel que la douce Sarah sut développer dans son cœur, descendit tranquillement la pente des années. Quand elle eut accepté franchement la vieillesse, quand elle ne cacha plus ses beaux cheveux blancs, quand les pleurs et l'insomnie ne creusèrent plus à son front de rides anticipées, quand l'effacement du marbre antique se fit calme, lent, et rationnel, on y vit d'autant plus reparaître les lignes de l'impérissable beauté du type. On l'admira encore dans l'âge où l'amour n'est plus de saison, et dans le respect avec lequel on la saluait, entourée et embrassée par les charmants enfants de Sarah, on sentait encore l'émotion qui se fait dans l'âme à la vue d'un ciel pur, harmonieux et placide que le soleil vient d'abandonner.

FIN DE METELLA.

PUBLICATIONS NOUVELLES DE LA LIBRAIRIE VICTOR LECOU.

OEuvres de George Sand. Nouvelle édition revue et considérablement augmentée. — Les Ouvrages suivants sont en vente :

La Mare au Diable, — André, etc. etc. 1 vol. format Charpentier.	2 »
Mauprat, — Métella. 1 vol. format Charpentier.	2 »
Le Compagnon du Tour de France. 1 vol. format Charpentier.	2 »

Les Évangiles, traduction de Lamennais. 1 joli volume, format Charpentier. — 2 »

Fables de La Fontaine, très-jolie édition. 1 volume format Charpentier. — 2 »

Les Filles d'Ève, par Arsène Houssaye. 1 volume, format Charpentier. — 3 50

OEuvres de Chamfort. 1 volume, format Charpentier. — 3 50

Critiques de littérature musicale, par Scudo, 1 beau volume, format Charpentier. — 3 50

Les Illuminés ou les Précurseurs du Socialisme, par Gérard de Nerval. 1 beau volume, format Charpentier. — 3 50

Contes et Nouvelles, par Alphonse Karr. 1 beau volume, format Charpentier. — 3 50

Italia. Voyage à Venise, Milan, Vérone. etc., par Théophile Gautier. 1 beau volume, format Charpentier. — 3 50

Histoire de la Restauration (1814-1830), par Lamartine. 8 volumes in-8° cavalier. Les tomes 1 à 5 sont en vente. — Prix du volume. — 5 »

Histoire du Véritable Gribouille, par George Sand : illustration de Maurice Sand, gravure de H. Delaville. 1 vol. — 2 50

Le Royaume des Roses, par Arsène Houssaye, vignettes par Gérard Séguin. 1 vol. — 2 50

Les Fées de la Mer, par Alphonse Karr, vignettes par Lorentz. 1 vol. — 2 50

PARIS. — IMPRIMÉ PAR J. CLAYE ET Cⁱᵉ RUE SAINT-BENOIT, 7.

www.ingramcontent.com/pod-product-compliance
Lightning Source LLC
Chambersburg PA
CBHW071113230426
43666CB00009B/1949